中国劳动关系演变与和谐劳动关系构建研究

肖 潇 著

RESEARCH ON THE EVOLUTION OF LABOR RELATIONS AND THE CONSTRUCTION OF HARMONIOUS LABOR RELATIONS IN CHINA

中国社会科学出版社

图书在版编目（CIP）数据

中国劳动关系演变与和谐劳动关系构建研究／肖潇著． -- 北京：中国社会科学出版社，2024．12．
ISBN 978-7-5227-4615-9

Ⅰ．F249.26

中国国家版本馆 CIP 数据核字第 2024Q3Y554 号

出 版 人	赵剑英
责任编辑	喻 苗
责任校对	胡新芳
责任印制	李寡寡
出 版	中国社会科学出版社
社 址	北京鼓楼西大街甲 158 号
邮 编	100720
网 址	http://www.csspw.cn
发 行 部	010-84083685
门 市 部	010-84029450
经 销	新华书店及其他书店
印 刷	北京君升印刷有限公司
装 订	廊坊市广阳区广增装订厂
版 次	2024 年 12 月第 1 版
印 次	2024 年 12 月第 1 次印刷
开 本	710×1000 1/16
印 张	22.5
插 页	2
字 数	325 千字
定 价	126.00 元

凡购买中国社会科学出版社图书，如有质量问题请与本社营销中心联系调换
电话：010-84083683
版权所有 侵权必究

目录 CONTENTS

前言　新时代呼唤和谐劳动关系 …………………………………… (1)

第一章　中国改革开放以来的劳动关系演变 ………………………… (1)
　　第一节　对劳动关系演变特征事实的归纳与分析 …………… (1)
　　第二节　对劳动关系演变路径、趋势和规律的探讨 ………… (8)
　　第三节　劳动关系调整及其转型研究与争鸣 ………………… (17)
　　第四节　马克思主义政治经济学视角下的初步探索 ………… (24)

第二章　紧扣社会主要矛盾变化把握劳动关系演变 ……………… (30)
　　第一节　马克思主义政治经济学视域下的劳动关系 ………… (30)
　　第二节　新时代中国社会主要矛盾转化及其意蕴 …………… (46)
　　第三节　如何用社会主要矛盾转变分析劳动关系 …………… (57)
　　第四节　社会主要矛盾转变视域下的和谐劳动关系内涵 …… (67)

第三章　人民日益增长的美好生活需要推进劳动关系变革 ……… (81)
　　第一节　马克思主义视域下的需要理论 ……………………… (81)
　　第二节　人民日益增长的美好生活需要的内涵 ……………… (89)
　　第三节　美好生活需要对劳动关系变革的三重推动 ………… (102)

第四章　不平衡不充分的发展对劳动关系的深入塑造 …………… (119)
　　第一节　不平衡不充分的发展 ………………………………… (119)

第二节　供需变动对劳动关系的内部塑造 …………………… (133)
　　第三节　资本修复对劳动关系的外部塑造 …………………… (150)

第五章　平台化生产组织形式的兴起 ………………………… (164)
　　第一节　平台经济的产生 ………………………………………… (164)
　　第二节　平台经济的运行机制及其实质 ………………………… (173)
　　第三节　对平台化生产组织形式的考察 ………………………… (181)

第六章　新就业形态的出现和蓬勃发展 ……………………… (190)
　　第一节　科学认识新就业形态 …………………………………… (190)
　　第二节　新就业形态的代表性工作 ……………………………… (199)
　　第三节　新就业形态的发展趋势、矛盾和挑战 ………………… (214)

第七章　新时代劳动关系治理的新进展 ……………………… (227)
　　第一节　推进构建和谐劳动关系顶层设计 ……………………… (227)
　　第二节　对就业、工资与社会保障的规制 ……………………… (234)
　　第三节　丰富构建和谐劳动关系的体制机制 …………………… (248)

第八章　立足社会主要矛盾变化构建和谐劳动关系 ………… (258)
　　第一节　稳增长、稳市场主体、稳就业 ………………………… (258)
　　第二节　扶持新就业形态健康成长 ……………………………… (263)
　　第三节　依法规范和引导资本健康发展 ………………………… (271)
　　第四节　推进并完善劳动关系相关制度建设 …………………… (278)

参考文献 ………………………………………………………………… (289)

后　　记 ………………………………………………………………… (349)

前言

新时代呼唤和谐劳动关系

党的十九大报告指出，中国特色社会主义进入新时代，中国社会主要矛盾已经转化为人民日益增长的美好生活需要和不平衡不充分的发展之间的矛盾。[①] 中国社会主要矛盾的变化是关系全局的历史性变化，意味着人民在经济、政治、文化、社会、生态等方面的要求日益增长，而发展不平衡不充分的问题在多个领域突出呈现，成为满足人民日益增长的美好生活需要的主要制约因素。劳动关系是社会关系中最为基本和重要的一个方面，构成了生产关系的重要组成部分。劳动关系的和谐与否，关系广大劳动者与企业的切身利益，关系经济高质量发展和社会和谐。努力构建中国特色和谐劳动关系，是加强和创新社会管理、保障和改善民生的重要内容，是建设社会主义和谐社会的重要基础，是经济持续健康发展的重要保证，是增强党的执政基础、巩固党的执政地位的必然要求。[②] 劳动关系的和谐稳定，在新时代已经越发成为衡量人的全面发展、社会全面进步的重要指标，成为全面提升中国经济社会发展质量和效益的持久动能。同时，我们也要注意改革开放以来中国劳动关系及其发展演变具有特殊的性质和规律，社会主要矛盾变化又为劳动关系的演变注入了多重因素，既带来了不小的成就和进步，也产生了一系列矛盾和挑

[①] 习近平：《决胜全面建成小康社会 夺取新时代中国特色社会主义伟大胜利——在中国共产党第十九次全国代表大会上的报告》，《人民日报》2017年10月28日第1版。

[②] 《中共中央 国务院关于构建和谐劳动关系的意见》，《人民日报》2015年4月9日第1版。

战，这些都使得这一研究命题具有重要的理论和现实意义，值得深入研究与探索。

本书力图从马克思主义视角出发，以政治经济学研究方法为主体，并适当吸收社会学及当代劳动关系学等多学科的研究方法和理论成果，立足新时代中国社会主要矛盾变化，探究劳动关系演变的阶段性规律和趋势，从一般层面的理论演绎逐渐过渡到具体现象的问题阐释，为进入新阶段新征程推进和谐劳动关系构建提出有效的政策建议。全书共分八章，前四章偏重于学理层面的论述，后四章偏重于实践层面的分析。第一章在文献梳理的基础上，对中国改革开放以来劳动关系演变的特征事实进行总结和归纳，对学界关于劳动关系演变路径、趋势和规律进行整合，对劳动关系调整及其转型的研究和争鸣进行扼要述评，对国内政治经济学领域的相关研究成果也予以了特别关注。第二章立足政治经济学研究劳动关系的视角和基本方法，探讨了社会主要矛盾转化及其多重意蕴，并尝试构造一个劳动关系的运行系统（模型），对劳动关系的运行机制和演变过程进行总体阐述。第三章从社会主要矛盾转变的一个方面入手，基于马克思主义视域中的需要理论，阐释人民日益增长的美好生活需要的内涵，进而具体论述人民日益增长的美好生活需要对劳动关系变革的三重推动作用。第四章则具体论述不平衡不充分的发展的多重含义，主要通过生产与消费的矛盾、进而引出供给和需求的矛盾，透视不平衡不充分的发展对劳动关系的深入塑造，并在开放经济的视野下探讨了资本修复对劳动关系演变的影响。第五章聚焦平台经济这种全新的生产方式，分述了平台经济的起源、运行机制及其实质，并将其作为一种全新的生产组织形式进行重点考察。第六章考察了互联网和平台经济兴起催生的新就业形态，在生产关系上对其进行科学界定，对具有代表性的工作方式进行了具体考察，最后论述了新就业形态的发展趋势，以及衍生的一系列矛盾和挑战。第七章转向制度层面，论述进入新时代以来从顶层设计到具体领域劳动关系治理的新进展，包括就业、工资与社会保障，工会组织与三方机制、调解与仲裁体制等。第八章提出面向新阶段新征程构建和谐劳动关系的政策导向：一是稳增长、稳市场主体、稳就业；二是扶持新就业形态健康成长；三是依法规范和引导资本健康发展；四是加强劳动关系组织与协调机制建设；五是推进并完善劳动关系立法执法。

囿于作者的理论水平和研究能力有限，本书并未在实证层面开展更有针对性的研究，对提出的一些重点结论进行佐证，留下了一定的缺憾。此外，书中也必然存在一些模糊乃至有可能错误的认知，欢迎各位专家学者和广大读者批评指正。

第一章

中国改革开放以来的劳动关系演变

第一节 对劳动关系演变特征事实的归纳与分析

一 演变起点：计划导向型劳动关系

改革开放以来的 40 多年里，中国实现了由社会主义计划经济体制向社会主义市场经济体制的转型，与计划经济体制相适应的计划导向型劳动关系逐渐退出历史舞台，竞争开放的劳动力市场和市场导向型劳动关系逐步形成。

改革开放伊始，中国劳动关系的建立受到国家经济计划和人事制度的严格约束。具体而言，每年政府实行全国范围内的统一招收的方式，将新增劳动力整体吸纳，随后依据总体计划，将其有序配置到各类企业、事业单位以及政府部门。在这种"统包统配"的模式下，国家为每个人安排职业、就业单位，限定就业地域等。[①] 由此形成的劳动关系，带有强烈的依附特征，这种依附，是劳动者一方对企业进而对国家一方单方面的依附，并且呈现出固定、单一、行政化色彩。

依附性劳动关系带有三个最明显的特征。第一个特征是它建立于严格的、单一的公有制经济基础之上，用人单位的经济性质为全民所有制和带有全民所有制性质的集体所有制，所有就业的劳动者都属于全民所有制的职工，国家对劳动关系的一切事项进行集中规划、统筹安排和全

---

① 程延园编著：《劳动关系》（第 3 版），中国人民大学出版社 2011 年版，第 351 页。

盘执行。用人单位不能自己决定劳动力的招聘和使用，而须在国家下达相应的用工指标内进行招用；劳动者也做不到自主择业，国家统筹安排劳动者的岗位配置、工资和福利待遇评定和发放等事宜，均依据国家出台的统一性政策进行相应的协调和规范。在当时高度集权的政治体制下，这种劳动关系自然就被深深印上了行政烙印。一方面，劳动关系直接表现为政府的意志和权力行使，凭借科层结构和行政指令，直接塑造了劳动关系各个领域的制度安排，包括招收和裁减员额、制定工资和奖金制度、实行社会保险和福利制度。对于企业内部的工作规范和调节方式，也做出了详尽的规定。企业的角色被定位为"管理者"，只是作为国家与劳动者之间的纽带，其在劳动关系中承担的职能仅限于贯彻实施政府颁布的劳动和人事制度，以及向员工传达并解释政府的相关政策措施。在企业层面，国家同时对管理方与职工进行严格约束，他们之间不存在身份或地位上的差别，仅有的是基于"社会职责划分"的差异。[①] 另一方面，由于企业并不依赖于市场而存在，因此企业之间没有真正意义上的竞争关系，也不以营利为目的，而是尽最大可能满足国家的计划需要。职工的利益与企业的集体利益，进而国家的整体利益体现出高度一致性，在实践中，劳动者的个人利益也逐级服从服务于企业的集体利益，进而服从服务于国家的整体利益。

第二个特征是"企业办社会"，不同的工作单位构成了各自独特的"福利体系"。各个单位的劳动者所享受的各种福利待遇与个人所在单位有着紧密的联系，并且和单位所属的行业和部门相关[②]，而工资收入基本上只与个人级别和年资相关。这是一层更加隐蔽的社会契约，劳动者的生老病死都由单位提供了最基本的生活保障，在各种生活资料异常短缺的年代，就使得单位对劳动者产生了一种庇护关系，劳动者无法脱离用人单位而独立从事生产活动，并且其子女后代也更容易在自己退休之

---

① 刘苓玲、晋利珍：《论我国企业劳动关系的历史变迁与趋势》，《中国劳动关系学院学报》2006年第6期。

② 路风：《单位：一种特殊的社会组织形式》，《中国社会科学》1989年第1期。

后以"顶替"的方式进入原单位。不仅如此，由于企业在地理空间内的条块分割，劳动者的生活范围也与相应的"城市社区"紧密相连，社会管理、家庭结构甚至邻里关系都与企业密切相关，企业也赋予了单位内部的劳动者在社区内外相应的行为权利、社会身份甚至是一定的社会地位，而这些权利、身份与地位均是排他的。

第三个特征是在生产过程中形成了相互交织的正式与非正式的组织制度安排。一方面是全民所有制内部的科层制将行政权力与（名义上的）生产控制权逐级下放，层层约束，形成一种由级别决定的正式制度安排，下级对上级的生产任务绝对服从，几乎没有讨价还价的余地；另一方面是长久以来形成的老工人对新工人、师傅对徒弟的技艺传授，在长年累月的具体生产活动中逐渐完成，年轻的劳动者对年长劳动者逐渐产生依靠甚至依赖，成为一种非正式的组织制度。在年资决定职级晋升的前提下，二者紧密地结合在一起，成为一种长久、稳固的安排。

二 演变方向：市场导向型劳动关系

随着社会主义市场经济体制的发育和完善，市场经济通过以自由竞争为核心的交易制度实现劳动力要素的配置。市场经济认可个体利益和价值观念的多样性，把企业和劳动者双方从计划经济的条块分割中解放出来，由市场机制赋予他们流动的权利，以及自由选择和平等交易的能力。市场参与者的自主意识、权利意识和积极主动追求利益的一面得到激发，企业之间、劳动者之间、企业与劳动者之间的利益差异得到显现，它们通过相互竞争，实现资源的合理配置与收益的最大化。从此，基于开放和竞争的市场导向型劳动关系逐渐占据支配地位。

这种市场导向型劳动关系，能够反映出世界范围内市场经济条件下劳动关系的共性，例如契约化、市场化、法治化等。首先，随着经济结构的改革、政府角色的调整以及产权体系的变革，企业管理方式也经历了相应的变化。在这个过程中，国营企业单位的传统职能逐步消解，企业用工制度的改革主要从增强企业的用工自主性、终止传统的固定用工体制、建立劳动合同制度以及为失业和下岗职工提供再就业安排等几个关键方面进行推进，劳动力市场开始初步确立。1984年5月，国务院发布专门文件，针对企业的自主权进行了相应规定，涵盖生产经营计划、资金使用、人事劳动管理、工资奖金等许多重要领域。① 同年10月，党的十二届三中全会进一步提出在企业建立以承包制为主的，涵盖多种形式的经济责任制，明确企业内部各个岗位及职工的工作要求，使责、权、利相结合，职工劳动所得同劳动成果相联系。② 1986年7月，劳动合同制开始在国营企业内部实行，企业内劳动关系双方的制衡机制开始形成。③ 到1996年5月，劳动部下发了《关于私营企业和个体工商户全面实行劳动合同制度的通知》④，至同年年底，全国有1.06亿城镇企业职工签订了劳动合同，占全体城镇企业职工总数比例的96.4%⑤，这标志着城镇企业劳动合同制度基本上得到了全面落实，劳动合同制度开始成为正式规范劳动关系和调整劳动行为的法律依据，传统的固定用工模式和带有终身特征的劳动关系正式退出历史舞台。企业和职工作为劳动关系中的两个主体，开始确立平等的权利地位，明确各自的责任和义务，从而为推动劳动关系的自主化、法治化打下了坚实的基础。同一时期，国家比较顺利地完成了国有企业改革中的人员下岗和分流，初步建立起面向主要就业群体的社会保障体制，高校毕业生也进入了自主择业模式，中国的劳动力市场发育明显加快。

其次，包括劳动者、用人单位的代表组织与政府在内的劳动关系三方协商机制于20世纪90年代之后始见雏形。2001年8月，劳动和社会保障部联合中华全国总工会、中国企业联合会召开了第一次国家级协调

---

① 参见《国务院关于进一步扩大国营工业企业自主权的暂行规定》，《人民日报》1984年5月12日第2版。
② 参见《中共中央关于经济体制改革的决定》，《人民日报》1984年10月21日第1版。
③ 参见《我国行政管理逐步纳入法制轨道 去年已经颁布行政法规六十九件》，《人民日报》1987年2月16日第5版。
④ 参见《中华人民共和国劳动合同法典》（最新升级版），中国法制出版社2015年版，第124—125页。
⑤ 参见《1996年度劳动事业发展统计公报（摘要）》，《中国劳动科学》1997年第7期。

劳动关系三方会议，由此建立起国家协调劳动关系三方会议制度，为协调中国劳动关系搭建起了一个正规且稳定持续的平台。① 10月，《中华人民共和国工会法》修正案明确提出："各级人民政府劳动行政部门应当会同同级工会和企业方面代表，建立劳动关系三方协商机制，共同研究解决劳动关系方面的重大问题。"② 在此基础上，中华全国总工会提出"抓住平等协商和签订集体合同的重点"，并以此为契机启动了集体劳动关系制度的酝酿和实施。③ 经过多年的发展和完善，劳动关系三方协商机制的重要作用得到了充分发挥，推动了各项劳动立法、提升了就业水平，并在很多场合成功化解了劳动关系矛盾。在一些运行成熟、效果良好的地区，劳动关系三方协商机制不仅扩充了协商议题的范围和内容，还不断推动了相关立法，推动了相关经济社会政策的制定和执行。劳动者的就业与劳动条件得到改善，工资收入实现稳定增长，劳动标准、职业安全、职业培训和社会保障不断得到健全和规范，劳动争议得到有效调处，极大地保障了企业与职工双方的利益。尤其是在工资集体协商领域，三方协商机制发挥了极其重要的作用。

最后，市场导向型劳动关系的建立伴随着相关法律法规的建立和持续完善。1994年颁布的《中华人民共和国劳动法》对劳动关系各方的法律定位进行了界定，赋予了企业和劳动者招聘和择业的自主权，并使之得到充分的法律保障，劳动关系有法可依的时代全面开启。以此为基础，中国逐步构建起具有中国特色的，符合社会主义基本经济体制要求的劳动法律体系，推动了《中华人民共和国劳动合同法》《中华人民共和国就业促进法》《中华人民共和国社会保险法》《中华人民共和国劳动争议调解仲裁法》《中华人民共和国职业病防治法》《中华人民共和国工伤保险条例》《中华人民共和国劳动保障监察条例》《中华人民共和国劳动合

---

① 参见《中国的劳动和社会保障状况》，《人民日报》2002年4月30日第6版。
② 参见《中华人民共和国工会法》，《人民日报》2001年11月1日第6版。
③ 刘向兵等：《中国劳动关系研究70年回顾与展望》，《中国劳动关系学院学报》2020年第2期。

同法实施条例》等多部法律法规的制定和修缮，构建起一个全面保护劳动者权益的法治网络，覆盖了工作时间、加班规定、劳动安全、最低工资标准、社会保障等多个方面。这些法律法规在对劳动关系双方利益进行平衡的基础上，更加向保护劳动者利益倾斜，对实现劳动关系发挥公平正义产生了深远影响。

三 演变的阶段性及其划分

对于改革开放以来劳动关系的演变及其阶段划分，学界代表性观点有两阶段、三阶段和四阶段的划分。在"两阶段"的观点中，刘成海将其划分为多元化劳资关系时期、和谐劳资关系探索时期两个阶段，以2006年党的十六届六中全会明确提出完善劳动关系协调机制，全面实行劳动合同制度和集体协商制度作为界限。① 刘苓玲、晋利珍大致以进入21世纪为界限，将改革开放以来的劳动关系分为简单政府权利向复杂企业权利过渡时期，以及劳动关系呈现出"三方权利"特征的时期。在第一个时期，企业开始成为劳动关系中相对重要的一方；进入第二个时期，劳动关系中劳动者、企业和政府三方的力量和作用逐渐达到平衡。②

在"三阶段"的观点中，学者们的分期各不相同。蒙慧以1988年、1991年作为间隔，将其分为劳资关系的初期发展和劳资矛盾未受到充分重视的时期，私营经济和外资经济中劳资关系迅速发展的时期，以及劳资之间的矛盾和冲突日益复杂化、尖锐化，并开始引起社会广泛关注的时期。③ 刘金祥、高建东在阶段的划分上与蒙慧的观点大体一致，但在对每个阶段特点的描述上存在差异。他们认为，1988年宪法修正案新增保护私营经济的合法权利和利益，使劳动关系发展由萌芽阶段进入逐步规范阶段；伴随着1992年《中华人民共和国工会法》的颁布，劳动关系

---

① 刘成海：《我国劳资关系演化研究》，《中国物价》2013年第5期。
② 刘苓玲、晋利珍：《论我国企业劳动关系的历史变迁与趋势》，《中国劳动关系学院学报》2006年第6期。
③ 蒙慧：《改革开放以来非公有制企业劳资关系考察与启示》，《商业时代》2014年第29期。

第一章 中国改革开放以来的劳动关系演变

矛盾进一步突出,国家开始着手从制度层面进入干预,由此进入冲突中的规范发展阶段。① 陈仁涛则以 1991 年、2003 年作为间隔,将其划分为劳资关系相对稳定且矛盾开始显现的时期,劳动关系走向失衡、劳资矛盾不断积累的时期以及劳动关系严重失衡、劳资矛盾凸显的时期。劳动关系从逐步确立,开始受到社会主义的政治、经济和社会背景的制约,最终在劳资矛盾不断走向尖锐之时触发了党和政府对劳动关系的强力干预和调整。② 宋士云则是从历史发展和制度演进的视角,遵循与陈仁涛大致相同的时间分期,将其总结为行政隶属向市场契约转化的起步阶段、市场化劳动关系加快推进的阶段和构建与维护劳动关系和谐稳定的阶段。在这一演进过程中,劳动关系从缔结、管理具有二元化和过渡性特点,到逐渐退去国家主导、行政分配模式,向企业自主、契约化快速转变,又在完成市场化、法治化的基础上进一步由中共中央、国务院对构建和谐劳动关系做出了顶层设计和部署,进一步推动了劳动关系协调机制的完善。③

也有一些学者提出了更为详尽的"四阶段"划分。李向民、邱立成从劳动关系在不同时期制度转型背景下呈现的总体特征入手,以 1985 年、1991 年、2002 年作为间隔,将其划分为劳资关系相对和谐阶段、劳资矛盾逐渐抬头阶段、劳资纠纷大幅增加阶段和劳资冲突局部尖锐化阶段。④ 常凯在回顾了中国劳动关系演变的历程的基础上,以劳动关系的改革进程为主线,以 1986 年、1992 年和 20 世纪 90 年代后期作为间隔,总结了不同阶段劳动关系的主要特征,形成的观点在学界颇具代表性。他提出,在第一阶段中,劳动关系的建立具有试验性特征,标志是国家

---

① 刘金祥、高建东:《劳资关系制衡机制研究》,上海人民出版社 2013 年版,第 101—102 页。
② 陈仁涛:《我国非公有制企业劳资关系演进的历程考察及其启示》,《经济论坛》2013 年第 8 期。
③ 宋士云:《改革开放以来中国企业劳动关系变迁的历史考察》,《当代中国史研究》2018 年第 1 期。
④ 李向民、邱立成:《开放条件下中国劳资关系变化与对策分析》,南开大学出版社 2013 年版,第 95—171 页。

开始打破固定用工制度，试行劳动合同制。在第二阶段中，劳动关系具有市场化、法治化特征，标志是国家将企业的用工纳入市场轨道，劳动合同制度得到正式确立，赋予劳动关系契约的形式。在第三阶段中，是以劳动力市场构建推进劳动关系改革，标志是伴随着推行现代企业制度，国有企业开始执行减员增效的经营策略，并将冗余人员以下岗分流的形式推向市场，实现再就业。在第四阶段中，劳动力市场得到建立并不断完善，劳动制度改革伴随经济体制改革的基本完成而告终。标志是大型企业普遍实行股份制改革，职工的身份最终得到置换。①

上述学者的观点既有交集，也有分歧。从交集来看，主要表现在两点：一是学者们普遍意识到体制变革对劳动关系建立的推动作用，采用国家政策重大调整的时间点作为划分不同阶段的界限，这种做法揭示了劳动关系的演变与核心制度建立和完善之间的密切联系；二是通过这种阶段性的划分，确认了中国自改革开放以来劳动关系经由计划体制向市场体制转型的历史轨迹，并意识到在这一过程中劳动关系曾出现过失衡的阶段，目前仍然面临一些矛盾和冲突。在分歧方面，主要体现在对中国改革开放以来劳动关系发展阶段的具体划分上，对当前中国劳动关系发展态势、特点和趋势的全面理解和概述上，也存在一定程度的差异。

第二节　对劳动关系演变路径、趋势和规律的探讨

一　对公有制企业劳动关系的重塑

改革开放以来中国劳动关系的演变，首先是对以国有企业为代表的公有制企业劳动关系进行重塑展开的，这是由全国上下单一的所有制结构所决定的。李怀通过实地调查研究发现，国有工业组织权威变迁及对劳动关系具有显著影响。改革开放以来，在计划经济体制向市场经济体

---

① 常凯：《三十年来劳资关系的演变历程》，《中国商界》2008年第6期。

制转型过程中，国有工业组织权威实现了由国家主导的"神圣型权威"向企业支配的"效率型权威"的转变；企业管理者与普通员工的权威关系实现了由"身份报酬型权威"向"行为报酬型权威"的转变；普通员工对企业管理者的权威认同实现了由"价值合理性权威"向"工具合理性权威"的转变。这在一定程度上强化了普通员工与管理者之间在劳动关系中的"对立"效应。① 郭志刚、卿涛提出，国有企业劳动关系变革同时受到制度、文化与劳动力市场等一系列约束，基于增强员工主体意识、新型双向责权界定与提高就业能力形成一种领导与成员之间的全新交换模式。在这种新型劳动关系下，管理者与员工之间的地位差异逐渐缩小，表现为一种更加平等、开放的交互关系，双方的任务和绩效实现了互利互惠，在过程和结果上可以实现双赢，因而双方在工作过程中的表现更加短期、现实，更加注重个人的主体地位和工作主动性。② 史忠良、刘劲松指出，国有企业劳动关系缺乏有效的退出机制，企业承担了大量的社会政治任务，在一定程度上阻碍了市场导向的劳动关系的建立。在中国加入世界贸易组织之后，随着市场化进程的深入，国有企业劳动关系各方的自主性将不断增强，双方之间的矛盾也将变得更为复杂。因此，建立集体协商机制将不可避免地成为劳动关系管理中的关键组成部分。③ 宋士云基于国有企业劳动关系的制度安排和发展演变，提出国有企业通过实行产权制度改革，建立起现代企业制度，使自身成为具有独立经济地位和法人资格的市场主体，是促成劳动关系转变的关键，使劳动关系实现了由国家化、行政化向企业化、契约化、市场化和法治化的方向快速推进，又通过积极稳妥地实现分流安置和下岗再就业等措施，

---

① 李怀：《国有工业组织权威变迁及其对劳企关系的影响》，《学术研究》2013 年第 8 期。
② 郭志刚、卿涛：《我国国有企业劳动关系的变革路径分析》，《西南民族大学学报》（人文社科版）2007 年第 11 期。
③ 史忠良、刘劲松：《对国有企业劳动关系若干主要问题及发展趋势的一些认识》，《经济经纬》2002 年第 6 期。

中国劳动关系演变与和谐劳动关系构建研究

维护了劳动关系的总体稳定。① 刘建洲在分别从管理者视角和劳动者视角对国有企业劳动关系转变进行考察后提出，国有企业劳动关系格局中管理者阶层的独立与分化是一个必然的、不以人的意志为转移的过程。国有企业劳动关系格局中，各方主体在劳动关系管理中可支配的资源也随之发生深刻改变。管理者与劳动者拥有自由流动资源与自由流动行动空间比例关系发生深刻改变，对未来劳动关系的格局将产生深远影响。在这一过程中，管理阶层的利益觉醒和监督缺位与国有企业劳动关系的紧张化有着密切联系。② 而在国有企业劳动关系的总体格局中，劳动者阶层处于弱势地位，他们的行动既有自尊的一面，也有忍耐的一面，在貌似矛盾与具有浓厚意识形态色彩的"主人翁"与"劳动者"之间，存在许多理解误区。国有企业改制中产权先行、劳权虚置的改革逻辑引发了劳动关系中的结构性问题。劳动者作为个体面对这些结构性问题时有心态异化之虞。③

二 非公有制企业劳动关系的全球化与本土化

改革开放以来中国劳动关系的演变，还包括广大非公有制企业劳动关系的孕育和发展。非公有制企业劳动关系的演变，从总体上讲是"内外交互"式的，既包括原生态本土化的一面，也包括由国际化分工协作所触发的，国外企业中长期进化而来并直接输入的一面，带有全球化的明显烙印。

郭台辉指出，以加入世界贸易组织为标志，中国正式融入世界资本主义体系，这在某种意义上可以表明，中国已成为全球资本运作的一个重要场域，因而不可避免全球资本的治外法权所带来的负面效应。中国

---

① 宋士云：《改革开放以来中国企业劳动关系变迁的历史考察》，《当代中国史研究》2018年第1期。
② 刘建洲：《新形势下国有企业劳动关系研究：一个管理者视角的分析》，《学术探索》2006年第4期。
③ 刘建洲：《新时期国有企业劳动关系研究：一个劳动者视角的分析》，《学术探索》2007年第2期。

第一章　中国改革开放以来的劳动关系演变

的改革措施无法阻挡反而催化了劳动与资本的关系变迁，既出现了劳动力的地位和劳动性质的巨大变化，巩固了资本的强势地位和话语霸权，也出现了资本抛弃劳动之后所遗留的许多社会政治问题。①潘毅在调查中发现，从20世纪90年代中期开始，为了改变中国职工劳动权利遭受侵犯的状况，一些跨国公司开始采取行动，主动对企业的工作环境、劳动关系以及管理方式等进行改进和调整，外资企业中出现了施行跨国公司生产守则（Code of Conduct）的趋势，这可以被理解成一个资本积极建构劳动关系的过程，并被概念化为"道德理念重构"。但是，这一过程也充斥着虚伪和荒谬，不过是为了更好地实现资本利益而对中国劳动权利领域的渗透。②乔健认为，在经济全球化的背景下，中国劳动关系的调整变得不再单纯是国家的内部事务，在主体结构、劳动标准、调整方式等多个方面，开始展现出与国际接轨的普遍特性。特别是在许多外资企业中，新的劳资关系模式开始形成，国际劳动准则对中国的劳动法规和企业劳动标准的制定产生了直接的影响。同时，中国在劳动关系协调方面也在逐步吸收和参考国际上广泛接受的常规做法，成为劳动关系国际化的重要表现。③岳经纶、庄文嘉提出，全球化使中国传统的生产模式与劳资关系发生改变。生产过程的网络化，使得由政府、企业和工人三方参与的传统劳资关系格局开始被打破。国家发起的工会化运动、跨国公司推动的"车间民主化"，以及一些国际化社会组织所倡导的劳工权利交互出现，使中国劳资关系开始呈现网络化发展。这种新的劳资关系格局属于一种多元行动者构成的网络化关系，而非简单以国家或劳工为中心。④赵秀丽认为，跨国资本与中国农民工在全球化的背景下相

---

① 郭台辉：《劳动与资本的关系变迁：对我国改革历程的一种解释》，《岭南学刊》2006年第4期。
② 潘毅：《全球化工厂体制与道德理念重构——跨国公司生产守则与中国劳动关系》，《开放时代》2005年第2期。
③ 乔健：《略论我国劳动关系的转型及当前特征》，《中国劳动关系学院学报》2007年第2期。
④ 岳经纶、庄文嘉：《全球化时代下劳资关系网络化与中国劳工团结——来自中国沿海地区的个案研究》，《中山大学学报》（社会科学版）2010年第1期。

遇，使兼具市场化和灵活化特征的劳资关系得以形成并发展，中国的新一代劳动者由此进入全球跨国资本的生产体系之中，并形成了宿舍管理体制这种以跨国资本安置中国劳工的方式，打造了跨国资本管理方式的扩散路径，树立了指挥和企业权威，所有这些形塑了中国境内的劳资关系，并对中国社会经济产生了深远的影响。①

除了经济全球化引发的外部力量对中国劳动关系演变的塑造，国内经济、社会和文化的发展和变迁则构成了非公有制企业劳动关系演变的内部力量，内部力量和外部力量的结合，锻造出复杂而多元化的劳动关系特征，使中国非公有制企业劳动关系演变趋势呈现出诸多特殊性，这也是众多学者的关注点。

徐景一指出，在经济全球化背景下，当代中国民营企业所处环境既有市场转型所带来的经济制度变革，又有社会转型带来的社会结构变迁，而其时代特征则体现着"资强劳弱"的全球化共性与市场化初始阶段的中国特性，而后者集中体现为设定集体劳动关系处理机制的转型目标、打破劳动关系转型中的行政垄断，以及工会在劳动关系转型中的职能转变。② 乔健指出，非公有制经济的蓬勃发展促进了中国劳动关系向多元化发展的趋势。在这一过程中，既包括具有清晰产权界定、明确责任与权利、规范管理的股份制和股份合作制的国有以及外资企业所形成的劳动关系；也涵盖了那些以利用低成本劳动力获取较高利润为目标的出口导向型企业的劳动关系；还包括以地域和家族联系为基础，正处于向现代企业转型过程中的乡镇企业的不成熟和不规范的劳动关系；以及广泛存在的、具有早期资本积累特征的家族式私营和个体经济中的劳动关系；此外，还有随着经济结构调整而出现的灵活、松散和多样化的劳动关系形态。③ 权衡认为，社会

---

① 赵秀丽：《跨国资本与中国劳工：对接、形塑及影响》，《西安交通大学学报》（社会科学版）2015年第5期。

② 徐景一：《"中国特性"与"全球化共性"：民营企业劳动关系的转型特征》，《人力资源》2014年第7期。

③ 乔健：《略论我国劳动关系的转型及当前特征》，《中国劳动关系学院学报》2007年第2期。

第一章 中国改革开放以来的劳动关系演变

主义基本经济制度的确立,为劳动关系的发展转化开辟了多条渠道,发展出多层次的新型劳资关系。这种新型劳资关系本质上是一种利益分配关系,受到全球化与信息化发展的深刻影响,制度条件和环境发生很大变化,虽然企业内部存在劳资之间的利益冲突,但从宏观层面上却可以为重建劳资共赢的和谐关系发挥重要作用。这与马克思笔下的对资本主义劳资矛盾的深刻对抗与普遍存在的异化劳动现象存在根本性差异。① 王兴化、张立富在对产业关系系统的演变与发展趋势的分析中提出,以中国为代表的新兴经济体,正在发展多元化的产业关系调处机制,并且展现出融合性发展趋势。出现这一现象的原因在于,中国结束了对产业关系的行政化管理,与此同时,西方国家也在逐步减少对产业关系的直接干预。在这样的背景下,中国企业迅速地吸收并模仿了西方企业在组织结构、工作场所创新以及现代人力资源管理技术方面的先进经验,这是企业面对全球市场竞争压力时的本能反应和策略选择,也促进了产业关系处理机制上的"溢出"。同时,以《中华人民共和国劳动合同法》为代表的公共政策逐渐完善,为产业关系稳定和民主化开辟了制度空间。② 常凯指出,中国的劳动关系属于国家主导型劳动关系,与同类其他国家的劳动关系具有可比之处,也有显著的自身特色,这一现象的形成源于中国独特的历史文化底蕴和政治经济背景。中国市场经济的演进轨迹对劳动关系的特色塑造起到了更直接的作用,这体现在对原有体制的制度性继承和延伸,以及对机制运作的路径依赖性。观察劳动关系的形成轨迹,西方国家的市场经济通常呈现出由基层发起、市场驱动、社会促进的渐进式发展;而中国的模式则更多地体现为由顶层设计、政府主导、行政推动的跨越式发展。这种发展模式的特点,使得中国的劳动关系呈现出多样性、多元化和复杂性的特征。③

---

① 权衡:《当代中国"劳动—资本"关系的实践发展与理论创新》,《复旦学报》(社会科学版)2015年第5期。

② 王兴化、张立富:《产业关系系统的演变与发展趋势探析》,《当代经济研究》2014年第11期。

③ 常凯:《中国特色劳动关系的阶段、特点和趋势——基于国际比较劳动关系研究的视野》,《武汉大学学报》(哲学社会科学版)2017年第5期。

· 13 ·

三 劳动关系整体演变的趋势和规律

中华全国总工会课题组以专题研究的形式界定了中国特色社会主义新型劳动关系的基本内涵和主要特征，提出中国特色社会主义新型劳动关系是在中国特色社会主义制度的前提条件下，追求国家、社会、企业、劳动者根本利益一致的基础上，尊重和承认利益差别，追求合作共赢①，其发展呈现出运行机制法治化和规范化、协调方式自主性和市场化的趋势。具体而言，运行机制法治化和规范化指的是通过充分发挥市场的调节作用，通过各个层面的相关制度建设明确劳动关系各方的权利和义务，为其合法实现利益提供法制层面的途径，实现利益关系的平衡，促进劳动关系良性运转，维护职工队伍和社会政治稳定。协调方式自主性和市场化则意味着在遵循国家相关法律法规的前提下，劳资双方基于自愿原则建立法律上的劳动关系和利益关联，通过自主决策、平等对话，并利用社会资源来解决和缓和利益分歧，以达到劳动关系的稳定与和谐。

王以才指出，中国改革开放以来企业劳动关系发展呈现多种新趋势：一是劳动关系类型从多元化走向复杂化；二是劳动关系运行方式从行政化走向市场化；三是劳动关系主体利益从差别化走向协调化；四是劳动关系调整机制从人治化走向法治化；五是劳动冲突从隐性化走向显性化。② 程延园在此基础上强调，尽管这一时期劳动关系的转变虽然造成了一定的社会压力，但并未演变为结构性、全面性或持续性的社会对立，这表明劳动关系的整体协调功能正逐步走向和谐。③ 谢德成对经济和社会转型期的劳动关系发展动向进行了深入研究，认为当前劳动力的流动性继续催生非标准就业，集体劳动关系逐渐成为社会关系的新形态，劳

---

① 全总课题组：《中国特色社会主义新型劳动关系的基本内涵、特征及需要处理好的几个关系》，《工会理论研究》2007 年第 1 期。
② 王以才：《构建工会参与社会管理的工作价值体系》，《中国工运》2012 年第 1 期。
③ 程延园编著：《劳动关系》（第 3 版），中国人民大学出版社 2011 年版，第 353—354 页。

第一章 中国改革开放以来的劳动关系演变

动关系主体的分层化趋势开始显现。[1] 刘苓玲、晋利珍指出，伴随着中国加入世界贸易组织以及知识经济的到来，劳动关系将呈现出"三方权利"的特点，劳动者、企业和政府在劳动关系中的力量对比将日趋平衡。在这一过程中，劳动者智力劳动显著上升，劳动者内部劳动生产率不断分化，高智能与高效率劳动者在劳动关系中的从属地位出现松动，进而影响到雇员对雇主的依赖。这种趋势表现为劳动关系类型多元化、劳动关系运行市场化、劳动关系管理手段契约化、劳动关系调节方式法治化。[2] 洪泸敏、章辉美同样指出，进入转型期后，在经济体制转型、分配制度改革、社会保险和社会福利逐渐完善、就业与招聘制度逐渐形成的合力作用下，中国的劳动关系正向多样化与复杂化发展，同时，各方主体的利益变得更加明确和差异化，运作模式也趋向于契约化和自主化。[3] 乔健总结了社会主义市场经济转型的过程中，劳动关系发展的基本趋势，表现为劳动关系的市场化基本完成、劳动关系的法治化逐步加强和劳动关系的全球化初显端倪。其中特别指出了劳动关系的调节方式将逐步由以政府为主体的行政控制转变为以企业为主体的市场调节，劳动关系双方的利益差别、分化和冲突也将会不断出现，弹性化雇佣导致非正规劳动关系大量增加，将对劳动者权益保障提出了新的挑战。[4] 朱飞、熊新发强调，改革开放以来中国劳动关系在企业层面的变革快速经历了西方企业数百年的变革历程。西方资本主义市场经济国家曾出现的内部分包关系、科层制雇佣关系、内部劳动力市场主导的雇佣关系和外部劳动力市场主导的雇佣关系等典型的劳动关系形式，都在改革开放之

---

[1] 谢德成：《转型时期的劳动关系：趋势与思维嬗变》，《四川大学学报》（哲学社会科学版）2016 年第 6 期。
[2] 刘苓玲、晋利珍：《论我国企业劳动关系的历史变迁与趋势》，《中国劳动关系学院学报》2006 年第 6 期。
[3] 洪泸敏、章辉美：《新中国成立以来企业劳动关系的历史变迁》，《江西社会科学》2009 年第 8 期。
[4] 乔健：《略论我国劳动关系的转型及当前特征》，《中国劳动关系学院学报》2007 年第 2 期。

后的中国企业发展中发挥了重要作用。①朱飞、胡瑞博进一步指出，虽然在改革开放之后的40年中，中国企业中出现了劳动关系的主要形式，并非以前后迭代的方式相继呈现，而是表现出不完全变迁特征，即每个阶段之间的界限并不是很清楚，而且在同一阶段上各种不同形式的劳动关系同时存续。②

中国改革开放以来的劳动关系变动同样引起了国外学术界的关注。代表性观点如伊莱·弗里德曼（Eli Friedman）和李静君（Ching Kuan Lee），强调中国的经济改革从商品化和临时化两个方面深度改变了原有的劳动关系，劳动关系的变革以市场化的雇佣关系摧毁了旧有的社会化契约，使工人丧失了计划体制下的工作安全和利益，也引发了工人阶层的局部抵制。③伊莱·弗里德曼和萨罗什·库鲁维拉（Sarosh Kuruvilla）发现，中国在构建新型劳动关系时带有实验性和权力下放的趋势。中国特有的政治约束力避免了工人队伍中产生利益的聚合，企业和地方政府在实验不同的劳动关系安排上被赋予了一定自由度，由此形成了不同部门和地域间劳动关系的差异。④

也有一些学者采取了较为独特的研究视角。例如常凯采用了国际比较视角下"趋同"和"趋异"的提法对劳动关系的发展趋势进行了界定。"趋同"表现在劳动关系的一般性质上，"趋异"则表现在劳动关系的构成和调整方式等劳动关系具体制度和机制上。结论是，从雇佣关系发展的趋势来看，趋同与趋异同时并存，趋同是一般性，趋异是特定性。⑤原因在于中国劳动关系的基本性质受到市场经济的一般规律的影

---

① 朱飞、熊新发：《ELM主导型雇佣关系模式下的员工管理困境和管理策略创新研究——可雇佣性的视角》，《理论探讨》2012年第2期。

② 朱飞、胡瑞博：《企业劳动关系管理研究在中国：改革开放40年来研究的回顾与述评》，《中国人力资源开发》2018年第10期。

③ Eli Friedman and Ching Kwan Lee, "Remaking the World of Chinese Labour: A 30-Year Retrospective", *British Journal of Industrial Relations*, Vol. 48, No. 3, 2010, pp. 507–533.

④ Friedman, E., Kuruvilla, S., "Experimentation and Decentralization in China's Labor Relations", *Human Relations*, Vol. 68, No. 2, 2015, pp. 181–195.

⑤ 常凯：《中国特色劳动关系的阶段、特点和趋势——基于国际比较劳动关系研究的视野》，《武汉大学学报》（哲学社会科学版）2017年第5期。

响，在雇佣关系的经济性、个别雇佣的从属性、劳工团结的必然性、劳资冲突合作的同一性等相关领域，自然会逐渐与国际劳动关系的特征相吻合。然而，鉴于中国的独特国情，包括其特有的政治和法律体系、特定的经济社会发展阶段，以及劳资双方的独特组成、意识和组织状态，都与其他国家和地区存在区别，从而形成了具有中国特色的劳动关系具体构成、运行和调整在具体制度和处理方法上必然存在差异。李宝元等人从逻辑与历史相统一的角度出发，并从雇主组织、劳动者身份地位以及政府角色演变等多维度入手，系统描述了中国近百年来劳动关系历史演变的总体走向，指出劳资两利、劳工异化与资本回归是中国劳动关系历史演变的基本线索，市场化、契约化与法治化是当代中国劳动关系健康和谐发展大趋势。① 李春生运用系统论，以效率高低和是否稳定为标志，发现市场经济体制改革进程中中国企业内劳动关系的发展和变化遵循一定的规律，这一过程可以概括为从"低效率稳定"到"高效率不稳定"再到"更高效率稳定"的演进趋势，是一条类似于 U 型曲线的演进路径。②

第三节　劳动关系调整及其转型研究与争鸣

一　当前中国劳动关系的调整机制与模式

在对改革开放以来中国劳动关系演变的研究中，劳动关系调整的机制、模式，特别是劳动关系调整的转型，是学者们关注的一个重要和热点问题。

对于当代中国劳动关系的调整机制，郭悦指出，应考虑公有制和非公有制部门劳动关系的差异，在区别不同的所有制结构的基础上，建立

---

① 李宝元等：《百年中国劳动关系演化的基本路径及走势》，《经济理论与经济管理》2015 年第 6 期。
② 李春生：《转型进程中我国企业劳动关系状况动态演进研究——基于系统论的视角》，《经济问题探索》2015 年第 7 期。

起差异化的劳动关系调节机制。在非公有制部门内部，应当采取一种"扶弱抑强"的政策，并建立能够平衡劳资力量的调节机制；在公有制部门内部，特别是在国有企业中，应当避免政治矛盾和冲突，保证社会安定。① 陈微波依据劳动契约和心理契约的局限性和互补性，把劳动关系的调整机制抽象化为劳动契约和心理契约相合。他指出，有效调整劳动关系，必须发挥劳动契约在调整方式上制度化、规范化的优势，将其与心理契约个性化、动态性、主观性的特点有机结合。② 穆随心在法律层面总结了劳动关系的调整机制，包括劳动合同法律调整、集体合同法律调整、劳动关系三方协商机制法律调整劳动争议处理的法律调整以及劳动关系的法律监督调整。③ 平新乔认为，应当依靠劳动力市场调整民营企业劳资关系，按照市场机制实现对于劳资矛盾平和、有效以及低成本地处置和化解，避免把由于市场不发育所带来的一切责任让企业承担并将其加以放大。④ 董克用认为，在改革开放以来的市场经济体制转型和劳动关系转变的进程中，调整劳动关系的主要机制包含了法律、政策、经济调和道德等各个领域。⑤ 常凯注意到，当前劳动关系调整机制并不完善，应当建立相应的纠偏机制，例如通过保障工会的自主性保护工人的权利，通过不当劳动行为立法，以法律救济等形式对工会进行必要的约束和纠正。⑥

当代中国劳动关系的调整模式是一个复杂的问题，对于有没有固定的劳动关系调整模式，各个学者有不同的观点。董克用否认存在劳动关系的一般性调整模式，提出中国只能建立政府主导型的劳动关系调节模

---

① 郭悦：《平衡劳动关系：建立真正的集体谈判制度》，《中国劳动》2005年第2期。
② 陈微波：《论劳动关系的调整机制——以劳动契约与心理契约的融合为视角》，《山东社会科学》2005年第1期。
③ 穆随心：《试论我国劳动关系的新特点及其法律调整机制——从社会主义市场经济视角》，《民主与法制》2005年第8期。
④ 平新乔：《关注民企劳资关系》，《中国改革》2005年第4期。
⑤ 董克用：《中国经济体制改革以来劳动关系的变化与调节机制》，《经济理论与经济管理》2001年第4期。
⑥ 常凯：《WTO：劳工标准与劳工权益保障》，《中国社会科学》2002年第1期。

第一章 中国改革开放以来的劳动关系演变

式,应当避免照搬西方发达资本主义国家工会的调节机制,后者尽管在保护工人权益方面发挥了一定积极作用,却一定程度上也阻碍了经济发展。① 常凯则认为,在市场经济条件下,劳动关系的调节模式有一般规律可循,可以借鉴一些西方市场经济国家的原则和做法,例如政府劳工政策应当更加向弱势一方的劳工倾斜,以及避免"三方机制"中将工人被排斥在外。② 张晓辉将目前世界各国的劳动关系划分"利益冲突型""利益一体型""利益协调型"三种调整模式,并在对其内涵进行分别界定的基础上指出,在当前中国市场经济体制转型过程中,最现实的选择是建立利益一体型的劳动关系调整模式,即突出双方利益的一致性,以劳资合作或利益一体作为基础。③ 朱时敏则侧重于法律调整,提出劳动法的调整范围应当涵盖包括劳动合同关系、企业内部行政管理关系以及劳动者权益保护关系,在实践中应当做到保护劳动者权益和规定劳动者的义务并重。④ 夏小林指出,在法律体系和工会及雇主团体尚未成熟的市场环境中,政府应利用其行政优势,初步建立起以政府为主导的劳动关系调整机制,随后逐渐过渡到由非政府组织主导的劳动关系调整模式,政府则转变为适度监管和裁决的角色,由此强调了政府在劳动关系调整模式构建中的关键地位和作用。⑤

二 关于劳动关系集体化转型的论争

针对 20 世纪晚期美国产业关系发展出现的新状况,在 20 世纪 80 年代,美国学者托马斯·寇肯(Thomas A. Kochan)等人提出传统的产业关

---

① 董克用:《中国经济体制改革以来劳动关系的变化与调节机制》,《经济理论与经济管理》2001 年第 4 期。
② 常凯:《关注我国劳动关系问题——转型时期劳动关系问题高层研讨会专家发言摘要》,《中国劳动》2004 年第 4 期。
③ 张晓辉:《利益一体:我国劳动关系模式的现实选择》,《工会理论与实践》2000 年第 2 期。
④ 朱时敏:《关于劳动关系的法社会学分析》,《太原理工大学学报》(社会科学版)2005 年第 2 期。
⑤ 夏小林:《私营部门:劳资关系及协调机制》,《管理世界》2004 年第 6 期。

系需要"转型"的观点①,并随即成为国际劳动关系学界的热点。常凯提出,当前中国劳动关系正在由个别劳动关系调整向集体劳动关系调整转型,这一转型也是市场经济国家劳动关系调整发展的一般特征。②

一般而言,个别劳动关系是指个别劳动者与雇主所结成的关系,其中包含劳动者和雇主两个劳动关系主体。个别劳动关系往往通过书面或口头的劳动合同来确定和规范双方的权利与义务,这种直接确立的个别劳动关系似乎形式上平等,实际却是一种从属关系。③集体劳动关系又被称为团体劳动关系,通常指劳动者集体或团体一方(通常以工会为代表)与雇主或雇主组织,就劳动条件、劳动标准以及有关劳资事务进行协商交涉而形成的关系,现实中的集体谈判关系、集体争议关系、职工参与管理关系等都属于此类关系。集体劳动关系的核心作用在于,通过工人的团结和集体行动,与雇主进行协商,以确定劳动条件和标准。不同于个别劳动关系的从属性,集体劳动关系表现出对等性的特征,劳动关系双方的力量能够获得相对平衡,在一定程度上,它也是为矫正个别劳动关系的从属性而产生的。④

常凯认为,2008年通过的《中华人民共和国劳动合同法》(以下简称《劳动合同法》)所规制和确认的劳动关系,在本质上依然属于个别劳动关系,要完成市场化劳动关系的转变,必须在此基础之上进一步建立并发展集体劳动关系。劳动关系集体化的转型过程,既可以通过政府主导自上而下地进行建构,也可以依靠劳动者自发行动自下而上进行推动。但这种个别劳动关系向集体劳动关系的转型并不能自然形成,推动转型的内在力量主要是劳动者自我保护的权利诉求,需要劳动者直接介

---

① [美]托马斯·寇肯、[美]哈瑞·卡兹、[美]罗伯特·麦克西:《美国产业关系的转型》,朱飞、王侃译,中国劳动社会保障出版社2008年版,第1—12页。
② 常凯:《劳动关系的集体化转型与政府劳工政策的完善》,《中国社会科学》2013年第6期。
③ 参见《马克思恩格斯全集》第48卷,人民出版社1985年版,第3—35页。
④ 常凯:《劳动关系的集体化转型与政府劳工政策的完善》,《中国社会科学》2013年第6期。

第一章　中国改革开放以来的劳动关系演变

入和参与,通过劳动关系各方的博弈才能形成的最终结果,缺少工人的参与则无法完成。① 而2010年夏季,在外资的南海本田汽车工厂发生了较大规模的工人停工事件②,成为中国劳动关系集体化转型的一个标志。工人的集体行动以及事后相关各方采取了理性的态度进行处置,推动了劳动关系集体化转型的两种途径的融合与相互促进。政府作为劳动关系调整的主导方,也需要在政策上做出转变,不能仅仅关注对个别劳动关系的调整,更要以此为基础,把重点放在集体劳动关系的构建和调整上,从而逐步实现政府协调下的劳资自治。在具体实践中,应当建立起一套以"一体多元"为特征的劳动关系调整系统,包括构建完善的劳动法律体系、执行集体合同制度、增强工会的功能、改进企业人力资源管理等方面,以促进集体劳动关系的形成和调整。③

许多学者也持有类似观点。程延园提出,中国劳动关系已从个别劳动关系的调整阶段发展到集体劳动关系的调整阶段,集体劳动关系规范、和谐与否已成为调整劳动关系的核心问题。④ 乔健等人进一步指出,在个别劳动关系向集体劳动关系转变的过程中,劳动争议越来越呈现集体性特征,劳动者的诉求也从基本权利逐渐转向发展利益,要求分享经济发展成果。⑤ 张立富通过比较中美两国当前劳动关系的转型过程指出,在劳动者集体处于绝对弱势的情况下,集体劳动关系不能逾越。在全球化的背景下,中国在未经历集体劳动关系得到充分成长的基础上,与发达国家保持同步,进一步发展个体劳动关系以及非标准雇佣关系,一方面需要重建集体谈判机制,另一方面需要规范新型雇佣关系的发展。而工会在劳动关系转型过程中,应当从国家行政机

---

① 常凯:《劳动关系的集体化转型与政府劳工政策的完善》,《中国社会科学》2013年第6期。
② 参见补牢《南海本田集体谈判始末》,《中国工人》2010年第9期。
③ 常凯主编:《中国劳动关系报告——当代中国劳动关系的特点和趋向》,中国劳动社会保障出版社2009年版,第53—61页。
④ 程延园:《集体谈判制度研究》,中国人民大学出版社2004年版,第31—32页。
⑤ 乔健等:《迈向"十二五"时期中国劳动关系的现状和政策取向》,《中国劳动关系学院学报》2011年第3期。

构转变为劳动者代表，以此实现职能的转变。[1] 洪芳指出，完全通过国家干预的方式无法解决劳动关系领域的所有问题，当前中国国家统合的劳动关系调整模式存在诸多问题，必须向协约自治模式转型。[2] 熊新发、曹大友以2008年为界限，将劳动关系演变划分为个体化阶段和集体化阶段，提出劳动关系转型受到"体制内"和"体制外"两种压力的共同影响，而后者是推动劳动关系向集体化方向转型的真正动力。[3] 吴清军、刘宇指出，只关注个人权益保护而忽视集体权益维护的政策框架，无法彻底确保劳动者的权益得到维护，完善和发展保障劳动者集体权益的政策是构建和完善劳动关系政策体系的当务之急。[4] 孟泉、陈尧进一步提出，集体劳动关系转型的关键在于弥补产业行动权的制度化缺位，应从地方应对产业冲突的现实经验中发掘治理空间，建立一套以基层工会建设为核心的策略体系来应对劳动关系冲突。[5] 潘泰萍则认为，要实现劳动关系集体调整机制的建立和完善，必须在宏观层面的战略导向、中观层面的集体谈判以及微观层面的工作场所实践之间实现协同配合。其中，中观层面的集体谈判是转型核心和重点，微观层面的工作场所实践是转型的基础。[6]

但也有部分学者对此提出质疑，或是提出了不支持上述结论的实证依据。游正林提出，劳动关系的集体化转型具有时代特殊性，并不能被冠以"一种历史进程"的称谓，中国的劳动关系并没有出现所谓"集体化转型"，基层劳动者的一些集体行动事件也不足以推动这一进程。对劳

---

[1] 张立富：《中国和美国劳动关系转型的比较分析》，《中国人力资源开发》2010年第4期。

[2] 洪芳：《我国劳动关系调整模式转型》，《人民论坛》2014年第14期。

[3] 熊新发、曹大友：《劳动关系集体化转型的历史回顾与治理启示》，《中国行政管理》2016年第5期。

[4] 吴清军、刘宇：《劳动关系市场化与劳工权益保护——中国劳动关系政策的发展路径与策略》，《中国人民大学学报》2013年第1期。

[5] 孟泉、陈尧：《中国劳动关系集体化转型趋势下的产业行动治理策略研究》，《中国人力资源开发》2014年第7期。

[6] 潘泰萍：《新世纪中国劳动关系调整模式的转型研究》，博士学位论文，首都经济贸易大学，2012年。

第一章 中国改革开放以来的劳动关系演变

动关系"转型"的另一种解读则是,党和政府的力量和影响逐渐深入私营企业,带动私营企业处理劳动关系的方式方法发生根本变化。① 孙永生虽然认可劳动关系集体化转型是劳动关系结构和调整方式发展的必然趋势,但同时指出,中国劳动关系集体化转型不能依赖工人自发的集体行动,而必须在政府的合理引导下,通过合适的顶层设计来推动。首要任务是改革体制内企业工会的角色和职能,在此基础上构建集体劳动关系法律体系,从而推动形成集体劳动关系调整机制。这种路径和西方资本主义这一发展轨迹与西方资本主义市场经济国家采取的路径截然不同,后者通常是首先制定集体劳动关系的法律,接着通过法律规范自发形成的工会组织和集体行动的流程,从而逐步改进集体劳动关系的调整体系。② 李干从实然性和应然性两个维度出发,对劳动关系集体化转型提出质疑,认为集体化转型既不符合现代劳动关系的发展潮流,又在中国存在现实障碍。中国劳动关系的未来发展应当在集体谈判模式与人力资源管理模式的竞争和互动中,在完善工会体制、培育企业社会责任以及发展现代化人力资源管理的基础上,寻求一条符合法治要求与和谐价值的劳资平衡之路。③ 孙中伟等人基于课题组的田野调查,并利用 2006—2010 年珠三角地区农民工调查问卷的数据进行实证研究,提出 2008 年颁布的《劳动合同法》对农民工集体维权行动产生了两种截然相反的影响,即使他们更加敢于集体维权的同时,又间接降低了员工选择集体维权的倾向,使他们更倾向于通过制度化和个体化的方式来解决纠纷,而非诉诸激烈的集体行动。因此,他们得出结论,《劳动合同法》一方面通过加强和改进个体劳动标准,直接促进了个体化劳动关系的形成;另一方面,该法律也通过提升企业的人力资源管理能力,间接地推动了个体化劳动关系的构建,进一步加快了中国劳动关系的"个体化"发展趋

---

① 游正林:《对中国劳动关系转型的另一种解读——与常凯教授商榷》,《中国社会科学》2014 年第 3 期。

② 孙永生:《推进工会体制创新是中国劳动关系集体化转型的根本路径——与常凯教授和游正林教授商榷》,《中国劳动关系学院学报》2017 年第 3 期。

③ 李干:《劳动关系转型的另一种思考》,《广西社会科学》2016 年第 9 期。

· 23 ·

势。这样的制度安排，尽管使得企业的一线员工在进入企业内部劳动力市场之后，仍有可能采取集体化方式维护自身权益；但在很多国有、外资和大型企业中，注重合作的个体化人力资源的维权路径很可能取代依靠劳工联合、强调对抗的集体化维权路径。①

第四节 马克思主义政治经济学视角下的初步探索

一 对当代中国劳动关系变局的多维关注

自20世纪90年代末到21世纪10年代中期，国内研究马克思主义政治经济学的一部分学者开始从不同角度关注改革开放以来中国劳动关系出现的新变化。其中，较为主流的一派从经典马克思主义政治经济学理论出发，对此寻求合理的解释并探索政策依据。

刘凤义提出了一个马克思主义政治经济学基于"技术—制度—绩效"范式，对劳动关系进行分析研究的基本框架。这一分析框架具有普遍性，能够解释资本主义劳动关系的发展历程，以及当代资本主义劳动关系的多元复杂特性，也可以分析研究社会主义市场经济条件下劳动关系演变规律，从而助推和谐劳动关系构建。② 具体来看，改革开放以来，中国劳动关系的转型，是技术进步、制度变迁和体制转轨同时作用，共同推动的结果。技术进步的作用表现在推动农业社会向工业社会转变；制度变迁的作用表现在推动单一公有制向公有制为主体、多种所有制并存的所有制结构转变，形成劳动关系运行的核心制度；体制转轨的作用表现在推动计划经济向市场经济的转变，形成劳动关系运行的"保护带"制度。这三重转变从不同层面对劳动关系的演变产生了深远影响。目前，中国劳动关系较以往出现了更多的矛盾和冲突，原因就在于三重转变的力量会聚。张立富、王兴化

---

① 孙中伟等：《内部劳动力市场与中国劳动关系转型——基于珠三角地区农民工的调查数据和田野资料》，《中国社会科学》2018年第7期。
② 刘凤义：《劳动关系研究中的马克思主义分析框架——兼谈资本主义劳动关系的演变》，《马克思主义研究》2012年第9期。

第一章 中国改革开放以来的劳动关系演变

从马克思劳资关系理论出发,考察了全球劳动关系的演变,并结合中国实际状况指出,当前中国即便在劳动关系发展的当前阶段,资本权力与劳动者权益之间、管理层权限与劳动者权益之间的矛盾和冲突仍旧无法完全消除。在企业竞争力一定的情况下,通过在劳动关系内部减弱资本和管理的优先权对劳动关系的过度控制,寻求更为平衡的权力与利益关系,是实现劳动权益保护的根本途径。在劳动关系外部,需要完善公共保障体系,同时保护雇佣劳动者和非雇佣劳动者的劳动权益。① 权衡从马克思经典劳资关系理论框架出发,以比较的视角论证了当代中国劳资关系的生产方式与制度基础、外部环境、制度条件和环境、实质与核心均有所差异,不同于马克思时代的劳动异化及其劳资对抗矛盾。他同时提出,"劳动—资本"关系及其内在变迁依然是贯穿中国经济增长和转型的主线,重新构建劳资互利共赢的和谐劳资关系,必须从转变发展方式出发,通过全面深化改革,特别是推动要素市场化改革实现。② 蔡万焕借鉴马克思分析管理劳动二重性的视角指出,政府与市场关系,实质上是国家与资本、劳动的关系,处理好三者关系,必须遏制过度市场化倾向,做强做优做大国有企业,落实国有企业劳动关系。③

也有一些学者吸收了当代西方马克思主义政治经济学不同流派的研究范式和方法,试图用不同于经典劳资关系的理论去进行阐释,为当代中国劳动关系研究提供崭新视角。

谢富胜等在对马克思主义劳动过程理论进行长期系统研究④的基础上,糅合了戴维·蒙哥马利(David Montgomery)、哈里·布雷弗曼(Harry Braverman)、理查德·爱德华兹(Richard Edwards)对马克思经典劳动过

---

① 张立富、王兴化:《马克思劳动关系理论与全球劳动关系的演变》,《中国劳动关系学院学报》2017年第6期。
② 权衡:《当代中国"劳动—资本"关系的实践发展与理论创新》,《复旦学报》(社会科学版)2015年第5期。
③ 蔡万焕:《国家、资本与劳动——社会主义市场经济下政府与市场关系辨析》,《教学与研究》2017年第10期。
④ 参见谢富胜、宋宪萍《资本主义劳动过程研究:从缺失到复兴》,《马克思主义研究》2011年第10期。

· 25 ·

程理论的发展，考察了资本及其代理人从资本积累出发来控制劳动过程的组织方法。他指出，当前中国很多私营企业依附于跨生产网络边缘进行各种外包、转包制造过程，迫切需要借鉴发达国家工作场所组织变迁过程中对劳资冲突调节的经验，抑制等级控制、分工细化、劳动的碎片化和去技能化等消极作用，探索建立相对和谐的劳资关系。①孟捷、李怡乐分别从马克思和波兰尼的视角分析了劳动力作为商品的政治经济学内涵，从概念上明确了劳动力商品化与无产阶级化的区别和联系，并从劳动关系由市场化和契约化转变并出现完备的产业后备劳动力群体、显著增加的农民工人口和农村家庭对工资性收入的依赖、非正规雇佣的增长和劳动合约覆盖面的变化、工人的组织化程度和自发性斗争以及工资决定模式、与劳动力再生产相关的公民社会权利的商品化五个维度对改革开放以来雇佣关系的演变，以及劳动力商品化进程进行了经验分析。他们提出，中国劳动力市场的构建和劳动力商品化进程的持续展开，基本上佐证了卡尔·波兰尼（Karl Polanyi）的观点，即市场深度和广度的拓展将促成对劳动者及其就业家庭的保护的反向倒逼机制。自21世纪以来，中国对于劳动者和就业家庭的反向保护，就是来自社会顶层和底层双方力量共同作用的结果。②马艳等人借鉴了西方马克思主义"资本积累的社会结构理论"（Social Structure of Accumulation, SSA），构建了"中国积累的社会结构理论"（CSSA）及其动态演进逻辑，并依托现实数据得出近年来中国在劳资关系上的"拐点式"转变，即劳动者与"多元"资本相结合，衍生出"复杂"的劳资关系，进而转为"和谐化"的劳动关系趋势③，并提及了这一过程中农民工的"半无产阶级化"命题。④丁晓钦、郭艳青借用了西方新马克思主义学

---

① 谢富胜：《从工人控制到管理控制：资本主义工作场所的转型》，《马克思主义研究》2012年第12期。

② 孟捷、李怡乐：《改革以来劳动力商品化和雇佣关系的发展——波兰尼和马克思的视角》，《开放时代》2013年第5期。

③ 马艳、王琳、杨培祥：《"中国特色社会主义新时代"的资本积累的社会结构理论》，《学术月刊》2018年第10期。

④ 马艳、王琳、张沁悦：《资本积累的社会结构理论的创新与中国化探讨》，《马克思主义研究》2016年第6期。

者大卫·哈维（David Harvey）"资本修复"理论，针对资本追求价值增殖的本性和衍生出的劳动异化问题，构造出"劳动修复"的概念。在实践中必须以劳动修复为切入点解决好当前的收入分配问题，提升劳动力价值构成中的教育和培训费用，改善劳动者收入和福利，体现劳动者的重要地位，使劳动关系稳定和谐，最终实现劳动者个人自由而全面的发展。[①] 贾蕴琦运用法国调节学派的方法，从制度对微观和宏观的弥合作用角度，提出如何在经济全球化的背景下，平衡国内市场与国外市场的关系，使之和以人为本、构建和谐社会的发展概念紧密结合，是中国和谐劳资关系的构建方向。[②] 刘皓琰、李明考察了网络生产力催生的新型经济模式及其引发的劳动关系新变化，提出先进的生产力和科技则是我们实现发展成果共享的重要手段，但是必须警惕以共享名义进行资本网络渗透，推行资本对劳动的强化控制。[③]

二　对上述研究的简短评论

虽然在经典的马克思主义政治经济学研究体系中，以劳动和资本之间的矛盾和斗争所组成的劳动关系是"全部现代社会体系所围绕旋转的轴心"[④]，但在社会主义市场经济体制从建立到完善的历史进程中，却鲜有马克思主义政治经济学视角出发专门针对中国劳动关系发展演变的系统性研究。这其中，原因无外有二：一是社会制度和经济制度上的差异，造成了以阶级斗争为实质内容的经典马克思主义劳资关系理论无法自然融入当代中国劳动关系的研究框架。这就导致为数众多的马克思主义政治经济学文献有意或无意地规避了这一地带，或是单纯从制度和体制、

[①] 丁晓钦、郭艳青：《马克思主义视阈下的劳动修复及其当代意义》，《马克思主义研究》2014年第10期。

[②] 贾蕴琦：《改革开放四十年中的劳资关系——基于调节学派角度的尝试性解释》，《当代经济》2018年第24期。

[③] 刘皓琰、李明：《网络生产力下经济模式的劳动关系变化探析》，《经济学家》2017年第12期。

[④] 《马克思恩格斯文集》第3卷，人民出版社2009年版，第79页。

机制的建构上对劳动关系构建进行描述或阐释，无法上升到规律性或趋势性的系统研究。二是在分析范式和研究方法上还存在短板，到21世纪10年代中期，已经有相当一部分学者逐渐接受并引入当代西方马克思主义政治经济学各个流派对于劳动关系的研究成果，对于其在范式和方法上超越马克思主义经典劳资关系理论，具有现实解释力的一面给予充分肯定，同时在思考如何构建本土化的研究范式和方法。所以，马克思主义政治经济学对于当代中国劳动关系的演变，到目前为止更多的是一种侧面的关注，并提供某种试探性的研究和解决思路。

与之相对应的则是，近年来社会学、管理学等其他学科对于劳动关系领域的介入却是越来越深，以至于给人一种劳动关系的研究本属于马克思主义政治经济学以外的某个学科的错觉。实际上，在马克思主义的语境当中，劳动关系是对工作关系控制过程的研究。[①] 但随着20世纪50年代以来系统论和多元主义的兴起，强调制度、结构以及意识形态一致性的研究范式成为劳动关系研究的主流，[②] 传统的马克思主义政治经济学分析范式则不断受到排斥，以至于劳动关系研究始终无法走出经验主义窠臼。这种缺乏抽象层次的理论建构与多学科对话的局面，同样体现在当前国内的研究成果当中。从马克思主义政治经济学视角来看，劳动关系的具体内容和实现形式，是一个国家的生产力、生产关系和上层建筑综合作用的结果。在全球化时代，中国劳动关系发展既带有世界范围内技术变迁、分工深入和劳资矛盾扩展带来的普遍性，也带有社会制度尤其是意识形态所引发的特殊性。因此，包括劳动关系转型在内的很多争议实际上是内在兼容的。但遗憾的是，马克思主义政治经济学的相关研究并没有引起国内劳动关系领域的足够重视。部分原因在于，马克思经典的资本与雇佣劳动理论难以直接用来解释中国劳动关系发展的现实

---

① ［英］理查德·海曼：《劳资关系——一种马克思主义的分析框架》，黑启明译，中国劳动社会保障出版社2018年版，第8页。
② 吴清军：《结构主义与经验主义的制度研究及转向——欧美劳动关系理论研究述评》，《社会学研究》2015年第3期。

复杂性。也有部分原因在于，一些当代理论建构过于宏观，且带有较为明显的社会制度、国别属性，难以直接运用并总结出中国劳动关系发展更为具体的阶段性特征。这种状况客观上造成了国内马克思主义政治经济学与社会学、管理学对劳动关系研究的日益脱节。

20世纪80年代之后，随着欧美劳动关系研究的整体衰落，学界开始反思研究传统，马克思主义政治经济学、策略选择模型以及劳动关系平衡理论等在打破结构主义、反思经验主义方面有了较大进展。[①] 在对中国本土劳动关系的研究中，经验导向无疑是重要的，有助于我们不断积累相关素材、发现关键证据；但是经验导向必须和科学的理论导向结合在一起才能发挥应有的作用。当前，马克思主义政治经济学理应及时回归当代中国劳动关系发展演变的研究视野，为不同学科、层次的研究提供更为丰富的方法和论域，从更加宏观的维度上发挥引领作用，为广大研究者创造对话和交流的契机，缓解不同学科各自为政的局面。

---

① 吴清军：《结构主义与经验主义的制度研究及转向——欧美劳动关系理论研究述评》，《社会学研究》2015年第3期。

第二章

紧扣社会主要矛盾变化把握劳动关系演变

第一节 马克思主义政治经济学视域下的劳动关系

一 马克思对资本主义劳动关系的剖析

政治经济学最为系统地研究劳动关系始于马克思。马克思在政治经济学历史上第一次用科学的方法研究了劳动关系的产生、发展与演变，并深入透彻地研究了资本主义生产关系下劳资关系的基本性质和运动规律，对同时代的欧洲和美国工人运动，以及西方劳动关系理论的形成与发展，都带来了极其深远的影响。

马克思的劳动关系理论所研究的核心就是雇佣劳动与资本的关系，二者又分别代表了资本主义制度下资本家与工人两大对立的阶级。因此，马克思的劳动关系理论又是劳资关系理论，劳资关系的本质又是由生产资料所有权所造成的阶级利益关系，它对整个生产过程的矛盾和性质起着决定性的作用，它是资本主义生产关系中本质、核心的环节。这种工人阶级同资产阶级之间的利益关系，是根本对立的，劳资矛盾中对抗的一面是主流，资本主义经济制度的发展总体趋向于强化而非弱化劳资之间的矛盾和冲突，从根本上不可能调和劳资对立。

在马克思的研究中，资本主义劳动关系最为鲜明的特征，就是资本对劳动的占有和剥削。尽管从表面上看，二者是公平对等的交易关系，资本家向劳动者支付工资，得到了完全受自己支配的劳动；工人凭借让渡自身劳动的使用权，从资本家那里得到一定数额的货币即工资。但当进入资本主义生产过程之后，表面的平等和自由就会消失殆尽。马克思在区分了劳动与劳动力的基础上指出，资本家从工人手中购买的商品是劳动力，其独特之处在于，它在生产过程中具有创造超出其本身价值的能力。在劳动力商品结束交易，进入实际消费环节之后，资本主义生产过程就会使资本家行使自己作为商品购买者的权利，占有并支配劳动力，使它的使用价值尽可能完全发挥，亦即通过工人劳动创造出剩余价值，并将其无偿占有，形成对工人的剥削。由此可见，资本主义劳动关系借助市场机制和价值规律建立了起来，尽管具有形式上的平等，但实质上却是资本家对工人强制性的控制与剥夺，工人对资本家无条件的依附与服从。但是，马克思在论述工人与资本家在生产过程中尖锐对立的同时，明确提及了二者在生产过程中的统一性。资本和劳动作为两个最基本的生产要素，二者在生产过程中缺一不可，只有结合在一起才能使生产过程顺利完成，进而劳动力所有者与资本所有者事实上存在着生产过程中的相互依赖性与利益的一致性。例如，以机器为代表的生产工具若不投入劳动过程，便无法发挥其功能，"活劳动必须抓住这些东西，使它们由死复生，使它们从仅仅是可能的使用价值转化为现实的和起作用的使用价值"①。同样，从生产要素的角度来看，资本对于劳动而言在生产过程中也具有重要意义，如果生产过程无法实现劳动力与作为不变资本的生产要素的结合，就无法发挥作用，也无法形成社会生产力，尽管这一结合过程是被动进行的。

马克思主义视域中的劳动关系，不仅是具体的，也是历史的。资本主义以前的社会由于是自然经济社会，不存在典型意义上的、大范围的资本主义生产方式，因而不存在经典意义上的劳资关系；而随着资本主义被更高级的社会形态取代，劳资关系也就随着雇佣劳动制度的终结而走向尽头。因此，这种以劳资对立为特征的劳动关系只是暂时性的，进

---

① 《马克思恩格斯文集》第5卷，人民出版社2009年版，第214页。

一步地，当阶级社会消亡之时，阶级对立也就自然从劳动关系中消失。并且，随着资本主义生产力的不断进步，劳资关系不是一成不变的，而是向着更加有利于资本积累的趋势不断发展演变，劳动对资本，从而工人对于资本家由形式上的隶属不断发展到实质上的隶属，后者对前者的控制、占有与分化总体上不断加强，也正因如此，最终导致了资本主义劳动关系乃至整个生产关系的瓦解。

马克思所著的《1857—1858年经济学手稿》，在经济学史上首次严格、彻底区分了劳动与劳动力，走出了古典政治经济学将二者混为一谈的理论与实践误区。这标志着马克思劳动关系理论走向成熟。"劳动者出卖的不是劳动而是劳动力，工人同资本进行交换的，是他例如在二十年内可以耗尽的全部劳动能力。"[①] 在《资本论》第一卷中，马克思进一步证明了劳动力成为商品是货币转化为资本，进而资本主义生产过程得以实现的前提，这是资本主义生产资料私有制的必然。劳动力作为一种特殊的商品，依然具有使用价值和价值，只不过具有某种程度上的特殊性。"同任何其他商品的价值一样，劳动力的价值也是由生产从而再生产这种独特物品所必要的劳动时间决定的。"[②] 而劳动则是劳动力的使用价值，这一使用价值的获取，需要资本家支付劳动力作为商品的价值，也就是现实中以货币形式存在的工资。资本家作为劳动力商品的消费者，需要将其置于自己的消费过程，亦即生产最终产品的生产过程，使工人在生产过程中凭借劳动生产出剩余价值。"它的使用本身具有成为价值源泉的特殊属性，因此，它的实际消费本身就是劳动的物化，从而是价值的创造。"[③] 这就是说，劳动力的使用价值就在于通过劳动力所有者的劳动，使自身的价值在生产过程中加入所生产的产品和服务当中，而且能额外生产出更多的价值，也就是剩余价值。马克思通过研究阐明，工人创造的这部分剩余价值源于生产过程中的剩余劳动，而资本家未支付任何报

[①]《马克思恩格斯全集》第30卷，人民出版社1995年版，第251页。
[②]《马克思恩格斯文集》第5卷，人民出版社2009年版，第198页。
[③]《马克思恩格斯全集》第44卷，人民出版社1979年版，第194—195页。

酬便将其据为己有,这与对必要劳动的补偿是不同的。因此,在资本主义体系下,劳资关系本质上体现为资本家利用对生产资料的所有权,无偿占有工人创造的剩余价值,从而形成一种剥削关系。

马克思同样对资本主义劳资关系的发展演变进行了动态考察,并将其总结为雇佣劳动对资本从形式上的隶属加深为实际上的隶属。随着资本主义生产关系占据主导地位,工人只能通过出卖自己的劳动力,凭借为资本创造剩余价值来求得生存。此时,"劳动过程变成价值增殖过程的手段,变成资本自行增殖过程即生产剩余价值过程的手段。劳动过程从属于资本(它是资本本身的过程),资本家作为管理者、指挥者进入这个过程;这个过程对资本家来说,同时又是直接剥削他人劳动的过程"[1]。这是劳动对资本形成隶属关系的第一步,是对资本形式上的隶属。表现为"劳动过程在形式上从属于资本,即劳动过程被置于资本的控制之下,就在于工人作为工人受资本或资本家的监督,因而受其支配"[2]。但是,这种隶属关系仅仅是一种较低层次上的隶属,劳动者在生产的技艺上并没有受到资本的进入而产生退化,在脱离雇佣劳动关系的情形下,依然保有从事独立生产的某些可能性。因而,资本家对工人的控制有待进一步提高,并且在加强控制的同时对劳动者进行分化。

马克思提出,劳动对资本"形式上的从属的一般特征是始终存在的,这就是劳动过程直接从属于资本"[3]。随着资本主义生产力的不断进步,资本主义生产过程中的剩余价值生产方式逐渐由绝对剩余价值生产过渡到相对剩余价值生产,劳动借以进行的方式,即技术和工艺也随着协作、分工以及机器大工业的出现开始被一步步分化和瓦解。"在这个基础上,一种在工艺方面和其他方面都是特殊的生产方式,一种使劳动过程的现实性质及其现实条件都发生变化的生产方式——资本主义生产方式建立

---

[1] 《马克思恩格斯文集》第 8 卷,人民出版社 2009 年版,第 500 页。
[2] 《马克思恩格斯全集》第 47 卷,人民出版社 1979 年版,第 100 页。
[3] 《马克思恩格斯文集》第 8 卷,人民出版社 2009 年版,第 516 页。

起来。资本主义生产方式一经产生，劳动对资本的实际上的从属就发生了。"① 在工场手工业以及之后出现机器大工业中，伴随着生产组织形式的进化，工人一步步降级成为丧失完整技能的、附属于机器的、片面的、畸形的劳动者，不仅失去了独立生产者的现实性，连独立从事任何生产活动的可能性也丧失了。"他通过他的劳动方式本身变成了资本的附属物，因为他的技能只能在一个工厂里，只能作为代表资本的存在与工人相对立的机构的环节才能发挥作用。""因此，他现在从属于资本主义生产，受资本的支配，不只是由于他缺少劳动资料，而且是由于他的劳动能力本身，由于他的劳动的性质和方式。"② 不仅如此，伴随着机器的使用，资本有机构成逐渐提高，数量众多的工人被排挤出就业队伍，成为相对过剩人口抑或被称为产业后备军。相对过剩人口的累进生产不仅加剧了在业工人之间的竞争，同时加剧了在业工人与失业工人之间的竞争。"失业工人的压力又迫使就业工人付出更多的劳动，从而在一定程度上使劳动的供给不依赖于工人的供给。"③ 相对过剩人口的出现，彻底强化了工人阶级对资本家阶级整体上的隶属关系，正如马克思在探讨简单再生产过程中所阐述的，"从社会角度来看，工人阶级，即使在直接劳动过程以外，也同死的劳动工具一样是资本的附属物"④。这样，劳动对资本从形式上的隶属加深为实际上的隶属，是资本主义劳动关系演变的一个重要节点，资本对劳动已经建立起有效的控制和分化。

资本主义下制度下的劳资关系及其运行，一方面极大地推动了生产力的发展，促进了生产的日益社会化；另一方面，它也加深了资本主义基本矛盾和两大对立阶级之间的矛盾和冲突，从而为资本主义及其劳资关系的终结奠定了主观和客观的条件。"一旦资本主义生产方式站稳脚跟，劳动的进一步社会化，土地和其他生产资料的进一步转化为社会地使用的即公共

---

① 《马克思恩格斯文集》第 8 卷，人民出版社 2009 年版，第 516 页。
② 《马克思恩格斯全集》第 47 卷，人民出版社 1979 年版，第 319 页。
③ 《马克思恩格斯文集》第 5 卷，人民出版社 2009 年版，第 737 页。
④ 《马克思恩格斯文集》第 5 卷，人民出版社 2009 年版，第 661 页。

的生产资料,从而对私有者的进一步剥夺,就会采取新的形式。……随着那些掠夺和垄断这一转化过程的全部利益的资本巨头不断减少,贫困、压迫、奴役、退化和剥削的程度不断加深,而日益壮大的、由资本主义生产过程本身的机制所训练、联合和组织起来的工人阶级的反抗也不断增长。……生产资料的集中和劳动的社会化,达到了同它们的资本主义外壳不能相容的地步。这个外壳就要炸毁了。资本主义私有制的丧钟就要响了。"① 马克思所指的"劳动的社会化"与社会使用的生产资料在19世纪后半期已经出现端倪。一方面,他观察到"工人自己的合作工厂"诸如此类的自我调节措施,在一定程度上减轻了劳资关系中的对抗和紧张状态。"在旧形式内对旧形式打开的第一个缺口",尽管这种生产组织的创新"到处都再生产出并且必然会再生产出现存制度的一切缺点。但是,资本和劳动之间的对立在这种工厂内已经被扬弃,虽然起初只是在下述形式上被扬弃,即工人作为联合体是他们自己的资本家,也就是说,他们利用生产资料来使他们自己的劳动增殖。这种工厂表明,在物质生产力和与之相适应的社会生产形式的一定的发展阶段上,一种新的生产方式怎样会自然而然地从一种生产方式中发展并形成起来"②。另一方面,股份公司的兴起直接改变了生产资料仅由个别资本家掌控的局面,逐步向集体所有权转变。马克思对股份公司的发展持肯定态度,并认为这是一种积极的信号:"资本主义的股份企业,也和合作工厂一样,应当被看作是由资本主义生产方式转化为联合的生产方式的过渡形式,只不过在前者那里,对立是消极地扬弃的,而在后者那里,对立是积极地扬弃的。"③ 但是,马克思同样认识到,股份公司尽管深刻改变了生产的组织形式,却没有触动生产资料的资本主义私有制,因而也不可能改变资本主义生产关系的本质属性,阶级对立以及劳动过程中的隶属、控制也没有消失。无论是股份公司还是合作工厂,它们依然要依靠剥削工人的剩余价值而生存发展,服从并服务于资本积累

---

① 《马克思恩格斯文集》第5卷,人民出版社2009年版,第873—874页。
② 《马克思恩格斯文集》第7卷,人民出版社2009年版,第499页。
③ 《马克思恩格斯文集》第7卷,人民出版社2009年版,第499页。

的劳资关系,必然会加剧资本主义经济社会的各种固有矛盾,从而周期性地导致资本主义危机爆发,资本主义经济制度也必然会从危机爆发中走向终结。

二 当代西方马克思主义政治经济学对劳动关系的探索

马克思主义在西方劳动关系理论的形成中扮演了关键角色,它不仅为劳动关系理论的演进提供了坚实的理论支撑,也奠定了坚实的意识形态基础。第二次世界大战(以下简称"二战")结束后,当代马克思主义劳动关系理论迎来复兴,当时学术界对盛行的多元主义产业关系理论进行了深入的批判和反思。需要指出的是,"劳动关系"这一概念本身也一定程度上受到了马克思主义者的质疑,因而更倾向于以"产业关系"代之。这其中,英国学者理查德·海曼(Richard Hyman)等人为代表的"冲突—协调"理论无疑最具有代表性。

海曼的"冲突—协调"理论在其代表作《劳资关系——一种马克思主义的分析框架》一书中得到了集中呈现。海曼提出,以邓洛普(J. T. Dunlop)、弗朗德斯(A. Flanders)和克莱格(H. A. Clegg)为代表的多元主义产业关系理论,过分地强调了产业关系体系的稳定性以及规则的重要性,这导致产业关系的另一关键方面——日常互动中的主体行为被有选择地忽视,同时掩盖了在规则之下仍然可能存在的劳资冲突和阶级矛盾。基于此,海曼构建了一套以利益、冲突、权力、控制等基本概念为基础的劳动关系运行机制,并对此进行归纳和概括。在方法论上,海曼特别强调应当把"劳动关系"视作社会生产关系中的一个因素来把握[1],其发展受到资本主义的结构和动力以及雇主的发展战略的强有力影响。由此,他提出了以"冲突与协调"为核心的劳动关系辩证法:冲突与协调是一对矛盾,但又是产业关系中无法回避的两个方面,可以产生规范和混乱两种压迫间的紧张状况,是资本主义社会生产关系的一个

---

[1] [英]理查德·海曼:《劳资关系——一种马克思主义的分析框架》,黑启明译,中国劳动社会保障出版社2008年版,前言。

必然反映：一方以另一方的存在为条件，这种紧张状况必然会对工会的职能有所限制。① 劳动关系的动态变化总是伴随着合作与冲突的交替。自从雇佣关系形成以来，劳资双方之间的利益分歧主要源于劳动者出卖劳动力商品，换取工资的过程中双方利益的对立。同时，由于劳动对资本的依赖导致的双方不平等关系，也成为激化矛盾的一个因素。无论是公开的还是隐藏的冲突关系，都来源于产业与社会中的利益冲突，又与资本主义经济系统中互相矛盾的趋势和运转过程紧密相连。② 一旦利益冲突出现，就意味着劳资双方为了保护自己或扩大自己的利益而开始博弈，也促使他们动用其能够获取的个人或集体社会资源投入博弈过程。在这个过程中，工人或工人团体会采取多样化的策略来运用他们掌握的资源，进而构建起自己的权力基础。当这种力量在与雇主的互动中产生影响时，劳资双方对劳动关系的控制机制便开始运作。虽然这一过程中可能会有妥协发生，但劳资之间的权力斗争是一个永恒的主题。③

美国学者哈里·布雷弗曼（Harry Braverman）与迈克尔·布若威（Michael Burawoy）则是在丰富的工厂工作与调查研究的基础上，从各自不同的角度对冲突和协调进行了诠释。布雷弗曼在《劳动与垄断资本》一书中研究了垄断资本主义时期所特有的各种技术变化对工作性质和工人阶级的组成（与分化）所造成的影响，认为工人与资本家的冲突和协调，在劳动过程中集中地表现为资本对劳动的控制，以及由此带来的劳动退化。进入20世纪以来，技术革命和产业升级继续沿着资本强化对劳动控制的逻辑发展，随着自动化和数字化设备的普遍使用，劳动力作为生产过程的客观要素地位依然在下降，工人的劳动被简化为种种标准化的动作形式，工人被视为一种生产工具。而布若威在《制造同意》一书

---

① ［英］理查德·海曼：《劳资关系——一种马克思主义的分析框架》，黑启明译，中国劳动社会保障出版社2008年版，第135页。
② ［英］理查德·海曼：《劳资关系——一种马克思主义的分析框架》，黑启明译，中国劳动社会保障出版社2008年版，第21页。
③ 孟泉：《寻找传统——马克思主义劳动关系经典理论述评及启示》，《东岳论丛》2013年第3期。

中给出的解释是，资本对劳动的"控制"或者"强制"背后则是资本对于生产力发展的驾驭，使得工人在技术变迁与协作分工的过程中产生了与资本相同的经济目标，这种利益取向的一致性使劳动服从于资本的安排，使协调的出现成为可能。

以米歇尔·阿格里耶塔（Michel Aglietta）、阿兰·利皮茨（Alain Lipietz）、罗伯特·博耶（Robert Boyer）等学者组成的法国调节学派（Regulation School）从历史视角出发，认为资本主义的发展是由不同的积累体制所组成的，对每一种积累体制而言，都有与之相适应的特定的调节方式，它对积累过程起着主导作用。[①] 博耶将劳动关系定位于"制度形式"的一种。对于资本主义生产方式而言，"制度形式"主导并具体约束资本积累和经济发展的过程，其中最核心的部分就是规定商品交换关系和雇佣劳动关系的制度集合。资本主义生产方式正是通过一定的制度制约着资本的积累过程和经济的发展过程，资本主义社会中基本的"制度形式"就是商品交换关系与雇佣劳动关系的制度化与规范化。劳资关系是资本主义生产方式中，作为核心特征的雇佣劳动关系得以制度化的体现，它展现在多样化的生产组织结构、工人阶级的生活状态和劳动力的再生产方式中。具体来说，劳资关系包含生产资料的性质、劳动的社会和技术分工、工人的收入决定机制、与商品的使用以及市场外的公共服务有关的工人的生产方式、工人积极性的调动以及对企业的具体的依附形式。博耶还从历史唯物主义的视角出发，分析了劳资关系在历史上曾经出现的三大类型：第一类是古典竞争式的劳动关系，工人的消费在很大程度上在非资本主义的范围内实现；第二类是泰勒式的劳动关系，工人的生活没有随着劳动过程的科学化和劳动生产力的巨大提高而有明显改善；第三类是福特式的劳动关系，由于有强大的工会和集体谈判，工人的消费是与群众生产相适应的群众消费。[②] 相应地，资本主义

[①] 陈叶盛：《调节学派理论研究》，中国人民大学出版社2012年版，第8页。
[②] Boyer R., *The Regulation School, A Critical Introduction*, Columbia University Press, New York, 1990, pp. 37–38.

经济发展主要经历了三种积累体制：外延型积累、没有群众消费的内涵型积累和伴有群众消费的内涵型积累。

在调节学派看来，劳动关系是由塑造就业合同的各种制度和这些制度与当前调节模式的相容性之间在多大程度上互补来定义的。例如，根据博耶的定义，劳动关系包括"生产资料的类型；劳动的社会和技术分工；企业吸引和留住工人的方式；工人收入的直接和间接决定因素以及工人的生活方式"。在这里，劳动关系依然保有某种马克思主义渊源，因其视赚取工资的阶层（工人阶级）为一种政治主体，其社会构建方式、交换关系以及对其他社会代理人的顺从或者与他们的冲突在整个经济运行中起着决定性作用。调节学派的一个鲜明特色是：作为资本主义制度下生产活动社会化的过程，一种特定的劳动关系取决于控制着对赚取工资劳动的运用的一套法律和制度条件，它持续不断地在使自己适应于积累过程中所产生的冲突和限制。这样一来，调节理论认为，劳动关系在结构上与其他两种制度形式，即货币体制和竞争形式形成互补关系。当金本位制度下的货币限制十分严格时，劳动关系就必须相对灵活；当政治运动改变了直接的工资和福利时，一种相适应的货币体制和寡头竞争就必须使某种形式的资本——劳动妥协生效。因此，调节理论视野中的劳动关系概念逃离了纯粹的经济学，而把工资、生产力以及就业等决定因素放在一个能够反映先前冲突和结构性危机的制度背景中。[①]

调节学派认为，20世纪劳动关系发展的总趋势是从激烈对抗，转变为既对抗又妥协，其原因在于随着新科技革命的发展，社会生产力提高，资本的实力不断增强，工人阶级的成长也促使政府不断从微观和宏观两个层面调节阶级关系。微观层面的调节由企业内部展开，包括"集体谈判""民主管理""雇员股东制""社会伙伴关系"等；宏观的调节从国家层面展开，包括劳动就业政策、社会保障体系以及劳动立法等。

积累的社会结构学派是激进政治经济学的代表，积累的社会结构理

---

① 陈叶盛：《调节学派理论研究》，中国人民大学出版社2012年版，第39—40页。

论从马克思主义经典理论出发，认为推动资本主义历史进程的最重要的制度就是由劳资关系所定性的阶级斗争结构。劳资矛盾是资本主义经济关系的核心，暂时地稳定阶级矛盾，是积累的社会结构的主要历史使命。[1] 积累的社会结构学派坚持劳动关系的性质取决于生产资料所有制。生产资料集中在少数资本家的手中，劳动力作为商品自由买卖使劳资双方表现出的一种"竞争性交换"关系，交易内容无法通过预先的完整契约得到详尽阐述，且在交易发生后，双方违背契约的行为也难以被明确判定，并在第三方监管下得到及时的纠正。[2] 这种特殊性决定了资产阶级为了实现自身利益，就必须对劳动过程进行控制，并通过建立一定"政治性"的制度与组织方式来达到这一目的，通过对劳动关系的建构实现对劳动者的分化与控制。

塞缪尔·鲍尔斯（Samuel Bowles）等人指出，当代资本主义对劳动关系的塑造，是通过劳动协议、歧视与官僚控制等一系列因素完成的。从20世纪中期开始，工会逐渐有力量迫使雇主承认其地位并与之谈判，形成了被称为"劳动协议"的妥协性安排。工会的出现使工人群体以是否为工会成员为标准被一分为二，加入工会的工人被劳动协议覆盖，他们得以通过集体谈判和罢工，限制了雇主的任意裁员与其他工人的广泛竞争。但是，协议的覆盖面总是有限的，只有加入工会的工人才能受益于此，从而资方可以利用工会把工人群体分化为稳定就业和不稳定就业的两个群体，进行"分而治之"。歧视同样广泛存在，它限制了一些工人对特定工作岗位的追求，典型的情形是根据劳动者的性别和族裔来决定雇佣与否，或是雇佣其从事某些特定种类的工作，即便在就业法律十分健全的情况下，这种隐含的排他性依旧十分明显。另一种情形是，在同一部门同一岗位上职位的晋升在不同性别和族裔之间，存在所谓"天花板"现象。官僚控制则通过企业内部的科层制发挥作用，强化对各级

---

[1] ［爱尔兰］特伦斯·麦克唐纳等：《当代资本主义及其危机》，童珊译，中国社会科学出版社2014年版，第68—69页。

[2] 赵峰：《激进学派的劳动力市场理论》，《教学与研究》2007年第3期。

工人的控制与管理。即便是在那些工人已经受到工会保护的部门，企业管理也日趋依赖于科层控制，通过将工人分层，建立职位阶梯，并根据明确的规章制度对工人按照年功进行偿付和晋升，以重新组织劳动过程。尽管这些变化较先前的一些雇主任意武断的做法是一种进步，但随着科层制而来的是不同劳动者之间越拉越大的劳动经验与收入水平的鸿沟。[1]

就历史维度而言，积累的社会结构也与不同的劳动控制系统相关联。控制系统是处理资本和劳动之间冲突的关键机制，每一个积累的社会结构都有一个主要的控制系统，通过策划工人的合作来解决资本主义生产中劳动控制的基本危机。当控制系统自身占优时，劳动一方就相对薄弱，当控制系统开始衰退时，工人对资本家的抵制就更加容易并且更可能成功。从19世纪20年代开始，控制系统的代表是初始的无产阶级化，它试图通过对生产一线的操作工人进行更强有力的控制和监督，并迫使工人接受，以快速提升劳动效率。在这一阶段，资本家直接监督企业的日常运作，这种控制是随意的、反复的甚至是笨拙的，但通常十分有效。工人的忠诚和生产过程中模糊的阶级性很快随着基层领班和监工的出现而减退，生产条件的逐渐恶劣和管理人员的权力滥用使得无产阶级化在19世纪70年代逐渐被同质化所取代。同质化借助流水线等更有效率的方式改变了生产的组织形式，促进了分工，但也摧毁了工人的完整技艺。最重要的是，它通过技术控制对等级控制的取代，将工人分化为不可交换的部分，创造出更大的剩余劳动力蓄水池。但是，副作用是提高了工人的阶级觉悟，并在更广泛的范围内加深了冲突。二战之后，为了解决新的控制危机，同质化开始转变为"分解和征服"所代表的分化。资方开始采取更具隐蔽性和客观性的行政控制来瓦解工人的团结，将他们置于不同的组织控制下，并建立起一套激励和流动制度。结果是，一些工人展现出合作姿态，并获得了稳定、高薪且有保障的工作和晋升机会，并且通过劳资双方的妥协形成良性系统；而另一些工人则相反，它们被

---

[1] ［美］鲍尔斯等：《理解资本主义：竞争、统治与变革》，孟捷等译，中国人民大学出版社2010年第3版，第150—151页。

置于底层、低薪且无晋升机会的系统中，并且很多人游离于工会保护之外。进入21世纪以来，空间化成为控制系统的典型形式。在互联网与移动智能通信技术革命的浪潮中，技术专家控制强化了空间化的内部组织网络模式，颠覆了原有僵硬的等级界限，产生了更密集、更有活力、更流畅的社会互动。与之相对应，劳动关系也同工资、就业和生产一起变得更为灵活，使得资本可以充分利用世界范围完成空间上的布局，对劳动实现更有力的驾驭。[1]

三 来自经典理论的启示

马克思对于资本主义劳动关系的研究，占据了全部马克思主义政治经济学的核心地位。马克思劳动关系理论的历史贡献可以归结为三点。一是在生产力与生产关系的矛盾运动中考察劳资关系，劳资关系的产生与发展演变始终无法脱离技术变迁、分工与协作深化与广化的历史过程，这一过程既是大规模应用自然力、推动科技发展和生产组织形式变革的过程，也是资本利用科技进步、驾驭科技和产业发展实现自身积累的过程。资本对劳动的剥削、控制与分化是资产阶级为适应生产力要求，实现资本积累的必然选择，既有出于统治阶级本性的主观因素，也有出于社会生产发展的客观因素。二是将劳资关系的分析从不同群体之间的矛盾和对抗拓展到不同阶级之间的矛盾和对抗，从对劳动过程的研究拓展到对全部社会生活的研究。在马克思之前的政治经济学史中，对于劳资关系的认识从根本上讲都是形而上学的，既没有认识到劳资关系产生的根源，也缺乏对其性质的科学判断，只有马克思发现了工人和资本家作为两大阶级形式上的平等与实质上的不平等，劳动过程中的尖锐对立来自生产资料的资本主义私有制，决定了劳资关系乃至工人与资本家这组阶级关系的不可调和性，劳资矛盾最终会在政治、经济、社会各个领域总爆发。三是实现了对劳资关系研究的动态化，并一定程度上总结出了

---

[1] ［爱尔兰］特伦斯·麦克唐纳等：《当代资本主义及其危机》，童珊译，中国社会科学出版社2014年版，第112—117页。

资本主义劳资关系的演变规律。在资本主义发展早期，表现为劳动对资本形式上的隶属，这意味着在商品交易关系之外，尚不能在经济、政治和社会上建立起资本对劳动稳固统治和支配关系；在资本主义发展到工业革命之后的阶段，劳动对资本形式上的隶属就被实际上的隶属所取代，此时劳资关系已取得了与自身发展相适应的物质基础，并植入了资本主义经济制度自身被扬弃的因素。上述结论表明，马克思将劳资关系置于资本主义整体的社会变迁过程加以考察，从一般性的生产过程入手扩展到整个社会生产关系的再生产过程，从静态分析过渡到动态考察。

马克思生活在自由资本主义时期，因此，其劳资关系理论只能是对资本主义早期劳资关系的一种概括和抽象，而对他们之后的资本主义劳资关系也只能做一些预测性的简单描述，不可避免地也具有一定的历史局限性。一方面，二战后科学技术日新月异的发展带来了资本主义社会生产力质的飞跃和社会结构的深层变动，垄断资本主义相继发展为国家垄断资本主义、国际垄断资本主义，劳资关系也伴随着资本主义总体生产关系发生了极其微妙的变化，劳资矛盾时而激烈，时而缓和，单一的斗争、对抗色彩明显淡化了。特别是在生产过程中，工人阶级尽管总体上仍旧处于被动地位，但也在越来越多地占有生产资料，并获得了一定的企业决策权、管理权；在政治上，工人的组织化程度与工人运动水平空前提高了，工会在越来越多的国家获得了独立合法的地位，旨在保护工人利益的法律法规也越来越严格。资本主义劳动关系并没有像马克思、恩格斯及列宁预测的那样，不断在对立、激化中走向灭亡，而是显示出相当的自我调节与修复能力。另一方面，资本主义生产关系向全世界拓展的进程使得劳资关系在空间上呈现出多元化的特征：许多新兴经济体及广大发展中国家在劳资关系的发展历史阶段上处于相对滞后的位置，加之在不同的国家、民族、文化与传统影响下，与西方发达资本主义国家的劳资关系大相径庭。特别是以中国为代表的一些发展中国家，选取了社会主义发展道路，并且尝试在市场经济环境下对劳资关系进行再一次的扬弃。而且，劳资关系在世界资本主义体系的作用下也不再单纯表现为两大阶级之间的合作与对抗，不同国家间特别是中心国家与外围国家间在生产领域中的分工与协作，利益的冲突与协调使得劳资关系在全球视野中融入了新的元素。

冲突—协调理论、调节理论和积累的社会结构理论都对当代资本主义劳动关系的本质、特征与发展演变进行了有益的探索，特别是从生产力、生产关系与上层建筑多层次进行研究，研究资本主义劳动关系演进的动力、规律与作用机制。它们的成果大大丰富了马克思主义劳动关系理论，并在实践中对于工人阶级及其组织的权益保护提出了许多政策措施。冲突—协调理论最为突出的贡献体现于打破了制度主义学派以规则为核心的窠臼，转而关注实际中的劳资冲突行为，从而使研究视角更贴近现实情况。[①] 此外，与西方马克思主义劳工社会学家对工人阶级"权力"概念的阐释不同，海曼等学者并未深入探讨工人在更广泛的阶级意义上所掌握和运用的权力。相反，他们将权力斗争的理念在产业关系理论中进行了概念化和类型学分析。他们从更加客观的角度出发，在劳资斗争的背景中定位权力，并明确了权力的两个关键要素，即"权力的目标"和"权力的客体"。这种分类充分展现了劳动关系研究强调作为主题的双方进行互动的显著特征，是方法上的独到创新。调节理论的特色则在于围绕资本主义国家通过何种方式来延续生命力搭建起一套理论范式，把劳动关系的发展模式嵌入资本主义特定的社会经济结构之中。与马克思主义的传统视角相比，调节理论在研究劳动关系时加入了对再生产的考察。以"规则的重构"将劳动关系置于生产、分配和积累方式的重建过程中。其中，调节理论立足于资本主义国家不断再生产出一系列的调节模式，着重强调劳资之间的妥协，需要重构得到国家认可与支持的劳动关系规则，以达到生产体制和积累体制发展的平衡，调节理论为劳动关系的研究贡献了更加宏观的理论视角。它对多元主义劳动关系理论进行了重要的补充，使得对规则的分析不再仅限于劳动关系体系内部，

---

① 孟泉：《寻找传统——马克思主义劳动关系经典理论述评及启示》，《东岳论丛》2013年第3期。

而是拓展到了更宽广的宏观层面。这为探讨劳动关系发展模式的构建、维持以及可能的衰退提供了更为开阔的分析框架。① 积累的社会结构理论在调节理论的研究基础上更进一步,并且使结构主义的方法与历史唯物主义有机地结合在一起。劳资矛盾的妥协,进而劳动关系的延续与调整,不仅是一系列制度性重构的结果,而且是生产力发展、技术创新、分工协作深化的必然要求,并且渗透着政治、社会、文化与意识形态各个方面的作用。在资本主义历史发展的进程中,劳动关系始终是一条最主要的轴线,具有鲜明的阶段性特征,这些特征之间的变换都是资本积累主导下的产物,并且呈现出特有的规律,成为资本主义市场经济背景下对马克思主义劳动关系研究的一项重要成果。

但是,上述三派理论对于劳动关系的研究,仍然具有一系列局限之处。冲突—协调理论着重于劳动者、资本家和政府之间的行为互动,虽然揭示了存在的矛盾,但却在一定程度上忽略了制度化进程、制度背景与行为之间的相互影响,同时对资本家和国家的行为机制的探讨也不够充分,因此在解释经济长期波动与工人运动之间的关系时显得有些牵强。② 相比之下,调节学派的理论内容非常丰富,体系构建完整,似乎能够更好地阐释制度变革对劳动关系产生的多重影响,但是这种偏于抽象的制度分析,缺少实证性研究和充分的历史依据,以进行更有深度的论证。在具体的分析中,调节理论过度关注规则进化的决定性作用,却在一定程度上撇开了剥削的定义,也忽略了规则变化引发的劳动关系双方行动的反应。积累的社会结构理论对资本主义劳动关系发展的一般层面进行了透彻分析,但是没有注意到这一历史进程中的若干特殊性因素,劳动关系在世界范围内呈现出的特点必然是多元化的,甚至由于各国发展阶段与国情的差异,劳动关系的各个阶段性特征不仅有共存的可能,

---

① 孟泉:《寻找传统——马克思主义劳动关系经典理论述评及启示》,《东岳论丛》2013年第3期。

② 孟泉:《寻找传统——马克思主义劳动关系经典理论述评及启示》,《东岳论丛》2013年第3期。

甚至也会继承、扩展并发生变异。因此，在研究中国的劳动关系时，不能脱离经典理论来进行孤立的分析，也不能简单地运用这些理论笼统地解释中国国内特有的问题。

第二节　新时代中国社会主要矛盾转化及其意蕴

一　社会基本矛盾与社会主要矛盾

人类社会是在矛盾运动中向前发展的，社会基本矛盾与主要矛盾理论是马克思唯物史观的重要内容，是马克思主义政治经济学认识和解释人类社会发展规律的重要工具和方法，也是中国共产党治国理政的重要遵循。

社会的基本矛盾是所有社会矛盾中起根本和主导作用的矛盾，它包括生产力与生产关系、经济基础与上层建筑之间的矛盾，这种矛盾贯穿全部社会形态，并决定了一个社会的根本性质和基本结构。社会基本矛盾始终存在于人类社会的发展历程中，促进社会从低级形态向高级形态发展。社会基本矛盾及其运动是驱动人类社会进步和社会形态变革的根本力量。马克思、恩格斯在深入分析了奴隶社会、封建社会、资本主义社会等不同社会形态中的社会矛盾后，构建起以生产力和生产关系、经济基础和上层建筑的矛盾及其运动为核心的社会基本矛盾的理论。

一方面，从生产力与生产关系这组矛盾来看，前者代表人类在生产实践中形成的改造和影响自然以使其适合社会需要的物质力量；后者代表人们在物质生产过程中形成的不以人的意志为转移的经济关系。马克思主义认为，生产力决定生产关系，生产关系反作用于生产力，生产力的发展状况要求特定的生产关系与之相适应。马克思指出："为了进行生产，人们相互之间便发生一定的联系和关系；只有在这些社会联系和社会关系的范围内，才会有他们对自然界的影响，才会有生产。"[①] 生产关

[①] 《马克思恩格斯文集》第 1 卷，人民出版社 2009 年版，第 724 页。

系是社会关系中最基本的关系，政治关系、家庭关系、宗教关系等其他社会关系，都受生产关系的支配和制约。生产关系包括生产资料所有制关系、社会生产活动中人们彼此结成的关系，以及产品分配关系。在生产关系中，生产资料所有制关系是最基本的，它是人们进行物质资料生产的前提，生产、分配、交换和消费关系在很大程度上是由这种前提决定的，所以是基本的、具有决定意义的方面。区分不同生产方式、判断不同社会形态的基本性质，必须从生产资料所有制入手。

另一方面，从经济基础与上层建筑这组矛盾来看，前者代表由社会一定发展阶段的生产力所决定的生产关系的总和，是上层建筑产生、存续和发展的物质基础；后者代表建立在一定经济基础之上的意识形态以及与之相应的制度、组织和设施，是经济基础确立在特定社会主导地位，并不断得以巩固和强化的政治、思想条件。马克思主义认为，经济基础决定上层建筑，上层建筑反作用于经济基础，二者的关系是相互影响、相互作用，进而辩证统一的。上层建筑必须与相同时代相同社会条件下的经济基础相适应，生产力和生产关系的矛盾运动，进而经济基础与上层建筑之间的矛盾运动推动了人类社会发展的进程。"人们在自己生活的社会生产中发生一定的、必然的、不以他们的意志为转移的关系，即同他们的物质生产力的一定发展阶段相适合的生产关系。这些生产关系的总和构成社会的经济结构，……社会的物质生产力发展到一定阶段，便同它们一直在其中运动的现存生产关系或财产关系（这只是生产关系的法律用语）发生矛盾。于是这些关系便由生产力的发展形式变成生产力的桎梏。那时社会变革的时代就到来了。"[1]

生产力和生产关系、经济基础和上层建筑的矛盾是社会发展的根本动力。这两对矛盾贯穿人类社会发展过程的始终，决定了人类社会发展过程中各种社会形态、社会制度的根本性质，对社会各个领域的具体矛盾发挥着统摄和制约作用，推动着社会和历史的发展。"一切历史冲突都

---

[1] 《马克思恩格斯文集》第2卷，人民出版社2009年版，第591—592页。

根源于生产力和交往形式之间的矛盾。"① 在社会基本矛盾运动中，生产力是最根本、最活跃的因素，是人类发展和社会进步的决定性力量。解放和发展生产力，是人类社会的永恒主题。在生产力和生产关系、经济基础和上层建筑这一社会基本矛盾的运动中，生产力和生产关系的矛盾是更为基本的矛盾，它决定经济基础和上层建筑的矛盾的产生和发展。经济基础和上层建筑的矛盾也会影响和制约生产力和生产关系的矛盾。当生产关系适应生产力发展、上层建筑适应经济基础时，就会对社会发展起到积极的促进作用；当生产关系不适应生产力发展、上层建筑不适应经济基础状况时，就会对社会发展起到消极的阻碍作用。只有通过变革上层建筑，解决了经济基础和上层建筑的矛盾，才能通过变革生产关系，解决生产力和生产关系的矛盾。马克思、恩格斯虽然提出了这两对矛盾并论证了它们之间的关系，但没有用社会基本矛盾的称谓对其进行概括。

在《关于正确处理人民内部矛盾的问题》这篇文章中，毛泽东首次明确地提出了"社会基本矛盾"这一概念，并将马克思所揭示的所有社会中存在的生产力与生产关系的矛盾、经济基础与上层建筑的矛盾，界定为社会基本矛盾，"在社会主义社会中，基本的矛盾仍然是生产关系和生产力之间的矛盾，上层建筑和经济基础之间的矛盾"②。作为对各种社会形态共有的社会矛盾进行的深入总结和高度提炼，社会基本矛盾带有高度的抽象性。然而，当我们观察不同社会形态或同一社会形态在不同历史时期的演变时，会发现社会矛盾展现着各自独特的历史特征，这些特征随着时代的变迁而有所不同，其中，社会主要矛盾是对带有根本性的社会矛盾的反映。以毛泽东为首的中国共产党人，在深刻总结中国共产党领导中国革命斗争长期实践经验的基础上，开创了主要矛盾学说，丰富和发展了矛盾分析法，这是对马克思社会基本矛盾理论的创造性发展，为马克思主义中国化做出了重要贡献。

---

① 《马克思恩格斯文集》第1卷，人民出版社2009年版，第567—568页。
② 《毛泽东文集》第7卷，人民出版社1999年版，第214页。

第二章 紧扣社会主要矛盾变化把握劳动关系演变

在人类社会的各个形态中，我们都能观察到生产力与生产关系、经济基础与上层建筑这两大矛盾的存在。然而，随着社会的不断发展和经济形态的演变，社会基本矛盾的表现形式也呈现出多样化的特点。因此，我们必须深入探究社会基本矛盾在各个历史阶段所表现出的普遍性特征，同时要关注其独特性，即社会主要矛盾的变化与特点。在《矛盾论》中，毛泽东指出："不但要研究每一个大系统的物质运动形式的特殊的矛盾性及其所规定的本质，而且要研究每一个物质运动形式在其发展长途中的每一个过程的特殊的矛盾及其本质。"[①] "任何过程如果有多数矛盾存在的话，其中必定有一种是主要的，起着领导的、决定的作用，其他则处于次要和服从的地位。因此，研究任何过程，如果是存在着两个以上矛盾的复杂过程的话，就要用全力找出它的主要矛盾。捉住了这个主要矛盾，一切问题就迎刃而解了。这是马克思研究资本主义社会告诉我们的方法。"[②] 在事物发展过程中，社会基本矛盾起着主导性的作用，它深刻影响着主要矛盾的产生、发展及变化。主要矛盾及其主要方面，对于事物的性质和发展方向具有决定性的作用。社会基本矛盾的逐步解决，依赖于各个历史阶段主要矛盾的妥善处理。而主要矛盾和矛盾的主要方面的解决程度，又会对社会基本矛盾的发展产生一定的反作用。

社会主要矛盾的实质，源于生产力和生产关系、经济基础和上层建筑间的矛盾运动，它反映了社会各阶级、阶层、团体在社会生产和再生产过程中的根本性冲突。因此，社会主要矛盾的核心载体是各个社会群体和主体。在私有制为基础的社会中，这种矛盾主要体现为不同阶级之间的对抗和冲突。而在以公有制为基础的社会主义社会，阶级剥削被消灭，社会主要矛盾转变为人民内部的非对抗性矛盾。社会基本矛盾与社会主要矛盾的关系，可视为本质与现象、抽象与具体、普遍与特殊之间的辩证关系。社会基本矛盾作为本质，决定了社会主要矛盾的发展方向；而社会主要矛盾，作为现象，则是对社会基本矛盾的具体表现。社会基

---

① 《毛泽东选集》第1卷，人民出版社1991年版，第310—311页。
② 《毛泽东选集》第1卷，人民出版社1991年版，第322页。

本矛盾普遍存在于各种社会形态中,而社会主要矛盾则是对这些基本矛盾在不同社会形态和历史阶段的特殊反映。社会基本矛盾的高度概括性使其具有抽象性,而社会主要矛盾则体现了具体性,反映了不同社会形态和同一社会形态不同历史时期的特殊性。这种本质与现象、抽象与具体、普遍与特殊的关系,揭示了社会基本矛盾和社会主要矛盾之间的辩证关系。在马克思主义政治经济学视角下,社会基本矛盾和社会主要矛盾及其关系,为我们深入理解劳动关系的演变提供了重要的理论基础。

二 新时代中国社会主要矛盾转变的重大论断

1956年,党的八大提出,中国社会主要矛盾"已经是人民对于建立先进的工业国的要求同落后的农业国的现实之间的矛盾,已经是人民对于经济文化迅速发展的需要同当前经济文化不能满足人民需要的状况之间的矛盾"[①]。依据对主要矛盾的判断,党的八大明确指出了当时中国社会的主要任务,即把中国尽快地从落后的农业国变为先进的工业国,建设成为一个伟大的社会主义国家。尽管历史和实践充分证明,这一判断基本符合当时中国的基本国情,也代表了广大人民的根本利益。然而,由于我们在长期革命年代形成了根深蒂固的阶级斗争思维,对社会主义建设长期性和艰巨性缺乏清醒认识,这一总体科学的判断没有持续下来。

以邓小平同志为核心的党中央第二代领导集体,进行了富有成效的探索,旨在重新认识并准确把握社会主要矛盾。1981年,党的十一届六中全会审议通过的《关于建国以来若干历史问题的决议》明确指出:"在社会主义改造基本完成以后,我国所要解决的主要矛盾,是人民日益增长的物质文化需要同落后的社会生产之间的矛盾。""党和国家的工作重心必须转移到以经济建设为中心的社会主义现代化建设上来,大力发展社会生产力,并在这个基础上逐步改善人民的物质文化生活。"[②] 相较

---

① 《建国以来重要文献选编》第9册,中央文献出版社1994年版,第341页。
② 《改革开放三十年重要文献选编》(上),中央文献出版社2008年版,第212页。

于党的八大对社会主要矛盾的描述,这一新的判断不仅弥补了党的八大在表述社会主要矛盾实质上的不足,还明确了这一主要矛盾所适用的历史阶段,同时,它清晰地指出了解决社会主要矛盾的关键途径,即大力发展社会生产力。从党的十四大到党的十八大,党对社会主要矛盾的认识不断深化,为党的十九大正式提出社会主要矛盾转化的重大论断打下了重要基础。

习近平总书记在党的十九大报告中明确提出:"中国特色社会主义进入新时代,我国社会主要矛盾已经转化为人民日益增长的美好生活需要和不平衡不充分的发展之间的矛盾。""人民美好生活需要日益广泛,不仅对物质文化生活提出了更高要求,而且在民主、法治、公平、正义、安全、环境等方面的要求日益增长。同时,我国社会生产力水平总体上显著提高,社会生产能力在很多方面进入世界前列,更加突出的问题是发展不平衡不充分,这已经成为满足人民日益增长的美好生活需要的主要制约因素。"[1] 这一重大政治论断,丰富和发展了马克思主义矛盾学说,是我们党的重大理论创新成果,集中反映了中国社会生产和社会需求的新的阶段性特征。在宣告社会主要矛盾发生转变的同时,习近平总书记还着重强调了两个"必须认识到",即"必须认识到,我国社会主要矛盾的变化是关系全局的历史性变化,对党和国家工作提出了许多新要求";"必须认识到,我国社会主要矛盾的变化,没有改变我们对我国社会主义所处历史阶段的判断,我国仍处于并将长期处于社会主义初级阶段的基本国情没有变,我国是世界最大发展中国家的国际地位没有变"[2]。

在党的十九大报告中,关于新时代中国社会主要矛盾发生转变的重大论断,无疑具有重大理论和现实意义。新时代中国社会主要矛盾转变,

---

[1] 习近平:《决胜全面建成小康社会 夺取新时代中国特色社会主义伟大胜利——在中国共产党第十九次全国代表大会上的报告》,《人民日报》2017年10月28日第1版。

[2] 习近平:《决胜全面建成小康社会 夺取新时代中国特色社会主义伟大胜利——在中国共产党第十九次全国代表大会上的报告》,《人民日报》2017年10月28日第1版。

作为习近平新时代中国特色社会主义思想的重要组成部分,为构建中国特色社会主义政治经济学理论体系提供了创新的范畴和理论,实现了马克思主义社会矛盾原理与新时代中国实际相结合的新飞跃。[①] 它既突出了人民日益增长的"物质文化需要"转变多层次、多内涵的"美好生活需要",凸显了以人民为中心的发展思想,又明确了矛盾的一方从"落后的生产"转变为"不平衡不充分的发展",使理论创新更加贴近国情变迁,展现出与时俱进的特质。

三 新时代中国社会主要矛盾转变的深层意蕴

新时代中国社会主要矛盾发生历史性转变,是党中央在充分了解和全面掌握国情、世情和党情的基础上做出的重大论断。它首先意味着中国发展进入崭新的历史方位,这是全局性的、最为深层的意蕴。"中国特色社会主义进入新时代,意味着近代以来久经磨难的中华民族迎来了从站起来、富起来到强起来的伟大飞跃,迎来了实现中华民族伟大复兴的光明前景;意味着科学社会主义在二十一世纪的中国焕发出强大生机活力,在世界上高高举起了中国特色社会主义伟大旗帜;意味着中国特色社会主义道路、理论、制度、文化不断发展,拓展了发展中国家走向现代化的途径,给世界上那些既希望加快发展又希望保持自身独立性的国家和民族提供了全新选择,为解决人类问题贡献了中国智慧和中国方案。"[②] 进入这一历史方位,和新中国成立以来尤其是改革开放以来在社会主义发展道路上的不懈探索和努力密不可分,更是同党的十八大以来党领导全国人民推动各个领域发生的伟大成就和变革密不可分。"党的十八大以来,在新中国成立特别是改革开放以来我国发展取得的重大成就基础上,党和国家事业发生历史性变革,我国发展站到了新的历史起点上,中国特色社会主义进入了新的发展阶段。""经过改革开放近40年的

---

① 逄锦聚:《深刻认识和把握新时代我国社会主要矛盾》,《经济研究》2017年第11期。
② 习近平:《决胜全面建成小康社会 夺取新时代中国特色社会主义伟大胜利——在中国共产党第十九次全国代表大会上的报告》,《人民日报》2017年10月28日第1版。

发展，我国社会生产力水平明显提高；人民生活显著改善，对美好生活的向往更加强烈，人民群众的需要呈现多样化多层次多方面的特点，期盼有更好的教育、更稳定的工作、更满意的收入、更可靠的社会保障、更高水平的医疗卫生服务、更舒适的居住条件、更优美的环境、更丰富的精神文化生活。"[1] 因此，新时代中国社会主要矛盾转变，也标志着我们必须要在新的历史阶段完成一系列新的历史任务。正如党的十九大报告对于新时代所作的庄严宣誓："这个新时代，是承前启后、继往开来、在新的历史条件下继续夺取中国特色社会主义伟大胜利的时代，是决胜全面建成小康社会、进而全面建设社会主义现代化强国的时代，是全国各族人民团结奋斗、不断创造美好生活、逐步实现全体人民共同富裕的时代，是全体中华儿女勠力同心、奋力实现中华民族伟大复兴中国梦的时代，是我国日益走近世界舞台中央、不断为人类作出更大贡献的时代。"[2]

其次，经济基础决定上层建筑。新时代中国社会主要矛盾的转变，标志着中国发展尤其是经济发展站上了一个历史性的新台阶。从1979年到2017年的近40年间，中国经济持续较快增长，是世界经济增长的主要动力。中国年均经济增速高达9.5%，这一数字远超全球平均2.9%的经济增速，遥遥领先于同期世界主要经济体的增长速度。在全球经济贡献方面，中国对全球经济增长的年均贡献率达到18.4%，在全球排名中紧随美国之后，位列第二。特别是从2006年开始，中国对全球经济增长的贡献稳坐头把交椅。到2017年，中国对全球经济增长的贡献率达到了27.8%，这一比例超过了美国和日本两国的总和，对全球经济增长率的拉动达到了0.8个百分点，是名副其实的世界经济第一增长极。在2010年，中国经济体量跃升至全球第二位，此后一直保持这一位置。随着时

---

[1] 习近平：《高举中国特色社会主义伟大旗帜　为决胜全面小康社会实现中国梦而奋斗》，《人民日报》2017年7月28日第1版。

[2] 习近平：《决胜全面建成小康社会　夺取新时代中国特色社会主义伟大胜利——在中国共产党第十九次全国代表大会上的报告》，《人民日报》2017年10月28日第1版。

间的推移，中国在全球经济中的占比也在持续增长。根据国际货币基金组织提供的数据，2017年中国的国内生产总值（GDP）达到了120146亿美元，占全球经济总量的15%，相较于1978年，这一比例提升了13.2个百分点。在人均国民收入（GNI）方面，2016年中国的人均国民收入达到8250美元，这一数字远超中等收入国家的平均水平，按世界银行标准，中国已经跻身中等偏上收入国家行列，并逐步接近高收入国家水平。[①]但同时，中国经济发展方式也迎来了由高速增长向高质量发展的深刻转变，进入了转变发展方式、优化经济结构、转换增长动力的攻关期。在2012—2017年的5年间，中国长期超过8%的经济高速增长逐渐转变为6%—7%的中高速增长，经济领域长期存在的总量矛盾得到很大程度的缓解，但经济的结构问题十分突出，质量和效益需要迫切提高。中国经济增长由主要依靠第二产业带动转向依靠三次产业共同带动，第三产业开始成为主导产业，但工业领域存在严重的产能过剩，一些行业如钢铁、煤炭等甚至出现了全行业的产能过剩，制造业大而不强，技术和工艺水平依然比较低下；服务业又存在着比较严重的发展瓶颈，低端服务业过剩而现代服务业发展相对滞后。从带动经济增长的"三驾马车"布局来看，经济增长由主要依靠投资、出口拉动的模式受制于世界金融危机之后的低迷和萧条的倒逼，已经变得越发不可取，必须适时转向依靠消费、投资、出口协同拉动的模式，但国内消费尤其是民间消费潜力却难以充分释放出来。从经济增长的动力来看，中国改革开放以来形成的依靠人力、不可再生能源等传统生产要素高投入、高消耗带动经济增长的局面已经被日益趋紧的人口、资源与生态约束牢牢限制，难以为继，依靠科技进步、创业创新、产业升级、低碳绿色等新动能支撑未来的增长空间势在必行。

最后，新时代中国社会主要矛盾的转变，意味着中国的社会发展、

[①] 参见国家统计局《国际地位显著提高　国际影响力明显增强——改革开放40年经济社会发展成就系列报告之十九》，2024年8月5日，国家统计局网（http://www.stats.gov.cn/sj/zxfb/202302/t20230203_1900086.html）。

人的全面发展在取得巨大成就的同时，进入一个关键转折期。一是中国脱贫攻坚取得了决定性进展，稳步向历史性解决绝对贫困迈进。改革开放以来中国农村贫困人口减少7.4亿人，农村贫困发生率从97.5%下降到3.1%，年均减贫人口规模接近1900万人。同时，贫困地区农民收入与全国农民收入差距不断缩小。2013—2017年，贫困地区农村居民人均可支配收入年均实际增长10.4%，快于全国农村居民人均可支配收入增速2.5个百分点。[①] 中国对全球减贫的贡献率超七成，为全球减贫事业做出了重大贡献。消除绝对贫困不是终点，接下来中国将达成基本实现社会主义现代化的目标，继续推进生产方式和生活方式的深度变革。

二是居民总体生活水平不断提高，阔步迈向全面小康社会。改革开放40多年来，随着中国经济社会的快速发展和综合国力的显著增强，中国城乡居民的生活质量得到了显著的提升。居民收入呈现出稳定快速增长趋势，收入结构不断优化，收入来源不断扩充，收入分配差距总体不断缩小，这反映了社会公平正义的进步。同时，从其他方面来看，居民消费结构日益合理，消费质量不断提升，食品消费在总支出中所占的比重逐渐降低，而居住条件的改善更加突出。这些变化不仅体现了经济发展的成果，也彰显了人民生活水平的全面提高。特别是党的十八大以来，居民收入持续快速增长，收入分配差距进一步缩小，消费结构继续改善（尤其表现为耐用消费品升级换代、居住条件和质量显著提升、交通通信和文化教育消费比重上升），生活质量持续提高，既为全面实现小康社会奠定了坚实的基础，也为人民美好生活的需要的催生和实现铺平了道路。

三是居民受教育水平、劳动力素质显著改善，就业质量显著提高。据统计，1978—2015年，中国高等教育毛入学率从0.7%提高到43.4%，比中等收入国家高出10.1个百分点，比世界平均水平高7.7个百分点；中等教育毛入学率从1978年的54.9%提高到2015年的94.3%，超过中

---

① 参见国家统计局《扶贫开发成就举世瞩目　脱贫攻坚取得决定性进展——改革开放40年经济社会发展成就系列报告之五》，2024年8月5日，国家统计局网（http://www.stats.gov.cn/zt_18555/ztfx/ggkf40n/202302/t20230209_1902585.html）。

等收入国家平均水平16.5个百分点。① 教育事业的发展为劳动力市场提供了丰富的高素质人才,改革开放40多年来,中国就业人口平均受教育年限大幅度提高,由1982年的5.8年提高到2017年的10.2年。其中,大专及以上文化程度者所占比重由0.9%上升到19.5%;小学及以下文化程度的比重由62.6%下降到19.2%。在党和国家的高度重视下,就业始终被视为重要的优先事项。通过各种措施,满足了劳动者的就业需求,不仅增加了就业人数,也确保了就业市场的稳定。2017年年末,就业人员总量达到77640万人,平均每年增长961万人;城镇就业人员总数达到42462万人,平均每年增长845万人。② 同时,中国比较成功地解决了计划经济体制积累的就业矛盾,失业率长期保持较低水平,劳动力市场法律体系日益完善,劳动力市场的决定性作用不断加强,公共就业服务体系逐步形成。但是,中国就业总量庞大,结构性矛盾突出的局面没有改变,在经济结构调整、动力转换的过程中,驾驭新一轮技术革命和产业变革成果,提升劳动者素质技能,妥善应对就业问题仍是一项长期任务。

四是社会保障体系不断完善,人民的获得感、满意度不断提升。党的十八大以来,中国在发展中不断改善民生,获得了人民群众的广泛认可和赞誉。城市不断加大社会保障资金投入力度,建成了一整套广覆盖、保基本、可持续的社会保障体系;农村社保体系也在快速构建过程中。国家持续推进各项社会政策,人民群众在幼有所育、学有所教、劳有所得、病有所医、老有所养、住有所居、弱有所扶上不断取得新进展。但同时,中国城乡基本公共服务实现均等化的任务亟待完成,在全国统一的社会保障体系建设上还存在许多短板。

---

① 参见国家统计局《国际地位显著提高 国际影响力明显增强——改革开放40年经济社会发展成就系列报告之十九》,2024年8月5日,国家统计局网(http://www.stats.gov.cn/sj/zxfb/202302/t20230203_1900086.html)。

② 参见国家统计局《就业总量持续增长 就业结构调整优化——改革开放40年经济社会发展成就系列报告之十四》,2024年8月5日,国家统计局网(http://www.stats.gov.cn/zt_18555/ztfx/ggkf40n/202302/t20230209_1902594.html)。

第三节 如何用社会主要矛盾转变分析劳动关系

一 一个开放经济条件下的劳动关系运行系统

为了运用社会主要矛盾转变的相关理论介入当代中国劳动关系的研究，我们首先有必要在马克思主义政治经济学的分析框架下构造一个开放经济条件下劳动关系的运行系统（见图2.1）。

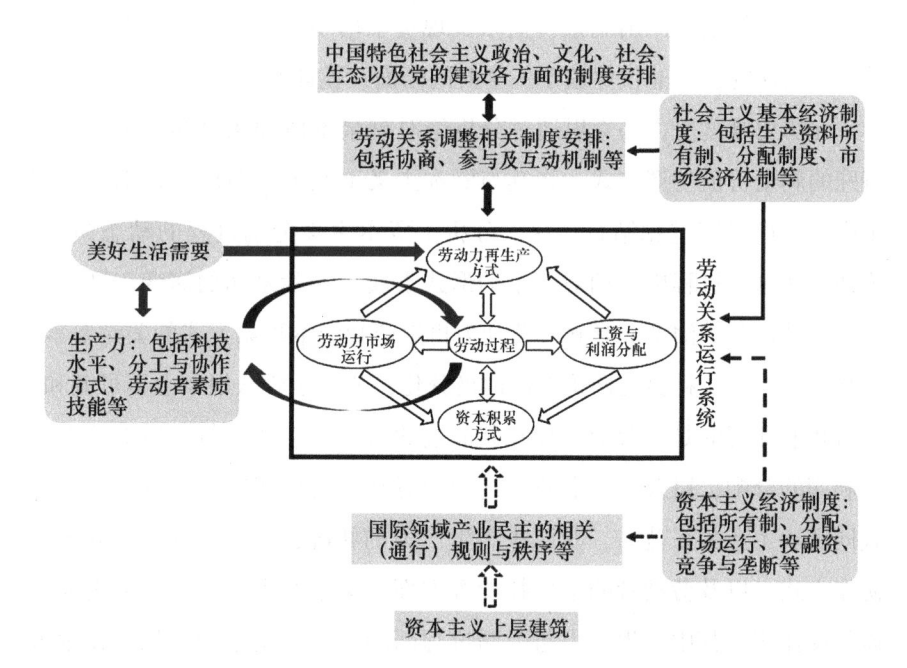

图 2.1　一个开放经济条件下的劳动关系运行系统

政治经济学意义上的生产方式，指的是在资本主义社会中，占主导地位的资本主义劳动过程。[①] 人类社会的全部生产活动既是在社会范围内又是在具体的劳动过程中进行的，生产力与生产关系的矛盾运动也必

---

① 谢富胜：《控制和效率：资本主义劳动过程理论与当代实践》，中国环境科学出版社2012年版，第2页。

然体现在作为二者中介的劳动过程中，因此，劳动过程位于劳动关系运行系统核心位置，生产资料资本主义所有制与劳动过程的性质和特点相结合，决定了劳动力市场的运行机制和剩余产品的分配。在马克思的研究逻辑中，资本家和劳动力所有者首先在劳动力市场中达成契约，使劳动力成为商品，然后进入劳动过程以实现劳动力与生产资料而结合。紧接着，马克思区分了劳动过程的一般性和资本主义劳动过程的特殊性，揭示了资本主义劳动过程的实质是作为资本的物化劳动对活劳动的统治，并借助这种统治生产出剩余价值来实现资本增殖。然而，马克思对于劳动过程的研究，并非仅停留于一个时间断面，就此归纳其特征。

在历史维度上，马克思通过分析绝对剩余价值和相对剩余价值两种特殊的剩余价值生产方式，将其与资本主义工业革命前后的技术进步和生产组织形式演进相结合，深入分析了资本主义劳动过程的动态演变，佐证了在这一过程中劳动对资本的形式隶属向实际隶属的演变。进一步地，劳动过程的演变又是触发劳动力再生产和资本积累方式的关键要素，最终使资本主义社会走向绝对的两极分化，劳资矛盾从根本上不可调和。值得我们注意的是，劳动过程及其前端的劳动力市场运行、后端的工资与利润的分配，以及纵向上协同进行的劳动力再生产方式和资本积累方式同属于生产关系范畴，既取决于生产力的状况，如科技水平、分工和协作方式，以及劳动者的素质技能等方面，又会对生产力产生促进或阻碍的反作用。其中，生产力与劳动过程间的直接互动最为密切：技术水平与科技革命通过分工和协作方式的进化，直接塑造了生产中的劳动工艺和流程；而劳动过程中的长期实践又逐步推动劳动生产率提升，刺激新一轮的技术革命和产业变革发生，使生产力由量变达成质变。[①]

公有制为主体、多种所有制经济共同发展的基本经济制度，是中国

---

① 也有学者采用诸如"技术—制度"分析范式对马克思主义政治经济学视域中的劳动关系进行研究，并将生产关系（中心制度）进一步细化为"核心制度"和"保护带制度"。参见刘凤义《劳动关系研究中的马克思主义分析框架——兼谈资本主义劳动关系的演变》，《马克思主义研究》2012年第9期。

特色社会主义制度的重要组成部分,也是完善社会主义市场经济体制的必然遵循。在社会主义市场经济体制下,各种非公有制经济成分不仅普遍存在,而且在经济发展中扮演着积极的角色。自改革开放以来,非公有制经济在党的政策引导和支持下,得到了迅猛的发展。其中,民营企业作为非公有制经济的典型代表,贡献了50%以上的税收,60%以上的国内生产总值,70%以上的技术创新成果,80%以上的城镇劳动就业,90%以上的企业数量。① 包括广大民营经济在内的非公有制企业范围内的劳动关系,自然成为当代中国企业劳动关系的主要代表,这种劳动关系具有二重属性:一方面,从生产资料所有制和生产目的来看,与马克思描述的资本主义劳动关系具有很大程度上的相似性,劳动过程、劳动力再生产方式和资本积累方式在发展演变上服从于剩余价值规律,劳动过程内外具有劳资双方冲突、对抗的可能性和现实性;另一方面,从基本经济制度和以人民为中心的发展思想来看,这种劳动关系的运行,又从更为宏观的层次上受制于社会主义生产关系及其上层建筑,表现为劳资双方从根本上具有利益的一致性,互利共赢、和谐共处是主流。

在中国实行改革开放之后,随着市场经济制度日益健全特别是劳动力市场逐渐发育,这种具有二重属性的劳动关系运行,也就越来越显示出发展演变上的双重趋势和两种不同社会制度交互渗透的印记。第一,中国的劳动关系运行、发展和演变带有世界资本主义制度下劳动关系运行、发展和演变的一般性,尤其是在演变的时空分布上更是明显。一个鲜明的例子就是以欧美跨国公司为主提出的"生产守则运动"在中国劳动关系领域法律法规尚处于"制度真空期"成为许多外资企业所一度默认的劳动关系规则。② 第二,中国劳动关系演变的特殊之处,在于以社会主义和劳资互利为核心的价值取向不断在劳动关系调整的制度安排上有所建构,对资本一方的特性和行为规律有所驾驭,对资本积累产生的

---

① 习近平:《在民营企业座谈会上的讲话》,《人民日报》2018年11月2日第1版。
② 参见黄岩、丁筱《比较劳动政策视野下的工人权益保护路径多元化》,《华南大学学报》(社会科学版) 2014年第1期。

消极作用进行削弱和限制。第三，劳动关系在演变过程中既渗透着劳资双方的合作和竞争，也从背后凸显出两种生产关系、社会制度的对立和共存，使得劳动关系呈现出复杂多变的特征，但劳动关系运行系统所形成的制度安排会在特定的绩效目标下与劳动关系协调机制形成互补，从而维系一定时期内的相对稳定运行。

二 社会需要与生产方式的矛盾对劳动关系的作用机制

马克思主义认为，人类历史发展的过程，就是不断认识矛盾、解决矛盾的过程，经济社会运行内部的矛盾不断运动，推动社会往高级方向发展。在任何人类社会发展的具体历史阶段中，主要矛盾从本质上讲都是社会需要与生产方式之间的矛盾。一方面，人的需要是与生俱来的人的"内在规定性"，需要是人的本质，而人的本质又是一切社会关系的总和，所以人的需要具有社会历史性，它产生人的社会关系。[1] 把人与社会"连接起来的唯一纽带是自然的必然性，是需要和私人利益，是对他们的财产和他们的利己的人身的保护"[2]。另一方面，生产决定人的需要，需要反过来也会推动生产，从而生产与需要的矛盾及其运动不断推动人类社会发展。马克思、恩格斯阐明了需要的作用、性质和需要的发展机制，"为了生活，首先就需要吃喝住穿以及其他一些东西。因此第一个历史活动就是生产满足这些需要的资料，即生产物质生活本身"[3]。这就意味着，人要生活，就必须从事满足需要的生产活动。同时，生产决定需要，需要推动生产。生产与需要、需要与生产的相互作用决定人们之间的物质联系，"这种联系不断采取新的形式"[4]，从而形成特定的生产方式，推动人类社会进步，形成历史发展。进一步地，社会需要是发展变化的，"并随着需要的改变而改变他们的社会制度"[5]。

---

[1] 王伟光：《论人的需要和需要范畴》，《北京社会科学》1999年第2期。
[2] 《马克思恩格斯文集》第1卷，人民出版社2009年版，第42页。
[3] 《马克思恩格斯文集》第1卷，人民出版社2009年版，第531页。
[4] 《马克思恩格斯文集》第1卷，人民出版社2009年版，第533页。
[5] 《马克思恩格斯文集》第1卷，人民出版社2009年版，第528页。

第二章 紧扣社会主要矛盾变化把握劳动关系演变

在人类社会的演变历程中,社会需要与社会生产之间的矛盾始终存在,这一矛盾贯穿了从原始社会到奴隶社会、封建社会、资本主义社会乃至社会主义社会的各个阶段。在不同的社会形态和发展时期,这种矛盾展现的形式各不相同。马克思、恩格斯深入探讨了需要与生产之间的矛盾运动,认为需要的增长是推动生产发展的关键因素。他们进一步挖掘生产方式的内在矛盾,特别是生产力与生产关系之间的矛盾,包括从需要到生产的转变,再到生产力与生产关系的相互作用,以及经济基础与上层建筑之间的相互影响。由此,马克思和恩格斯系统地阐述了人类社会发展的普遍规律,这一理论框架为我们理解社会发展提供了深刻的洞见。[①] 对于资本主义社会,马克思指出,广大工人阶级有支付能力的需求被不断限制,而资产阶级无限追求剩余价值,使社会化大生产无限扩大却从根本上不能满足社会需求,因此资本主义社会必然出现生产超过需求的危机,使得这种生产关系最终被代替。

社会需要与生产方式的矛盾对劳动关系的运行和演变会产生直接或间接的影响。首先,社会需要与生产力发展水平的结合,表现为人们利用科学技术手段进行协作和分工,从而实现特定的劳动过程。在剖析一般劳动过程的特点时,马克思提出:"劳动过程,就我们在上面把它描述为它的简单的、抽象的要素来说,是制造使用价值的有目的的活动,是为了人类的需要而对自然物的占有。"[②] 实际上,马克思在提出劳动二重性理论时,就包含了这层意蕴,这一点在他将"具体劳动"与"有用劳动"等同起来时表现得尤为明显,这样的表述强调了劳动活动必须基于满足人类需求这一根本目的,否则劳动本身就失去了其存在的价值和意义。当然,除了社会分工与技术水平,劳动过程的开展和塑造还有赖于社会需要同生产关系,主要是同生产资料所有制发生联系。不同的所有制条件下,满足社会需要的劳动方式和生产组织方式,以及劳动与生产

---

① 郑志国、危旭芳:《我国社会主要矛盾变化的政治经济学分析——兼论人类需要与社会生产互动规律》,《江汉论坛》2019年第2期。

② 《马克思恩格斯文集》第5卷,人民出版社2009年版,第215页。

的物质手段之间的地位和实际作用,也不尽相同,但是均能够一定程度上实现对社会需要的满足。人的社会需要同时受到劳动过程制约,一旦社会需要无法满足时,劳动过程就会对技术进步和生产组织变革产生反向的刺激作用。

其次,社会需要是具体的人的需要,人又是劳动关系中活跃的因素,劳动过程的持续,从而劳动关系乃至整个社会生产关系的再生产,离不开劳动力再生产,劳动力的再生产过程又恰恰表现为劳动者的一系列消费活动。"劳动力的发挥即劳动,耗费人的一定量的肌肉、神经、脑等等,这些消耗必须重新得到补偿","生产劳动力所必要的生活资料的总和,包括工人的补充者即工人子女的生活资料","为改变一般人的本性,使它获得一定劳动部门的技能和技巧,成为发达的和专门的劳动力,就要有一定的教育或训练,而这又得花费或多或少的商品等价物"。[①] 上述这些生活资料和产品的补偿,都是以不断满足特定社会需要的形式呈现的。如果这种劳动力价值的补偿机制由于生产关系的变动而发生破坏,则会危及劳动关系的稳定运行,从而进一步激化社会需要与生产方式的矛盾。

最后,在特定的历史时期,人类的需要呈现出多样化的特点,形成了一个需要的"社会体系"。随着时间的推移,这些需要逐步演变,又形成了一个连续的需要"时间序列"。尽管需要本身在不断变化,但总体上呈现出一种向上的发展趋势。放眼整个人类历史,人类的需要体系似乎遵循着一条从"基础层次"向"更高层次"演进的路径,这一过程以社会的劳动体系或生产体系为依托,并随着生产体系的进步而不断向前发展。[②] 进而,社会需要还体现为直接生产过程之外的社会交往、制度规则、精神和文化等各个领域的需要,它们以特定的生产方式为基础,也在不断满足这类需要的过程中间接促成劳资双方谈判、协商和行动机

[①] 《马克思恩格斯文集》第5卷,人民出版社2009年版,第199—200页。
[②] 姚顺良:《论马克思关于人的需要的理论——兼论马克思同弗洛伊德和马斯洛的关系》,《东南学术》2008年第2期。

制的改变，对包括劳动关系在内的生产方式施加反作用，通过满足社会生产生活的现实需要引导更高层次社会需要的产生，以此来推动社会发展和变革。

三 劳动关系绩效与演变的阶段性

劳动关系究竟能否适应并促进生产力发展，能否促进社会和谐、人的自由而全面发展，这就涉及对劳动关系绩效的考察。在对劳动关系绩效进行评价时，应当本着唯物史观的原则，采用科学和合理的设计方法来构建评估指标。这意味着在评估过程中，不仅要关注那些能够体现生产力水平的指标，也需纳入能够反映生产关系及社会上层建筑因素的指标，把对劳动关系的总体评价融入整个社会发展进步的各个领域。有学者将劳动关系的绩效在经济绩效和社会绩效上进行了细分，前者主要包括与经济运行效率相关联的一系列指标，比如经济增长率、就业率、企业竞争力、劳动生产率等；而后者主要包括与劳动者和社会发展相关联的一系列指标，比如收入差距、工资水平、劳动时间、社会参与度等。只有当经济成效与社会成效实现平衡发展时，劳动关系才能持续稳定地向前发展。[①] 在此基础之上，参照改革开放以来中国劳动关系变革的主要特征，我们可以将劳动关系绩效进一步拓展为经济绩效、组织绩效和社会绩效三部分（见表2.1）。

经济绩效是评价劳动关系的重要方面，我们可以进一步将其细化为企业绩效、个人绩效和国家绩效三部分：企业绩效包括企业利润、企业规模、竞争力与发展潜力、产品层次与质量、市场拓展等；个人绩效包括工资收入、企业福利、工作状况、员工个人成长与职业发展、工作满意度等；国家绩效包括经济增长速度、全要素生产率、经济发展质量和效益、对创新的激励、产业结构优化等。值得我们注意的是，上述三个部分并非时刻完全一致，而是存在着相对失衡的可能，特别是在企业绩

[①] 参见刘凤义《劳动关系研究中的马克思主义分析框架》，《马克思主义研究》2012年第9期。

效和个人绩效之间。组织绩效包括企业与劳动者之间的矛盾及其化解程度等方面，社会绩效则包括公平正义与和谐程度、就业数量和质量、生态状况、精神文明等方面。

表2.1　　劳动关系的经济绩效、组织绩效与社会绩效包含要素

绩效类别		包含要素
经济绩效	企业绩效	企业利润、企业规模、竞争力与发展潜力、产品层次与质量、市场拓展等
	个人绩效	工资收入、企业福利、工作状况、员工个人成长与职业发展、工作满意度等
	国家绩效	经济增长速度、全要素生产率、经济发展质量和效益、对创新的激励、产业结构优化等
组织绩效		企业与劳动者之间的矛盾及其化解程度等
社会绩效		公平正义与和谐程度、就业数量和质量、生态状况、精神文明等

简单来看，经济绩效、组织绩效与社会绩效之间的不同组合能够判断出不同的劳动关系再生产模式：经济绩效如果维持总体低下，即便组织绩效和社会绩效一时可观，也不利于二者长期提升；经济绩效总体可观，而企业、个人与国家绩效出现失衡，亦不利于总体经济绩效的长期提升；经济绩效总体可观，而组织绩效和社会绩效相对低下，也会形成对总体绩效的潜在制约。这三种情形所组成的劳动关系模式都是不稳定的，具有较高的维持成本，会产生内部变革的力量并吸引外部力量（如国家或政府干预）推动劳动关系演变。而只有经济绩效在总体上和三个组成部分都维持在相对理想的状态，同时组织绩效和社会绩效也维持在相对理想的状态，所形成的劳动关系才是稳定而和谐的。

纵观中国改革开放以来40多年的历程，结合中国生产力发展、经济体制和企业制度变迁与经济增长的阶段性与周期性，并借助上述对于劳动关系绩效的评价机制，我们可以对劳动关系绩效的动态变化加以描述，形成不同的绩效组合，以表示劳动关系发展演变的几个阶段（见表2.2）。

表2.2　　劳动关系经济绩效、组织绩效与社会绩效的不同组合

绩效类别	经济绩效			组织绩效	社会绩效
	企业绩效	个人绩效	国家绩效		
组合1	不理想	相对理想	不理想	相对理想	相对理想
组合2	快速提升	缓慢提升	快速提升	有所下降	有所下降
组合3	稳步提升	稳步提升	稳步提升	稳步提升	稳步提升

第一个阶段始于改革开放伊始（1978年），大体上到20世纪90年代中后期（1998年左右），这一阶段是行政化劳动关系的衰退期和市场化劳动关系的酝酿和起步期。在仍以行政化劳动关系为主体的企业单位内部，个人对企业的依附和企业对职工给予充分的福利保障使得劳动关系的组织绩效和社会绩效相对理想，但多数国有企业亏损制约经济增长和产业结构升级的事实，使这一时期的劳动关系在总体经济绩效上并不理想，因此亟待变革（类似于表2.2中的组合1）。随着经济体制改革的不断推进，逐渐建立起市场经济体制，中国工业化、城市化开始加速，经济社会中各种市场化体制机制迅速建立。国有企业改革全面铺开，统一开放的劳动力市场逐渐形成，劳动者和企业双方都被赋予了相当的自主性，党和政府在劳动关系演变过程中发挥着决定性作用。

第二个阶段大体上从20世纪末（1998年左右）到2012年，国际金融危机所导致的经济波动趋于终结，这一阶段是市场化劳动关系的快速发展期和矛盾凸显期。2001年加入世界贸易组织之后，中国开始参与世界范围内的分工协作，成为名副其实的"世界工厂"，各种外向型非公有制企业迅速发展并成为支撑经济增长的主力军。市场经济体制从建立走向不断完善，非公有制经济已成为社会主义市场经济不可或缺的组成部分。随之而来的也有长期根植于西方资本主义世界的生产组织形式，并且与中国当代的特殊国情结合在一起，呈现出与以往不同的劳动关系形态与特征。在一些重点企业，随着现代公司制的普遍设立，中国企业的组织模式、治理结构与控制方式和主流跨国公司开始全面接轨，劳动关系的发展也开始呈现出世界范围内的一般性特

征。这种劳动关系带来的经济绩效总体上是显著的，特别是使中国经济在长期维持了高于8%的增速，并且在00年代中期一度突破10%，一大批非公有制企业快速成长。但这一阶段劳动者一方总体收入水平提升相对缓慢，劳动要素与资本要素收入差距拉大，个人经济绩效与企业、国家经济绩效的改进出现脱节。一些地区、行业的劳资关系出现紧张态势，劳资矛盾在局部爆发出来，构建和谐社会、维护公平正义的呼声日益高涨，一些行业和部门内部组织绩效和社会绩效出现停滞甚至下滑的迹象（类似于表2.2中的组合2），劳动关系总体绩效仍有很大的改进空间。因此，这一阶段劳动关系仍需要在自上而下与自下而上两方面继续推动变革。

第三个阶段大体上从国际金融危机余波过后的2012年开始至今，这一阶段是中国市场化劳动关系的高质量发展的构建期。为了应对金融危机带来的衰退，一方面，党和政府开始对经济增速放缓背景下经济结构和效益的改进更加重视，更加注重经济社会、文化和生态的全面、协调、可持续发展，特别是社会的和谐稳定，大力弘扬劳模精神、劳动精神、工匠精神，助力广大产业工人提高技术技能水平，为推动高质量发展、实施制造强国战略服务，积极构建和谐劳动关系，保护劳动者合法权利和利益，让全体人民共享改革与发展的成果。这样，使劳动关系的组织绩效和社会绩效的提升带动经济绩效提升。另一方面，危机的出现并没有阻止生产技术的新一轮变革出现，以互联网和智能移动通信技术为代表的技术变迁迅速在全世界推广，给企业的组织形式和生产过程带来了颠覆性的影响，资源配置过程以前所未有的效率开始改进，新产业、新业态层出不穷，催生出较以往更加纷繁复杂的劳动关系类型和模式，对劳动关系绩效构成新的冲击和挑战。党和政府通过各种手段持续对劳动关系进行干预和调节，努力使劳动关系的经济绩效、社会绩效和组织绩效重新归于平衡（类似于表2.2中的组合3），促进劳动关系良性发展。

第四节 社会主要矛盾转变视域下的和谐劳动关系内涵

一 社会主要矛盾转变赋予和谐劳动关系动态多维内涵

一定社会的劳动关系,是由其所在社会的生产力与生产关系、经济基础与上层建筑的矛盾,即社会基本矛盾所决定的。而社会基本矛盾不断发展,推动着社会主要矛盾在不同时期发生相应变化,从而塑造出特定社会发展阶段的劳动关系。社会主义制度的建立,消灭了中国劳动关系中的阶级对抗,使其总体上表现为劳动关系各个主体在根本利益一致前提下,围绕服务于社会生产力发展基础上的互利合作。从改革开放至今,社会主义市场经济体制开始在中国逐渐建立并完善。但是,工人阶级和劳动者作为国家和社会主人的地位没有改变,中国劳动关系的社会主义性质也没有改变。劳动关系领域存在的一些矛盾,是在根本利益一致基础上的具体利益差别的矛盾,属于人民内部矛盾。然而,随着社会主要矛盾由人民日益增长的物质文化需要同落后的社会生产之间的矛盾转化为人民日益增长的美好生活需要和不平衡不充分的发展之间的矛盾,中国劳动关系正在经历全方位的深刻调整,对于和谐劳动关系,也不应再拘泥于经济、社会、法律等各个层面抽象的概括,而应将其置于更为具体的社会发展进程中予以考察。

首先,社会主要矛盾的转化意味着中国生产力出现了质的飞跃,社会分工更加深入和广泛,技术水平不断提升,构成了新时代劳动关系全新的物质基础。以智能移动通信技术、高速互联网、大数据、云计算为特征的新一轮科技革命为先导,各种新产品、新产业、新业态、新模式不断涌现,现代化经济体系建设深入开展,生产组织形式和劳动过程随之更加灵活多元,人的高层次需要不断得到满足。生产和消费的外延和内涵不断拓展,使以往追求数量积累和速度扩张的生产方式逐渐转向追求效率提升和动能优化的生产方式,以往追求温饱和基本小康的生活方式逐渐转向追求舒适而美好的生活方式。作为劳动者而言，需要的已经不仅是实现就业，还包含更满意的工资收入、更体面的工作形式、更优越的工作环境以及更稳定的职业发展等，这就直接改变了和谐劳动关系达成的客观条件和主观条件。

其次，生产关系"社会生产关系，是随着物质生产资料、生产力的变化和发展而变化和改变的"[①]。中国生产力的不断进步与发展不平衡、不充分的现状相伴随，对生产关系的变革同样提出了要求。一是继续坚持生产资料公有制的主体地位，依靠公有制经济的不断发展壮大确保国民经济稳定健康发展，但同时必须毫不动摇地鼓励、支持和引导非公有制经济发展，使其服务于社会主义经济建设。这就意味着，我们要在社会生产中吸收不同性质劳动关系的各自优势，尤其要更加注重发挥非公有制经济范围内，劳动关系对于生产率提升和经济结构优化的积极作用。但是也应当看到，这种雇佣劳动关系同时具有服务于资本积累的性质，随着中国非公有制经济总量和份额的上升，其强化资本对劳动的主导和剥削、阻碍劳动者个人发展的消极作用也随之逐渐显现，劳动关系矛盾在局部范围内甚至出现了一定程度的激化。新时代维系劳动关系的和谐，也意味着对非公有制范围内劳动关系消极作用的有效抑制。二是市场经济体制必须加快完善，市场在资源配置中要发挥决定性作用，价格、竞争、风险等市场机制要更为灵活有效，但也要更好发挥政府作用，使政府与市场"两只手"更为有效地协调配合。劳动力作为一种关键的生产要素，必然更加倚赖市场实现有效配置，由市场评价其贡献并决定报酬。在此基础上形成的劳动关系，既有利于劳动力价值的充分实现和补偿，又能够激发出广大劳动者的创造力和进取心。但是，完全处于单一市场调节中的劳动关系，也会导致劳动者之间的两极分化，并不能够保证共同富裕的实现。而且，单纯经济利益的驱动也容易使经济发展以牺牲社会的稳定、进步为代价。因此，劳动关系的和谐，也应当包含对市场调

---

① 《马克思恩格斯文集》第1卷，人民出版社2009年版，第724页。

节在劳动者群体中产生的"马太效应"的合理控制，协同提升劳动关系的经济绩效与社会绩效。

再次，经济基础与上层建筑的矛盾运动，也在深刻改变着和谐劳动关系的内涵。树立以人民为中心的发展思想，统筹推进中国特色社会主义"五位一体"总体布局，协调推进"四个全面"战略布局，以及发展社会主义民主政治、加强和创新社会治理等方面正是上层建筑各个方面做出适应性变化的集中体现。这其中，包括全体劳动者在内的人的因素正在发挥强力的推动作用。在劳动关系运行中，人民对美好生活的需要既直接体现在自身作为劳动者权利意识、利益诉求内容和方式的变化，也体现在对民主法治、公平正义等更高层次的价值追求，以及对自身自由而全面发展的追求。因而，和谐劳动关系中也自然融入了上层建筑变动的印记：一方面，是对劳动精神的弘扬，形成全社会爱岗敬业、勤劳致富、锐意进取的风气，并引导广大人民群众树立辛勤劳动、诚实劳动、创造性劳动的理念；另一方面，则是在各个领域通过制度建设不断维护并巩固劳动者利益，把劳动者个人的发展与企业、社会、国家的发展统一起来。

最后，解读和谐劳动关系的具体内涵，要把新时代中国社会主要矛盾转化置于生产、分配、交换、消费这些生产关系的具体环节中，把人的主观因素和物的客观条件结合起来，既要注重结果，也要强调过程。特别地，应当对劳动者的主体地位和能动作用加以彰显。在社会主义劳动关系中，劳动力不能被继续简单地视为一种生产要素，劳动者除了适应社会生产发展带来的结果之外，也在这一进程中不断提出并满足自身的各种需要，不断地解决生产与消费的矛盾，实现自身的发展。具体而言，和谐劳动关系的内涵应当至少包含以下四个部分：一是在生产开展的前提过程中，也是劳动力作为商品的流通中，达成更为优化的配置，同时有效降低由此给劳动者带来的各种成本，亦即就业灵活性与从业稳定性并重；二是在生产过程，也是劳动力的消费过程中，更为科学地约束并使用劳动力，同时在一定程度上实现劳动者个人目的和意志，亦即劳动控制与工作自主平衡;三是在交换、分配和消费过程中,同时又是劳动力再生产的过程中,不仅使劳动力价值得到补偿,也要使劳动力价值构成不断优化,并以此带动劳动力价值更充分地补偿,即劳动收入增长与素质技能提升良性互动;四是贯穿生产关系各个环节始终的,在构建劳动关系各个主体权利和利益协调机制的过程中,实现共建共治共享的有机统一。①

二 劳动力资源配置兼顾就业灵活性与从业稳定性

就业灵活性的增强,是经济发展与社会进步的重要标志。生产力发展与技术变革,一方面促使社会分工在更为宽广的范围内进行,另一方面促使分工在特定的领域内逐渐深入、细化。随着产业结构的不断升级,大量新职业、新岗位不断被创造出来,而传统职业和岗位也正在被全新的劳动对象和劳动过程所改造,工作的差异化和劳动者群体结构的多元化,使得更精细、更有效率的工作匹配不断实现。以高速互联网和高铁为标志的信息技术和交通的革命,大大降低了普通劳动者的择业成本,许多异地的就业机会也开始变得触手可及,这些大大拓展了当前劳动者的就业范围,甚至允许个人同时进行多种工作,并实现多重身份的自由切换。而随着社会的进步,劳动者日益增长的美好生活需要,既包含了通过自由选择不同的工作机会,以更高的收入水平改善当前的状态,也更多地包含了实现在不同职位、部门间的灵活转换,告别长期从事某一岗位工作的单调和烦闷,从而享受不同劳动过程的快乐,满足自身兴趣乃至人生理想。

增进就业灵活性,是发挥市场在资源配置中的决定作用的题中之义,也是推进供给侧结构性改革、培育健康有序的劳动力市场,进而实现更充分、更高质量就业的必然要求。改革开放以来,通过积极培育和发展劳动力市场,中国逐渐确立了企业作为用人主体、劳动者作为就业主体

---

① 肖潇:《新时代我国社会主要矛盾转化视域下和谐劳动关系的内涵》,《思想理论教育导刊》2020 年第 3 期。

的地位以及"劳动者自主就业、市场调节就业、政府促进就业和鼓励创业"①。然而,中国发展不平衡、不充分的现状一方面造成劳动力资源分布和劳动力结构的巨大差异,另一方面也造成就业机会在不同地区、部门和行业之间的巨大差异。随着中国劳动力市场的深度发育,具有高学历、掌握高级技能的劳动者群体不断扩大,经济发展空间布局和产业结构调整也在迅速变化,这就决定了只有依靠市场力量去调节劳动力供求,充分实现劳动力的自由流动,释放出反映劳动力商品的真实价格信号,才能在高效解决绝大多数劳动者就业的基础之上实现人尽其才。而实现高质量发展,建立现代化经济体系,需要使企业适应市场灵活多变、逐渐升级的需求,优化内部的要素结构,使自身成为创新的主体。对于传统产业而言,一部分企业规模较大,但经济效益难以提升,就有必要适时改变长期固定的就业模式,或者按照企业转型的具体需要优化员工队伍;对于新兴的互联网、高技术产业而言,存在大量急需扶持的小微企业,这些企业独特的生命周期也决定了它们往往无力承担长期过高的人力成本,采用灵活就业模式则能够切实减轻企业成长关键期的各种负担。

但是,就业灵活性不是绝对的,应当与从业稳定性统一起来。追求就业灵活,不等于放任资本逻辑驱动下的失业与半失业,也不等于将广大劳动者完全置于市场力量的支配下,忽视他们的基本权益,使其被动承受不规则就业带来的痛苦,甚至丧失工作保障。从业稳定并不排斥就业灵活,也并不意味着退回到计划经济年代的"统包统配"以及"岗位终身制",而是要将劳动力的过度流动、无效流动限制在一定程度内,保证劳动者在较为稳定的职业环境下工作,使他们向上流动的渠道保持畅通,从而使企业、行业、重要技艺以及劳动者个人实现可持续发展。西方主要资本主义国家在20世纪70—80年代倡导的所谓灵活、弹性雇佣关系和近年来鼓吹的"零工经济",无一不是将把实现经济增长与劳动者从业稳定简单对立起来,将破坏就业的规则性、完整性视为恢复企业

---

① 《十八大以来重要文献选编》上,中央文献出版社2014年版,第28页。

利润，走出萧条的手段。马克思在研究资本主义生产方式的过程中，论证了资本积累带来的生产技术手段对劳动力的排挤作用，即"随着总资本的增长，总资本的可变组成部分即并入总资本的劳动力也会增加，但是增加的比例越来越小"①，"从而在一定程度上使劳动的供给不依赖于工人的供给"，"劳动供求规律在这个基础上的运动成全了资本的专制"。②当前，中国民营经济已经成为推动经济发展不可或缺的力量，解决了80%以上的城镇劳动就业，成为创业就业的主要领域。但同时，以制造业为代表的许多民营企业一线劳动力流动过于频繁，使其难以形成稳定的人员结构，严重制约企业的长远发展，而广大劳动者也因此难以形成长期的经验积累，间接制约了工资收入的提高。因此，维持一定的从业稳定性，是新时代保障企业和劳动者双方利益的现实需要。

确保就业灵活性与从业稳定性并重，当前就必须把抑制劳动力市场分割和实现更高质量、更充分就业统一起来。劳动力市场分割在当前主要有两种表现形式：其一是基于劳动者所具有的户籍身份差异的城乡二元分割及其衍生的城市二元分割；其二是基于劳动者所在单位隶属的所有制形式不同的部门分割及其衍生的行业分割。中国的劳动力市场分割源于经济社会转型中制度力量对不同劳动者群体利益格局的扭曲。当前，基于劳动者户籍身份差异的城乡二元分割已经逐渐消退，但基于所有制形式差异的部门分割及其衍生的行业分割依然存在。③抑制劳动力市场分割，就需要在劳动力市场运行中更好地发挥政府作用，在简政放权的基础上依靠体制机制改革，营造更为公平公正的就业环境，同时注重适当平衡部门、行业之间的利益关系，合理引导劳动者的择业观。随着供给侧结构性改革的持续深入，经济下行压力加大和外部环境的明显变化，在部分行业不可避免地会产生一些下岗现象，特别是在去产能的过程中，

---

① 《马克思恩格斯文集》第5卷，人民出版社2009年版，第726页。
② 《马克思恩格斯文集》第5卷，人民出版社2009年版，第737页。
③ 肖潇：《共享发展成果须处理好劳动力市场中的三组矛盾》，《山东社会科学》2016年第2期。

需要短期内完成数量众多、各个层次劳动力的再就业。一方面，要促进传统产业加快转型升级，加快培育现代服务业，带动劳动者转岗提质就业的同时，通过拓展创业、创新渠道开辟更多就业岗位；另一方面，需要加强对重点地区、重点行业、重点人群的就业扶持力度，不断落实并完善援助措施，通过鼓励企业吸纳、公益性岗位安置、社会政策托底等多种渠道，帮助就业困难人员尽快就业。

三　劳动过程平衡劳动控制与工作自主

劳动过程的和谐是和谐劳动关系实现的重要基础。就劳动过程的一般性而言，它在人类生活的一切社会形式中，是一种"制造使用价值的有目的的活动，是为了人类的需要而对自然物的占有"[1]，并"作为规律决定着他的活动的方式和方法"[2]。因此，劳动者的目的和个人意志天然存在于劳动过程中。在劳动力取得商品形式之后，劳动过程同时服从于劳动力使用者的主观目的，劳动控制也就成为确保其实现的必要手段。而资本主义劳动过程作为资本增殖的途径，资本家和工人的目的和意志既是截然对立又是相互依赖的。资本家通过对工人的命令、指挥和监督，尽可能地榨取更多的剩余价值，又通过市场交易不断诱发工人与其连续不断的合作过程。[3] 但是，马克思指出，这种过程的持续深入，伴随着科学技术的不断进步，使生产条件在更大的程度上表现为同劳动对立的力量，使劳动对资本的形式隶属发展为实际隶属。

随着当代资本主义劳动过程的变迁，资本在生产过程中的劳动控制机制更加灵活完善。为了激发工人的主动性，劳动内容及其方式和方法对劳动者的吸引力不断增加，劳动者也在一定程度上能够把劳动当作自己体力和智力的活动来享受。但从根本上讲，工作自主依然是服从并服

---

[1]《马克思恩格斯文集》第5卷，人民出版社2009年版，第215页。
[2]《马克思恩格斯文集》第5卷，人民出版社2009年版，第208页。
[3] 谢富胜：《控制和效率：资本主义劳动过程理论与当代实践》，中国环境科学出版社2012年版，第30页。

务于劳动控制的。当前，随着智能手机和高速移动互联网的出现，越来越多的企业转向了平台式的生产组织形式，形成规模与协同，以更低成本和更高效率实现智能化的供需匹配。表面上看，似乎劳动者得到了较传统固定场所就业更多的自由度：是否接受平台分配任务，何时接受任务以及任务的类型，都变得可以选择，企业和劳动者之间更像是合作而非雇佣关系。但是，劳动者对于平台企业的生产规则而言，依旧只是接受者，而非制定者。平台企业的劳动控制，一方面采取了激励的形式，鼓励劳动者不断参与，并依据客户的满意状况给予适当奖励；但另一方面，对于劳动过程的监督却采用了"数字泰勒主义"这种更为严密有效的手段[1]，在精巧复杂的数据和程序控制面前，劳动者正在成为数字平台和算法的机械延伸，成为平台和算法所管理的一种呼之即来、挥之即去的客观要素。[2]

在人民消费需求日益多样化、个性化和不断升级的背景下，由广大互联网平台企业所构成的平台经济新业态、新模式正在成为挖掘中国经济发展潜力、带动消费并吸纳就业、实现动能转换的重要支柱。据统计，2020年，中国共享经济参与者人数约8.3亿人，参与提供服务者人数约8400万人，平台员工数为631万人，直接融资规模达1185亿元[3]，催生出大量独角兽企业，也催生出网约车司机、外卖骑手、网络主播等新兴职业。在平台企业提供服务，便利了劳动者自主地开发业余时间，充分利用自身兴趣和专长获得经济收入，劳动过程的新颖性、变通性和不确定性大大提升，劳动者也能够实现相当程度的掌控，甚至可以在工作的同时顺便满足包括社交在内的多元化需求，带来传统劳动过程中无法感受到的身心愉悦。但是，在资本力量驱动和经济下行压力的双重作用下，

---

[1] ［德］菲利普·斯塔布、［美］奥利弗·纳赫特韦：《数字资本主义对市场和劳动的控制》，鲁云林译，《国外理论动态》2019年第3期。

[2] 谢富胜、吴越：《零工经济是一种劳资双赢的新型用工关系吗》，《经济学家》2019年第6期。

[3] 参见国家信息中心《中国共享经济发展报告（2021）》，2024年8月5日，国家信息中心、国家电子政务外网管理中心网（http://www.sic.gov.cn/sic/93/552/557/0219/10463.pdf）。

这些平台企业寿命普遍较短，竞争却异常激烈残酷，并带动了上游的互联网研发、数字技术企业的空前竞争。一方面，在企业正规就业的员工群体中，超时劳动现象快速蔓延，甚至危及基层员工的人身健康，例如 2019 年 4 月在互联网空间中广为流传的"996"工作制已经引起了全社会的广泛关注；另一方面，由于经济结构调整和再就业的推动，在部分领域的平台企业中，服务提供者出现了专职化趋势，平台对于服务提供者早期提供的补贴逐渐下降，而支配作用愈加明显，在快递、外卖和出行领域也不同程度地存在着过劳现象。劳动控制的登峰造极，对劳动者自主性，甚至基本权利的漠视，不仅不是追求美好生活的目标，也背离经济社会全面、协调、可持续发展的大方向。

在社会主义市场经济活动中，劳动控制依然是不可避免的，但应当努力实现劳动控制与工作自主的相向而行，在劳动过程中应当时刻维系企业经济利益和劳动者个人发展的平衡。劳动者的工作自主，不仅体现在国家法律和行业规范、企业规章之内的自由，也应当体现在劳动者在工作过程中的自发性、主动性特别是创新性。对于当前一些互联网企业而言，必须主动走出"加班文化"的认识误区，以结果导向、效率导向重塑企业治理，使劳动过程更加文明、高效和人性化，充分保障劳动者的休息、休假权利。对于平台企业而言，一方面要自觉接受政府部门的算法监管，另一方面也完全能够通过服务的升级和差异化，避免同质竞争，使劳动者在相对宽松的环境下工作。对于传统的制造业企业而言，也应当使全体劳动者参与到技术变革的过程中，提升一线工人对产品工艺流程的话语权，不仅依靠员工的汗水，也要激发员工的灵感，以更加柔性化的管理代替原有的僵化控制。此外，中国目前也有数量众多的科学家和技术研发人员，其中一些在企业就职，而绝大部分属于广大高校和科研院所。对于科研人员和科研活动的管理，也应当创新体制机制，适当变通规则，不能将科研人员长期束缚在各种行政化的任务、流程中，要在尊重科学、技术、工程各自运行规律的基础上，扩大他们的选题、研究和经费自主权，以此带动创新优势、科技优势、产业优势的发挥。

四 劳动力再生产实现劳动收入增长与素质技能提升良性互动

劳动过程的持续进行，依赖于劳动力再生产的顺利实现。劳动力再生产不仅意味着劳动者在上一期劳动过程中劳动力价值的损耗得到补偿，也意味着劳动力价值的不断提升和劳动力价值构成的不断优化。一方面，随着新时代中国生产力水平的不断提升，生产单位消费品的社会必要劳动时间减少，构成劳动力价值下降的因素；而对美好生活的追求和经济发展质量的注重，使人民升级换代的消费需求的不断满足，构成劳动力价值上升的因素，并足以抵消生产效率提高带来的劳动力价值下降。① 另一方面，在社会主义经济制度下，劳动力价值具有既满足生存需要又满足发展需要的内在属性。② 在劳动力价值构成中，用以直接满足劳动者及其家人的生活资料价值比重开始下降，而为了"获得一定劳动部门的技能和技巧，成为发达的和专门的劳动力"③ 所支出的教育或培训费用在逐渐上升。对于新时代劳动者而言，素质是立身之基，技能是立业之本。中国经济发展模式的转变和动能的转换，决定了过去依靠简单劳动量的积累支撑高速增长的路径已经不再可取，要提升经济发展的质量和效益，除了依靠生产技术手段的革新，还必须发挥劳动者素质技能提升的关键作用，因此，打造一支高素质、高技能的劳动者队伍迫在眉睫。

然而，自20世纪90年代以来，中国经济发展陷入了由劳动收入增长相对缓慢到劳动者素质技能提升迟滞这种周而复始的不良循环中。作为一个迈上工业化道路不久的农业大国，决定了产业工人队伍中的主体，由尚未完全失去农民身份的进城打工者（农民工）构成。而中国劳动力资源充裕而资本相对稀缺的初始要素禀赋，在国际垂直分工的体系和出

---

① 高文：《我国劳动力价值实现程度的指标构建、测度及影响因素分析》，《经济问题探索》2015年第5期。

② 刘凤义：《社会主义市场经济中劳动力商品理论再认识》，《经济学动态》2017年第10期。

③ 《马克思恩格斯文集》第5卷，人民出版社2009年版，第200页。

口导向的发展战略作用下，工资水平又长期在低位徘徊。农民工相对于城市工人极低的劳动力价值和城乡二元分隔的体制，使这种状况在一定时期可能维持，但随着工业化和城市化进程的深入，广大农民工不仅要满足不断膨胀的基本生存需要，还要实现由农民向市民的身份的转换。工资水平的持续低下，无法让他们承担起这种转换成本。而且，长期依靠低工资和产品的低端化、同质化谋取微薄的利润，严重制约了中国制造业的升级，乃至整体技术水平的提升，拖累经济社会的长远发展。不仅是在产业工人当中，在许多行业的"白领"群体中，也曾经面临着工资水平与劳动生产率、与企业经济效益的脱节。城市的生存压力，特别是房地产价格的高企和诸如医疗、教育等公共产品和服务的价格提高，即便他们的劳动收入能够满足基本生活需要，也严重制约了生活质量的提升和个人的全面发展。近年来，一方面是农村剩余劳动力逐渐枯竭，制造业一线劳动者的工资水平有了一定程度的上升，但许多企业仍面临"招工难"的困境；另一方面是以高校毕业生为代表的高素质劳动力仍然对热门行业、重点企业趋之若鹜，助长了部分企业"只用人、不培养"的风气。经济发展如果长期不能带来劳动者素质技能的根本改观，不仅无助于和谐劳动关系的实现，终究也是不可持续的。

劳动收入增长与素质技能提升，在市场经济条件下完全是可以相互促进的。按照价值规律的要求，工资作为劳动力商品的价格表现，既取决于劳动力再生产的各项费用，也反映了劳动力在市场活动中的贡献。而劳动者素质技能的提升，既是劳动生产率提升的源泉，也能够使提升劳动者在劳动过程中的地位和贡献，在市场评价生产要素的机制下带来劳动收入的增长；而劳动收入的持续增长通过补偿劳动力价值的各种耗费，同时实现劳动者生活质量、受教育程度和业务水平的改进，又会实现素质技能的进一步提升，从而达成二者的良性互动。据统计，作为世界制造业中心，中国高级技工占整个产业工人队伍的比例仅为5%左右，全国高级技工缺口长期维持在1000万人规模，劳动者技能水平与岗位需求不匹配的就业结构性矛盾日益凸显。这在一方面反映了中国产业工人的工资水平仍然需要进一步提升，整体的队伍需要稳定优化；另一方面也反映了企业和社会在劳动者教育和培训，特别是职业培训方面的产品和服务的有效供给严重不足。因此，除了继续增加一线劳动者劳动报酬之外，当务之急是通过各种渠道，建立起全方位、各层次的职业教育和培训体系，深化产教融合、校企合作。在国家层面，应及时制定出台各个领域的职业技能培训制度，全面推行企业新型学徒制，积极落实创业培训等政策措施，逐步构建起面向城乡全体劳动者的终身职业培训体系，创新"互联网+"培训模式，设立各种普惠性培训补贴。同时，要逐步改革完善现有的技能人才评价制度和职业技能鉴定制度，放松各类职业资格对劳动者的过度束缚。在地方层面，可以大力开展面向各级毕业生的技能就业项目、面向广大"农民工"的职业技能提升项目、面向去产能企业职工的再就业特别培训项目，并紧密结合就业和市场需求，协同重点企业和各级职业技术院校，加强专业和师资队伍建设，全面推行工学一体化教学改革。全面提高技能人才培养质量。劳动者素质技能得到根本改观，才能建设一支知识型、技能型、创新型劳动者大军，培育出劳模精神和工匠精神，从而增进企业和劳动者的获得感，双向提升劳动关系的和谐度。

五 协调机制达成共建共治共享有机统一

和谐劳动关系最直接、最集中的表现，反映在劳动关系各方协调机制的搭建、运转及其效果上。建立由政府、雇主组织和工人组织三方参与的，代表不同利益主体的劳动关系协调机制，是国际上普遍采用的市场经济条件下调节劳动关系的基本格局和制度。早在2001年8月，中国就全面启动了由原劳动和社会保障部、中华全国总工会和中国企业联合会参与的劳动关系三方（国家、企业、和职工）协商机制。但是，在一段比较长的时间内，三方协商机制的作用没有得到充分发挥。一是在片面追求经济效益和增长速度的动机下，一些基层政府部门过于注重招商引资，长期忽视三方协调机制的完善，在处理劳动关系矛盾的过程中倾向于维护资方利益；二是在广大非公有制部门内的中小企业当中，工会长期处于缺位状态，许多劳动密集型企业囿于生存压力，即便形式上存在工会组织，也难以同企业在工资和劳动条件的协商中发挥有效作用；三是以"农民工"为代表的许多一线劳动者权利意识普遍不足，也缺乏依靠三方协商机制及其他正规途径进行维权的动机和经验。随着中国经济增长速度的趋缓，从国家到企业和个人，无不对实现平衡、充分和高质量经济发展的关注日益上升。生产要素在市场中地位的平等化，以及政绩评价体系的转变，使得政府部门在劳动关系调处中逐渐转为更加中立、公平的姿态；而供给侧结构性改革通过施加转型和升级的"硬约束"，使企业扭转过去以迟滞劳动报酬增加维持微薄利润的生存模式，倒逼企业正视职工的利益诉求，并主动配合工会的相关工作；而广大普通劳动者除了希望进一步提升自身在劳动关系中的话语权之外，也更加倾向于通过理性、审慎的方式进行维权，而非自发、无序的集体行动。[①]这就对新时代不断完善中国三方协商机制提出了新的要求，即通过国家、企业和劳动者个人共建、共治、共享的统一，实现新形势下劳动关系的和谐有序。

对于各级政府机构而言，必须坚持运用法治思维和法治方式预防化解劳动关系矛盾。坚持在各项法律法规的框架内开展工作，加大普法宣传力度，不断增强广大企业和职工的守法意识，依法保障职工基本权益。同时，要把握好对劳动关系矛盾干预的力度，逐步改变以往通过直接干预排挤集体协商的做法，不断培育劳动者和企业的组织化形态，实现通过规则的输出来稳定生产秩序和社会秩序。[②] 此外，需要加强和改进政府的管理服务，不断完善各类基层专业性劳动争议调解组织和相关制度建设，善于运用对企业和职工开展思想政治教育，引导企业经营者积极

---

① 孙中伟等：《内部劳动力市场与中国劳动关系转型——基于珠三角地区农民工的调查数据和田野资料》，《中国社会科学》2018年第7期。

② 吴清军：《中国劳动关系学40年（1978—2018）》，中国社会科学出版社2018年版，第183页。

履行社会责任等柔性手段化解劳动关系矛盾。对于工会而言，应当实现由从福利型工会向功能型工会的转变。① 要科学开展新形势下的维权与维稳工作，遵循市场和行业发展规律，统筹处理好促进企业发展和维护职工权益的关系。一是要继续扩大工会的覆盖面，尤其是在快递、外卖和网约车出行等新兴服务业部门，逐步健全各级工会组织。二是要抓住广大基层职工最关心、最直接、最现实的利益问题，杜绝官僚主义、形式主义作风，通过提升各类服务的针对性和时效性，加强同职工的联系。三是在今后的改革方向上，应当从工会自身的发展规律出发，从职工队伍当中寻求"资源"和"手段"，并通过在各级工会逐步开展直选制和问责制，培育广大职工的权利意识和团结意识，以推动自身朝民主化和群众化方向发展。② 当前也要合理引导各类行业协会健康发展。一方面，要不断健全各级行业协会的组织机构，密切行业协会与各级党和政府部门的联系，自觉接受党和政府的领导和监督，并与各级工会建立常态化的互动机制。在具体协商活动中，明确其主体资格、权利和义务，并通过建立适当的压力机制，促使其积极主动地参与到协商活动中。另一方面，行业协会也要灵活运用树立典型、推广经验等多种方式，加强行业自律，树立品牌意识，促进行业内部的业务交流，通过不断转换企业的管理理念，改善企业的管理措施等方式，营造有利于协商开展的良好环境。

---

① 赖德胜、李长安：《经济新常态背景下的和谐劳动关系构建》，《中国特色社会主义研究》2016年第1期。
② 乔健：《工会改革：中国特色工会道路的"提质增效"》，《中国劳动关系学院学报》2017年第2期。

第三章

人民日益增长的美好生活需要推进劳动关系变革

第一节 马克思主义视域下的需要理论

一 什么是人的需要

马克思曾经在早期的一系列研究中,把人的需要视作人的本质。他提出需要是同人类生活与生俱来的,是生命活动的展现,体现了人内在固有的必然性。"富有的人同时就是需要有人的生命表现的完整性的人,在这样的人的身上,他自己的实现作为内在的必然性、作为需要而存在。"① 人类不仅仅是自然界中的实体,更是拥有生命的有机体。与其他生物种类不同,人类因其生命的特质而具备了广泛的需要。需要在一般意义上体现了生命本质的证明,而在具体意义上则反映了特定生物的本质特性。因此,人类的需要在本质上证实了人的特性。② 马克思指出,需要"作为欲望存在于人身上",从而佐证了人类"具有自然力、生命力,是能动的自然存在物",而需要也反映了现实中的缺乏和不足,显示出人类的需要"是作为不依赖于他的对象而存在于他之外的",说明了人"同动植物一样,是受动的、受制约的和受限制的存在物"。③ 随着研

---

① 《马克思恩格斯文集》第1卷,人民出版社2009年版,第194页。
② 姚顺良:《论马克思关于人的需要的理论——兼论马克思同弗洛伊德和马斯洛的关系》,《东南学术》2008年第2期。
③ 《马克思恩格斯文集》第1卷,人民出版社2009年版,第209页。

究的深入,马克思逐渐将人的本质与其社会、历史和实践性相联系,转而将需要视为人的本性,构成了人作为生产者的素质,并将人的自然层面和社会层面的需要视为"人的一般本性"和"历史地发生了变化的人的本性"。① 进一步地,需要还能够超脱人的本性层面,作为人"内心的意向"而存在。人类通过自身的不断实践,赋予整个世界重要意义,人的需要就为自身实践活动产生目的和动力奠定了基础。"在现实生活中,人有各种需要","任何人如果不同时为自己的某种需要和为这种需要的器官做事,他就什么也不能做"。②

人类的需要具有多样性和复杂性的特点。根据需要起源的不同,可以将其分为两类:一是自然产生的需要,二是随着历史发展而形成的需要,分别代表了人的第一本性和第二本性。根据需要的主体不同,也可以将其分为集体需要和个人需要,前者又包括了社会、阶级、阶层或特定社会集团的需要。根据需要的内容和满足形式的不同,也可以将其划分为物质需要、社交需要、精神需要,以及与具体对象相关的需要等。马克思在兼顾需要的社会结构和历史发展的基础上,构造了一个"三级阶梯"理论,把人的需要分为从低级到高级的三个层次:第一层次是生存或生理需要;第二层次是谋生或占有需要;第三层次是自我实现和全面发展的需要。③

人的生存或生理需要是最低级层次的需要,也是原生的需要。人类在世界上达成最基本的存续,就需要实现衣食住行等"原有个体生命的再生产",即满足自然生命的再生产的需要,还需要通过繁育后代实现"新的个体生命的再生产",亦即维持人类的繁衍和血缘关系,使种族得以不断延续。这类需要是人类作为自然界的一部分,与生俱来、自然形成。"必要的需要就是本身归结为自然主体的那种个人的需要。"④ 至于如何满足这些需要,其方式和手段必然会受到特定的生产关系运行和

---

① 《马克思恩格斯文集》第5卷,人民出版社2009年版,第704页。
② 《马克思恩格斯全集》第3卷,人民出版社1972年版,第286页。
③ 姚顺良:《论马克思关于人的需要的理论——兼论马克思同弗洛伊德和马斯洛的关系》,《东南学术》2008年第2期。
④ 《马克思恩格斯全集》第30卷,人民出版社1995年版,第525页。

所处的社会历史环境的限制，因而这些需要必然也会被打上社会和时代的印记，人类社会特定历史阶段上都会形成特定的人的需要集合，作为一种社会体系和历史序列而存在，也正是在此基础上，人类才形成了具体的、历史的劳动体系或生产体系。

人类在实现生存和生理需要的基础上，必然要产生谋生或占有需要。劳动与生产作为人类确保自身基本生存和生理需要得到满足的根本途径，就要求人类必须把自己同时视为生产者，不仅要完成满足于生存和繁衍最低限度的简单再生产，还需要追加一定数量的生产资料和生活资料，使生产力超出单纯维持自身生存的需要限度，实现扩大再生产，满足自身更高水平的发展，同时实现对于更加丰富的物质财富的占有，这就需要人类不仅要支出必要劳动，还要积累一定数量的剩余劳动。由于生产总是在特定的社会关系中进行，物质资料的生产也就包含了处于不同阶级或阶层的全部社会成员所必需的生产资料和生活资料，不论他们在生产过程中处于怎样的地位，起到怎样的作用。这就意味着人的谋生和占有的需要及其满足也必然涉及由此所结成的社会生产关系，既包括直接的物质生产活动的需要，也包括维系和调整特定劳动关系在内的维系再生产过程的各种经济关系的需要。

人的自我实现和全面发展的需要处于需要层次的顶端，涵盖了学习、研究、社交互动、审美创作、追求理想等多个维度。人们激发出更高层次的需要，必须在劳动与生产活动不断丰富和发展，社会实践不断全面进步的条件下实现。在这一层次，人的需要不再源于自然本能，也不再是简单自然和历史条件影响而产生的外在需要，而是由人的内在本质与外部世界统一而成。此时，人的身份已超越了单纯的自然存在或生产过程所赋予的角色，成为具有自由意志的社会成员，其自由个性与社会共性实现高度统一。劳动以及其他社会关系不再是仅为了满足自然欲望或受外部压力所迫的结果，而是成为个人能力和个性发展的表现。[1] "个性的劳动也不再表现

---

[1] 姚顺良：《论马克思关于人的需要的理论——兼论马克思同弗洛伊德和马斯洛的关系》，《东南学术》2008年第2期。

为劳动，而表现为活动本身的充分发展，而在这种发展状况下，直接形式的自然必然性消失了，这是因为一种历史地形成的需要代替了自然的需要。"①

二 人的需要的基本特征

马克思主义认为，人的需要根源于其对物质与精神生活条件的直接依赖，需要就是人类在这种依赖以及所形成的关系中，作出的有意识的、能动的反映。总体而言，人的需要展现了社会性、历史性、多样性、发展性、能动性和实践性六个特征。②

第一，人的需要具有社会性，它促进了真实的社会关系的形成。马克思提出："人的本质是人的真正的社会联系，所以人在积极实现自己本质的过程中创造、生产人的社会联系、社会本质，……上面提到的真正的社会联系……是由于有了个人的需要和利己主义才出现的……"③ 人类必须通过生产劳动来满足身需要，而满足这种社会的自然需要，就促使人类在生产活动中结成一定的社会关系，表现为具体的生产关系，人的劳动也就采用了社会劳动的形式表现出来。一方面，人的需要是社会地生产出来的需要，它虽然以其生理需要为基础，但取决于当时的生产力水平，以及个人在具体社会环境中所拥有的经济、政治地位，接受的文化与教育水平，以及来自社会和家庭等多方面的因素；另一方面，作为社会成员的某一个体，人的活动也是社会活动的组成要素，个人需要本质上具有社会属性，不可能独立于社会需要而孤立存在，是社会需要的一个组成部分。此外，社会需要对个人需要的内容、实现途径和满足程度都具有重要影响，发挥着一定程度的约束作用。从历史角度观察，进入阶级社会之后，社会需要通常是由在社会中的统治阶级的利益和要求所决定的，这种社会需要与个人需要之间必然存在冲突，有时可能会

---

① 《马克思恩格斯文集》第8卷，人民出版社2009年版，第69—70页。
② 王伟光：《论人的需要和需要范畴》，《北京社会科学》1999年第2期。
③ 《马克思恩格斯全集》第42卷，人民出版社1979年版，第24页。

由此引发激烈的阶级对立。但即便存在这样的冲突，社会需要仍然是个人需要的必然表现和得以实现的必要途径。①

第二，人的需要具有历史性，人的需要的出现和更迭演进是一个历史过程。根据人类历史发展的不同时期，这一进程可分为四个主要阶段：在原始社会阶段，生产力水平极低，需要的满足主要依赖于自然资源，形式简单且粗糙。在奴隶社会和封建社会阶段，生产力虽有一定进步，但是自然经济的主导地位依然稳固，剩余产品依旧较为稀缺，社会需要依然总体上保有单一的形式，演变极其缓慢。在商品经济的兴起和迅速发展阶段，伴随着大量剩余产品源源不断的出现，商品的生产和交换活动不断扩张，人类需要不再单纯依赖自然资源，而是越来越多地依赖于更多融入自身劳动的产品，需要的范围不断扩大，种类日益多样。最后，在产品经济阶段，由于生产力高度发达，产品得到了前所未有的丰富，人类需要呈现出多元化、个性化、极致化的特点。

第三，人的需要具有多样性，要求自身维系整个自然界和社会的再生产。人的需要是多样、无限且广泛的，而且不断丰富和发展，不仅包含了物质需要，还伴随着需要的范畴也在不断扩展，涵盖了不断丰富多彩的精神需要。这种需要的多样化是随着历史进程的推移而逐步形成并积累的。随着时间的推移，人们对于物质的需要已不再局限于满足基本的生存，而是开始摆脱最初的自然状态，追求更高层次的满足，不断升级和扩展，使自身的生活水平不断提升。在这一过程中，人类也在不断迸发出符合自身认知和社会发展的精神需要，包括社交互动、情感沟通、审美体验、文化涵养以及自我实现等在内。人类需要的多样性建立在社会分工协作、劳动生产力不断提升和社会各个领域的全面进步的基础上，又反过来不断推动人类自身的劳动和社会实践取得进步，使人自身得到全面发展，彰显本质特性，即马克思所指出的"人以其需要的无限性和广泛性区别于其他一切动物"②。

---

① 王伟光：《论人的需要和需要范畴》，《北京社会科学》1999年第2期。
② 《马克思恩格斯全集》第49卷，人民出版社1975年版，第130页。

第四，人的需要具有发展性，不会永久停留在既定的水平上。社会生产力在不断发展，人类利用技术进步，通过社会分工协作，不断进化出更为高级的、多元的满足需要的方式和方法，生产力的不断发展使需要得以满足的水平也不断提高。"已经得到满足的第一个需要本身、满足需要的活动和已经获得的为满足需要而用的工具又引起新的需要，而这种新的需要的产生是第一个历史活动。"[①] 人的需要的持续进化与人类自身社会实践活动的深化和扩展同步进行。人们依托作为社会实践的核心部分的生产活动，不断地实现和满足了各种需要，并在这一过程中不断提升自己的生产能力，拓展分工协作，不断使之往更高层次跃迁。

第五，人的需要具有能动性，亦即人的需要的内容虽然源于客观实际，但其表现形式却带有主观色彩。能动性也意味着实现需求的主体是人类自身，需要的实现过程也要通过人自身的主观能动性来实现，人类不断再生产出自己新的需要，同时不断再生产出满足需要的方式。人类的需要必须通过身体感觉器官的参与以及有意识的行为来达成，因此，这些需要本质上是自觉的、主动的。通过经历需要的满足过程，人们会在观念上对自身的需要产生更为高级的认识，从而创造出新的需要对象，以进一步推动人们为满足新的需要而进行实践。[②]

第六，人的需要具有实践性，需要的产生和满足过程与人的实践过程是合一的。人类通过不断的劳动实践，满足自身的生活需要，不仅包含了狭义的生产过程还包含了分配过程、交换过程和消费过程。人的劳动是人的第一需要，其正是建立在物质生产实践的基础之上。

三 人的需要向消费需求的转化

人在具体社会发展的程度，包括发展动力、生存状况和发展目的，都可以通过需要反映出来。消费则是满足人的需要的重要活动，是人们在一定社会关系中所进行的用物品或服务满足自身生产和生活需要的行

---

① 《马克思恩格斯文集》第1卷，人民出版社2009年版，第531—532页。
② 王伟光：《论人的需要和需要范畴》，《北京社会科学》1999年第2期。

为与过程。消费不仅是人类生存和繁衍的根本保障，同时是人类社会一切实践活动，尤其是经济行为的原点和目标。从二者的差异来看，需要是消费欲望的总体性抽象，需要可以既包括现实的欲望，也可以包括潜在的欲望，而消费还建立在需要以外的其他条件上，只是满足现实需要的手段，只能满足现实的欲望。马克思指出，人类和历史存在与发展的首要前提，就在于人的消费。"人们为了能够'创造历史'，必须能够生活。但是为了生活，首先就需要吃喝住穿以及其他一些东西。"[1] 因而"人从出现在地球舞台上的第一天起，每天都要消费，不管在他开始生产以前和在生产期间都是一样"[2]，消费本身就代表了人类社会的实践活动，代表了人类实践活动所内含的主体与客体的对立统一。通过消费，人类不断满足自身各种需要，不断再生产出物质资料和各种经济关系的同时，消费与生产和实践一起，构成了人的存在方式，生产和实践活动亦是人的存在表现。人们消费的具体内容和具体手段，实际上反映了人的价值取向和社会生产发展的现状。[3] 在市场经济条件下，人的物质文化需要快速向消费需求转化，通过市场交易行为来得到满足，需要和消费之间密切的联系得以空前加深，需要和消费之间的相互关联和相互促进，使社会再生产过程的顺利实现，进而使国民经济实现高质量发展，人的发展也不断向更为高级的水平迈进。

具体而言，需要是人自身规定性包括目的、意图和选择的展现形式，人的本质力量和社会属性促使他产生各种欲望，进而产生一种追求外部对象的真实动机。在人的本质力量达到一定发展程度的前提下，这个外部对象就可以转化为人的需要对象，这一转化过程也是人的本质力量发展和作用的过程。所以说，需要既是引发消费的起点，也是一般消费行为产生的动机和目的。除此之外，消费也是人们利用特定经济社会发展

---

[1] 《马克思恩格斯文集》第1卷，人民出版社2009年版，第531页。
[2] 《马克思恩格斯文集》第5卷，人民出版社2009年版，第196页。
[3] 洪波：《需要、消费与人的本质——基于马克思哲学视角的分析》，《河北学刊》2010年第2期。

条件下的物质和精神产品,来满足自身需要的行为过程,在低层次需要得到满足之后,就能催生出更高层次的需要,使需要和消费之间表现为一种螺旋式上升的状态。在生产链接需要和消费的现实经济循环中,消费随社会需要范围的扩大而日益扩大,促进了技术进步和社会分工协作的扩大,生产力的进步又使得满足社会需要的物质资料范围也不断扩大,由此不断推动人类社会向前发展。[1]

进一步地,人的需要得到充分满足,顺利实现整个再生产过程,就必须要解决生产与消费之间的矛盾。马克思主义政治经济学认为,生产和消费是对立统一的关系,生产直接是消费,消费直接是生产,反对将二者割裂开来。"生产直接也是消费。双重的消费,主体的和客体的……生产行为本身就它的一切要素来说也是消费行为。"[2] 再者,生产和消费之间相互关联并互为中介,生产创造出消费的材料并决定了消费的对象,消费提供了使用产品和服务的主体即消费者,相对于消费者而言,产品和服务才具有使用价值,真正意义上的生产过程才最终完成。生产和消费还可以互相创造。生产从三个方面创造了消费:一是生产为消费创造材料和消费对象;二是生产规定着消费的性质和方式,"在人们的生产力发展的一定状况下,就会有一定的交换和消费形式","不仅消费的对象,而且消费的方式,不仅在客体方面,而且在主体方面,都是生产所生产的";[3] 三是生产创造着消费需要和消费者。消费又从两个方面创造了生产:一是消费使产品成为现实的产品,使产品得以最后完成;二是消费创造出新的生产需要。"消费在观念上提出生产的对象,把它作为内心的图像、作为需要、作为动力和目的提出来。"[4] 人们通过现实中的消费行为,往往能够感知既有消费对象的局限性,不断使消费对象扩大、升级并发生迁移转换,通过主观意愿和客观生产条件的结合,引导生产

---

[1] 冯娟、颜松漳:《消费需要理论及其当代价值》,《上海经济研究》2021年第6期。
[2] 《马克思恩格斯文集》第8卷,人民出版社2009年版,第14页。
[3] 《马克思恩格斯文集》第8卷,人民出版社2009年版。
[4] 《马克思恩格斯文集》第8卷,人民出版社2009年版,第15页。

力向前发展,从而在未来更好地满足消费需求。

在市场经济条件下,需要得以满足,从而根本上化解生产与消费之间的矛盾,必须要在市场活动中形成有支付能力的需求。而后者的实现,受到包括劳动关系在内的生产关系运行的制约。马克思在分析资本主义生产关系时指出,"生产者的最大部分,即工人,只有在他们生产的产品大于他们所消费的产品的等价物时,即在他们生产剩余价值,或者说,剩余产品时,才可能消费这个等价物。他们始终必须是剩余生产者,他们生产的东西必须超过自己的[有支付能力的]需要,才能在自己的这些需要的范围内成为消费者或买者"①。进入社会主义社会,生产的最终目的是满足人民需要而非积累剩余价值,这就从根本上保证了需求背后的支付能力,但是,在特定的发展阶段和生产部门以内,劳动和资本之间的互动机制尤其是市场交易,仍会对人民现实需要的满足构成一定程度的抑制,这是构建和谐劳动关系必须遵循的问题导向。

第二节 人民日益增长的美好生活需要的内涵

一 更高质量的物质文化生活需要

美好生活指向人们对于生活积极肯定的、愉悦的、质的感受,是一种良性的以至理想的存在状态,是人们生活的意义所在。真正理想的美好生活是建立在物质产品极大丰富、交往普遍化、人民觉悟极大提高的基础上。② 习近平总书记在2012年履新时就曾公开宣示:"我们的人民热爱生活,期盼有更好的教育、更稳定的工作、更满意的收入、更可靠的社会保障、更高水平的医疗卫生服务、更舒适的居住条件、更优美的环境,期盼孩子们能成长得更好、工作得更好、生活得更好。人民对美

---

① 《马克思恩格斯文集》第8卷,人民出版社2009年版,第259页。
② 沈湘平、刘志洪:《正确理解和引导人民的美好生活需要》,《马克思主义研究》2018年第8期。

好生活的向往，就是我们的奋斗目标。"① 在党的十九大召开前夕，他敏锐地察觉到，"经过改革开放近 40 年的发展，我国社会生产力水平明显提高；人民生活显著改善，对美好生活的向往更加强烈，人民群众的需要呈现多样化多层次多方面的特点"②。在正式提出新时代中国社会主要矛盾发生历史性转变之前，在党的历次全国代表大会的政治报告中，"物质文化需要"一词频繁出现，被用来为中国社会的主要矛盾进行定性描述。但在党的十九大报告中，首次引入了"美好生活需要"作为新时代中国社会主要矛盾发生转变的一个方面，不再提及"物质文化需要"，似乎使之退出了历史舞台。但这一变化并不意味着进入新时代之后"物质文化需要"已经完全得到满足或不再是关注焦点。③ 相反，这意味着党根据时代和国情的发展，对于人民需要的描述从单纯的"物质文化需要"扩展到"物质文化需要"和"美好生活需要"两个层次，"美好生活需要"应当首先涵盖"物质文化需要"，但应当有别于相对于生产力落后的欠发达阶段的，有限、低端的生活需要，是一种更高质量的物质文化生活需要。

自从中国告别了短缺经济，进入剩余经济的时代，人民的需求已经发生了显著变化。他们不再仅仅满足于基本的衣食住行需要，而是追求更高品质更高层次和结构的生活需要，并且在精神文化层面上寻求更加多元化和多层次的满足。这种转变体现了人民对美好生活的向往，其中生活的美好性不是一种抽象标准，而是人民对于"好"的价值判断，一种对于发展更加平衡充分的追求，即从原先的不平衡不充分状态向平衡性充分性发展转变，强调一种美好生活需要的充分性发展。④，例如追求

---

① 习近平：《人民对美好生活的向往就是我们的奋斗目标》，《人民日报》2012 年 11 月 16 日第 1 版。

② 习近平：《高举中国特色社会主义伟大旗帜　为决胜全面小康社会实现中国梦而奋斗》，《人民日报》2017 年 7 月 28 日第 1 版。

③ 郑功成：《习近平民生重要论述中的两个关键概念——从"物质文化需要"到"美好生活需要"》，《人民论坛·学术前沿》2018 年第 18 期。

④ 汪青松、林彦虎：《美好生活需要的新时代内涵及其实现》，《上海交通大学学报》（哲学社会科学版）2018 年第 6 期。

营养健康的饮食、清新自然的居住环境、多样化的休闲娱乐方式等。据统计，改革开放40多年来，城乡居民的生活质量正在不断提升，这体现在从医疗教育服务水平到吃穿住用的品质的各个方面都发生了重大变化。这些进步是在人民消费水平不断提升、消费能力不断改进，全国消费市场不断繁荣、消费环境持续改进的基础上实现的，代表了社会的全面发展和进步，主要表现为以下六个特征。一是食品支出比重（恩格尔系数）明显下降，到2017年，中国的总体恩格尔系数降至29.3%，按照联合国粮食及农业组织（FAO）所定义的标准，城镇地区恩格尔系数降至28.6%，已经达到了"富裕"级别；而农村地区恩格尔系数降至31.2%，也已接近"富裕"级别。城乡居民的饮食结构变得更加合理，食品消费品质持续提升，这得益于居民收入水平的提升和食品种类的多样化。在这样的背景下，主食的消费量有所下降，而对营养的重视程度增加，同时，家庭外饮食消费的比重也显著提高。二是衣着需求在城乡居民中经历了三个主要的转变：首先是从"做衣"向"购衣"的转变，其次是从"一衣多季"向"一季多衣"的转变，最后是从"保暖御寒"向"美观舒适"的转变。这些变化使居民在选择服装时更加重视材料、外观设计图案色彩的综合效果，随之而来的是衣着消费支出的显著增加，同时追求时尚潮流、大厂品牌、个人风格的趋势日益明显。三是耐用消费品升级换代，手机、电脑、小轿车等现代科技产品逐渐成为普通家庭的常见消费项目，家庭消费模式正朝着丰富现代生活、高科技含量方向发展。2017年，城镇居民平均每百户拥有移动电话235部，计算机80.8台，家用汽车37.5辆；农村居民平均每百户拥有移动电话246部，计算机29.2台，家用汽车19.3辆。四是居住条件和质量显著提升，2017年与1978年相比，城市和农村居民的人均住宅建筑面积分别增加了30.2平方米和38.6平方米。同年，城市居民拥有使用钢筋混凝土或砖混结构建造的住宅的比例达到了93.5%，农村居民这一比例达到了65.0%。此外，城市和农村居民住宅外的道路铺设水泥或柏油的比例分别达到93.4%和66.3%；城乡居民有管道供水入户的户比重为97.7%和

74.6%；城乡居民使用卫生厕所的户比重为91.7%和45.0%。五是交通通信和文化教育消费比重上升。教育服务水平的明显改善得益于城乡居民对教育、文化、娱乐等发展性消费的大力投入，同时交通通信支出也在不断上升。六是医疗保健服务水平全面提高，随着城乡医疗条件的改善和医疗公共服务水平的逐步提高，居民就医环境不断优化，在就医用药方面获得更多的政府补助。这使得城乡居民在医疗保健上的支出明显增加。① 此外，特别值得一提的是，互联网和旅游方面的需求在近年来异军突起，2017年，中国拥有近3.5亿户固定互联网宽带用户和11.32亿移动互联网宽带用户，网民总数达到7.72亿，其中7.53亿网民通过手机上网，移动互联网的月度数据流量高达246亿GB，互联网总体普及率提升至55.8%，农村地区互联网普及率达到35.4%。在旅游方面，全年国内旅游人次达到50亿，国内居民出国（境）旅游1.43亿人次，其中因私出国（境）旅游1.36亿人次，前往港澳台地区旅游8698万人次。②

同时，美好生活需要凸显物质需要的平衡性。不仅注重物质财富"量"的累积和丰富，更加注重平等满足人民的物质需要，尤其重视满足贫困群众的物质需要。③ 党和政府为此提出了"两不愁三保障"，即保障贫困人口不愁吃、不愁穿，保障他们的义务教育、基本医疗和住房安全。党的十八大以来，中国集中力量扶持贫困区域，积极推进精准扶贫，以攻坚的姿态不断强化工作力度，使得贫困地区的农村居民收入稳步快速增长，与全国农村居民平均收入差距逐步缩小，生活质量和消费水平得到显著提升。同时，贫困地区农村居民的居住环境也在持续改善，家

---

① 参见国家统计局《居民生活水平不断提高　消费质量明显改善——改革开放40年经济社会发展成就系列报告之四》，2024年8月5日，国家统计局网（http://www.stats.gov.cn/zt_18555/ztfx/ggkf40n/202302/t20230209_1902584.html）。

② 参见国家统计局《中华人民共和国2017年国民经济和社会发展统计公报》，2024年8月5日，国家统计局网（http://www.stats.gov.cn/sj/zxfb/202302/t20230203_1899855.html）。

③ 秦维红、张玉杰：《马克思需要理论视域中"美好生活需要"探析》，《马克思主义理论学科研究》2020年第4期。

庭耐用消费品逐渐升级换代，其中汽车、计算机拥有量实现快速增长。在基础设施方面，到2017年，所有贫困地区自然村基本实现村村通电，98.5%的自然村开通电话服务，86.5%的自然村开通有线电视信号，71.0%的自然村开通宽带①，现代化生活需要得到很大程度的满足。此外，贫困地区教育文化状况和医疗卫生水平也实现了极大进步。

二　更为广泛的自由全面发展需要

习近平总书记在党的十九大报告中指出："人民美好生活需要日益广泛，不仅对物质文化生活提出了更高要求，而且在民主、法治、公平、正义、安全、环境等方面的要求日益增长。"② 这一表述对人民需要进行了广度和深度的扩展，从广度来看，在重申原有的"物质文化"需要的同时，新增了对"民主、法治、公平、正义、安全、环境等方面"的多领域需要。在这些方面中，"民主、法治"代表了政治领域的需要；"公平、正义"体现了社会领域的需要；"安全、环境"则关乎生态领域的需要。③ 而从深度来看，这不仅将人民的经济和文化需要扩展到包含"经济、政治、社会、文化、生态"的五个领域度，还蕴含着人民在经济、政治、文化、社会和生态等生活领域全面发展中不断新增的各种需要，这是在对生活的整体理解中凸显的全面性美好生活需要。可见，党的十九大开始更加注重人民更为广泛的自由全面发展的需要，这是社会文明与人的进步的一个重要体现。

民主法治的彰显，以及能够充分参与国家政治生活是构成美好生活的重要组成部分，这意味着人民的政治需要得到了满足。随着人民

---

① 参见国家统计局《扶贫开发成就举世瞩目　脱贫攻坚取得决定性进展——改革开放40年经济社会发展成就系列报告之五》，2024年8月5日，国家统计局网（http://www.stats.gov.cn/zt_18555/ztfx/ggkf40n/202302/t20230209_1902585.html）。

② 习近平：《决胜全面建成小康社会　夺取新时代中国特色社会主义伟大胜利——在中国共产党第十九次全国代表大会上的报告》，《人民日报》2017年10月28日第1版。

③ 汪青松、林彦虎：《美好生活需要的新时代内涵及其实现》，《上海交通大学学报》（哲学社会科学版）2018年第6期。

群众的科学文化素质的提升，就会有越来越充分的条件行使当家作主的政治权利，并希望自身的合法权利得到依法维护。对于党和国家来讲，就必须"依法保障全体公民享有广泛的权利，保障公民的人身权、财产权、基本政治权利等各项权利不受侵犯，保证公民的经济、文化、社会等各方面权利得到落实，努力维护最广大人民根本利益，保障人民群众对美好生活的向往和追求"①。人作为政治生活的参与者，在政治生活中，人被赋予价值创造者和行动实施者的角色，发挥着重要的主体作用，其政治需要必然要得到满足。这一点是人内在的需求，而不是外界强加的。"人是最名副其实的政治动物，不仅是一种合群的动物，而且是只有在社会中才能独立的动物。"② 人民群众的社会地位和生活质量直接受到享有政治权利的广度及实效度的影响。保障人民政治权利是社会主义政治发展的关键所在，也是坚持人民当家作主的必然要求。在实行人民民主专政的社会主义中国，人民是国家一切权力的源泉。中国特色社会主义民主政治制度坚持党的领导、人民当家作主和依法治国的有机统一，以实现好、维护好、发展好最广大人民的根本利益为出发点和落脚点。这一制度从根本上为满足人民"依法通过各种途径和形式管理国家事务，管理经济文化事业，管理社会事务"③的政治需要提供了根本保障。同时，随着经济活动和政治生活的不断深入，人民群众行使政治权利更为积极主动，并积极地承担相应的责任和义务。人民在参与政治生活、满足自身政治需要的过程中，不断提升自身的知识文化水平和政治素质，能够通过自觉、理性、规范、有序的行为，在法律框架以内实现自身目标。当然，这一变化也得益于社会主义市场经济体制的发展与完善，它促进了个体从依赖型人格向独立型人格的转变，同时为满足人民对于公正与正义的政治诉

---

① 习近平：《在首都各界纪念现行宪法公布施行30周年大会上的讲话》，《人民日报》2012年12月5日第2版。

② 《马克思恩格斯文集》第8卷，人民出版社2009年版，第6页。

③ 习近平：《决胜全面建成小康社会 夺取新时代中国特色社会主义伟大胜利——在中国共产党第十九次全国代表大会上的报告》，《人民日报》2017年10月28日第1版。

求奠定了坚实的基础。例如基层群众越来越自觉、踊跃地参与人大代表选举，积极通过各种渠道向行政、立法机构提出意见和建议，向纪检监察机关就违法违纪行为进行举报，向司法机构提出合法诉求，推动平反冤假错案，等等，无不反映出人民群众政治需要的增长。

社会需要主要集中于三个方面：一是在收入分配上不断地缩小差距，追求全面小康和共同富裕。众所周知，中国市场经济体制建立和完善的初期，为了激励一部分人、一部分地区先富起来，不同地区、行业和群体的收入差距和实际消费水平差距不可避免地有所扩大。进入 21 世纪之后，中国总体收入差距有所缩小，但不同要素之间的收入差距在局部出现失控状态，劳动收入特别是工资收入增长速度与劳动生产率的快速上升、整体国民收入的快速积累不相匹配，中低收入群体增收尤为困难。据国家统计局发布的数据，中国 2012 年至 2022 年的居民收入的基尼系数从 0.474 下降至 0.467[1][2]，虽然呈总体下降的趋势，但距离国际公认的警戒线 0.5 仍然很近。除此以外，人民群众对于民生质量的感知日益强烈，希望获得更多更高质量的基本公共服务，成为改革发展中获得感的主要来源。党的十九大报告中明确提及了人民群众对于民生的诉求："必须多谋民生之利、多解民生之忧，在发展中补齐民生短板、促进社会公平正义，在幼有所育、学有所教、劳有所得、病有所医、老有所养、住有所居、弱有所扶上不断取得新进展，深入开展脱贫攻坚，保证全体人民在共建共享发展中有更多获得感，不断促进人的全面发展、全体人民共同富裕。"[3] 二是社会秩序要运转良好。社会秩序是文明的象征，是美好生活赖以实现的重要手段和关键要素。人们的生产和生活离不开特定的社会环境，社会秩序

---

[1] 参见国家统计局《国家统计局局长就 2016 年全年国民经济运行情况答记者问》，2024 年 8 月 5 日，国家统计局网（http://www.stats.gov.cn/sj/sjjd/202302/t20230202_1895815.html）。

[2] 参见国家统计局《中国统计年鉴 2023》，2024 年 8 月 5 日，国家统计局网（http://www.stats.gov.cn/sj/ndsj/2023/indexch.htm）。

[3] 习近平：《决胜全面建成小康社会　夺取新时代中国特色社会主义伟大胜利——在中国共产党第十九次全国代表大会上的报告》，《人民日报》2017 年 10 月 28 日第 1 版。

的完善和运行、稳定和谐的社会环境直接关系到美好生活的实现可能。以社会秩序为代表的社会文明的程度，又在很大程度上影响着人民群众感受到的充实程度、幸福感和安全感是否能够得到充分的满足、保障和持续。① 此外，保障人民平等参与、平等发展权利，彰显社会公平正义，使改革发展成果更多更公平惠及全体人民，也是打造良好社会秩序的题中之义。三是拥有相应的社会地位和尊严。在当代社会，科技进步的迅猛和物质生产的丰富为人追求社会地位和尊严提供了正面的支持，但也带来了一些负面效应。一方面，随着物质资源的增加，物质主义观念得到了普及，这导致了人与人之间纯粹关系的物质化，把追求利益的狭隘目标与广泛接受的行为准则捆绑在一起；另一方面，互联网的迅速发展已经对传统的交往模式带来明显冲击，人际关系逐渐嬗变为人与机器互动的人机关系，加剧了人际关系的疏离和淡漠。② 在很多场合，人们的辛苦努力无法换得应有的尊重，工作和生活缺乏荣誉感和认同感，甚至够不上体面，导致消极情绪多渠道扩散，能够从反面说明人民群众对社会地位和尊严的强烈呼声。

生态需要意味着人民群众的生活离不开优美的生态环境，进入新时代，环境美丽是构成美好生活不可或缺的、客观存在的、自然赋予的要素。作为自然界的组成部分，人类的生活高度依赖生态环境，一切人类活动都建立在对自然环境施加影响的基础上，无法与之分离。马克思曾经强调："人靠自然界生活。这就是说，自然界是人为了不致死亡而必须与之处于持续不断的交互作用过程的、人的身体。"③ 习近平继承了马克思主义经典作家关于人类与自然界相互关系的科学理论，并在此基础上创造性地提出"人因自然而生，人与自然是一种共生关系"④。人民的美

---

① 李磊：《习近平的美好生活观论析》，《社会主义研究》2018 年第 1 期。
② 秦维红、张玉杰：《马克思需要理论视域中"美好生活需要"探析》，《马克思主义理论学科研究》2020 年第 4 期。
③ 《马克思恩格斯文集》第 1 卷，人民出版社 2009 年版，第 161 页。
④ 习近平：《在省部级主要领导干部学习贯彻党的十八届五中全会精神专题研讨班上的讲话》，《人民日报》2016 年 5 月 10 日第 2 版。

好生活必然建立于拥有"天蓝、地绿、水净的美好家园"[①]的前提下,满足美好生活需要,必然"要建设天蓝、地绿、水清的美丽中国,让老百姓在宜居的环境中享受生活,切实感受到经济发展带来的生态效益"[②]。面对进入21世纪以来日益严重的环境污染和生态危机,尤其是不可再生能源消耗引起的雾霾现象,人民群众对于生态环境的关切已经上升到新的历史高度,生态的脆弱已经成为制约中国经济社会发展的关键因素。党的十九大报告明确指出:"我们要建设的现代化是人与自然和谐共生的现代化,既要创造更多物质财富和精神财富以满足人民日益增长的美好生活需要,也要提供更多优质生态产品以满足人民日益增长的优美生态环境需要。必须坚持节约优先、保护优先、自然恢复为主的方针,形成节约资源和保护环境的空间格局、产业结构、生产方式、生活方式,还自然以宁静、和谐、美丽。"[③]因此,为了满足人民对于美好生态环境的需要,必须坚持以人民为中心的发展思想,致力于推动经济社会绿色、可持续发展,树立"绿水青山就是金山银山"的观念。为了走出一条绿色且可持续的发展道路,我们必须依靠科技的提升和创新的突破,摆脱以往那种高能耗、高污染、高投入但产出低下的粗放型增长方式。我们必须坚定地拒绝任何以牺牲生态环境为代价换取短期经济利益的做法,打造绿色、低碳的全新生活方式。

三 在劳动中实现自身价值的需要

劳动是人类的本质活动。劳动是财富的源泉,也是幸福的源泉,人世间的一切幸福都需要靠辛勤的劳动来创造。人自由而全面发展的最高境界,在于通过劳动实现自身的价值。劳动在马克思主义的理论体系中占据重要地位。根据马克思本人的构想,在共产主义发展到更高阶段中,

---

[①] 《习近平关于全面建成小康社会论述摘编》,中央文献出版社2016年版,第166页。
[②] 习近平:《中国发展新起点,全球增长新蓝图》,《人民日报》2016年9月4日第3版。
[③] 习近平:《决胜全面建成小康社会 夺取新时代中国特色社会主义伟大胜利——在中国共产党第十九次全国代表大会上的报告》,《人民日报》2017年10月28日第1版。

"劳动已经不仅仅是谋生的手段,而且本身成了生活的第一需要"①。人们在参与劳动的过程中,不仅生产了物质财富、积累起日益丰富的生产资料和生活资料,还在这一过程中形成了自身特有的生活方式。对于每个人来说,劳动不仅仅是一种创造物质价值的手段,更是一种体现自由意志和意识的活动,它体现了人类的基本特质和人类特有的属性。通过劳动,人们不仅满足了自身物质需求,还实现了自我表达和自我实现,这是人类与其他生物区别开来的重要标志,彰显着人的类本质。"人们生产自己的生活资料,同时间接地生产着自己的物质生活本身。"②马克思将劳动与人的生活以及社会发展内在地关联在一起,他洞察劳动的视角是独特而又深刻的,为我们深入认识美好生活实现方式的转变提供了理论基础。因此,只有从"劳动"这个核心概念出发,我们才能深刻理解新时代美好生活变化的本质,并把握新时代美好生活实现方式的变化。③

美好生活中的劳动需要,应当体现为观念上对劳动精神的弘扬,只有弘扬劳动精神,才能在劳动中实现自身价值。劳动精神是从个人现实生活中提炼出的一种劳动至上、劳动第一性的理念,其目的是促进现实劳动实践的不断发展,激发人现实劳动过程中的不竭动力。劳动精神对于中国式现代化的实现,有着特殊而重要的意义。"全面建成小康社会,进而建成富强民主文明和谐的社会主义现代化国家,根本上靠劳动、靠劳动者创造。因此,无论时代条件如何变化,我们始终都要崇尚劳动、尊重劳动者,始终重视发挥工人阶级和广大劳动群众的主力军作用。"因此,"我们要始终弘扬劳模精神、劳动精神,为中国经济社会发展汇聚强大正能量"。"让劳动光荣、创造伟大成为铿锵的时代强音,让劳动最光荣、劳动最崇高、劳动最伟大、劳动最美丽蔚然成风。"④ 习近平总书记

---

① 《马克思恩格斯文集》第3卷,人民出版社2009年版,第435—436页。
② 《马克思恩格斯文集》第1卷,人民出版社2009年版,第519页。
③ 项久雨:《新时代美好生活的样态变革及价值引领》,《中国社会科学》2019年第11期。
④ 习近平:《在庆祝"五一"国际劳动节暨表彰全国劳动模范和先进工作者大会上的讲话》,《人民日报》2015年4月29日第2版。

第三章　人民日益增长的美好生活需要推进劳动关系变革

多次看望慰问坚守岗位的一线劳动者，出席全国劳动模范和先进工作者表彰大会，引导全社会逐渐形成尊崇劳动、热爱劳动的风尚，为新时代美好生活建设不断积蓄精神动力。

美好生活中实现自身价值的劳动需要，在现实中亦不同于一般意义上的，以自身劳动为手段追求生存和发展的需要，也应当与资本主义生产关系中的劳动需要区分开来。第一，劳动不只是达成目的的手段，它本身也是人作为劳动者的内在目的。劳动者对于所处的生产活动、生产方式和由此结成的社会关系能够产生积极的反应并展现出良好状态。只有当劳动本身被视作目的，而不是被其他外在目的和利益所左右的前提下，这种积极的反馈就能使人自觉地体验到劳动的乐趣和生活的幸福感。反之，如果劳动仅被视为达到个人以外目的的一种纯粹工具或方式，劳动的意义和价值就会被扭曲，某种程度上沦为一种被动的、片面的、狭隘的行为，就逐渐失去了自由自觉的劳动本质。[①] 第二，劳动要以广大劳动者、全体人民共同占有生产资料为基础，全心全意依靠工人阶级、巩固工人阶级的领导阶级地位，充分发挥工人阶级的主力军作用。"不能只当口号喊、标签贴。"[②] 公有制为主体、多种所有制经济共同发展的社会主义所有制制度从根本上保障了广大劳动者的主动性和应有地位，由于劳动者和生产资料相分离造成的劳动中的强制性和被动性才有可能得到限制，由资本关系主导分工协作导致的劳动过程中的狭隘性、片面性才能够由外部力量介入从而得到抑制，保障劳动者的权利和利益。第三，社会主义核心价值观引领下的劳动具有更高层次的意义，不仅焕发着劳动热情，还包括厚植工匠文化、恪守职业道德，"将辛勤劳动、诚实劳动、创造性劳动作

---

① 陈学明、毛勒堂：《美好生活的核心是劳动的幸福》，《上海师范大学学报》（哲学社会科学版）2018年第6期。
② 习近平：《在同全国劳动模范代表座谈时的讲话》，《人民日报》2013年4月29日第1版。

· 99 ·

为自觉行为"①。在现实中，异化劳动并没有完全消失，在新时代追求美好生活的征途上，人们不断遭遇来自外部世界的各种诱惑和压力。在这样的背景下，持续激发和充分利用人的劳动的主体价值和实际意义变得尤为重要。劳动的积极性质，作为推动社会发展和个人成长的关键因素，仍需得到进一步的强化和保护，以防止其在现代社会中被边缘化或削弱，如果不能将劳动需要提升到更高的层次和境界，就有可能使之坍缩为满足基本生存的需要。习近平总书记从劳动与美好生活的内在关系入手，多次强调二者之间存在的逻辑必然性，告诉我们要"面对外部诱惑，要保持定力、严守规矩，用勤劳的双手和诚实的劳动创造美好生活，拒绝投机取巧、远离自作聪明"②，这具有鲜明的问题导向，可成为塑造新时代劳动观的重要指引。

在劳动中实现自身价值，又意味着"排除阻碍劳动者参与发展、分享发展成果的障碍，让劳动者实现体面劳动、全面发展"③，这就衍生出对于就业、劳动过程以及劳动修复的一系列需要。

首先，就业是最大的民生，美好生活里面必然包括美好劳动和美好就业，即更高质量就业和更充分就业的集中统一，才能使劳动的获得感、幸福感和安全感进一步增强。④ 人民不断增长的就业需要包含了不断提升劳动和就业的数量，努力减少失业，尤其是降低劳动力市场的错配造成的结构性失业，消除就业歧视现象，文明用工，解决劳动和就业发展不充分的问题；也包含了改进劳动和就业的质量、实现同工同酬、文明和体面就业、科学自主择业，解决劳动和就业发展不平衡的问题。

其次，在劳动过程中维持劳动者与企业之间、不同劳动者之间的关系

---

① 习近平：《在同全国劳动模范代表座谈时的讲话》，《人民日报》2013年4月29日第1版。

② 习近平：《在纪念五四运动100周年大会上的讲话》，人民出版社2019年版，第11页。

③ 习近平：《在同全国劳动模范代表座谈时的讲话》，《人民日报》2013年4月29日第1版。

④ 杨宜勇：《基于满足全体人民美好生活的思考》，《中国人口科学》2017年第6期。

和谐有序,也是实现自身价值的必要条件。和谐的劳资关系在塑造人的自由本性方面扮演着关键角色,劳动关系的合理、合作、和谐,从本质上决定了人能够发展出自由劳动并获得劳动幸福。[①] 在资本主义生产关系下,劳动过程充满着尖锐对立,劳资关系常常呈现出剧烈的对抗性,资本家阶级和工人阶级之间以及工人阶级内部时常爆发利益冲突,导致了异化劳动的发展和畸形的人际关系,从根本上对人的发展进步和经济效率的提升构成抑制。在当下,互利共赢、和谐合作是劳动关系的主流,但是在近年来经济下行压力的笼罩下,劳动过程中"躺平"和"内卷"有所抬头,一些消极和负面情绪不断滋长,由此产生的负面效应必须得到遏制。

最后,在劳动中实现自身价值,达到自由全面发展的境地,就需要实现更高层次的劳动修复。有学者提出,社会主义劳动修复是指在社会主义制度条件下对社会劳动的内涵、形式以及社会成员之间劳动关系所进行的修整、恢复、协调、平衡和再分配的一项综合性社会行为或社会措施。[②] 劳动修复亦可分为三个层次:劳动者的生存与繁衍后代可视为初级修复;劳动者的教育与培训可视为中级修复,与初级修复一起可以统称为劳动力的再生产;劳动者全面自由发展则可以视为高级修复。[③] 在高级修复的层次上,最为核心的要义就是让劳动者在劳动的同时充分享受应有的闲暇。"创造出可以自由支配的时间是财富整个发展的基础","从整个社会来说,创造可以自由支配的时间,也就是创造产生科学、艺术等等的时间",[④] 时间是美好生活实现不可或缺的自然条件,时间的不断解放,本质上是人民美好生活需要不断满足的体现。时间的不可逆转性意味着要实现人民对美好生活的追求,关键在于拥有并掌握属

---

① 陈学明、毛勒堂:《美好生活的核心是劳动的幸福》,《上海师范大学学报》(哲学社会科学版) 2018 年第 6 期。
② 罗建文:《论人民美好生活需要与社会主义劳动修复》,《湖南社会科学》2019 年第 3 期。
③ 丁晓钦:《马克思主义视阈下的劳动修复及其当代意义》,《马克思主义研究》2014 年第 10 期。
④ 《马克思恩格斯全集》第 30 卷,人民出版社 1995 年版,第 376、379 页。

于自己的可自由支配的时间。在物质需求得到满足的基础上，拥有的可自由支配时间越充裕，所代表的生活质量也就越高。① 恩格斯也曾指出，社会主义制度"将给所有的人提供健康而有益的工作，给所有的人提供充裕的物质生活和闲暇时间，给所有的人提供真正的充分的自由"②。在现阶段，劳动者能够通过多种途径在空闲时间进行自我教育和自我发展，以此不断增强生命的价值和意义。具体做法包括：通过学习艺术相关知识来增进个人的艺术素养；通过阅读高品质的文学作品来塑造良好的道德品格；通过培养各种高雅爱好来充实个人的精神生活；利用个人时间不断提高自身的职业技能和工作效率。通过这些努力，劳动者不仅能够提升自我，还能够在工作中更好地实现自我价值并找寻生命的意义。上述内容都已经逐渐上升为和劳动并重且互补的美好生活需要。

第三节 美好生活需要对劳动关系变革的三重推动

一 消费升级、技术和产业迭代的交互推动

人民日益增长的美好生活需要从三个方面推动劳动关系发生变革。最为主要的路径是，人民群众作为经济活动中的消费者，产生不断升级的消费需要，消费升级与新一轮技术革命和产业变革交互推动，使包括劳动关系在内的生产关系随之改变，以适应生产力发展的新要求。

随着工业化、城镇化、信息化的持续推进，近年来中国消费需求正步入快速发展的新局面。国家统计局披露，2021年全国居民人均消费支出24100元，比2012年增加12046元，累计名义增长99.9%，年均名义增长8.0%，扣除价格因素，累计实际增长67.4%，年均实际增长5.9%。③ 总

---

① 刘须宽：《人民期盼的美好生活，要从这五个字上下功夫》，《人民论坛》2018年第11期。
② 《马克思恩格斯全集》第21卷，人民出版社1995年版，第570页。
③ 参见国家统计局《居民收入水平较快增长 生活质量取得显著提高——党的十八大以来经济社会发展成就系列报告之十九》，2024年8月6日，国家统计局网（http://www.stats.gov.cn/sj/sjjd/202302/t20230202_1896697.html）。

体来看,中国居民的消费结构正由物质型消费为主向服务型消费为主升级,经济发展方式从投资驱动型向消费拉动型转换。具体而言,一是消费层次由温饱型向全面小康型转变,居民在"住"和"行"上持续跨上新台阶,交通通信、教育文化娱乐、医疗保健等服务消费支出以及保健、环保等方面消费支出明显增加;二是消费品质从基础的中低端水平上升到中高端水平,人们不再只是满足于基本的饱暖需求,而是开始追求更加健康的饮食、更具时尚感的着装、更舒适的居住环境以及更便捷的出行方式;三是消费内容也从单纯的物质消费转变为服务消费,随着基本生活需求的满足,人们开始更加注重提升生活质量,对信息服务、医疗服务、养老服务、家政服务以及旅游服务等新型服务的需求持续增长;四是消费模式也经历了从线下消费到线上线下相结合的转变,"互联网+"和电子商务的快速发展极大地改变了人们的消费观念,激发了消费欲望,传统的购物方式正在被新型的电子商务模式所取代;五是消费行为也从跟随大众的模仿型消费转变为追求个性化体验的消费,随着中国经济进入新常态,传统的集体性、跟风式消费模式正在逐渐减少,而个性化、定制化、多元化的消费模式,得益于物流、信息流、资金流的高效整合以及"互联网+"的推动,正逐渐成为消费市场的主导力量。①

中国消费升级的加快,一定程度上是由于中国主力消费人群出现年轻化趋势。目前已有不少研究关注以"Z世代"(一般是指1996—2010年出生的人口,约占中国总人口的近五分之一)的消费行为及其展现的新特征。20世纪90年代以来,互联网、全球化、城镇化等时代浪潮在中国叠加,让中国"Z世代"拥有与以往世代相比大不相同的成长环境,进而形成了有其自身特色的思想观念和行为模式。就消费而言,他们从小拥有更优越的物质条件,很早就开始享受消费生活,是天然的消费者,有望引领全社会的消费趋势。他们的消费行为全面线上化,乐于为创新

---

① 宁吉喆:《以消费升级为导向 加快推进供给侧结构性改革》,《经济日报》2016年3月29日第3版。

买单，热衷体验消费，追求极致便利，追逐"国潮"，圈层消费活跃。①而中国消费升级的加快，更大程度上是中国经济进入新常态之后，经济社会发展规律的客观反映，是党和政府统筹供给侧结构性改革和扩大内需、因势利导加大惠民政策力度的效果体现，也是居民收入持续提高、城镇化加速推进、互联网日益普及的必然结果。尤其是高速互联网和移动智能通信技术的推广，为消费升级创造了技术条件。互联网的广泛应用极大地降低了交易成本，进而显著提升了消费者的购买频率，并且更好地满足了消费者对个性化产品的需求。这主要得益于互联网使得信息交流变得极其方便，人们可以不离开家，就能从众多供应商那里挑选出自己满意的商品和服务。同时，信息的快速传播和自媒体时代的到来也促进了市场竞争机制的高效运作，推动了市场从"卖方主导"向"买方主导"的快速转型。正是因为有了互联网技术的推动，才使得新兴的线上消费领域空前活跃，消费场景日新月异，数字金融的发展以及支付方式的创新也同时使得数量众多的新产业、新业态、新模式如同雨后春笋般迅速成长。

单纯从逻辑上分析，中国在当下阶段经历的产业结构优化和升级，既可能源于消费能力及消费水平的提升，也可能源于技术进步带来的产品和服务的升级。然而，无论是哪一种路径，都必须与市场需求相适应，消费升级是促进技术变革和产业升级的动力，反过来，技术和产业的迭代也会对消费升级产生积极的反作用。目前，在经济学领域，已有许多从理论层面到实证层面的研究表明，消费在数量和结构上的改进所表现的消费升级，均可以显著推动产业结构升级。而产业结构升级同样能够对消费数量和结构上的改进产生积极的反作用，使双方之间实现良性互动。② 进入新时代，消费升级带动了服务业尤其是新兴

---

① 参见美团研究院《理解我国Z世代，迎接消费新浪潮》，2024年8月6日，美团研究院官网（https：//mri.meituan.com/research/report）。

② 王云航、彭定赟：《产业结构变迁和消费升级互动关系的实证研究》，《武汉理工大学学报》（社会科学版）2019年第3期。

第三章　人民日益增长的美好生活需要推进劳动关系变革

服务业的快速发展，也助推着以工业、制造业为代表的传统产业升级转型，进一步推动了产业结构调整。2015年，中国第三产业增加值占GDP比重首次超过50%，中国经济由工业主导向服务业主导加快转变。①消费升级符合社会发展阶段变化的内在需求。在大数据、云计算、人工智能和"互联网+"技术的持续推动下，中国目前正处于一个多方面同步发展的新时期，这个时期包括了新型工业化、信息化、城镇化和农业现代化。这得益于中国拥有超过14亿人口所构成的庞大内需市场。随着中等收入人群的不断增长，消费市场呈现出显著的升级趋势，这一趋势催生了大量的升级消费需求，同时拥有全球最完整的产业体系和不断增强的科技创新能力。未来一段时间，中国将重点围绕消费升级的方向，统筹部署创新链和产业链，先进制造业、生产性服务业、生活性服务业仍处于较快发展态势中，市场潜力巨大。中央全面深化改革委员会第十次会议强调，"要顺应技术革命、产业变革、消费升级的趋势，深化业务关联、链条延伸、技术渗透，探索新业态、新模式、新路径，推动先进制造业和现代服务业相融相长、耦合共生"②，直接为中国的产业发展指明了方向。

具体而言，消费的升级正在对传统农业进行深度改造，而更为显著的转变发生在工业领域。具体而言，一方面消费升级正在加速不同产业间的优胜劣汰，另一方面也在使产业内部加速重组，实现技术、生产组织形式上的转型迭代。特别是在中国长期倚重的制造业，服务型消费要求企业从以生产产品为主向"制造+服务"的转型升级，专注于满足消费者的服务需求，而不只是专注产品生产，加速生产的智能化和智慧化，使"中国智造"形成具有世界竞争力的产业链。在服务业，受益于生产要素向物流、互联网及金融服务等领域倾斜，正在展现出"互联网+"

---

① 宁吉喆：《以消费升级为导向　加快推进供给侧结构性改革》，《经济日报》2016年3月29日第3版。
② 习近平：《加强改革系统集成协同高效　推动各方面制度更加成熟更加定型》，《人民日报》2019年9月10日第1版。

的可扩展性、第一和第二产业服务化转型、服务业与制造业融合、服务业内部融合、内部专业化积累和空间形态聚集等趋势特征。[①] 服务业中以信息传输、软件和信息技术服务业为引领的新兴生产性服务业迅猛增长，与人民群众对美好生活追求密切相关的文化、体育和娱乐业，居民服务、修理和其他生活性服务业蓬勃发展，而传统服务业则有所收缩。服务型消费对服务业的标准、环境和体系的要求逐渐提升，对新型基础设施建设也提出了新的发展要求，为5G网络、工业互联网、物联网、电商、物流、数字支付和数字金融、互联网出行和娱乐等产业和业态的成长创造了空前的机遇。

消费升级伴随着新一轮技术革命和产业变革具体从以下四个方面推动劳动关系演变。第一，对于世纪之交曾经长期拉动快速增长的传统产业而言，人民日益增长的美好生活需要通过产品的结构升级和质量升级，倒逼这些产业对生产过程进行升级改造。在机械制造、纺织业、服装业、家具业、鞋类制造等以重复性劳动为主且劳动强度较高的传统制造业部门，通过引入自动化生产线进行技术革新，引发了一场以"机器换人"为特点的转型浪潮[②]，企业管理也日益集约化、智能化。但同时，也导致一些行业，尤其是高污染、高能耗的重化工业和低端制造业发展空间逐渐耗尽，利润与市场迅速萎缩，导致较大规模的失业与再就业。这种趋势将使产业工人队伍和劳动关系出现分化：知识型、技术型工人就业的稳定性和较好的发展前景；但普通流水线工人将不得不面对低水平薪资、高流动性和潜在的失业风险。有研究指出，总体而言，消费升级对就业数量产生的消极影响十分微小，而对提升就业质量却能够发挥显著的积极作用。[③] 第二，对于服务业特别是生活性服务业而言，互联网时

---

① 张磊、刘长庚：《供给侧改革背景下服务业新业态与消费升级》，《经济学家》2017年第11期。

② 《传统产业转型升级焕发生机——解读〈二〇一四年国民经济和社会发展统计公报〉》，《中国信息报》2015年3月12日第1版。

③ 王军、詹韵秋：《消费升级、产业结构调整的就业效应：质与量的双重考察》，《华东经济管理》2018年第1期。

代消费升级同样促使其生产环节的技术创新与服务质量的提高,与此同时,中国生活性服务业与互联网技术发展的耦合程度有待提高[1],目前服务业整体处于激烈竞争的局面。生活性服务业又在很大程度上吸纳了第二产业游离出的再就业劳动者,技术的同质化与"逐底竞争"的局面一定程度上难以避免,劳动关系必然向弹性、灵活的趋势发展,并有可能积累一定程度的劳资矛盾。第三,围绕产业的升级转型,会形成依托于企业内部价值链的细分与外部产业链环节的结合、跨产业的联合及行业间的整合,以及利用信息和互联网技术打造的新兴企业形态、业务模式和商业模式。新业态和新模式的发展又会带来巨大的创新和创业需求,颠覆已有的劳动关系及其调整模式。在一些快速增长的领域,科技型初创型企业、中小微企业占据了市场主体的绝大份额,不仅竞争激烈,而且生命周期、成长周期较传统企业更短,更加依赖资本市场的扶持,因此必然会形成不稳定、不规则的就业和工作模式,并最大限度地刺激劳动关系的短期经济效益。第四,中国近年来的消费升级,也带有总体性和过程性。国内收入分化使得全国统一的大规模消费市场让位于标准化、个性化并存的多元消费市场,中高收入群体在经济增长的过程中迅速崛起,形成了个性化多样化需求,而低收入群体依然维持着有限的标准化消费[2],大规模、标准化生产的旧模式并未完全退出历史舞台。因此,劳动关系的演变也必然是渐进的,在现阶段带有复杂性和多样性的特征。

二 劳动力再生产方式进化的推动

广大人民群众在扮演消费者角色的同时,也在经济活动中以生产者的身份出现,确切地说,是作为劳动要素的供给者出现。人民日益增长的美好生活需要通过生产方式、生活方式变革引起劳动力再生产方式发生改变,是推动劳动关系演变的重要路径。马克思主义政治经济学将劳动力再生产融入整个社会再生产的过程中。劳动力价值的耗费以及补偿

---

[1] 杜丹清:《互联网助推消费升级的动力机制研究》,《经济学家》2017年第3期。
[2] 谢富胜、匡晓璐:《转型增长的中国奇迹》,《教学与研究》2021年第11期。

过程，构成了整个社会生产力发展与生产关系重塑的必要条件。劳动力再生产同样是一个由低级到高级不断变化发展的历史过程。劳动力再生产和社会再生产一样，也可以分为简单再生产与扩大再生产。前者可以视为维持现有劳动力的数量和质量，使劳动者保持既定的生产能力；而后者则追求劳动力数量的扩充以及质量的改进，使劳动者的生产能力有所提高。[①] 有研究表明，中国劳动力再生产社会化进程在20世纪90年代末到21世纪前10年呈现补偿性特征，2014年后逐步展现发展性职能并具有可持续性。[②] 在这里，我们需要注意到，由于个体劳动者的自身特征，以及家庭和工作状况的迥异，劳动力再生产机制本身具有复杂性和多元性。但是，根据中国转型时期劳动力较为鲜明的群体特征，依然可以勾勒出两个主要就业群体劳动力再生产方式的渐进改变。此外，我们应当关注在生产方式和生活方式变革催生的数量可观的新职业从业人群，使劳动力再生产拥有了许多不同于以往的新特征。这些因素对劳动关系的演变产生了共同的推进作用。

第一个主要就业群体由农村进城务工人员构成，即农民工，也是当前中国数量最大的就业群体。2012年、2017年、2022年中国农民工数量分别为2.63亿人、2.87亿人和2.96亿人，近年来上升趋势放缓，但基数依旧庞大。[③][④][⑤] 到21世纪10年代中期之前，农民工的劳动力再生产方式呈现出典型的"低限度补偿"和"空间分离"特征。"低限度补偿"既在于农民工主要集中在制造业和建筑业两个劳动强度相对较高的行业，但农民工整体收入水平却显著低于城镇私营单位就业人员平均收入；也在于农民工

---

① 肖潇：《供给侧结构性改革中的劳动力问题刍议：马克思劳动力价值理论的运用与发展》，《当代财经》2017年第1期。

② 赵峰、季雷：《劳动力再生产社会化过程中的政府职能分析》，《中国经济问题》2022年第2期。

③ 参见国家统计局《2012年全国农民工监测调查报告》，2024年8月6日，国家统计局网（http://www.stats.gov.cn/sj/zxfb/202302/t20230203_1898305.html）。

④ 参见国家统计局《2017年农民工监测调查报告》，2024年8月6日，国家统计局网（http://www.stats.gov.cn/sj/zxfb/202302/t20230203_1899920.html）。

⑤ 参见国家统计局《2022年农民工监测调查报告》，2024年8月6日，国家统计局网（http://www.stats.gov.cn/sj/zxfb./202304/t20230427_1939124.html）。

作为一个流动迁徙的就业群体，且相对游离于城镇社会保障体系之外，其工资水平除去其他家庭成员的生活开销，仅能满足大致最低限度的生存需要。"空间分离"意味着农民工的工作场所与实现劳动力再生产的区域在地理上是分开的。外来务工人员的劳动与生活维持之间在地理分布上存在冲突。他们在城市中投入劳动力并维持最基本的日常生计，而长期的生活维持和劳动力代际更迭则通常在农村地区实现，并且主要依赖于在城市工作所获得的收入。[1] 有学者指出，出现这一状况的原因在于，国家层面没有对农民工的劳动力再生产及其长期性形成机制给予足够重视，城市管理部门缺少积极性和主动性，去提供必要的集体性消费资源，以满足劳动力的代际更替，结果导致长期劳动力再生产的责任主要还是由农村社会来担负。[2] 这种劳动力再生产机制很容易被雇主所利用，很大程度上确保雇佣和使用农民工的灵活化，在工资支付方式上也留下了充足的变通余地。[3] 这种独特的劳动力再生产机制，也使得农民工在无法置于城市社会生活和正规就业的制度保障的条件下，反而对基于乡缘和亲缘的劳动体制产生依赖，使得诸如包工制下的松散、临时的劳动关系得以存在，并打上非正式性、灵活性、去福利化以及低成本的烙印。

但是，基于"空间分离"的劳动力再生产方式，将劳动力的使用和再生产强制拆分开来，将劳动力价值补偿维持在极低的水平，随着经济社会的快速发展进步，不可持续性日益显露。第一，农民工劳动力价值天然高于其来源地农业劳动力价值，农民工的农业劳动力身份并没有随着他们进城务工而消失，一旦来自务工的劳动力价值补偿陷于停滞，或是伴随着农业产业化、现代化发展出现来源地农业劳动力价值上升，农民工群体会随时向农村回流，无法形成稳定、长期的雇佣关系，更无法

---

[1] 任焰、陈菲菲：《农民工劳动力再生产的空间矛盾与社会后果：从一个建筑工人家庭的日常经验出发》，《兰州大学学报》（社会科学版）2015年第5期。
[2] 任焰、潘毅：《农民工劳动力再生产中的国家缺位》，《中国社会科学内刊》2007年第4期。
[3] 任焰、贾文娟：《建筑行业包工制：农村劳动力使用与城市空间生产的制度逻辑》，《开放时代》2010年第12期。

成为产业工人的主体。第二，农民工的工作与家庭生活在空间意义上的彻底分离，为他们留下了许多隐性负担，如"留守儿童"问题和亲情的疏离，不利于下一代成长，特别是会在子女的教育上陷入补偿赤字的恶性循环。同时，许多农村地区随着人口的外流，资源和承载力日渐枯竭，倒逼他们选择逐渐涌向城市，谋求更好的劳动力补偿机制。到2021年年末在城镇居住的进城农民工数量已高达1.33亿。① 第三，随着城乡基本公共服务的逐渐覆盖与社会保障体制的完善，以2014年中国建立全国统一的城乡居民基本养老保险制度、2016年统筹建立了城乡居民基本医疗保险制度，实现了养老保险和医疗保险的全民覆盖为标志，农民工的劳动力再生产社会化程度明显提高，但同时和定居城镇的劳动力价值补偿费用一起，推高了企业的实际用工成本，诱使更加灵活的用工方式产生。第四，工业和制造业长期以来劳动保护的缺失、单调和去技能化，直接造成了老一代农民工的劳动力过度损耗。② 而据统计，目前，出生于20世纪80年代之后的新生代农民工在农民工总量中已经超过半数，深刻地改变了传统的农民工队伍和素质结构，新生代农民工具有年轻化、受教育水平较高、个性突出以及对法律维权有较强认识等特征。与此同时，他们在心理满足感和个人成就感方面展现出更为强烈的追求。③ 此外，新生代农民工的文化素质、学习能力和生活追求使得他们敢于维权、挑战传统工厂专制体制和宿舍专制体制，也更易于接受自由度、变化性与挑战性更高的服务业工作模式。

第二个主要就业群体由城镇新增高学历就业人员构成，以高校毕业生为代表。根据2020年第七次全国人口普查数据，中国大专及以上文化

---

① 参见国家统计局《2021年农民工监测调查报告》，2024年8月6日，国家统计局网（http://www.stats.gov.cn/sj/zxfb/202302/t20230203_1901452.html）。

② 沈尤佳：《资本积累与劳动力再生产：探讨增长战略的可持续性》，《政治经济学评论》2012年第4期。

③ 刘向兵等：《中国劳动关系研究70年回顾与展望》，《中国劳动关系学院学报》2020年第2期。

程度的人口已达 2.18 亿人①，自 21 世纪初到 2021 年，中国每年新增的高校毕业生数量已从数百万递增至超过 1000 万，如果再加上毕业研究生及海外归国留学人员，中国青壮年高学历、高素质就业群体的数量将更趋庞大，并且他们当中大部分人脱离了老一代城镇职工依托"单位制"进行劳动力再生产方式。高校毕业生的工资和收入虽然高于全社会平均水平，能够完成基本的劳动力价值补偿，但是相对于更为充分和完整的补偿，仍有一定困难。一方面，受教育水平的不断提高导致这部分人群劳动力价值中的教育费用不断膨胀，大量的本科毕业生选择继续攻读硕士甚至博士学位，更有越来越多的学生选择海外留学，毕业后回国工作；另一方面，这部分人群在城市化的进程中也普遍存在异地就业的情形，并且更加向大城市、特大城市集中。由于这些劳动者在劳动力市场中占据优势地位，除去个别特大城市之外，绝大部分人能够在异地获得户籍并实现定居，但马上面临着房价连年高企造成的购房、租房费用的膨胀，如果再将潜在的组建家庭、抚育并教育后代的费用计入，得到充分补偿的难度还将提升。解决这一问题的方式通常有三种：一是依靠老一辈劳动力价值的代际补偿来实现，即"啃老"，度过职业发展的早期阶段，或是将赡养老人和养育子女的支出转嫁给上一代；二是通过暂时延缓婚育行为，将完整的劳动力再生产过程延后；三是通过信用关系，实现部分消费的金融化②，提前预支未来的劳动力价值进行补偿，如年轻人中拥有房贷、车贷的比重，正在逐年上升。

城镇新增高学历就业人员的劳动力再生产过程对劳动关系演变的影响机制是多元化的。首先，多数年轻人在刚步入就业门槛时，普遍面临较大的生存和发展压力，更倾向于把劳动关系中的个人经济绩效放在首位，在其他方面的绩效上进行取舍，有可能让渡自己作为劳动者一方在

---

① 参见国家统计局《第七次全国人口普查公报》，2024 年 8 月 6 日，中国政府网（https://www.gov.cn/guoqing/2021-05/13/content_5606149.htm）。

② 王守义、吕致莹：《金融化、劳动力再生产与新发展格局构建》，《改革与战略》2021 年第 8 期。

劳动关系中的部分话语权。这样无疑将加剧整个劳动力市场的竞争格局，导致部分高收入行业和企业出现"内卷"的情形，强化资本一方对劳动关系的掌控。其次，考虑到中国高等教育规模不断扩大，以及教育支出增加造成的学历"通货膨胀"，新入职的高校毕业生的人力资本存量越来越高，一定程度上使已在职群体的失业风险不断累积，使得整个就业队伍的从业稳定性下降、流动性和灵活性上升。再次，年轻群体的人力资本和技能优势也在相当程度上化解了20世纪后期形成的"科层制"组织形式，使企业组织形式朝扁平化和虚拟化发展。在新兴产业和头部企业中，更好地利用各种专业背景员工知识技能，更大限度激发工作效率，同时能够产生更强激励作用的团队制和项目制更容易被年轻人接受，便于他们更为弹性地处理自己的工作和生活事务。最后，从另一个角度来看，随着生活水平的提高以及自身多样化的兴趣爱好和生活追求，高学历就业人员劳动修复的层次相对更高，诉求相对更多，自身更倾向于维护劳动力再生产正常的实现机制，因而会在企业组织内部形成对于劳动关系制衡的力量。

同时，数字经济时代互联网和信息技术的不断进步，促进了服务业与数字化的紧密结合。技术进步在推动生活服务业的数字化转型方面发挥了重要作用，近年来迅速孕育出了一系列新职业，并在短期内发展迅速。这些新职业已具有一定的规模，具有相对独立成熟的职业技能，有的尚未被职业分类大典所收录，有的虽然属于传统职业范畴，但职业内涵、从业方式与以前相比发生了显著变化。这些新职业总体上具有四个特征：一是机会多，服务业领域覆盖范围广、市场大、消费者和用户多，为新职业的出现提供了无限可能；二是技术强，随着互联网的迅猛发展和广泛应用，服务业的数字化、网络化转型步伐加速，催生的新职业普遍需要从业者具备数据分析能力以及技术的开发和应用的复合能力；三是职位分工细化，由于消费者多样化和个性化需求的增长，催生了众多针对特定领域的垂直细分的新职业，这些精细化的专业服务逐渐成为新职业从业者的标志性特征；四是专业精，专业主义、匠人精神在新职业从业者中备受推崇，服务反馈也极受重视。① 据统计，"80后"与"90后"群体构成了新职业的主要参与者，他们的比例合计超过了90%。其中，"90后"几乎占据了从业人员的半数，而"95后"所占的比例也超过了22%。这些从业者大多数是刚刚步入职场或工作经验尚浅的群体，他们的职业前景尚存诸多变数。新职业为这些尚处于职业选择阶段的年轻人带来了更为丰富的就业选项。同时，新兴职业以其时间上的灵活性、较高的收入以及较大的工作自由度等优势特征，也吸引了众多学历更高的技术人才参与其中，传统的生活服务业"低学历""低技能""低收入"等刻板印象正在被刷新。有数据显示，2019年，24.6%的新职业从业者月收入超过10000元，近20%的从业者有一份及以上兼职，27.8%的从业者每周工作时间超过60小时。② 这也在一定程度上反映了新职业奋斗、坚持和励志的一面。可以预见，新职业的繁荣成长将对从业者素质技能提升产生巨大的激励作用，助推职业成长机制的建立和完善，也鼓励了更多人投身其中进行创业，从个体化向团队化、企业化快速发展。然而，新职业尽管前景广阔，同样也面临诸多不稳定性和不确定性，生活服务业也容易受到市场波动、政策调整等内外部风险的冲击，因而在推动劳动关系灵活化、强化绩效导向的同时，容易使从业者一方被动承担由此产生的潜在成本。

总之，通过上述分析，我们仍然能够产生一个基本判断，在人民日益增长的美好生活需要不断迸发的背景下，中国经济发展越来越多地惠及民生。综观不同的就业群体，以提升质量为特征的劳动力扩大再生产已经越来越成为主流，对劳动关系的演变，也必将产生深入和持久的推动作用。

三 中国特色社会主义制度作为上层建筑的推动

广大人民群众持续谋求经济社会高质量发展和个人自由全面发展，

---

① 参见美团研究院《2019年生活服务业新职业人群报告》，2019年7月1日，美团研究院官网（https://mri.meituan.com/research/report）。
② 参见美团研究院《2019年生活服务业新职业人群报告》，2019年7月1日，美团研究院官网（https://mri.meituan.com/research/report）。

在坚持党对各项工作集中统一领导的前提下，推动着中国特色社会制度不断完善并走向成熟定型，推动国家治理能力和治理体系不断往现代化方向发展，进而推进上层建筑各个方面协同变革，是推动劳动关系演变的深层路径，也是新时代中国劳动关系演变的特有路径。

首先，党和国家直接指导并参与了关于劳动关系的顶层设计和总体部署，为新时代劳动关系的健康发展指明了根本方向，提供了基本遵循。以习近平同志为核心的党中央历来重视构建和谐劳动关系，针对中国正处于经济社会转型的关键期，劳动关系主体及其利益诉求日益多样化，劳动关系矛盾已进入凸显期和多发期的实际状况，明确提出"努力构建中国特色和谐劳动关系"这一重大命题。党的十八大报告指出："健全劳动标准体系和劳动关系协调机制，加强劳动保障监察和争议调解仲裁，构建和谐劳动关系。"[1] 党的十八届三中全会专门提及："创新劳动关系协调机制，畅通职工表达合理诉求渠道。"[2] 党的十九大报告指出："完善政府、工会、企业共同参与的协商协调机制，构建和谐劳动关系。"[3] 党的十九届四中全会也专门提及："健全劳动关系协调机制，构建和谐劳动关系，促进广大劳动者实现体面劳动、全面发展。"[4] 党的十九届五中全会通过的"十四五"规划再一次专门提及："加强劳动者权益保障，健全劳动合同制度和劳动关系协调机制，完善欠薪治理长效机制和劳动争议调解仲裁制度，探索建立新业态从业人员劳动权益保障机制。"[5] 习近平总书记也在多个场合对构建和谐劳动关系作出重要论断和指示。他指出："劳动关系是最基本的社会关系之一。要最大限度增加和谐因

---

[1] 胡锦涛：《坚定不移沿着中国特色社会主义道路前进 为全面建成小康社会而奋斗——在中国共产党第十八次全国代表大会上的报告》，《人民日报》2012年11月18日第1版。

[2] 《中共中央关于全面深化改革若干重大问题的决定》，《人民日报》2013年11月16日第1版。

[3] 习近平：《决胜全面建成小康社会 夺取新时代中国特色社会主义伟大胜利——在中国共产党第十九次全国代表大会上的报告》，《人民日报》2017年10月28日第1版。

[4] 《中共中央关于坚持和完善中国特色社会主义制度 推进国家治理体系和治理能力现代化若干重大问题的决定》，《人民日报》2019年11月6日第1版。

[5] 《中华人民共和国国民经济和社会发展第十四个五年规划和2035年远景目标纲要》，《人民日报》2021年3月13日第1版。

第三章　人民日益增长的美好生活需要推进劳动关系变革

素、最大限度减少不和谐因素，构建和发展和谐劳动关系，促进社会和谐。要依法保障职工基本权益，健全劳动关系协调机制，及时正确处理劳动关系矛盾纠纷。"① "要切实维护广大劳动群众合法权益，帮助广大劳动群众排忧解难，积极构建和谐劳动关系。"② "要坚持社会公平正义，排除阻碍劳动者参与发展、分享发展成果的障碍，努力让劳动者实现体面劳动、全面发展。"③ 这些顶层设计和总体部署在地位上，着重强调构建和谐劳动关系是增强党的执政基础、巩固党的执政地位的必然要求，对于实现党和国家长治久安具有重大意义；在工作原则上，强调坚持以人为本，坚持促进企业发展和维护职工权益相统一；在目标任务上，强调最大限度增加和谐因素、最大限度减少不和谐因素，引导劳动关系朝着规范有序、公正合理、互利共赢、和谐稳定的方向健康发展；在工作重点上，强调更多关心、关爱弱势就业群体，并把灵活就业群体吸引过来、组织起来、稳固下来；在组织领导上，强调健全党政主导的维权服务机制，完善政府、工会、企业共同参与的协商协调机制。④ 这充分反映了党和国家始终倾听广大职工群众最现实、最迫切的呼声。

其次，在党的领导和全国人民共同努力下，中国特色社会主义经济、政治、文化、社会等各方面制度不断经历改革和完善，推动中国特色社会主义制度走向成熟和定型，推进国家治理体系和治理能力实现现代化，对中国劳动关系的发展形成了有效的制度约束力。第一，通过不断坚持和完善社会主义基本经济制度，中国坚定不移地保护各类市场主体的合法经济利益，坚持并不断巩固公有制和按劳分配的主体地位，健全包括劳动和资本在内的各种生产要素由市场评价贡献、按贡献决定报酬的机

---

① 习近平：《在庆祝"五一"国际劳动节暨表彰全国劳动模范和先进工作者大会上的讲话》，《人民日报》2015年4月29日第2版。
② 习近平：《在知识分子、劳动模范、青年代表座谈会上的讲话》，《人民日报》2016年4月30日第2版。
③ 习近平：《在同全国劳动模范代表座谈时的讲话》，《人民日报》2013年4月29日第2版。
④ 尔肯江·吐拉洪：《构建和谐劳动关系　助推经济社会高质量发展》，《工人日报》2022年2月21日第7版。

制，在具体分配方式的设计上着重保护劳动所得，不断增加劳动收入特别是一线劳动者劳动报酬，实现劳动报酬与生产率增长同步，提高劳动报酬在初次分配中的比重，同时在社会上鼓励勤劳致富，大力弘扬工匠精神。努力构建实体经济、科技创新、现代金融、人力资源协同发展的产业体系。为劳动关系运行营造适宜的经济环境。第二，通过坚持和完善中国特色社会主义法治体系、行政体制和人民当家作主制度体系，中国不断健全社会公平正义法治保障制度，加大关系群众切身利益的重点领域执法力度，完善公共法律服务体系，提高运用法治思维和法治方式化解劳动关系矛盾的能力。近年来，国家不断修订和完善涉及劳动关系的各种法律法规，从依法推动工资集体协商到恶意欠薪入刑，再到劳动监察、仲裁执法的日益完善，为劳动者构筑起一道道保护墙。同时，中国不断健全以职工代表大会为基本形式的企事业单位民主管理制度，并以厂务公开、职工董事和职工监事等民主管理制度，探索企业职工参与管理的有效方式，保障职工群众的知情权、参与权、表达权、监督权，推动企业和职工协商共事、机制共建、效益共创、利益共享①，有力地推动了基层产业民主。第三，通过坚持和完善繁荣发展社会主义先进文化的制度，中国在人民群众中广泛开展集体主义、社会主义教育，发扬工人阶级和广大劳动群众识大体、顾大局的光荣传统，引导他们正确认识和对待改革发展过程中利益关系和利益格局的调整，正确处理个人利益和集体利益、局部利益和全局利益、眼前利益和长远利益的关系，弘扬劳动关系主旋律，自觉维护和谐稳定的局面。同时，完善坚持正确导向的舆论引导工作机制，在互联网和其他新媒体空间树立正确、科学的舆论导向，通过媒体发声、社群互动等渠道及时反馈劳动者和企业的诉求，有效化解潜在的劳动关系矛盾。第四，通过坚持和完善统筹城乡的民生保障制度和共建共治共享的社会治理制度，国家不断加强普惠性、基础性、兜底性民生建设，促进更高质量、更为充分的就业，完善覆盖

---

① 都阳、贾朋：《劳动供给与经济增长》，《劳动经济研究》2018年第3期。

全民的社会保障体系，同时加强和创新社会治理，充分发挥群团组织、社会组织在调处劳动关系矛盾中的关键作用，充分发挥行业协会商会自律功能，把政府治理、社会调节充分结合起来，为劳动关系平稳运行营造更多的"缓冲地带"。

最后，中国形成了中国特色的工会制度和劳动关系协调机制，既充分维护了劳动关系各方主体的多元利益，又使党的领导和国家意志渗透到劳动关系各方的行为中，通过持续地制定和完善相关的制度法规、程序和标准，使相关制度和方针政策在维护和谐劳动关系的过程中得到有效落实和执行，这其中，工会发挥着最为基础的作用。中国的工会组织是社会主义性质的工会，不同于西方国家一般意义上的产业关系团体，具有阶级性、群众性、政治性高度统一的基本特征，坚持维权与维稳相统一，坚决维护职工队伍和工会组织的团结统一，坚决维护企业及社会大局和谐稳定。作为全国最重要的劳动政治团体，工会已经形成了一个覆盖从国家级到企业一线的广泛组织网络。它始终遵循"促进企业发展、维护职工权益"的理念和宗旨，倡导依法依规、和平理性的诉求表达，避免采取罢工等过激行动。引导企业和职工正确理解并妥善处理个人与集体利益、短期与长远利益的关系，成为促进劳动关系和谐的坚强支柱。[1] 有研究表明，在中国，工会在提升劳动者薪资和社会保障等福利待遇方面起到了显著的积极影响[2]，不仅可以有效提升民营企业工资率[3]，还可以显著增加企业长期雇佣占比，减少短期雇佣占比，增强劳动关系的稳定性[4]，有效维护流动人口的劳动权益。[5] 劳动关系三方协商机制是由人力资源和社会保障部门会同工会和企业联合会、工商业联合

---

[1] 刘向兵等：《中国劳动关系研究70年回顾与展望》，《中国劳动关系学院学报》2020年第2期。
[2] 陈宗仕、张建君：《企业工会、地区制度环境与民营企业工资率》，《社会学研究》2019年第4期。
[3] 魏下海等：《工会改善了企业雇佣期限结构吗？——来自全国民营企业抽样调查的经验证据》，《管理世界》2015年第5期。
[4] 纪雯雯、赖德胜：《工会能够维护流动人口劳动权益吗》，《管理世界》2019年第2期。
[5] 魏下海等：《工会、劳动保护与企业新增投资》，《世界经济》2018年第5期。

会等企业代表组成的平等协商、有效沟通、协调劳资关系的重要机制，是解决劳动关系矛盾、构建和谐劳动关系的重要手段。党和国家一贯重视加强和创新三方机制组织建设，通过完善三方机制的组织架构，优化其职能发挥，健全各种工作机制，充分发挥政府、工会和企业代表三方组织共同研究和处理与劳动关系相关的重大问题的有效作用。在三方协商机制的基础上，中国还大力推进行业性、区域性集体协商，健全完善劳动争议多元化解机制，完善工会劳动法律法规监督机制。通过积极创新劳动关系协调机制，使劳动者利益诉求渠道保持通畅，强化对劳动者权益保护的覆盖力度，从源头上有效预防并降低劳动关系矛盾的发生，消除可能的劳资纠纷风险。总之，三方协商机制、集体协商集体合同、行业和区域性集体协商等协调机制框架，既发挥了自上而下的主导和推动作用，也激发企业和职工开始主动参与到各种协商活动中，充分发表意见，进行协商谈判，不断创新协商的方式与内容，发挥出自下而上的主动和促进作用，成为构建和谐劳动关系的重要手段和有效途径。

第四章

不平衡不充分的发展对劳动关系的深入塑造

第一节 不平衡不充分的发展

一 如何理解不平衡不充分的发展

习近平指出:"我国社会生产力水平总体上显著提高,社会生产能力在很多方面进入世界前列,更加突出的问题是发展不平衡不充分,这已经成为满足人民日益增长的美好生活需要的主要制约因素。"[1] 这表明,在当前中国社会主要矛盾的两个方面中,不平衡不充分的发展是矛盾的主要方面,是处于能动的一方。其中,不平衡反映了社会内部各个领域、各个区域和各种要素在发展上的不均衡和失调的状态;不充分则揭示了一些领域、区域和要素发展潜力受某些因素制约,而未得到充分发挥,发展尚未达到预期水平。[2]

"不平衡不充分的发展"既是一种全局性描述,也直接指向了现实中各种具体问题。包括创新能力不够强,实体经济水平有待提高,生态环境保护任重道远,民生领域还有不少短板,脱贫攻坚任务艰巨,城乡区域发展和收入分配差距依然较大,群众在就业、教育、医疗、

---

[1] 习近平:《高举中国特色社会主义伟大旗帜 为决胜全面小康社会实现中国梦而奋斗》,《人民日报》2017年7月28日第1版。

[2] 刘同舫:《新时代社会主要矛盾背后的必然逻辑》,《华南师范大学学报》(社会科学版)2017年第6期。

居住、养老等方面面临不少难题,社会文明水平尚需提高,社会矛盾和问题交织叠加,全面依法治国任务依然繁重,国家治理体系和治理能力有待加强,意识形态领域斗争依然复杂,国家安全面临新情况,一些改革部署和重大政策措施需要进一步落实,党的建设方面还存在不少薄弱环节等。[1]

  理论界对于不平衡不充分的发展的内涵,至今仍旧存在一定争议,表现为三类观点。一是将不平衡与不充分拆分开来理解,侧重于其中一个方面。例如有学者认为:发展不平衡是经济社会发展的基本规律,是长期存在的;发展不充分是主要矛盾的主要方面,指的是供给结构与需求结构之间的错配,具体表现为标准化生产方式下的低端供给过剩与中高端供给不足并存的现象。[2] 也有学者立足当前中国社会的生产能力已经居于世界前列,指出"不充分的发展"是相对于社会主义阶段应当达到的生产高度而言的,断定现实层面的"不平衡的发展"问题更为突出。[3] 二是将不平衡和不充分分别指向具体的问题或领域,例如有学者指出:不平衡主要表现为城乡发展不平衡、区域发展不平衡、产业发展不平衡、行业发展不平衡;不充分则主要表现为推进改革不充分、创新驱动不充分、对外开放不充分、要素供给不充分。[4] 也有学者指出,不平衡的发展包括具体的时间、空间、结构等层面;不充分的发展而言则包括总量、程度、态势等层面。[5] 还有学者分别将不平衡和不充分直接对应于结构性问题和总量性问题。[6] 三是集中于某一层次

---

[1] 习近平:《高举中国特色社会主义伟大旗帜　为决胜全面小康社会实现中国梦而奋斗》,《人民日报》2017年7月28日第1版。

[2] 谢富胜:《如何理解中国特色社会主义新时代社会主要矛盾的转化》,《教学与研究》2018年第9期。

[3] 刘同舫:《新时代社会主要矛盾背后的必然逻辑》,《华南师范大学学报》(社会科学版)2017年第6期。

[4] 杨继瑞、康文峰:《中国经济不平衡不充分发展的表现、原因及对策》,《贵州师范大学学报》(社会科学版)2018年第3期。

[5] 林彦虎:《新时代需要状况的变化与不平衡不充分的发展》,《思想理论教育》2018年第6期。

[6] 杨嘉懿:《以新发展理念破解经济发展的不平衡不充分》,《理论月刊》2019年第2期。

上解读不平衡不充分。例如有学者强调中国发展的不平衡不充分表现在中国特色社会主义事业"五位一体"总体布局的各个方面；有学者则强调经济发展的不平衡不充分仍是最根本方面；还有学者强调，应当从转化前后主要矛盾两个方面的对应关系上进行解读，认为"发展不平衡不充分"是指相对于美好生活需要而言供给还不充分，形成需求侧与供给侧的不平衡，不能简单地将其归结为地域、城乡、收入的不平衡或生产力的落后。[1][2]

实际上，"不平衡不充分的发展"是关系全局的提法，是对中国当前发展各个方面概括性的认知和描述，发展的不平衡在一定程度上也涵盖了发展的不充分，发展的不充分也必然意味着其中包含着失衡的意蕴，因而不宜在具体领域将二者分开进行阐释。不平衡不充分表明"发展中的矛盾和问题集中体现在发展质量上"，"必须把发展质量问题摆在更为突出的位置，着力提升发展质量和效益"。同时表明发展的数量和速度已经不再是优先项，或者表明整个社会发展总量和速度上的矛盾已经基本解决，已经被质量和效益上的矛盾所超越。此外，不平衡不充分是对社会各个领域的总概括，因而不宜局限于某一领域或某个层次进行阐释。我们还需要看到，发展不平衡不充分，是中国进入社会主义初级阶段后长期存在的基本国情，在过去的阶段，一定程度上被发展的程度低下和速度迟缓所掩盖。随着进入21世纪，中国社会发展迎来前所未有的多元化加速变革，既要从传统社会转变为现代社会、从农业社会转变为工业社会和信息社会，又要从计划经济转变为市场经济、从相对封闭的本土化发展走向开放的全球化发展，而且，前一个过程还没有结束，后一个过程就开始了。当今世界，随着"后现代"特征逐渐显现，中国正处在一个前所未有的历史交汇点，传统性、现代性和后现代性在这里碰撞与

---

[1] 卫兴华：《应准确解读我国新时代社会主要矛盾的科学内涵》，《马克思主义研究》2018年第9期。

[2] 卫兴华：《辨析我国当前社会主要矛盾转化问题解读的理论是非》，《人文杂志》2018年第4期。

融合。传统性承载着深厚的历史文化底蕴，现代性代表着科技进步与社会发展的方向，而后现代性则提供了对现代性的批判与反思。在发达国家的发展历程中，这三个时代特征往往是顺序出现，一个逐渐取代另一个，经历了漫长的演变过程。然而，中国所面临的情况是，必须在有限的时空内，将这三个本质上相互冲突的时代特征转化为相互协调、相互包容，并择优而从的综合体。这一任务的复杂性在于，我们不仅要理解和接纳每一个时代特征的独特价值，还要在冲突中寻找平衡点，实现综合。这三者在中国的发展中，不应是相互排斥的，而应是相互借鉴、相互提升的。同时，由于中国发展战略机遇的时空有限性，这一历史转变的过程并非可以任意拖延，必须在较短的时间内以高度的智慧和决心推动其完成。[1][2] 这或许就说明了中国特色社会主义进入新时代后，中国社会加速变革，使发达国家过去经历的多个发展阶段压缩呈现，从而发展的不平衡不充分形成前所未有的制约作用。

不平衡不充分的发展应当是多层次的状态：一是生产力发展进而供给能力不平衡不充分，这是在经济领域，也是最为直接的表现，同人民美好生活需要最为相关；二是空间和群体发展状态的不平衡不充分，是多年来发展累积的结果；三是生产关系以及上层建筑各领域变革的不平衡不充分，反映了中国特色社会主义经济与政治、文化、社会、生态各个领域发展状态和进度的差异。

二 生产力发展进而供给能力不平衡不充分

马克思主义认为，生产力决定生产关系、经济基础决定上层建筑是社会发展的基本规律。新时代中国社会主要矛盾转变，最为直接的表现就是生产力发展的不平衡不充分，在经济领域引起社会供给无法满足新的社会需求，使生产与消费的矛盾以新的形式表现出来。

---

[1] 参见景天魁《中国社会发展的时空结构》，《社会学研究》1999年第6期。
[2] 参见景天魁《时空压缩与中国社会建设》，《兰州大学学报》（社会科学版）2015年第5期。

第四章 不平衡不充分的发展对劳动关系的深入塑造

自2001年年底加入世界贸易组织以来,中国开始深度融入全球生产网络,投资、出口相互关联带动经济增长的模式被确立起来,在此模式下,强劲的外部需求与由城镇化和房地产业快速发展带动的内部需求并驾齐驱,共同推动了21世纪前十余年中国经济的高速增长。然而,这种基于低廉要素成本和大规模标准化生产的增长模式相对粗放,且高度依赖国外市场。而爆发于2008年的国际金融危机使世界经济遭受重创,主要发达经济体复苏缓慢,主要发达经济体复苏缓慢,有效需求下滑,再工业化和产业回流本土趋势加强,以南亚、东南亚国家为代表的新兴经济体又凭借同中国近似的比较优势迅速崛起,导致产业和订单向中国周边迅速转移,而且中国庞大的产能和大规模标准化生产方式,却无法满足国内定制化、多样化以及高技术含量的消费需求,使得国内需求出现外溢。数据显示,2005年至2014年,中国境外消费平均每年增长25.2%,是同期国内社会消费总额增速的2倍。2014年境外消费规模高达1648亿美元,占全球境外消费市场份额的10%以上,连续三年位居世界第一。[1] 随着中国经济发展进入"新常态",在增长速度陡然放缓的大背景下,生产与消费的矛盾不断激化,供给侧结构性问题日渐突出。

构成中国供给能力的要素禀赋状况已经发生了极为深刻的改变,促使中国生产力发展必须由量变走向质变。从矿产和能源状况来看,随着中国经济社会的快速发展,资源消耗数量呈现出显著增长态势,其占全球资源消耗的比重逐年攀升。数据显示,2000—2012年,中国一次能源消耗量占全球消耗量比重由10.4%增长至21.9%,自2010年起,中国能源消费量开始超越美国,居于全球首位。[2] 同时,中国主要矿产资源的消费量占全球消费量的比重同样大幅度上升。2011年,中国总能源、原煤、粗钢、精炼铜、电解铝等资源消费量均为世界第一,石油消费量

---

[1] 参见《海外购物,买的是啥?》,《人民日报》2016年1月15日第18版。
[2] 周维富:《我国工业化进程中资源消耗的特征及未来的趋势展望》,《经济纵横》2014年第3期。

为世界第二。此外，中国主要资源对外依存度居高不下，石油、铁矿石、铜、钾盐、铝等产品的对外依存度均超过50%，除原油进口量仅次于美国外，其他均是世界第一进口大国。[①] 上述状况还伴随着国内矿产和能源储量的日益枯竭，资源保障能力正在被不断削弱。从土地资源状况来看，随着人口增长，人多地少的矛盾更为突出。2013年，中央农村工作会议提出坚守18亿亩耕地红线，新增工业用地和城市用地被进一步严格控制。同时，中国还面临着土地资源局部退化、违法乱占的现象，以及退耕还林还草，保护生态的任务，土地对经济增长的约束作用持续趋紧。从资本状况来看，2015年年末，政府部门债务占GDP比重达到56.5%，全社会杠杆率达到260.8%，实体经济杠杆率达到239.8%[②]，非金融部门、传统行业、国有企业杠杆率不断攀升，大量资金沉淀在低效部门，企业利润持续恶化，经济增速不断下滑，股市长期低迷，同时积累的债务信用风险不断攀升，整个经济体的系统性风险不断增加。从人口和人力资源来看，有研究表明，从2004年开始，中国开始出现普遍性的劳动力短缺和普通劳动者工资的持续上涨，到2010年，劳动年龄人口到达峰值，从而劳动力不再无限供给。[③] 叠加国际，金融危机后的衰退因素，中国东南沿海许多地区在21世纪10年代出现"民工荒"和"招工难"的局面。与此同时，中国生育率持续下降，相继放开二孩、三孩的政策效果并不明显。与之相伴随的是，中国劳动力市场结构性矛盾却始终没有得到有效缓解，高校毕业生就业压力巨大，青年失业率偏高，局部存在隐性失业、自愿失业现象；但是，中高级技能型人才，尤其是高级技工却长期紧缺。有资料显示，2017年，日本整个产业工人队伍的高级技工占比为40%，德国则达到50%。而中国仅为5%左右，全国高级技工

[①] 李保民：《并购重组是中国企业打造"升级版"的重要途径》，《产权导刊》2013年第7期。

[②] 任泽平、冯赟：《供给侧改革去杠杆的现状、应对、风险与投资机会》，《发展研究》2016年第3期。

[③] 蔡昉：《刘易斯转折点——中国经济发展阶段的标识性变化》，《经济研究》2022年第1期。

缺口近1000万人。① 近年来，技能劳动者的求人倍率（岗位空缺与求职人数的比率）一直在1.5以上，高级技工的求人倍率甚至达到2以上水平。② 从技术水平和创新能力来看，尽管中国科技发展站上历史新台阶，但基础科学发展较为薄弱，缺少原创性发明，每万人口发明专利拥有量和部分技术领域专利集中度与国外尚存较大差距。创新投入与产出在数量上的快速增长仍难以带动质量上的同步提高，技术改进上仍然无法摆脱模仿的窠臼，在影响产业发展大局的核心技术、关键技术领域依然难以取得重大进展，关键技术领域受制于人的格局尚未改变。从劳动生产率和全要素生产率等效率指标来看，也是处于相对偏低的水平。2015年，中国单位劳动产出7318美元，世界平均水平是18487美元，而美国为98990美元，中国劳动生产率水平仅为世界平均水平的40%，相当于美国的7.4%。③ 2008—2015年，随着资本投入进一步扩张，全要素生产率指数则因为后发优势的逐渐消失而呈缓慢下降趋势，使中国经济增长方式表现为资本投入驱动型。④ 目前，中国全要素生产率的增速也仅在1.25%左右，全要素生产率水平只有美国的40%、德国的43%、日本的63%。⑤ 2012年，中国单位GDP能耗是世界平均水平的2.5倍、美国的3.3倍、日本的7倍，同时高于巴西、墨西哥等发展中国家⑥，目前，中国单位GDP能耗仍是世界水平的1.4—1.5倍。⑦

受制于要素禀赋的约束，中国产业结构问题同样十分严重。尽管中国

---

① 李守镇：《关于建设高素质产业工人队伍 打造更多"大国工匠"的提案》，《中国科技产业》2017年第4期。

② 参见《大力化解结构性就业矛盾（产经观察·聚焦就业优先（下））》，《人民日报》2019年3月27日第18版。

③ 李守镇：《关于建设高素质产业工人队伍 打造更多"大国工匠"的提案》，《中国科技产业》2017年第4期。

④ 李平等：《改革开放40年中国科技体制改革和全要素生产率》，《中国经济学人》2018年第1期。

⑤ 参见《黄奇帆：下大力气搞好金融，这五个问题值得深入研究》，2024年8月7日，清华大学互联网产业研究院（http://www.iii.tsinghua.edu.cn/info/1121/3047.htm）。

⑥ 《中国单位GDP能耗达世界均值2.5倍》，《山东经济战略研究》2013年第12期。

⑦ 参见《碳中和应大力发展新技术而非片面"去碳"》，《中国科学报》2022年7月26日第1版。

自2012年起国内生产总值构成中第三产业比重开始超越第二产业，自2014年起第三产业贡献率首次超越第二产业①，但是在三次产业之间，第三产业发展仍显滞后。到2012年，中国第三产业就业人员占全国就业人员的比重仅为36.1%，这一比例不仅远低于发达国家普遍达到的60%—75%的水平，也未能达到发展中国家通常30%—45%的平均水平。② 在三次产业内部，结构失衡更加严重。第一，农业发展的现代化程度依然较低，基础依然较为薄弱，传统农业仍广泛存在，产业化经营明显不足，农业劳动生产率偏低，农产品技术含量不高，优质、绿色的农产品缺乏。第二，在工业部门中，高耗能高污染等重化工业产能严重过剩，资源消耗和浪费严重，尤其是钢铁、水泥、平板玻璃等传统行业面临全行业产能过剩，光伏电池、多晶硅、风电设备等多数新兴产业，产能利用率偏低，但又同时存在大型民航客机、数控机床、石化装备等高端产能不足，依赖进口。制造业大而不强，中国作为工业门类齐全的"世界工厂"，却难以适应日渐升级的国际国内需求变化，长期饱受产品同质化、质量效益低下、竞争力弱的诟病，缺乏具有广泛影响力和知名度的品牌与产品，委身于全球价值链中低端，盈利能力严重不足。在先进的高端制造业领域，中国尚处于追赶阶段，包括芯片、操作系统、高端光刻机、传感器、高档数控机床、高档仪器装备、精加工生产线的制造及检测设备、关键基础材料、高端医疗仪器设备、高端医用试剂、重大疾病的原研药、特效药在内的很多产品大部分或基本全部依赖进口，存在被"卡脖子"的风险，产业链和供应链十分脆弱。③ 第三，从服务业内部来看，结构性矛盾表现为整体竞争力不强，现代服务业发展不充分，对第一产业和第二产业支撑力不足。总体上，中国诸多领域

---

① 参见国家统计局《中国统计年鉴2021》，2024年8月7日，国家统计局网（http://www.stats.gov.cn/tjsj/ndsj/2021/indexch.htm）。

② 参见《聚焦"2012年度人力资源和社会保障事业发展统计公报"三大民生数据【2】》，2024年8月7日，人民网财经频道（http://www.finance.people.com.cn/n/2013/0527/c70846-21633829-2.html）。

③ 参见白春礼《世界科技前沿发展态势》，2020年12月26日，中国人大网（http://www.npc.gov.cn/npc/c30834/202012/82db70cfac174b609efe2dc64cb9c68a.shtml）。

高技术服务业还面临供给短缺,在积累货物贸易顺差的同时,也积累了大量服务贸易逆差。在具体的服务业领域,发展分化的趋势又十分明显,传统服务业产值、就业量和投资额不断下降,面临同质化与过剩风险,以互联网、金融和房地产为代表的新兴服务业发展不稳定,就业吸纳能力波动明显。伴随着未来中国产业结构的持续升级优化,服务业作为一个整体的效率和质量亟待改进。

三 空间和群体发展状态的不平衡不充分

中国地域辽阔,人口众多,要素禀赋和发展水平长期以来具有显著差异,并在改革开放之后仍在一定程度上不断积累下来。这种空间和群体发展状态的不平衡不充分,既是改革开放以来中国发展的起点,也是发展的阶段性结果和未来发展将要长期面对的客观实际。党中央和习近平总书记多次提到中国发展不平衡不充分时,强调城乡区域发展与收入分配差距较大是首要问题。

首先,中国城乡发展差距在最近20年间整体上有缩小趋势,但现有差距依然十分明显。中国城镇居民在收入、消费、文化教育、医疗卫生等公共服务质量方面明显优于农村居民,加之发展质量、速度、规模及支撑要素的巨大城乡差异,使得城镇居民的整体获得感显著高于农村居民。尽管2012年到2017年,中国城乡居民人均可支配收入倍差由3.10降至2.71[①],但是若考虑到城镇居民的多样化收入来源在总收入中的占比逐渐上升,加上难以货币化的各种社会福利和隐性收入,以及城乡居民实际消费水平的显著不同,城乡居民的实际生活水平差异还是非常明显。在产业发展层面,当前中国广大城镇会聚了大多数优势产业,而农村不仅农业技术落后、发展迟滞,工业比重较低且以资源开发为主,初级产品生产带来环境污染问题严重,服务业发展更是长期落后。要素短缺、产品质量低下、产业效益不高的局面长期存在。在基本公共服务层面,城乡间的基本公共服务设施

---

① 该数据根据历年中国统计年鉴进行测算得出。

和服务供给也存在显著的不平衡。如城镇地区拥有发达的交通网络、完善的市场体系以及齐备的教育、医疗和养老等服务设施,而农村地区受制于公共财政能力、技术能力、人才服务能力,基础设施和公共服务产品仍相对短缺。① 更为重要的是,中国农村地区在21世纪10年代还广泛分布着大量的贫困地区和贫困人口。据统计,2012年中国有832个贫困县,约9899万贫困人口;到2017年,仍有153个贫困县和3046万贫困人口。② 在"三区三州"等集中连片特困地区,脱贫任务极其艰难繁重。

其次,中国区域发展形成的差异,不仅在机制上较为复杂,还面临旧差异消退和新差异滋长相伴随的局面。一是区域之间发展不平衡状况的延续,突出表现为东西差距与南北失衡。从东、中、西与东北地区GDP占全国的比重来看,从2000年到2019年,东部地区占比虽降,但仍占全国经济总量一半以上,中部和西部地区比重微升,东北地区比重出现大幅下滑。③ 近年来,在中国东、中、西部地区差距相对缩小的同时,还出现了"南北分化"的新问题,南方在全国经济总量中的比重升至62%,北方则降至38%,尤其是东北地区降至6.3%。目前,全国经济总量前十名的城市中,北方仅有北京一个城市在列。④ 二是区域内部发展出现局部失衡的状况。在西部地区内部,西南地区远远超过了西北地区;在东北地区,省会城市与其他老工业基地城市发展差距显著;中部地区一些省份发展势头良好但仍有增长乏力的地区;东部地区虽有经济强劲增长的城市,但也存在如河北、海南等增长相对滞后的地区。同时,地区之间不平衡程度在不断攀升,地区基尼系数从2014年的0.39上升至2019年的0.41。⑤ 三是区

---

① 杨继瑞、康文峰:《中国经济不平衡不充分发展的表现、原因及对策》,《贵州师范大学学报》(社会科学版) 2018年第3期。
② 参见刘永富《有效应对脱贫攻坚面临的困难和挑战》,《政策》2019年第3期。
③ 张可云:《区域发展不平衡不充分与"十四五"时期区域治理创新》,《中国工业经济》2020年第12期。
④ 参见《区域协调发展取得显著进展,但绝对差距仍较大》,2021年11月18日,澎湃新闻网(http://m.thepaper.cn/rss_newsDetail_15439470)。
⑤ 张可云:《区域发展不平衡不充分与"十四五"时期区域治理创新》,《中国工业经济》2020年第12期。

域发展极化现象明显，包括人口在内的各种资源和要素向个别区域和城市聚集。长期以来，中国高新技术产业长期集中在珠江三角洲、长江三角洲和京津冀地区。而在上述区域内部，也一定程度上存在个别超大城市高度集聚、体量臃肿、不堪重负，而中小城市吸纳能力相对不足、城镇体系结构不合理的问题。

最后，中国不同部门、行业和群体之间的收入差距，仍旧十分显著。直观来看，既有4亿人的庞大中产阶级，又有6亿人月收入仅有1000元左右。按居民收入计算，近10余年中国基尼系数总体呈波动下降态势，但下降幅度极其有限，仍然接近0.5的警戒线。2013—2017年全国居民收入按五等份分组，高收入组与低收入组的人均可支配收入倍差由10.78上升至10.90。[1] 有研究表明，2013—2018年，中国的收入分配差距处于相对稳定水平，既没有明显扩大，也没有明显缩小。其中流动人口收入分布、非农经营收入和财产收入的变化，几乎抵消了工资收入、养老金收入、自有住房估算租金和转移性收入缩小总体收入差距的作用。同时，持续加剧的收入差距对未来的收入分配格局将产生深远的影响。一方面，由于缺乏如财产税这类有效的再分配措施，收入差距不仅加大了财富分配的不公平，还导致这种不公平在不同代之间传递；另一方面，家庭的社会经济状况对教育资源的获取越来越有决定性作用，这进一步增强了人力资本在各代之间传递的效应。[2] 具体而言，以家庭净财产差距衡量的基尼系数从2002年的0.55上升到2012年的0.73[3]；自2002年起，中国居民的财产收入差距开始大于收入差距，这一趋势不断强化，至2013年财产分配差距甚至远超收入差距。[4] 同时，由于劳动力市场分

---

[1] 参见国家统计局《中国统计年鉴2018》，2024年8月7日，国家统计局网（http://www.stats.gov.cn/tjsj/ndsj/2018/indexch.htm）。

[2] 罗楚亮等：《中国居民收入差距变动分析（2013—2018）》，《中国社会科学》2021年第1期。

[3] 参见《贫富差距到底有多大？（民生视线·正视贫富差距（上））》，《人民日报》2015年1月23日第17版。

[4] Knight J., S. Li and H. Wan, "The Increasing Inequality of Wealth in China, 2002 - 2013", *CHCP Working Paper*, No. 2017 - 15, 2017.

割等制度因素导致的人力资源流动不充分，特别是所有制和行业垄断交织，是影响企业工资收入差距的因素，有研究表明，21 世纪 00 年代，国有企业比私营企业工资水平平均高 30.5%—35.9%；外资企业比私营企业工资水平平均高 19.8%—20.6%；而垄断性行业比竞争性行业企业工资水平高 4.8%—13.0%，但行业垄断能给国有企业职工平均带来 30% 左右的工资升水。① 自 1996 年以来，中国垄断行业与非垄断行业之间的收入差距以年均 43% 的速度迅速拉大，以银行业、航空运输、石油、天然气开采、烟草为代表的带有垄断色彩的行业工资极值是以农林牧渔业、餐饮业、纺织业为代表的竞争性行业的 6 倍左右。②

当然，这一时期中国还面临着劳动要素和资本要素之间的收入差距问题。研究表明，中国依据 GDP 法计算的劳动收入份额从 1995 年的 51.4% 下降到 2007 年的 39.7%，下降幅度高达 22.8%。③ 其中，既有技术进步导致资本对劳动的替代，从而利润不断侵蚀劳动者收入作用，也有全球化分工协作体系和仍然较为僵化的工资体制的制约作用，使广大劳动者的工资水平尤其是一线职工的工资增长长期低于劳动生产率的增长。尽管在 21 世纪 10 年代，这一趋势得到了一定程度的逆转，但劳资收入差距始终是触动劳动关系调整的重要因素。

四 生产关系以及上层建筑各领域变革的不平衡不充分

不平衡不充分的发展，更为深层次的意蕴在于生产关系以及上层建筑各领域变革的不平衡不充分。从改革开放至今已有 40 多年，中国特色社会主义各个领域的改革先后铺开并逐渐深入，在建立、完善和成熟的进度上各不相同，彼此之间的联系和协调亟待发挥更为积极的作用。习近平总书记指出："相比过去，新时代改革开放具有许多新的内涵和特

---

① 叶林祥等：《行业垄断、所有制与企业工资收入差距——基于第一次全国经济普查企业数据的实证研究》，《管理世界》2011 年第 4 期。
② 崔友平：《缩小行业收入差距须破除行政垄断》，《红旗文稿》2015 年第 21 期。
③ 陈宇峰等：《技术偏向与中国劳动收入份额的再考察》，《经济研究》2013 年第 6 期。

点，其中很重要的一点就是制度建设分量更重，改革更多面对的是深层次体制机制问题，对改革顶层设计的要求更高，对改革的系统性、整体性、协同性要求更强，相应地建章立制、构建体系的任务更重。"① 中国特色社会经济建设、政治建设、文化建设、社会建设、生态建设"五位一体"总体布局需要统筹推进，党对各项工作的集中统一领导和自身建设需要进一步加强并改进。

在经济建设领域，我们必须及时变革生产关系以适应生产力新的要求。第一，中国的现代化经济体系还未完全形成，劳动力、土地、技术和资本等生产要素市场仍有不健全之处，市场秩序需要进一步规范，尤其是不充分竞争、过度竞争和不正当竞争问题比较突出，需要继续营造并维护公平竞争的市场环境。第二，市场主体活力尚未被充分激发，产权制度和国有企业改革有待深入推进，民营企业发展的环境亟待进一步改善。第三，政府宏观调控能力和宏观政策制定执行有待加强和改进，仍旧存在一定程度的缺位和越位，在某些具体领域内，政府机构职责不清、政策配合度低、行政过度干预等问题使市场效率难以提升。第四，在对外开放领域，中国参与国际规则、标准制定和修改的能力还不强，参与全球竞争的能力亟待提高，不合理的准入限制依然较多，服务业开放发展还存在较大空间。② 第五，科技创新体制机制需要进一步放活，目前中国创新激励体制不到位，创新主体单一，产学研深度融合的技术创新体制还未全面建立，对提升生产率支持力度有限。

在政治建设领域，首先，进一步落实人民当家作主权利的相关制度、机制还需完善，特别是需要健全民主制度，丰富民主形式，拓宽民主渠道，依法实行民主选举、民主协商、民主决策、民主管理、民主监督，形成具有中国特色的全过程人民民主。其次，为了实现法治国家、法治

---

① 《习近平关于〈中共中央关于坚持和完善中国特色社会主义制度　推进国家治理体系和治理能力现代化若干重大问题的决定〉的说明》，《人民日报》2019 年 11 月 6 日第 4 版。
② 蒋永穆、周宇晗：《着力破解经济发展不平衡不充分的问题》，《四川大学学报》（哲学社会科学版）2018 年第 1 期。

政府和法治社会的全面建设，我们必须同步推动依法治国、依法执政和依法行政的工作。同时，为了加强法治建设，我们需要加速构建或改进一个全面的法律规范体系、一个高效的法治执行体系、一个严格的法治监督体系、一个强有力的法治保障体系以及一个完善的党内法规体系。此外，全面推动科学立法、严格执法、公正司法和全民守法也是必要的步骤。最后，在中国构建一个职责清晰、依法行政的政府管理体系的进程中，仍然面临着一些挑战。为了应对这些挑战，我们需要在体制和机制上充分激发中央和地方政府的积极性，同时努力改善国家的行政管理体系、优化政府职责的配置以及调整政府的组织结构。

在文化建设领域，我们需要进一步坚定文化自信，牢牢把握社会主义先进文化前进方向，坚持为人民服务、为社会主义服务，坚持百花齐放、百家争鸣，坚持创造性转化、创新性发展，激发全民族文化创造活力，更好构筑中国精神、中国价值、中国力量，抵制各种庸俗和错误思潮带来的道德滑坡和社会风气败坏现象。特别需要坚持马克思主义在意识形态领域的指导地位，坚持以社会主义核心价值观引领文化建设，保障人民文化发展权益，完善舆论引导机制，构建社会效益与经济效益相统一的文化创作生产体制机制，更加凸显文化产品和服务的社会效益。

在社会和民生建设领域，以幼有所育、学有所教、劳有所得、病有所医、老有所养、住有所居、弱有所扶为代表的国家基本公共服务体系建设还面临较为突出的不平衡不充分问题，普惠性、基础性、兜底性民生建设需要加强，公共服务供给方式、运营模式需要进一步创新和优化。有利于促进更为充分更高质量就业的各种体制机制需要完善，教育体系、社会保障体系和卫生健康保障体系建设有待推进。同时，在社会治理上需要更加突出共建共享共治，完善正确处理新形势下人民内部矛盾有效机制，有效应对各类突发性群体事件，完善社会治安防控体系和国家安全体系，健全公共安全体制机制，构建基层社会治理新格局。

在生态建设领域，中国在进入21世纪后面临历史上最为严峻的环境污染和生态恶化问题，某种程度上已经成为中国发展最为突出的一块短

第四章　不平衡不充分的发展对劳动关系的深入塑造

板。有权威报告指出，中国人类发展指数的提高是以生态足迹增长为代价，2000年至2010年，人均生态足迹的平均年增长速度，是之前所有年份平均速度的5倍以上。①特别是进入10年代以来，中国多地出现了极其严重的雾霾现象，饱受全社会诟病，充分暴露出中国在平衡经济发展和生态保护方面制度建设的缺位。当前，我们亟须实施最严格的生态环境保护制度，建立健全高效的资源利用制度、生态保护与修复制度以及生态环境保护责任制度等全方位制度体系。

最后，作为一个社会主义国家，我们需要加强党对各项工作的集中统一领导，深入推进全面从严治党。增强党的自我净化、自我完善、自我革新、自我提高能力，及时从根本上扭转一段时间以来存在的管党治党宽松软状况，全面巩固来之不易的反腐败斗争的经济社会成果。同时，我们需要继续完善以人民为本的执政体系和依靠人民进行执政的各类制度，加强党的执政能力和提升领导水平的相关制度。通过这些措施，中国共产党将能更加有效地在中国特有的社会主义事业中扮演核心领导角色。

第二节　供需变动对劳动关系的内部塑造

一　劳动组织形式的更迭、分化与复杂化

不平衡不充分的发展，使生产与消费之间的矛盾逐渐凸显，也促使企业着眼于增强供给结构对需求变化的适应性和灵活性，产生创新生产方式的内在动力，从而推动劳动组织形式发生进化。从理论上讲，集成创新的弹性生产方式取代大规模标准化的生产方式，会促使企业更好地发挥一线员工的主动性，开发员工的多种知识和技能，在企业内部建立不同于以往的新型劳动关系。②但是，具体到中国21世纪10

---

①　参见世界自然基金会、中国环境与发展国际合作委员会《地球生命力报告·中国2015》，2024年8月7日，世界自然基金会网（http://www.wwfchina.org/content/press/publication/2015/地球生命力报告·中国2015.pdf）。

②　谢富胜：《如何理解中国特色社会主义新时代社会主要矛盾的转化》，《教学与研究》2018年第9期。

年代的实际状况而言,除了劳动组织形式的更迭,还融入了分化与复杂化等一系列新的特征:一是传统工厂专制体制逐渐式微;二是传统企业科层体制发生进化;三是传统工地分包体制走向正规化;四是劳务外包越来越多地取代劳务派遣;五是全新的互联网平台化劳动体制迅速崛起。其中,平台化劳动体制的出现和迅猛扩张,代表了新一轮科技革命和产业变革之下劳动关系发生的最为深刻的变革,将在后续章节进行详述。

首先,剩余劳动力由农村向城市转移不仅速度出现放缓,数量也开始明显减少,促使制造业劳动力成本迅速上升。制造业生产能力的改造升级与服务业扩张带来的用工规模扩大相伴随,加速了旧有的劳动控制和劳动力再生产模式分崩离析。但是,由于中国供给端的数字化水平较低,柔性生产、定制化生产能力不足①,这种渐进式、不规则的技术迭代也不可能在短期内实现劳动组织形式的全方位变革,反而促成其多元化发展的局面。一方面,劳动关系根据产品层次的高低出现分化:定制化、高端化、智能化的高端产品普遍进行柔性专业化生产,生产组织内的劳动关系大多表现为正规劳动关系;以质量标准化为基础的多渠道销售的大众消费品,不只进行工厂内部柔性生产,也联合厂外的各种生产单位协同生产,同时包含了正规与非正规劳动关系;而依赖电商平台销售且注重款式的流行性、对质量要求不高的小批量产品,交给了自由连接、快速聚散为特征的作坊式生产,如夫妻作坊等,催生了许多日薪制下的灵活用工,普遍为非正规劳动关系。② 另一方面,由于食品制造业、纺织、缝纫及皮革制造业、机械电子设备制造业等劳动密集型行业长期偏向外包生产组织方式③,控制了技术和技能的传播和溢出,固化了劳

---

① 阿里研究院等:《从连接到赋能:"智能+"助力中国经济高质量发展》,2019年3月12日,阿里研究院网(https://i.aliresearch.com/img/20190312/20190312110416.pdf)。
② 范璐璐、黄岩:《新型柔性专业化——以平台为中心的服装业生产组织与劳动关系》,《学术研究》2021年第5期。
③ 洪联英等:《FDI、外包与中国制造业升级陷阱——一个微观生产组织控制视角的分析》,《产业经济研究》2013年第5期。

动力的低端技能模式①，许多大型企业选择内迁，在劳动力更为廉价的边远农村地区设厂，利用本地劳动力从事生产，形成了一种"外来工厂本地工"的新组织形态。这一格局使得内迁工厂无法延续严苛的管制，间接缓和了以往紧张的劳动关系。

对于后者而言，传统的工厂专制体制蜕变为一种"嵌入性"劳动管理体制，即把企业生产嵌入村庄社会和工人日常生活中。②在劳动雇佣方面，内迁工厂采取了非正式的雇工策略，依靠熟人社会网络来进行招聘；在劳动监督方面，内迁企业、内迁工厂面对的是以家庭生活为重心的农村辅助劳动力，组织性更高，也更具谈判权，因而只能将生产活动嵌入工人的日常生活中，在劳动时间的管理上灵活处理，部分放弃严格的工厂管理制度，而且在劳动空间上进行了必要的策略性的延伸，以适应乡村非正规劳动力的需求。在劳资纠纷的处理上，由于乡村社会通常没有发育成熟的劳动力市场，也很难引入劳动仲裁机构来解决劳资纠纷，因而往往要借助乡村社会内部的非正式渠道和资源进行处理。工人的劳动生产与社会生活由过去的分离发展到当下的融合，已经明显区别于沿海地区的农民工拆分型生产体制，企业借助工厂专制体制和宿舍劳动体制对工人进行严密控制和压迫的局面逐渐瓦解，而工人则通过以地缘、乡缘、血缘构建多种社会关系网络，以确保自身权益得到维护，使得企业在与工人的博弈中原先的强势地位更加难以为继。③但也有研究发现，这种兼具人性化与非正规化的用工体制也容易造成工人权利损失，如一些企业没有工会，绝大多数工人没有社保和公积金。④

---

① 洪联英等：《中国制造业为何难以突破技术技能升级陷阱？——一个国际生产组织安排视角的分析》，《数量经济技术经济研究》2016年第3期。
② 陈义媛：《劳动力密集型产业转移及内迁工厂的嵌入性劳动管理》，《江西财经大学学报》2020年第6期。
③ 黄岩、朱少瑞：《管理控制抑或企业福利：宿舍劳动体制的再思考》，《华南理工大学学报》（社会科学版）2021年第3期。
④ 黄岩、朱晓镭：《超越拆分型劳动体制：产业转移与农民工权益保护的新视角》，《华南师范大学学报》（社会科学版）2019年第3期。

其次，在高端制造业与现代服务业发展的引领下，消费需求的升级和改变迫使先进企业主动变革传统的科层制组织模式，释放底层员工的积极性和主动性，改变既有固定化的分工协作，消除劳动过程的僵化和单调，并辅之以更多的灵活变通管理和效率激励措施，寻求创新和突破。一是扁平化趋势显现。例如红领集团提出了"四去两组"为特征的组织再造模式，通过去领导化、去部门化、去科层化、去审批化，形成全员面对客户需求建立工作流程的强组织、自组织和平台化组织，实现基于全员与目标相对应的、高效协同的管理模式。海尔集团从传统的"金字塔"等级制管理转向"人单合一"模式，实现了完全客户导向化，改变了组织架构、管理模式和协作机制。鲜明的特征是改为网络化组织结构，取代了层级结构，搭建起"平台主—小微主—创客"三类主体的平台，摒弃传统组织中的管理与被管理的关系，以不同的创业范围实现关系再造。[①] 二是小组制和项目制的广泛推行。例如韩都衣舍在企业内部建立数百个 3 人小组，采用并联组织模式和"包产到户"的方式，让每个品牌、每个款式都是一个相对独立的 3 个核心岗位组成的并联小组，小组直接贴近消费者前端，满足消费者个性化的需求，资历和能力强的人兼任组长，责权利有明确的责任和利益分享。[②] 许多高科技企业则采用了典型的项目制的运作，针对某个特定的项目任务，由不同部门、不同专业的人所组成的特别工作小组。又如在互联网企业中，项目制则一般由项目经理、产品经理、交互设计师、界面设计师、程序员、质量控制等多个员工互相配合执行，形成独有的项目推进机制和问题化解机制。三是以技术为导向的组织文化对科层制形成解构。有研究表明，互联网企业中既存在作为虚拟团队的文化基础的、体现为平等、自由与合作的工程师文化，也存在以个体利益为先以及等级制特征的科层制管理，二者

---

① 参见彭剑锋《中国企业组织变革与模式创新新趋势》，2024 年 8 月 7 日，搜狐网（https://www.sohu.com/a/236941120_479780）。

② 罗仲伟等：《从"赋权"到"赋能"的企业组织结构演进——基于韩都衣舍案例的研究》，《中国工业经济》2017 年第 9 期。

引发了虚拟团队劳动中的合作与分化。从本质上看，这是企业为获得剩余价值对技术文化和管理控制进行统筹的妥协性制度安排。其中，互联网技术文化在双重矛盾的劳动过程建构中具有重要的作用。[1] 四是同类企业由于结构性因素、组织因素和劳动者个体因素的交互作用下，也会形成不同类型的劳动关系。有学者以不同的呼叫中心为案例，发现劳资合作取决于用工灵活性以及员工对企业管理的认同感，劳资合作的多种形态进一步取决于新生代员工的主体性、制度变化、商业模式工作流变化等因素的相互作用。[2]

再次，以建筑业为典型的工地分包体制开始向正规化艰难转型。其中，既有自下而上的动力，也有自上而下的动力。就前者而言，在农业剩余劳动力供给出现快速下降的背景下，建筑业工作时间长、劳动强度大、工作生活环境差、危险性高的特征对新生代农民工吸引力越发减弱，加上传统的工地分包体制天然地与非正式的劳动关系结合在一起，诱发农民工被欠薪事件频出，加速原有的建筑业农民工向其他行业转移，从而逐渐淡化了包工头在工地场域基于宗族和同乡等先赋关系的"关系霸权"对工人的控制。就后者而言，中共中央、国务院陆续出台多份指导意见，提供了针对建筑行业劳动用工制度改革的政策引导，促进了建筑业生产组织从传统的包工队模式，向现代作业公司模式的转变。2017年7月，解决企业拖欠工资问题部际联席会议提出"全面实行农民工实名制管理制度"，"工程建设行业主管部门要督促用人单位与招用的农民工依法签订劳动合同"，[3] 推动建筑业用工走向正规化。有学者指出，建筑工人实名制将促成建筑业用工体制和劳动者身份的双重转型：建筑劳务

---

[1] 梁萌：《技术变迁视角下的劳动过程研究——以互联网虚拟团队为例》，《社会学研究》2016年第2期。

[2] 孟泉、缪全：《合作的价值：平台企业呼叫中心劳动关系多样性及其成因》，选自冯喜良主编《中国劳动研究》（第1辑），中国工人出版社2021年版，第103—126页。

[3] 参见《人力资源社会保障部办公厅关于印发〈治欠保支三年行动计划（2017—2019）〉的通知》，2024年8月7日，中国政府网（http://www.gov.cn/xinwen/2017-07/19/content_5211661.htm）。

企业逐层分包体制将逐步转变为施工承包企业自有建筑工人为骨干、专业作业企业自有建筑工人为主体的多元化体制；建筑业劳务工和农民工将逐步向技术工人和产业工人转型。[1]

但是，工地分包体制转型的阻力也显而易见。一是建筑业本身由于项目周期短、工程更换频繁等原因，当前生产流程无法进行标准化，也难以实现完全的机械化，仍然需要较为灵活、弹性的用工模式，天然依赖小型、灵活但能够提供稳定、较熟练工人的包工队。[2] 二是从先赋特征来看，当前建筑业一线作业工人年龄已经普遍老化，技能有限且流动性高，而受限于较低教育水平和薄弱法律意识，包工头对公司在完成转型作业后要纳税和缴纳社保比较抗拒，特别是规模较小的包工队，出于业务来源的不稳定和成本考虑，转型缺乏动力。三是当下建筑业市场环境目前整体上仍然不规范，符合行业标准、低价竞标、违规转包等问题依旧屡见不鲜，承包方经常延迟支付项目费用或要求劳务提供方先行垫付资金成为普遍状况，这种情况致使改革后的建筑公司在遇到项目费用拖欠时，仍旧容易因资金短缺而难以按时足额支付工人工资，从而无法消除包工队转型的潜在压力。[3] 因此，工地分包体制的正规化转型状况目前整体仍不理想。2019年，中国建筑业总承包、专业承包和劳务分包企业数量的比例大致是13.5∶6.1∶1，形成了"头重脚轻"的倒三角结构，而非正常的"金字塔型"结构。同时，行业内部存在多个尚未得到有效解决的关键问题，如员工短缺、"以包代管"、项目主管人和承包负责人业务关系颠倒等。[4] 有调查显示，尽管实名制用工管理、农民工工资专用账户等制度已全面推行，

---

[1] 常凯：《以实名制为基础建构建筑业和谐劳动关系——从破解建筑业欠薪难题入手》，《人民论坛》2019年第18期。

[2] 谷玉良：《建筑业劳务分包制研究：现状及其展望》，《中国劳动关系学院学报》2016年第2期。

[3] 陈敏等：《包工组织正规化影响因素研究》，《土木工程与管理学报》2020年第6期。

[4] 曾大林等：《建筑业"工程分包困局"三探》，《建筑经济》2022年第6期。

但"包工制"在一些领域仍变相隐秘存在。①

最后,劳务外包开始取代劳务派遣,成为大型企业实现灵活用工的最主要方式,但是不规范的各类劳务中介依然广泛存在。劳务派遣,又称人力派遣、人才外派、员工租赁或人力租赁,是人力资源市场为了配合企业灵活用工的需求,所采取的一种特殊的劳动力配置方式。其基本特征为:派遣公司是真正的雇主,承担雇主的相应责任但"招人不用人",用人单位"用人不招人"②,它能够让企业从烦琐的人事管理事务中解脱出来,专心于核心事业的发展。降低了企业成本,提高了经济效益和管理效率。由于相关法律文本解释模糊,导致劳务派遣一度出现严重滥用。2011 年,全国企业劳务派遣工占企业职工总数已达到 13.1%,约 3700 万人,在第三产业中十分普遍。但随之而来的却是大量的用工不规范、经济利益与民主权利实现程度均较低、职业发展空间小,机会少、行业经营混乱的现象。③ 2014 年 3 月,人力资源和社会保障部明确要求"用工单位只能在临时性、辅助性或者替代性的工作岗位上使用被派遣劳动者","使用的被派遣劳动者数量不得超过其用工总量的 10%","劳务派遣单位应当依法与被派遣劳动者订立 2 年以上的固定期限书面劳动合同",④ 劳务派遣用工数量开始有所下降。而劳务外包实质上是一种民事合同关系,规定承包方完成特定工作任务或提供特定工作成果,发包方则向承包方支付对价。⑤ 由于劳务外包适用《中华人民共和国合同法》而非《劳动合同法》,并巧妙地规避了对劳务派遣用工的限制,促使企业开始更多地以外包形式进

---

① 参见《欠薪事件为何又见"包工头"?》,《工人日报》2022 年 1 月 9 日第 1 版。

② 来有为:《我国劳务派遣行业发展中存在的问题及解决思路》,《经济纵横》2013 年第 5 期。

③ 全总劳务派遣问题课题组:《当前我国劳务派遣用工现状调查》,《中国劳动》2012 年第 5 期。

④ 参见《劳务派遣暂行规定》(人社部令第 22 号),2024 年 8 月 7 日,中华人民共和国人力资源和社会保障部网(http://www.mohrss.gov.cn/xxgk2020/fdzdgknr/zcfg/bmgz/202011/t20201103_394835.html)。

⑤ 林嘉:《新就业形态劳动法律调整探究》,选自冯喜良主编《中国劳动研究》(第 1 辑),中国工人出版社 2021 年版,第 8 页。

行灵活用工。① 根据商务部披露，截至2020年年末，中国服务外包产业累计吸纳从业人员达1290.9万人。② 但是，劳务外包也并未遏制劳动过程中的歧视、福利缺失、同工不同酬的现象，反而诱使一些企业将其视为派遣业务的换位接续方式，作为发包方继续管理、使用外包工，却不用承担用工责任，以外包之名，行派遣之实。③ 此外，有研究发现，在制造业领域劳动力短缺和灵活用工的背景下，由于缺乏有效规制，第三方中介群体对劳动力市场的介入不仅催生了高额"返费"乱象，还孕育出围绕"返费"的"食利者"阶层，使得制造业企业用工成本逐年增加，劳动者权益受损，并加剧了劳动力的无序流动。④

二 劳动关系矛盾显性高发

劳动关系矛盾显性高发，是进入21世纪10年代以来中国经济和社会领域面临的突出问题。劳动者逐渐完成了从沉默到公开表达诉求的转变，同时，群体性劳资冲突在组织程度和影响范围上均表现出增长态势，反映了劳动关系有所趋紧。⑤ 尽管诱发性因素多种多样，但发展的不平衡不充分对劳动者追求美好生活需要构成严重制约，是劳动者与企业之间爆发冲突的深层原因。首先，随着中国经济发展进入新常态，面对经济增速减慢、国际市场持续萎靡的宏观经济环境，一些重点行业和企业遭遇订单缩减、产能利用率不足、盈利水平下滑等多重不利因素影响。其中，劳动密集型产业所受冲击最为显著，以往依靠降低工资、削减福利待遇实现压缩成本、提升市场竞争力的策略已

---

① 曾文兵等：《规范劳务外包用工管理 促进劳动关系和谐稳定》，《中国人力资源社会保障》2020年第7期。
② 参见《商务部1月21日例行新闻发布会》，2024年8月7日，中华人民共和国新闻办公室网（http://www.scio.gov.cn/xwfb/bwxwfb/gbwfbh/swb/202207/t20220716_231742.html）。
③ 参见《劳务外包该规范了》，《工人日报》2022年3月7日第2版。
④ 郭春镇、石梦婷：《制造业灵活用工"返费"问题中的博弈及其治理》，《开放时代》2021年第2期。
⑤ 李琼英、朱力：《扩散与异化：现阶段我国劳资矛盾的新表征》，《安徽师范大学学报》（人文社会科学版）2015年第6期。

不再奏效,反而容易成为引发劳动纠纷和劳资关系紧张的诱因。① 其次,要素禀赋的改变和中国产业结构的调整,也使得许多行业旧有的生产体制难以为继。尤其是传统的工业和制造业,既面临劳动力成本上升对利润的挤压,又不得不紧跟"机器换人"和智能制造的大趋势,加速完成技术水平的升级和增长动能的转换,以实现产品的迭代升级,从而使普通劳动在直接生产过程中不断被边缘化,更多面对由生产条件改造所产生的"替代效应",表现为结构性失业和灵活就业的各种风险。再次,中国在这一段时间内还面临许多国内外不利因素相互交织的影响:国内重化工业和中低端制造业面临严重的产能过剩,被迫实现去产能、去库存、去杠杆,带来企业关闭、搬迁、兼并重组等一系列问题;而中美贸易摩擦不断持续,又对中国出口加工及相关的服务业造成严重影响。这些因素与国内经济下行压力相叠加,使中国实体经济发展面临空前困境,企业所面临的外部风险可能向生产过程逆向转嫁,从而激化旧有的劳动关系矛盾。例如:建筑施工行业在整体上供过于求的背景下,加剧了分包体制下的竞争,更容易诱发欠薪状况出现;部分地区和行业淘汰落后产能,清理"僵尸企业"带来职工分流和再就业压力和集体性劳动争议风险。最后,中国劳动关系领域的法律规制和调节机制尽管不断完善,但在许多方面仍不能及时对接劳动者与企业之间的权益诉求,在面对诸如灵活就业等新形态劳动关系时,暴露出比较严重的缺位状况,也使得本可以合理解决的纠纷存续下来,直至引发各种矛盾。

据统计,2012 年,全国各级劳动人事争议调解组织和仲裁机构共处理劳动人事争议案件 140.3 万件,其中劳动争议仲裁受理 64.1 万件,涉及劳动者 23.2 万人②;截至 2017 年,全国各地调解仲裁机构全

---

① 刘向兵等:《中国劳动关系研究 70 年回顾与展望》,《中国劳动关系学院学报》2020 年第 2 期。
② 杨正喜等:《我国劳资群体性事件的演进及政府治理》,《中国劳动关系学院学报》2019 年第 2 期。

年共处理劳动争议案件上升到166.5万件，涉及劳动者达到199.1万人，全国各级劳动保障监察机构共查处各类劳动保障违法案件20.6万件，尽管上述数据开始出现下降趋势，但是高位运行的态势并未改变。[①] 经过数据监测分析，2014年中国劳动纷争的数量相较于2013年上升了多达10%，在各类社会矛盾中居于首位。[②] 据国家统计局资料显示，2011—2016年，集体劳动争议案件分别为6592件、7252件、6783件、8041件、10466件和9743件[③]，总体呈上升趋势。另据不完全统计，2015—2017年可以见诸网络媒体的工人集体行动有6694件，其中建筑业和制造业分别有2595件和1770件。[④]

通过考察这一时期的劳动关系矛盾和争议事件，我们能够总结出一系列特征及演变趋势。第一，以劳动者诉求引致的劳动关系矛盾中，出现了由"生存型"向"发展型"，抑或为"底线型"向"增长型"的转变。[⑤] 现阶段中国劳动关系矛盾发生的诱因主要包括工资拖欠、对薪酬福利不满、工伤争议、辞职辞退博弈、社会保障薄弱五类劳资矛盾，主要集中于欠薪和薪酬待遇问题。然而，随着经济发达地区劳动者对工作环境、福利待遇、职业发展等方面提出新要求，劳动关系矛盾出现新源头。特别是新生代劳动者对薪酬、工作强度、劳动环境、职业发展和人文关怀更加重视，诉求的对象和范围不断扩大，诉求层次也在不断上升，以往的被动维权也更加转向主动维权。[⑥] 有研究指出，工人的主要诉求在2011—2014年之间逐渐发生转变，不再局限于提高薪资待遇，而是转移到追讨被拖欠的工资、补缴社保、保留工作岗位以及争取相应的经济

---

① 黄海嵩主编：《中国企业劳动关系报告（2017）》，企业管理出版社2018年版，第35页。
② 单光鼐：《群体性事件背后的社会心态》，《中国党政干部论坛》2015年第5期。
③ 参见国家统计局历年《中国统计年鉴》，2024年8月7日，国家统计局网（http://www.stats.gov.cn/tjsj/ndsj/）。
④ 吴清军主编：《中国劳动关系学40年（1978—2018）》，中国社会科学出版社2018年版，第213页。
⑤ 蔡禾：《从"底线型"利益到"增长型"利益——农民工利益诉求的转变与劳资关系秩序》，《开放时代》2010年第9期。
⑥ 李琼英、朱力：《扩散与异化：现阶段我国劳资矛盾的新表征》，《安徽师范大学学报》（人文社会科学版）2015年第6期。

补偿。甚至涉及对工会重组、选举以及合法性的挑战。①

　　第二,劳动者面对矛盾所采取的行动方式逐渐走向集体化、正规化、平和化。在过去的多年时间里,劳动者的抗议行为常常展现出"野猫式罢工"的特征,即具有自发性、临时性和非正式性。由于参与人数众多,这类活动一般被看作"群体性事件",而在此过程中劳动者权益的保护常常被边缘化。然而,自 2010 年南海本田工厂的停工事件起,工人的集体行动开始经历显著的变化。随着经验的累积,他们的行动变得更加具有组织化和策略化。在工人活动中,建立(或改选)工会、进行民主选举、开展集体谈判(或协商)等要求变得日益常见。工人们的诉求不再单一地聚焦于"依法维权",他们开始追求更广泛的利益,包括争取更高的薪资、改善工作条件、缩短工作时间以及确保加班工资等更多权益②,并借此引发社会的关注和支持,以及媒体和政府力量的介入。与此同时,工人的行动策略已经从扰乱公共秩序转变为对生产秩序的挑战。传统的抗议手段,例如阻塞交通、举行街头游行和围攻政府机构等激烈行为,都是为了唤起社会对工人权益问题的关注,并吸引政府和公众的目光。通过这种方式,工人希望能够促使政府意识到解决问题的紧迫性和重要性,并动用其公共权力来解决这些问题。而如今工人的斗争场域从公共场所转向了工作场所,抗争形态去除了表面的激烈性,而是以较为平和的方式展现,矛头直接对准了雇主。③ 有研究指出,近年来,劳动者的抗争方式在长三角、珠三角等地区正经历着悄然的改变。这些地区的劳动者不再采取扣留管理层、阻断交通、破坏生产设备等激烈举措,而是通过停工、拒绝合作等不违法的途径来捍卫自己的权益,这种有组织、有秩序的维权模式已初露端倪。④

---

①　吴清军主编:《中国劳动关系学 40 年(1978—2018)》,中国社会科学出版社 2018 年版,第 212—213 页。
②　闻效仪:《工人群体性事件的转型与政府治理》,《中国人力资源开发》2012 年第 5 期。
③　陈伟光:《工人群体性事件与工会角色(上)》,《中国工人》2013 年第 8 期。
④　李琼英、朱力:《现阶段我国劳资矛盾的类型、趋势及对策》,《中州学刊》2015 年第 12 期。

第三，劳资矛盾的处理以及劳动者的行动方式，根据地域和群体特征的差异，也呈现出一定的分化。有学者发现，内地中小城市工厂普遍存在日常矛盾，这主要是源于本地员工对于工作和私人生活自主性的重视，以及对本土身份的归属感和对广泛的社交关系的倚重。相比之下，珠三角地区由于生产和生活空间的高度集聚，易于发生大规模的群体抗争活动；而在内地则因为生产生活场域的分散和政府的积极干预，工人集体行动难以达到一定规模。尽管珠三角的某些行业具备实现工人利益诉求的有利条件，但在内地，企业在激烈的代工市场中往往采取强硬手段来抑制这些诉求。劳动者群体性抗争和相关标志性事件在珠三角地区的频发，正逐步改变地方政府的介入方式与工会的职能，推动政府严格执行劳动法规；而此类事件对内地中小城市所引起的类似的影响还不太明显。① 也有学者指出，新生代农民工的生活体验和社会属性，不仅受到生产政体规制的影响，还重新塑造了他们对不同生产政体的感受。他们通过与不同的生产政体相互作用，发展出了特有的生活方式、团结关系和动员策略，从而在劳动关系中形成了三种差异化的抗争模式：基于同事或同学关系的增长型抗争、原子化的底线或增长型抗争，以及群体性骚乱。②

第四，在解决劳动关系矛盾的过程中，中国促成了从源头治理、动态管理到应急处置的一些有效措施和经验，在一定程度上抑制了劳动关系矛盾频繁多发的局面。首先，工人的抗争给予了政府治理策略转变的契机，即不再简单奉行"消防员"式的方法，倾向于兼顾经济效益、社会稳定与自身的合法性，通过与工人的互动过程塑造"缓冲地带"，形成一种从相互妥协到相互推动的互动机制③，维护劳动关系

---

① 汪建华：《包揽式政商关系、本地化用工与内地中小城市的劳工抗争》，《社会学研究》2017年第2期。
② 汪建华、孟泉：《新生代农民工的集体抗争模式——从生产政治到生活政治》，《开放时代》2013年第1期。
③ 孟泉：《塑造基于"平衡逻辑"的"缓冲地带"：沿海地区地方政府治理劳资冲突模式分析》，《东岳论丛》2014年第5期。

的和谐稳定。其次,通过开放政治空间、工会尽职尽责、推进集体协商、实行民主建会、日常沟通与预警等各个方面的工作,地方政府逐渐积累起治理劳动关系矛盾的有效经验和策略。① 尤其是充分发挥工会等群团组织作用,加强劳资间的对话与沟通,打造多元化的争议处理格局,健全调解仲裁制度,往往能够发挥积极而关键的作用。最后,各地区通过有效实践,搭建起多元高效的劳动关系协调机制。例如,深圳盐田区依托多元企业主体积极推动成立和谐劳动关系促进协会,并充分利用工会和行业协会的影响力,成功地推广了国际码头港区和集装箱拖车运输行业集体协商模式,使得劳资双方能够在平等、公正的环境中进行对话与协商。此外,还建立了工资共决和增长机制,使港口产业在盐田区实现了自我规范、自我完善以及自我调处,进一步提升了区域经济的竞争力和劳动关系的稳定。②

三　劳动关系调节的滞后和不完整

不平衡不充分的发展通过深刻改变要素禀赋和产业结构,在促使劳动组织形式发生变化、劳动关系矛盾集中爆发的同时,也必然在制度、体制和机制层面暴露出中国在法律和社会组织上对劳动关系调节的滞后和不完整,在不少场合难以适应劳动关系的迅速改变。具体而言,到21世纪10年代中期为止,中国劳动关系调节至少在以下四个方面尚存在短板:一是工资支付保障体系建设上存在明显滞后;二是以灵活用工为代表的非典型劳动用工的法律规制存在漏洞;三是对劳动者各项集体行动权利保障明显不足;四是协调劳动关系的三方协商机制建设还存在一些问题。

拖欠农民工工资是多年来建筑行业饱受诟病的问题。早在2003年,

---

① 吴清军主编:《中国劳动关系学40年(1978—2018)》,中国社会科学出版社2018年版,第224—227页。

② 杨正喜等:《我国劳资群体性事件的演进及政府治理》,《中国劳动关系学院学报》2019年第2期。

国务院就提出"建立农民工工资支付监控制度"①，之后多次以通知和意见的形式进行指导。直到 2020 年 5 月，《保障农民工工资支付条例》以国务院令的形式正式颁布并实施②，宣告在全国建立起较为完善的农民工工资保障制度，欠薪频发的局面才得到有力遏制。有调查显示，自 2003—2013 年的 10 年间，中央政府和各省、市、自治区制定的农民工工资支付保障制度共有 82 项，其中建立和完善农民工工资保证金制度的政策有 53 项，有关工资预储户制度和欠薪应急周转金制度的意见办法各 16 项。在所有地区政策中，关于保证金制度、农民工工资预储户账户制度和应急欠薪周转金制度，其中两种制度有具体规定的政策仅有 11 项，三种制度都有规定的政策仅有 2 项。③ 可见，绝大部分的地方政策因体系不完整，一定程度上降低了可操作性。而在工资支付保障制度实施过程中，也存在大量问题。一是各地区规定保障制度的支付主体不统一。按法律规定，发生工资拖欠时应该由劳务公司承担责任，但追根溯源，欠薪多是由于建筑企业拖欠工程款或工程款结算纠纷造成的，因此必须划分不同主体的相关责任。二是农民工工资支付保障监控制度有待进一步完善，预防作用和联动机制有待进一步强化，并且急需建立完善的工资支付监控信息系统。劳动监察部门作为监控的主体，同时需要建设部门、银行部门行使相应权力，以掌控建筑企业的资质、管理和资金信息等为抓手，才能有效实现工资支付监控。三是与工资支付保障制度相配套的企业信用制度有待进一步完善。各级劳动监察部门或劳动保障部门对企业工资支付进行督察和预警，较少与企业信用等级挂钩，各地建设主管部门与招投标、资质监管、市场稽查等行为的纵向联系以及与工商行政管理部

---

① 参见国务院办公厅《关于做好农民进城务工就业管理和服务工作的通知》（国办发〔2003〕1 号），2024 年 8 月 7 日，中国政府网（http://www.gov.cn/zhengce/content/2008-03/28/content_6738.htm）。

② 参见《保障农民工工资支付条例》（中华人民共和国国务院令第 724 号），2024 年 8 月 7 日，中华人民共和国人力资源和社会保障部网（http://www.mohrss.gov.cn/SYrlzyhshbzb/dongtaixinwen/shizhengyaowen/202001/t20200108_352757.html）。

③ 赖德胜等：《和谐劳动关系论：全球发展与中国实践》，中国工人出版社 2020 年版，第 395—397 页。

门和银行的横向联系都不畅通,难以建立完善的信用奖惩制度,这在一定程度上助长了企业的恶意欠薪行为。企业因客观原因不能按时足额支付农民工工资的,也较少向农民工说明拖欠的原因,并向劳动保障部门和劳动监察部门及时报告。[1]

在灵活用工方面,中国的立法总体上走的也是"修补式"的路线。截至2016年,中国涉及劳务派遣制度的法律法规有89部,但国家层面的立法仅有《劳动合同法》,部委层面仅有相关规章5部。不仅在立法上过于简单粗糙,而且在实践中的可执行性并不强。例如关于劳务派遣工作的适用性、相关方之间的权利与责任以及劳务派遣合同等问题,普遍规定得较为简略,在实操层面缺乏详细具体的规定。而且,对于不当的派遣行为,如逆向派遣和循环派遣,其法律责任并未明确;劳务派遣用工中,劳动合同的具体终止条件也未明确规定;同时,在派遣用工过程中,具体的监管机制也未完善。[2] 在《劳务派遣暂行规定》实施后,劳务派遣遁入"劳务外包"现象又逐步凸显,一些企业通过成立自己的劳务承包公司,实行内部"劳务外包"[3],而在互联网平台用工领域,更是沦为劳务外包泛滥的"重灾区"。究其原因,就在于中国劳务外包用工法律制度存在缺陷,成文法律规范零散,缺乏系统性基础性内容,既有相关立法政策重点调整建筑工程,对其他领域的劳务外包用工缺乏规制,造成劳务外包用工性质趋于民事化,相关用工主体责任缺乏均衡,劳务外包用工行政监管不足,相关主体职责缺乏衔接。[4] 劳务外包与劳务派遣界限如果长期模糊,可能导致一些企业打着劳务外包的名义实际上开展变相的劳务派遣,并在制度上寻求规避的依据。

---

[1] 赖德胜等:《和谐劳动关系论:全球发展与中国实践》,中国工人出版社2020年版,第405—409页。
[2] 屈茂辉、陈湘桃:《我国劳务派遣的困境与出路》,《湘潭大学学报》(哲学社会科学版)2016年第3期。
[3] 李嘉娜:《防范劳务派遣遁入"劳务外包"》,《中国工人》2013年第9期。
[4] 张立新、柴芳墨:《劳务外包用工泛化对劳动者权益的影响》,《山东工会论坛》2022年第2期。

包含团结权、集体谈判权和集体争议权在内的"劳工三权",是市场化条件下劳动者的基本权利。① 随着近年来集体行动频繁发生并不断发酵,市场经济条件下的劳动者已经初步形成劳工权利意识。因此,适时规范并保护劳动者集体行动权利对促进中国劳动关系转型有重要的意义。中国《工会法》和《劳动法》明确规定集体劳权包括工会在劳动条件和就业条件、劳动关系的调整、劳动者自身的代表权、维护权、集体协商谈判权。首先,由于中国关于工会的法律体制尚未成熟,劳动者在行使团结权时,仍存在诸多问题,最重要的是如何在非公有制企业中实现劳动者的团结权。在这些企业中,组建工会的目的是保障劳动者的合法权益,然而在现实生活中,工会的建立往往依靠老板,工会的主席往往是老板的亲信或亲属。这种做法不仅剥夺了工人组建工会的权利,同时侵犯了劳动者的团结权。另外,不论是工人自主发起的"集体谈判"还是官方引导的集体协商,在处理劳资纠纷和维护劳动者权益方面都发挥着极为关键的作用。其次,对于集体谈判权的保障,中国仅有原劳动和社会保障部颁布的行政规章《集体合同规定》②,并没有相关法律做支撑。对此,有学者指出,集体谈判是国家指导下的劳资自治的一种重要手段,也是解决《劳动合同法》实施后出现新问题的关键,缺少集体谈判权的自力救济,就无法抵制由雇主专断权力导致的劳动关系的失衡,也就无法实现劳动关系调整的目的。③ 最后,集体争议权往往是与谈判权结合来行使的,是工人保障集体谈判成功的最主要的压力手段。由于中国宪法和法律没有明确规定集体劳动争议和集体行动的处理方式,一方面导致工人的自发罢工行为无序且不可控,另一方面工人的合法罢工也得不到法律保护。④ 在论及工资集体协商和集体劳动争议问题时,中国大多数工

---

① 常凯:《论中国的团结权立法及其实施》,《当代法学》2007年第1期。
② 参见《集体合同规定》(中华人民共和国劳动和社会保障部令第22号),2024年8月7日,中国政府网(http://www.gov.cn/gongbao/content/2004/content_62937.htm)。
③ 常凯:《劳动关系的集体化转型与政府劳工政策的完善》,《中国社会科学》2013年第6期。
④ 常凯:《关于罢工的合法性及其法律规制》,《当代法学》2012年第5期。

会工作者呼吁法律应赋予劳动者合理的罢工权,以填补法定劳动权利的缺失。①

中国协调劳动关系三方协商机制也存在一些突出的现实问题,例如其运作机制尚不完备、影响覆盖面较为有限、实施效果不佳等,亟待完善。一是三方协商机制的法律体系仍待进一步完善。目前,中国三方协商机制的基础构架涵盖了《劳动法》《劳动合同法》以及《劳动争议处理条例》等相关法律法规和行政规章,原则性相对较强,在实用性和可操作性上则明显不足。这些法律法规和部门规章对三方协商机制的构成、职能、原则、运行方式和程序等并没有做出明确规定;作为一个建议性、咨询性的组织,三方协商机制缺乏必要的权威性和影响力,法律约束力也有待提高。二是三方协商机制协商范围有待进一步拓宽。根据《劳动法》和《工会法》的规定,目前中国三方协商机制解决的劳动关系方面问题主要包括劳动报酬、社会保险、职业培训、劳动争议、劳动安全卫生、工作时间和休息休假、集体合同和劳动合同等。随着中国经济社会的快速发展,催生出多元化的新型劳动关系,势必要求三方协商机制能够在协商范围方面进一步拓宽,把各种灵活就业群体纳入其中。三是三方协商机制的运行效率亟待进一步提升。目前,中国三方协商机制各成员单位采用统一规划、分头执行的方式,尽管这种方式赋予了各单位一定的自由度,但难以形成合力,工作效果可能有所折扣。还有一些地方简单将三方协商机制视为减少劳动争议与矛盾的替代手段,不重视其防范潜在风险的作用,导致实际运作效果不佳。四是三方协商机制的社会影响力有待进一步提高,中国三方协商机制刚刚出现不过20余年,作为一种新生事物,无论是公众影响力还是在时间作用方面都有待进一步增强。②

---

① 吴清军主编:《中国劳动关系学40年(1978—2018)》,中国社会科学出版社2018年版,第310页。

② 黄海嵩主编:《中国企业劳动关系报告(2017)》,企业管理出版社2018年版,第218—220页。

第三节 资本修复对劳动关系的外部塑造

一 资本修复及其对劳动关系的塑造

对于一个经由改革开放完成资本与劳动之间关系重塑的国家而言，中国与世界经济及其分工体系接轨的过程，也是资本主义生产关系全球化介入本土的过程。从这种意义上讲，资本在世界范围内作为一个整体在再生产中的修复行为，就成为不断适应社会主要矛盾的变化，从而推动中国劳动关系不断演变的外部力量。资本修复的概念最早由大卫·哈维（David Harvey）提出，它具有双重含义：其物质意义在于通过固定资产投资或是社会支出将资本剩余和劳动剩余吸收并稳定下来；引申意义则是应对资本过度积累难题，化解资本主义周期性危机的各种方案。① 为了缓解过度积累所产生的危机，"资本主义必须在技术和组织上具有能动性"②，开发出适应自身需要的各种修复方式。而这些修复方式要发挥作用，就必须对劳动过程进行改良或重建，通过劳动关系这一社会体系所围绕旋转的轴心，暂时地弥合或转移当前日益尖锐的劳资矛盾。

首先，资本可以通过时间和空间的转移来进行修复。前者代表了通过投资长期资本项目或社会性支出，把资本价值重新进入循环的时间推迟到未来；后者代表了通过开辟新的市场、新的生产能力和新的资源，以及其他地方的社会和劳动可能性。③ 从本质上讲，时间的转移仅仅是将现有的剩余资本延期等价回收，没有真实的生产活动作为担保，因此相对而言，这是一种较为短期的修复方式，对劳动过程以及劳动关系也没有较为直接的影响。而空间上的转移则涉及资本主义作为一种生产关

---

① [美] 戴维·哈维：《新帝国主义》，付克新译，中国人民大学出版社 2019 年版，第 63—67 页。
② [美] 戴维·哈维：《后现代的状况——对文化变迁之缘起的探究》，阎嘉译，商务印书馆 2003 年版，第 228 页。
③ [美] 戴维·哈维：《新帝国主义》，付克新译，中国人民大学出版社 2019 年版，第 63—64 页。

系在更新地域范围内的扩展,生产、贸易和直接投资的扩大以及探索剥削劳动力的新形式。一方面,在旧有的地理空间内已经缺乏效率和优势的生产过程可以直接转移到技术和分工较为落后的新的地理空间内,以充分利用不同地域的资源禀赋差异,在提升劳动生产率的同时,使本来难以为继的劳动关系模式在新的区域内生存并延续下来,继续为资本积累服务;而另一方面,这种旧有的劳动关系传播通常又和新的地理空间所固有的经济、社会和文化特性相结合,并利用这些特性,改变原有的劳动过程,再生产出更有利于资本积累的劳动关系。尤其是当资本采取较为强力的方式进行转移而又未遭受强力抵抗,当地主导的甚至是从属的阶级又主动融入这种资本带来的优越的经济体制,空间修复的作用就有可能持久发挥,这种"舶来的"劳动关系就越有生命力。

其次,资本也可以通过技术手段,通过对生产组织和劳动流程进行改革,对劳动过程进行系统性调整,来缓解利润率的下降和劳工控制危机。[1] 技术修复是引起劳动关系不断演进的直接动力。技术修复对劳动关系的作用机制相对较为复杂。从内核来看,技术修复在于强化资本对劳动过程的控制,使资本家树立至高无上的权威,并对劳动者一方的力量进行分化和瓦解。因此,这种技术变革无论是在组织上还是流程上始终偏向损害劳动者的利益,多数是以削弱劳动者在工作场所和劳动市场的权力为直接或间接目标,尤其偏向损害劳动者借由掌握罕见和可独占的技能而取得的那种权力。[2] 技术修复的结果,是一种新的劳动控制系统形成,从而有效地解决资本主义的发展和旧有控制系统效率下降之间的固有矛盾。而在中间层次,则是与劳动控制系统相匹配的,在直接劳动过程以外的劳资双方互动机制。其中最具代表性的是围绕工资、劳动条件及就业协议的谈判和斗争,它们在形式和

---

[1] [美]贝弗里·J.西尔弗:《劳工的力量——1870年以来的工人运动与全球化》,张璐译,社会科学文献出版社2012年版,第48—49页。
[2] [美]大卫·哈维:《资本社会的17个矛盾》,许瑞宋译,中信出版集团2016年版,第126页。

作用上与劳动控制系统既有趋于一致的一面，也有互补的一面。当控制系统中劳资力量对比向其中一方相对倾斜时，劳资双方的互动也就易于由这一方来主导。劳动控制系统的效率充分发挥的时候，劳资双方的互动往往较为温和，反之则较为激烈。在外围层次，存在着一个更加庞大但对劳动关系影响更为间接的关系网络，主要包括资本与资本间的互动机制、劳动与劳动间的互动机制，以及政府对宏观经济的调控机制。它们的主要目的分别在于协调资本内部的竞争和垄断、在劳动力市场中形成分割与分化以及维护以劳动控制系统为核心的制度体系及其运转的相对稳固。

再次，资本还可以通过产品或产业的转换，即将生产能力从竞争激烈的传统产业和落后的生产线，布局到新兴的、富有创造性的且更有利可图的产业，通过开发新产品实现对劳动过程的再造及有效控制。[①] 随着当代资本主义社会生产力不断飞跃与消费需求的不断扩大和升级，产品修复日益占据显著地位。无论是在传统制造业内部开发或升级新的物质产品，还是将资本转向生产性服务业或个人服务业，开发各种服务产品，都会被资本有效地进行利用，进一步强化对劳动的控制和管理。尤其是在数字和互联网技术蓬勃发展的年代，资本控制和调度生产要素的能力得到了空前激发，劳动过程的分散、整合、机动化和多元化特征逐渐显现。对于资本而言，一方面，可以借助发达的科技工具，降低对于传统劳动控制系统的依赖，甚至在一定程度上放弃在工作场所的主导权实现对劳动更加有效地控制；另一方面，产品的个性化、消费方式的多样化与便捷化无疑进一步增加了资本将不同类型的劳动，以及不同劳动过程进行整合的可能性，资本可以同时采用多种劳动控制系统，甚至可以将一些已经被淘汰的劳动控制系统进行形式上复归，使其相互配合，达到更好的效果。

最后，金融修复即资本从贸易和生产领域中流出而进入金融和投机

---

① [美] 贝弗里·J. 西尔弗：《劳工的力量——1870年以来的工人运动与全球化》，张璐译，社会科学文献出版社2012年版，第48—49页。

领域，也是当代资本主义面对日益强大的劳工运动的又一种回应。① 技术修复能够借助劳动力供需状况和再生产模式的改变削弱劳动一方的力量，但往往在异质化的高技能劳动力面前力不从心，甚至会增加仍然被雇佣的工人在工作场所的谈判能力。而金融修复可以通过资本借贷实现资本在一个国家或地区范围内的流入或流出，通过举借和偿付的各种制度和规则的加持，使产业和社会结构的调整强力推进，从而系统性地改变工人阶级的工作与生活状况，特别是劳动再生产机制，从而在整体上削弱工人阶级的谈判力量。

值得我们注意的是，各种不同的资本修复方式并非独立运行，往往是相互交织在一起，共同对劳动关系进行塑造。如果暂不考虑依靠国家主权融资进行金融修复，我们可以更为清晰地看到其他三种修复手段的密切关联。技术修复的延续需要空间的拓展与时间的缩短、产品的更迭。前者意味着不断开拓新的地理空间作为生产场所和市场，在更广阔的范围内与劳动力结合，并使商品或服务的流通时间进一步被压缩，"力求用时间去消灭空间"②。而后者意味着技术修复手段的创新往往依赖于满足新的消费需求，通过升级产品维持劳动关系以及资本积累的持续。空间和时间在一定意义上的有限性，也决定了时空修复的有限性，在现有条件下，即资本的拓展空间和流通时间利用到极致之时，必须同时依靠技术进步和产品的革新突破这种制约，并利用起资本与劳动结合的广度和深度。此外，任何一种产品和服务都有其生命周期，为了达到更好的修复效果，资本也会将不同阶段的产品生产布局到技术水平不同的空间范围内，在不同的国家或地区逐次采取不同的劳动控制系统，使其并行不悖。

二 "空间—技术"修复下劳动关系由个别向集体转型的发轫

从概念上看，个别劳动关系是指个别劳动者与雇主所结成的关系，

---

① ［美］贝弗里·J.西尔弗：《劳工的力量——1870年以来的工人运动与全球化》，张璐译，社会科学文献出版社2012年版，第9—10页。

② 《马克思恩格斯全集》第30卷，人民出版社1995年版，第538页。

形式上平等，但实际上带有明显的人身从属和社会从属关系；而集体劳动关系是指劳动者集体或团体一方与雇主或雇主组织，就劳动条件、劳动标准以及有关劳资事务进行协商交涉而形成的社会关系，与个别劳动关系相比具有对等性。① 在马克思主义政治经济学视角下，个别劳动关系更加凸显资本对于劳动者一方的控制与分化，而集体劳动关系则更加凸显劳动者一方作为一个群体对资本力量的制约与平衡。个别劳动关系产生于中国市场化劳动关系发展的起始阶段。从内因来看，它的形成在于市场经济体制改革引起的所有制结构调整使私人资本快速形成并积累，造就出一种本土"原生形态"的雇佣劳动关系；从外因来看，则在于国外资本利用中国的对外开放政策及其制度环境与出口导向的发展模式选择，大规模进入以制造业为代表的实体经济，实现了原有劳动控制系统的空间转移和技术改造。

20世纪70年代以来，福特制所代表的劳动控制系统，即流水线控制下的泰勒主义劳动组织模式、工人的"去技能化"和工资控制在西方发达国家已经引起了日益尖锐的劳资矛盾。为了规避劳工抗争，传统制造业开始由美国、西欧向拉丁美洲、亚洲的新兴发展中国家转移，但随之也引发了这些国家愈演愈烈的劳工抗争，使得资本不得不继续以在空间上逐次转移的策略寻找"廉价而驯服"的劳动力。② 而改革开放之初的中国大陆自然成为吸收过剩资本，实现空间修复策略的理想场所。从主观条件看，中国经济采取了渐进、双轨的转型方式，以符合自身比较优势的劳动密集型产业为先导，实现快速增长，并鼓励外资企业进入中国市场。③ 中国各地对外资的政策优惠和政府对基础设施的投入，大大降低了国外企业的固定资本投资，甚至可以更低的代价在内陆省份进行空间上的二次转移。中国政府主导的城镇化和工业

---

① 常凯：《劳动关系的集体化转型与政府劳工政策的完善》，《中国社会科学》2013年第6期。
② [美] 贝弗里·J. 西尔弗：《劳工的力量——1870年以来的工人运动与全球化》，张璐译，社会科学文献出版社2012年版，第57—83页。
③ 林毅夫等：《中国的奇迹：发展战略与经济改革（增订版）》，格致出版社、上海三联书店、上海人民出版社2014年版，第7页。

化进程与城乡二元体制，使得大量农村剩余劳动力源源不断地得以释放，并且自发流向东南沿海发达地域，在广大非公有制部门内就业。从客观条件看，以农民工为代表的劳动力并未完全丧失农业人口属性，迁徙就业的方式在一定程度上降低了他们的劳动力价值，使得廉价劳动力供给成为可能。同时，作为一个正在形成且不断膨胀的新兴市场，中国的巨大的消费潜力与庞大的生产能力并存。中国改革开放之初尚未升级的消费需求，也恰好为技术水平有限、大批量生产的产品找到了理想的销路。

而对劳动控制系统技术上的改造，则表现在福特主义所代表的劳动控制系统与中国"原生形态"的雇佣劳动关系的结合，形成以高效率的福特主义生产与更加传统的、以手工艺人、父权制或家长制的劳动关系为基础的生产体制相混合的特征①，从而表现出完全不同的劳动控制机制。

首先，伴随着国有企业的大量转型，以及现代企业制度的暂时缺位，对企业内部管理权的约束尚未形成，因此，私营企业生产过程中的独断和专制得以充分发挥。即使在大型外资企业，也往往利用专制文化建立起类似于富士康集团的准军事化体制，在生产过程内外特别强调普通工人的规训与服从，并辅之以极其严厉的惩戒措施。②

其次，关系网络和族群性也可以在劳动过程中被资本所利用。③ 对于前者而言，不仅是劳动者实现就业的重要渠道，其中蕴含的价值和文化特性，也促使了劳动过程中控制与反抗的特殊机制和策略的形成。对于后者而言，则体现为基于传统乡缘、亲缘的语言和生活习惯的共性。而资方利用老乡招募工人和传播生产技术，也利用老乡网络和地缘差别控制劳动力。依照性别和地缘分层而组织起来的垂直劳动分工，

---

① [美] 戴维·哈维：《后现代的状况——对文化变迁之缘起的探究》，阎嘉译，商务印书馆 2003 年版，第 228 页。
② 潘毅：《富士康：世界工厂体系下中国工人的困境》，《经济导刊》2014 年第 6 期。
③ 闻翔等：《西方劳动过程理论与中国经验：一个批判性的述评》，《中国社会科学》2007 年第 3 期。

削弱了工人的横向联合，提高了管理控制能力，形成所谓"老乡独断体制"①。

最后，以进城农民工为代表的制造业劳动力再生产过程带有鲜明的"空间一体化"特征，在此基础上还形成了独特的"宿舍劳动体制"这种独特而有效的劳动控制与管理形态。② 资方利用工厂宿舍对工人进行暂时性安置，可以实现各种精细的微观管理权力对工人生活的渗透，塑造工人服从于生产过程的生活方式，以便延长工作日，并降低对劳动力使用的不确定性，实现对劳动力使用的最大化。此外，上述各种劳动控制机制在一段相当长的时间内高效运转，也有一系列其他因素的作用。对于农民出身的工厂劳动者而言，基于流水线生产带来的同质化并不意味着他们自身原有技能的消退，以及产生由机器生产代替手工劳动所带来的反抗。相反，实现非农就业和获得一个"准市民"的身份对他们而言更有着相当程度的吸引力，极低的科学文化素质也意味着他们往往更依赖于通过地域、乡缘关系网络形成的非正式雇佣关系而非正规的劳动合同，并宁愿承担由此产生的各种风险。

但是，这种个别劳动关系并不具备长久维系的条件。劳动关系由个别向集体的转型，既有广大劳动者在行动上逐渐走向聚合的内部作用，也有政府自上而下积极推动的外部作用，也在于资本在"空间—技术"修复策略下采取的劳动控制机制效率不断下降。从劳动者一方来看，极低的工资水平与其低廉的劳动力再生产成本相适应，但随着中国城镇化进程的加快，以农民工为主体的广大劳动者消费需求也随之不断增长，劳动力价值总体上不断上升。而中国制造业整体的大批量、低质量、同质化生产模式又客观上造成了一线劳动者工资上升的长期迟滞，甚至在部分地区和行业出现停滞和倒退，与劳动生产率的不断提高显得极不协调。在 21 世纪初外需不断扩大的情况下，国内居

---

① Lee, Ching Kwan, *Gender and The South China Miracle: Two Worlds of Factory Women*, Berkeley: University of California Press, 1998, pp. 316 – 318.

② 任焰等：《宿舍劳动体制：劳动控制与抗争的另类空间》，《开放时代》2006 年第 3 期。

民消费率却出现下降趋势。① 并且，这种依赖以高强度简单劳动为支撑的发展模式对产业结构的进一步优化升级构成了严峻挑战，很多初级消费品乃至工业制成品在国际上长期以价格优势维系的竞争力，在消费需求普遍升级的环境下必然逐步萎缩，致使劳资矛盾不断积累，终于引发了以 2010 年南海本田为代表的集体罢工事件，围绕工资的各类劳动争议案件数量也开始快速上升。从资本一方来看，由于东南沿海发达地区劳动力成本的持续上涨，许多大企业的生产基地被迫向内地纵深转移，却与城市化持续深入引起的劳动力流动逆向，最终不可避免地继续向其他发展中国家转移。资方在生产过程内外对劳动者的严密人身控制也已经显现出危机，除了引发劳动者各种激烈乃至极端形式的抗争外，也使劳动者不断基于乡缘、地缘等关系网络走向联合，开始建立共识、发展策略并采取集体性行动。劳资矛盾的持续激化，必然背离构建社会主义和谐社会的价值取向。因此，作为劳动关系总协调人的政府最终不可避免地选择介入。一方面，2008 年通过的《劳动合同法》促进了劳动合同签订，从法律上保护了广大劳动者权益，强化了解雇保护和解雇代价。② 这就在对个体劳动关系进行了必要规范的同时，提升了劳动者的权利意识和集体意识，为集体劳动关系构建提供了基础。③ 更为重要的是，针对农民工劳动合同普遍短期化的问题，《劳动合同法》特别做出了订立无固定期限劳动合同的相关说明④，一定程度上促进了就业的稳定。另一方面，"十二五"规划纲要首次提出努力实现劳动报酬增长和劳动生产率提高同步，这在客观上也对积极稳妥推进工资集体协商，建立健全企业职工工资协商共决机

---

① 参见李稻葵等《破解中国消费率下降之谜》，《清华大学中国与世界经济研究中心（CCWE）研究报告》，2024 年 8 月 7 日，手机知网（https://cpfd.cnki.com.cn/Article/CPFDTOTAL-QDZG201010002001.htm）。

② 孙中伟等：《内部劳动力市场与中国劳动关系转型——基于珠三角地区农民工的调查数据和田野资料》，《中国社会科学》2018 年第 7 期。

③ 常凯：《劳动关系的集体化转型与政府劳工政策的完善》，《中国社会科学》2013 年第 6 期。

④ 《中华人民共和国劳动合同法》，法律出版社 2013 年版，第 8 页。

制、正常增长机制和支付保障机制提出了要求。在此基础上，中华全国总工会明确提出，不断扩大工资集体协商覆盖范围和集体合同覆盖面，在内容上，先以工资协商为主，有序推广到劳动安全卫生、社会保障等各个方面，最终包括全部涉及职工利益的事项①，实际上为集体劳动关系的构建指明一条渐进可行的道路。

三 "技术—产品"修复下的个别劳动关系回潮

以2008年爆发的国际金融危机为标志，资本"空间—技术"修复策略开始逐渐淡出。在外需受到严重冲击，农村剩余劳动力存量不断下降，产能过剩等多重因素的影响下，中国制造业在某些领域出现了一定程度的衰退，并面临深刻转型。一些实力雄厚的大型外资企业像富士康集团开始尝试大量使用机器人取代人工完成简单、机械式劳动；另一些企业则选择进入资本和技术密集型制造业，转向设备和消费类产品生产，并实现产品的高端化、智能化。整体而言，中国制造业增加值占GDP比重出现了明显下降的趋势②，过剩产能开始压缩。但是与制造业发达国家相比，中国制造业仍存在较为明显的发展短板，产品结构和科技含量仍有待进一步提升。在整体的生产模式上，中国制造业也没有条件迅速完成类似于美国"后福特主义"或是日本"精益生产"的转变。一是由于企业规模大、发展快、销售优先的特征，使得生产部门在企业内的优先度和话语权不高；二是由于供应商基础薄弱，制造工程和工艺力量不足，导致生产输入不稳定；三是由于一线工人的流动性高，导致生产经验积累不足，甚至缺乏基本职业素养。③ 因此，许多制造业企业无法在短时间内形成劳动过程上的创新，进而通过利润扩张完成劳动关系再生产，而是转向了另一种模式，即通过更加灵活地使用劳动力，规避《劳动合同法》带来的劳动力成本上升，通

---

① 王玉普：《积极稳妥推进工资集体协商》，《人民日报》2011年9月30日第7版。
② 参见国家统计局历年《中国统计年鉴》，2024年8月7日，国家统计局网（http://www.stats.gov.cn/tjsj/ndsj/）。
③ 杜伟等：《有效推进精益生产提升中国制造竞争力》，《中国工业评论》2016年第6期。

第四章 不平衡不充分的发展对劳动关系的深入塑造

过将更多一线的工人推向边缘化来实现企业生存，或是将资本退出制造业领域，转向以互联网为依托的新兴服务业，这就逐渐形成了一种新的"技术—产品"修复策略。

在这种策略下，许多企业选择了劳务派遣的用工模式，将传统的劳资两方的雇佣关系转化为劳务派遣单位、用工单位和被派遣劳动者之间的间接雇佣的三方关系，缓解人工成本上升压力，规避对职工的劳动法律义务，实现以非正规就业替代正规就业。尽管《劳动合同法》对劳务派遣公司的资质、劳务派遣的范围和相关权利义务进行了严格限制，但实际上却成为企业在金融危机背景下增量用工的主要形式，以及应对订立无固定期限合同和延长试用期的主要手段。[①] 据中华全国总工会研究室 2011 年测算，全国企业劳务派遣工数量已达到 3700 万人，占企业职工总数 13.1%。劳务派遣工以农民工为主体，主要从事一线岗位工作。在使用过程中普遍存在不规范情况，用工期限呈现长期化趋势，不依法签订劳动合同问题突出，并且存有明显的就业歧视。[②] 劳务派遣制度同工不同酬、工作强度大、劳动保护与职业安全条件差、社会保障水平较低、职业发展空间小，机会少的特征造就出企业内部的直接雇佣与劳务派遣的二元化的职业结构，广大派遣工没有就业归属感，也没有生产场所的话语权和企业民主权利，事实上成为企业随时召集并摆脱的产业后备军。针对劳务派遣的扩张，2014 年施行的《劳务派遣暂行规定》进一步明确，使用的被派遣劳动者数量不得超过其用工总量的 10%。并且，劳务派遣单位应依法与派遣员工签订期限不少于 2 年的固定期限书面劳动合同。[③] 但是，这也促使一些企业在一定程度上用劳务外包替代劳务派遣。使替代劳动合同固定用工的方式得以延续。同时，围绕企业的灵

[①] 乔健：《怎样治疗劳务派遣这颗"毒瘤"》，《经济参考报》2012 年 5 月 8 日第 8 版。
[②] 全总劳务派遣问题课题组：《当前我国劳务派遣用工现状调查》，《中国劳动》2012 年第 5 期。
[③] 参见《劳务派遣暂行规定》（人社部令第 22 号），2024 年 8 月 7 日，中华人民共和国人力资源和社会保障部网（http://www.mohrss.gov.cn/xxgk2020/fdzdgknr/zcfg/bmgz/202011/t20201103_394835.html）。

活用工需求，劳动力市场组织形态也日益复杂化，催生出一大批劳务中介组织，形成了层层外包、精细分工、竞争合作的中介链条。在配合弹性生产的同时，该链条的盈利方式与运行策略导致了工人的高流动性，错失了提升自身技能水平的机会，从而进一步丧失市场议价能力，沦为弹性用工体系中的廉价工具。①

2008年金融危机之后，中国服务业占GDP比重明显上升，并于2012年超过第二产业比重。②其中，以互联网技术为主要支撑，建立在新的商业模式、服务方式和管理方法基础之上的现代服务业成为拉动许多发达地区经济发展的主要引擎。近年来，中国服务业的发展表现出以下三个特征：一是在各级政府大力扶持，尤其是在中央实施网络强国战略，着力推动互联网和实体经济深度融合发展的大背景下，服务业已成外商投资的首选。2005年，在外商直接投资额中，服务业仅占24.7%，2018年迅速增长到68.1%③，而民间资本也持续快速涌入。二是基于大数据、云计算、物联网的服务应用和创新日益活跃，受内需扩大特别是移动互联网络消费需求带动的新产业、新业态发展迅速，并催生了一批独角兽企业和大量新兴职业，同时带动大量原有其他产业从业人员进入，例如一份调查显示，美团网31%的外卖送餐骑手曾经是去产能产业的工人。④三是基于"互联网+"的平台分工协作模式使传统的生产组织形式发生革命，使企业平台化，利用并调度生产要素的能力空前提升。对于劳动者而言，一方面，扩大的就业渠道和灵活的就业模式使他们避免了由于产业结构调整带来的失业，甚至在一定程度上带来了比流水线生产更高的工资水平；但另一方面，资本与现代服务业结合的"分享经

---

① 刘子曦等：《经营"灵活性"：制造业劳动力市场的组织生态与制度环境——基于W市劳动力招聘的调查》，《社会学研究》2019年第4期。
② 参见国家统计局历年《中国统计年鉴》，2024年8月7日，国家统计局网（http://www.stats.gov.cn/tjsj/ndsj/）。
③ 参见《服务业迈向更高水平》，《人民日报》2019年8月4日第2版。
④ 参见《外卖与工厂"抢工"？劳动力市场迎变局》，2024年8月7日，中国新闻网（http://www.chinanews.com.cn/sh/2019/04-19/8813713.shtml）。

济"或平台经济模式使他们的工作重新回到"向下竞争"的境地,带来的是低收入、无福利和极大的不安全感。① 首先,平台经济同样制造出一个二元化的就业结构,位于核心的是少部分有雇佣关系作为保障的平台员工,而绝大部分从业人员被定位为"服务提供者",他们的工作往往是简单而低技能的重复活动,并且被视为与客户的直接交易,与企业之间的劳动关系被刻意淡化或回避。据统计,2018 年,中国参与提供服务者人数约 7500 万人,而平台员工数仅为 598 万人。在前者当中,绝大多数是兼职人员,但随着市场的发展,部分领域的服务提供者出现了专职化趋势,一批基于共享平台的专职网约车司机、外卖骑手等开始大量涌现。② 其次,"数字泰勒主义"在劳动过程的控制中开始扮演重要角色。应用程序和算法开始承担起装配线的角色,这些技术不仅可以直接指挥其完成全部任务,还能够方便雇主通过确定和评估员工的工作地点和工作业绩来监督员工,使得机器对人类的全面控制和监管正在回归到工作现实。③ 劳动者取得了表面的自主性和灵活性,却成为数字平台和算法的机械延伸,成为平台和算法所管理的一种呼之即来、挥之即去的客观要素。④ "数字泰勒主义"与同质化简单劳动的结合,必然诱使以延长工作日或提高劳动强度为特征的绝对剩余价值生产的回归。即便是对于少数正规就业的平台员工而言,数字化的复杂控制模式也极易将他们置于类似"996"的无休止加班中。最后,平台企业可以轻易利用技术垄断优势和生产场所的离散化、虚拟化,一边标榜其自由、开放的价值观,淡化企业盈利、剥削的一面,使劳动者认可其中的"公平交易"并依赖这种自由职业模式;一边打压劳动者的集体行为动机,使其逐渐丧

---

① [印] 阿鲁·萨丹拉彻:《分享经济的爆发》,周恂译,文汇出版社 2017 年版,第 217 页。
② 国家信息中心:《中国共享经济发展年度报告(2019)》,2024 年 8 月 7 日,国家信息中心、国家电子政务外网管理中心网(http://www.sic.gov.cn/sic/93/552/557/0301/9900_pc.html)。
③ [德] 菲利普·斯塔布等:《数字资本主义对市场和劳动的控制》,鲁云林译,《国外理论动态》2019 年第 3 期。
④ 谢富胜等:《零工经济是一种劳资双赢的新型用工关系吗》,《经济学家》2019 年第 6 期。

失工作过程中的话语权，要么无条件接受，要么主动离职，将专制式压迫转化为霸权式的"同意"，最终使劳动者主动融入企业制定的一整套"游戏规则"，加深了劳动对资本的实际隶属。

如上所述，资本"技术—产品"修复策略无疑是对个别劳动关系的再次强化，放眼世界范围来看，这种修复策略也是20世纪末以来资本应对劳动关系集体化状态下的控制系统危机，重塑弹性劳动关系网络的一个衍生部分。彼时，建立在精益生产基础上，并通过向核心劳动力提供就业安全，换取核心员工合作，同时使用大量不享受同等权利和利益的边缘化劳动力构成缓冲地带的"精益—二元"（lean and dual）模式逐渐成为欧美以及日本等发达国家大企业进行资本修复的主流策略。[①] 其作用的持续发挥，有赖于劳动力市场采用新的空间形式形成二元分割，即将多层次生产体系分离到不同国家进行，而当时的中国大陆当仁不让地成为低层级生产大规模开展的理想场所，进而演化出资本在中国境内所采取的"空间—技术"的修复策略。然而，资本积累的逻辑在不同国家以及不同时代清楚表明，一旦与大规模生产相适应的劳动控制体制自然演化，引发劳动者集体行动或国家干预，使劳动关系呈现集体化趋势，并遭遇困局之时，对集体劳动关系进行规避、破坏，加强资本相对于劳动的集权和高压就成为首选。对于中国这样一个社会主义市场经济体制下的发展中大国，在特定阶段发挥资本的引领和带动作用，依靠低水平劳动量的累积实现经济高速增长或许无法回避，但终究不可能成为一条长久途径。随着新时代中国社会主要矛盾发生转变，包括广大劳动者在内的人民群众对美好生活的需要已经不仅是简单的实现就业、劳有所得，还包含更加稳定而体面的工作、更满意的收入、更可靠的社会保障乃至公平正义以及对发展成果的共享。而发展的不平衡不充分也内在地要求支撑中国经济增长的动能要实现历史性转换，从单纯依靠投资、要素驱动过渡到创新驱动，并且锻造出一支高素质的劳动力队伍，使其成为驾

[①] ［美］贝弗里·J. 西尔弗：《劳工的力量——1870年以来的工人运动与全球化》，张璐译，社会科学文献出版社2012年版，第84—93页。

驭科学技术，从事创新活动的主体，以劳动质的飞跃取代以往劳动量的积累。诚然，中国所有制关系的多样性和独有的空间、产业梯度使劳动关系呈现"重叠演化"[1]或不完全变迁[2]的特征，个别劳动关系与集体劳动关系仍将长期共存，相互交织。但是，资本推行"技术—产品"修复策略，继续以劳动的同质化、边缘化和不稳定化，客观上阻碍劳动者技能提升为代价实现自身积累，必定与新时代中国经济发展的理念、逻辑和途径产生根本性分歧。因此，在国家干预层面，继续推进劳动关系的集体化进程，更为全面地对劳动者提供支持和保护，使其成为劳动关系运行的坚实基础，是实现劳动关系和谐与发展成果共享的一条必由之路。

---

[1] 岳经纶：《在维权与维稳之间：中国劳动关系的困境与出路》，《探索与争鸣》2013年第9期。

[2] 朱飞等：《企业劳动关系管理研究在中国：改革开放40年来研究的回顾与述评》，《中国人力资源开发》2018年第10期。

第五章

平台化生产组织形式的兴起

第一节 平台经济的产生

一 新一轮科技革命和产业变革的催化

从较为规范的概念上看,平台经济是以互联网平台为主要载体,以数据为关键生产要素,以新一代信息技术为核心驱动力、以网络信息基础设施为重要支撑的新型经济形态。[1] 也有学者提出,平台经济是以"互联网+"和"人工智能+"混合的智能技术为支撑的新经济,它以连接创造价值为理念,以开放的生态系统为载体,以信任创造为核心,可以高效且规模化地匹配零散需求与供给,造就并依赖规模化的产消者新种群。[2]

平台经济是新一轮科技革命和产业变革催化的产物,是当前社会化大生产最为广泛和深刻的变革。科技革命作为技术创新和产业转型的引领者和动力源,引领了科学界的新发现和技术上的重大进展与突破。这些成就进一步激发了连续性和系统性的创新活动在多个学科领域的发展。在强烈的社会和经济需求的驱动下,科技革命推动了传统行业的持续更新和换代,同时促进了新兴行业的诞生和发展,进而带

---

[1] 《国家发展改革委等部门关于推动平台经济规范健康持续发展的若干意见》(发改高技〔2021〕1872号),2024年8月8日,中国政府网(http://www.gov.cn/zhengce/zhengceku/2022-01/20/content_5669431.htm)。

[2] 赵昌文等:《平台经济的发展与规制研究》,中国发展出版社2019年版,第20—25页。

动了社会生产力周期性的飞跃式进步。进入20世纪晚期，新一轮技术革命和产业变革已经悄然拉开序幕。数字化、信息化与工业化发展更加紧密地结合在一起，推动生产力实现了向智能化、智慧化的又一次质变。新一轮技术革命和产业变革无论从规模、防范程度和复杂程度上看，都与过去的三次科技革命显著不同，各种颠覆性技术和革命性应用短期内集中出现，并涵盖了从生产到生活的诸多领域，数字技术、物理技术和生物技术相互结合并推动生产、消费、运输和交付体系实现了彻底性重塑。[1] 从技术经济范式来看，它呈现出三个主要特征：一是生产力变革在数字技术和网络技术的革命性应用的主导下实现。进入20世纪90年代，计算机芯片技术、数据存储技术、互联网和移动通信技术加速迭代，人类对数字的存储、计算、分析能力实现了指数级增长，传播信息和加工信息的方式不断进化，数码产品、计算机设备和互联网迅速普及化，信息技术不断广泛应用于传统的产业和部门，互联网开始成为人们实现信息获取、交流甚至消费的主要方式，催生出以智能移动通信、网络电商、智能制造为代表的生产和生活方式变革。二是数据作为核心生产要素，使经济运行效率空前提升。[2] 数字技术在早期的应用主要是凭借电子计算机把各种类型的信息以数字编码的形式进行存储、传输和一定程度上的加工，而数据则在数字的基础上更加强调采集、整合、分析和应用功能，更加凸显其经济价值和生产功能。[3] 在数字技术和互联网技术的共同推动下，人类经济社会各个角落实时活动所产生的碎片化信息，不断生成海量数据，在云计算、物联网、人工智能、区块链等相关技术的加持下，使传统的决策方式发生革命，物联网、传感设备、算法、算力的出现和不断精进，实现

---

[1] ［德］克劳斯·施瓦布：《第四次工业革命：转型的力量》，李菁译，中信出版社2019年版，前言。

[2] 黄群慧：《从新一轮科技革命看培育供给侧新动能》，《人民日报》2016年5月23日第15版。

[3] 徐宗本：《数字化 网络化 智能化：把握新一代信息技术的聚焦点》，《人民日报》2019年3月1日第9版。

了信息基础设施的重构，开辟了以"云、网、端"为特征的数据运行模式，其重要价值日益凸显。三是智能制造成为现代产业体系的先导和支柱，不同产业和行业由此紧密结合在一起。随着众多领域的技术变革，如半导体技术的革新、互联网基础设施的优化、成本效益显著的传感器供应增加，以及先进制造技术的提升，智能制造行业作为科技和产业变革的领导者，已经快速兴起。这一行业不仅促进了自身的壮大，也带动了其他产业和关联领域和的升级和重塑。智能制造利用电子商务和工业互联网平台，采用大数据分析进行生产决策，实现生产流程和工艺的即时改进，同时达到成本和能耗的精确控制，并将原本离散的各个制造行业的生产过程和设备整合在一起，使数字技术与实体经济高度融合。智能制造的出现和发展，使传统产业的升级改造发力提速，促进了现代产业体系的建立并使全要素生产率得到快速提升。

其中，从科技进展、产业结构调整和全球产业政策的最新动向来看，5G技术与人工智能技术的突破和大规模商用正引领着产业变革的新潮流。5G技术与云计算、大数据、人工智能、虚拟现实（VR）及增强现实（AR）等颠覆性技术的紧密结合，搭建起一个万物互联的网络生态，为所有行业的数字化转型提供了重要机遇。5G技术具有卓越的用户体验和广泛的物联网连接能力，使信息消费向纵深发展，能够显著带动制造业与服务业创新和生产能力。人工智能技术已经成为一个包含多个分支的复杂技术和知识体系，它涵盖了分布式人工智能、多智能体系统、思维模拟模型及知识处理等多个领域，该技术体系在社会经济各领域均得到深入应用。得益于计算能力的提升、数据量的激增以及算法的不断迭代，人工智能正由以感知、记忆和存储为代表的基础性功能向更高级的认知与学习能力迈进，推动着通用智能、人机混合以及自主智能系统的发展，并促进跨学科融合，推动人类进入普惠型智能社会。[①]

[①] 谭铁牛：《人工智能的历史、现状和未来》，《求是》2019年第4期。

平台经济作为科技革命和产业变革浪潮中的新型生产组织形式,已经对人类的生产方式和生活方式变革产生了深远且持续的影响。以工业互联网为代表的平台化分工协作方式,在数字化、网络化和智能化的技术加持下,在工业和制造业领域显著优化了传统生产线的效率和质量,进一步加深了制造业和服务业的融合以及智能化、智慧化趋势。此外,在零售、交通、物流、金融、能源等行业中,平台经济的各个参与主体通过互联网和云技术,打破了传统生产组织的界限,促进了不同产业间的交互协同与要素和产能共享,在降低成本和提升运营效率的同时,使资源得到更为高效的利用。[1] 这些成果不仅展现了技术进步与产业升级带来的强大影响力,也推动着它们持续向更高层级发展。

二 平台经济兴起的经济社会背景

平台经济作为一种新兴经济形态,它的兴起与迅猛扩张并非单纯由科技和产业的革新所引发,而是科技和产业的革新与同时代多元化的经济社会因素相结合所共同引发。

从生产力与生产关系的矛盾运动视角来看,在世界范围内,平台经济的兴起与扩张不仅顺应了技术进步、产业结构和生活方式的变迁,也是后金融危机时代资本积累另辟蹊径,并继续走向进化的结果。第一,自20世纪晚期开始,西方主要发达国家开始经历由工业和制造业主导向由服务业为主导的产业升级和转型,以美国和西欧为典型的"去工业化"趋势日益显现,大量的生产环节陆续向新兴经济体和广大发展中国家转移,甚至一些国家还出现了"产业空心化"的现象,由此引致的失业和资本过剩问题必须靠服务业不断开发新商业模式来解决。第二,进入90年代以来,资本主义世界陆续遭遇互联网泡沫和席卷全球的金融危机,资本增殖陆续在房地产业和金融业受到重创,在传统领域不仅积累规模受到限制,技术手段也不断遭遇瓶颈,而互联

---

[1] 赵昌文:《高度重视平台经济健康发展》,《学习时报》2019年8月14日第1版。

网平台通过对碎片化生产要素的快速、高度聚合能力和对灵活多样而又即时化的生产活动的掌控，能够急速开拓市场，为资本打造了相对理想的增殖空间，轻资产化的运营模式也为企业避开了许多外部成本和风险。第三，西方发达资本主义国家不断受到技术和产业改造排斥的相对过剩人口不断积累，在金融危机之后引致了空前的失业和社会动荡；同时，新自由主义思潮引领的经济全球化空前提升了劳动市场的灵活性，弹性化的工作模式、雇佣关系和工资决定机制成为普遍，劳动者的技能发展也适应了这种趋势，出现弹性化特征。[①] 这些条件都有利于劳动力通过各种渠道持续不断流入平台经济的相关部门，同时继续加深劳动对于资本的实际隶属。

而在中国，平台经济的快速发展适应了中国特色社会主义进入新时代，生产力由量变走向质变，实现经济发展结构与动力变革的要求，也是新时代中国社会主要矛盾转变背景下解决发展不平衡不充分问题的必然之选。

首先，平台经济能够通过改善供给结构，有效化解生产与消费的矛盾。在消费升级的时代，消费者不仅关注产品和服务的质量，而且注重对消费过程的体验，其消费理念和消费习惯也在悄然发生改变。而传统的线下消费在链条上存在诸多断点和堵点，其模式单一、时效性差、满意度低的短板亟待解决。为满足这些新的消费需求，我们必须及时推出新产业、新业态、新模式，以全新的形式进行有效整合，以有别于传统企业的方式开展灵活而个性化的生产经营活动。互联网平台通过大数据、云计算等智能技术快速解决供需匹配的难题，提供灵活、精准且多样化的产品和服务，从而进一步推动消费升级、产业升级、产品迭代和模式进化，产生新的经济增长点，有利于推动形成新需求催生新供给、新供给创造新需求的局面。

其次，中国在推动互联网平台与个体发展相结合方面具有很多先

[①] 姚建华、苏熠慧：《回归劳动：全球经济中不稳定的劳工》，社会科学文献出版社2019年版，第3页。

天优势。一是中国拥有先进的移动互联网技术，有些方面已经处于世界领先地位。据统计，截至2021年12月，中国网民规模达10.32亿，互联网普及率达73%，现有行政村已全面实现"村村通宽带"，网络基础设施全面建成。① 以智能手机为代表的移动终端和以5G网络为代表的高速移动互联网逐渐普及，工业互联网和5G在国民经济重点行业的融合创新应用不断加快。新冠疫情暴发后，人民群众的生产生活方式迅速向网络化、智能化转变。二是在互联网、移动智能通信技术、大数据和云计算等关键技术的带动下，一些新业态、新模式茁壮成长，一批领军的平台企业已经浮现，在电子商务、远程医疗、在线教育以及餐饮外卖、互联网出行等新兴的生产和生活服务领域保持了旺盛的发展势头。当然，还有一批多样化的创新平台相继涌现，并且打造出各种产业链、生态圈，使科技、金融和相关产业不断融合。三是中国具有庞大的市场潜力和市场规模，能够促使越来越多的闲置资源通过互联网进入生产过程，在中国的若干传统产业中，市场组织的效能尚未达到最优，部分市场存在信息不对称或交易成本较高的状况。这些状况为平台经济的新兴模式和业态的迅速发展创造了广阔的市场空间，很多平台应用可以迅速获得上千万甚至上亿数量的活跃用户，从而不断把"网民红利"转化为经济利益。四是中国对平台企业的发展给予了大力支持和积极引导，为其打造了相对宽松、有利的政策环境。五是中国针对灵活就业群体形式多样、主体多元的特点，不断加大对新个体经营、非全日制等新就业形态的政策支持力度，为其在网上就业创业解除后顾之忧。

最后，平台经济以其就业形态的包容性和灵活性，能够发挥就业"蓄水池"的作用，缓解就业压力，推动实现更加充分更高质量的就业，从而增加劳动者收入。平台经济的发展是在个体与互联网平台实现协同的前提下进行的，个体在互联网空间内的自主经营活动通过互联网平台进行赋能，

---

① 参见《我国网络基础设施全面建成》，《光明日报》2022年2月26日第2版。

彰显自身的独立性和主动性，能够更加有效地提升收入水平。互联网平台则通过借力个体自主、灵活的特点满足众多领域的消费需求，把技术和模式上的创新不断转化为经济利益和社会效益。因此，平台经济在一定程度上能够强化经济发展的就业和民生导向。据统计，2021年中国灵活就业人员达2亿人，灵活就业成为群众就业增收的重要渠道。[①] 其中，以新个体为代表的新就业形态无疑发挥了十分重要的作用。例如一些平台的外卖骑手达400多万人，有的平台上从事主播及相关工作的人员达160多万人。[②] 截至2021年6月，各地共发放网约车驾驶员证达349.3万本[③]，意味着数以百万计的网约车司机正在平台上进行运输服务。

三　当前中国平台经济的发展现状

进入21世纪10年代以来，中国平台经济呈现出迅猛发展态势，无论从规模、影响力，还是从创新能力、活跃度来看均处于全球领先地位。互联网平台已经成为中国经济运行、社会发展和产业升级的重要支撑，也是增强国家竞争力、提升国际话语权的重要战略力量。由此形成的平台经济商业模式，在稳定经济增长的重要力量、推动产业升级的主要载体、孵化创业就业机会的重要工具方面，扮演了释放发展新动能、助推高质量发展的重要角色，在经济社会发展全局中的地位和作用日益凸显。

横向对比来看，中国在平台经济的众多领域实现了全面进步，培育了一批在全球范围内具有显著影响力的平台企业，在世界范围内处于领先地位，并在关键市场领域展现了突出的活力和市场竞争力。数据显示，从2015年至2020年，中国许多平台企业实现了爆发式增长，市值超过10亿美元的企业年均新增26家，整体市值年均复合增长率保持在35%

---

① 参见《李克强主持召开国务院常务会议》，《人民日报》2021年5月13日第1版。
② 参见《国家统计局局长就2021年国民经济运行情况答记者问》，2024年8月8日，国家统计局网（http://www.stats.gov.cn/sj/sjjd/202302/t20230202_1896579.html）。
③ 参见中国互联网络信息中心《第48次中国互联网络发展状况统计报告》，2024年8月8日，中国互联网络信息中心网（https://www.cnnic.cn/n4/2022/0401/c88-1132.html）。

以上，每年大约有 5 家企业市值达到或超过 100 亿美元。截至 2021 年年末，在全球 85 家市值或估值超过 100 亿美元的平台企业中，中国企业就有 31 家，同美国并驾齐驱。[①] 从平台经济在各个具体领域的分布结构来看，中国在电子商务、数字媒体、智慧物流、本地服务、金融科技、社交网络、医疗健康、搜索引擎、交通运输、在线招聘、在线旅游及企业服务等多个具体领域均已成功孵化出众多大型平台型企业，其发展水平与美国不相上下。特别值得注意的是，在电子商务、本地生活服务、移动支付和数字娱乐等经济社会活动最为活跃领域，中国平台经济和平台企业的发展水平已经超越美国，不仅竞争力强，还具有显著的市场影响力。

具体而言，中国平台经济当前正处于关键发展期，平台企业的活力和动能不断显现，其特点主要体现在以下四个方面。第一，平台型企业不断在技术研发及创新层面加大投入。规模以上互联网企业的研发投入由 2016 年的 317 亿元增长到 2021 年的 754.2 亿元，增长 1.4 倍以上，年均复合增长率接近 20%。尤其在 2020 年和 2021 年的两年中，研发投入强度分别达到远超全国平均水平的 6.1% 和 4.9%。第二，平台企业在关键技术领域的研发活动日趋活跃，在关键技术突破及前沿技术领域布局方面取得了一系列的重要成果。在 5G 通信、大数据、云操作系统、分布式数据库、区块链等关键技术领域，中国平台企业在一定程度上已经牢牢占据了国内市场，同时在技术性能和标准制定方面迅速迎头赶上。部分技术领先的头部企业更是凭借其引领作用，通过深入参与新型基础设施建设，促进了自有技术的大规模推广和应用。第三，平台企业展现出持续的商业模式创新能力。新业态和新模式源源不断地被催化出来，并在新冠疫情暴发的背景下展现出极其旺盛的活力。第四，一些独角兽平台企业已初步积累起参与国际竞争的特色优势。近年来中国在数字和互联网信息产业已自主开发出众多新模式和平台，在移动支付、数字化内

---

① 参见《推动平台经济规范健康持续发展》，《经济日报》2022 年 8 月 1 日第 11 版。

容及人工智能等关键领域,一些重大创新甚至反向占据了西方主要发达国家市场。①

当前,中国平台经济已经逐渐形成较为完备的生态链,在连接线上线下各环节、促进消费与就业增长方面发挥着重要作用。从交易规模来看,2020年,中国规模以上互联网及相关服务企业实现业务总收入高达12838亿元,比2019年增长12.5%。其中,仅互联网平台服务企业的业务收入就达4289亿元,比2019年增长14.8%。②进入2021年,互联网平台服务收入进一步增长至5767亿元,比2020年增长32.8%,两年平均增速高达23.5%。此外,互联网平台服务收入在互联网业务总收入中所占比例提升至37.2%,较2020年提高了3.8个百分点。这一数据充分显示了平台经济强劲的增长势头。③另据测算,中国平台经济规模已经占GDP的10%左右。④如果按共享商业模式为口径来计算,中国互联网平台在2021年的交易规模已经达到36881亿元,在细分领域中,生活服务、生产能力、知识技能分别以17118亿元、12368亿元和4540亿元的市场规模占据前三位。其中,从居民消费的角度看,2021年网约车、共享住宿、在线外卖服务三者的用户在网民群体中的渗透率分别达到39.23%、8.05%和46.36%。⑤从带动就业方面来看,互联网平台的发展显著推动了灵活就业岗位的增加,对于拓宽就业渠道、提高就业灵活性及增加劳动者收入方面发挥了显著的积极作用。据统计,2020年互联网平台中多达8400万人提供了多种类的大量服务,比2019年增长7.7%;各类平台企业拥有大约631万名员工,比2019年

---

① 参见《推动平台经济规范健康持续发展》,《经济日报》2022年8月1日第11版。
② 参见《平台经济,有规矩才能走得远》,《人民日报海外版》2021年3月31日第8版。
③ 参见中华人民共和国工业和信息化部运行监测协调局《2021年互联网和相关服务业运行情况》,2024年8月8日,中华人民共和国工业和信息化部网(https://www.miit.gov.cn/gx-sj/tjfx/hlw/art/2022/art_b0299e5b207946f9b7206e752e727e66.html)。
④ 赵昌文:《高度重视平台经济健康发展》,《学习时报》2019年8月14日第1版。
⑤ 参见国家信息中心《中国共享经济发展报告(2022)》,2024年8月8日,国家信息中心、国家电子政务外网管理中心网(http://www.sic.gov.cn/sic/93/552/557/0222/11274_pc.html)。

增长1.3%。① 平台经济提供的就业和兼业渠道，为降低摩擦性失业、对冲结构性失业发挥了极其关键的作用。

第二节 平台经济的运行机制及其实质

一 平台的分类和基本特征

加拿大学者尼克·斯尔尼塞科（Nick Srnicek）将平台划分为五大类别：一为广告平台，代表性企业有谷歌（Google）、脸谱（Meta）等，它们收集并分析用户数据，进而利用这些数据销售广告位。二为云（计算）平台，代表性企业有AWS（Amazon Web Service）和塞富时（Salesforce）等，它们拥有支持数字化业务的软件和硬件资源，并根据客户需求提供租赁服务。三为工业平台，代表性企业有通用电气和西门子等，它们通过构建连接传统制造业与互联网的软件及硬件设施，旨在降低生产成本，并实现产品向服务的转化。四为产品平台，代表性企业有声田（Spotify）等，它们通过其他平台将传统商品转化为服务，并通过在平台上收取使用费或订阅费来获得收益。五为精益平台，代表性企业有优步（Uber）和爱彼迎（Airbnb）等，它们致力于通过降低运营成本、最小化资产所有权来实现盈利。② 而这五种类型的平台，也可能在一家企业内部同时存在，或是某一个平台可以兼具多种业务类型。例如亚马逊（Amazon），既是一家电子商务公司，也是一家物流公司，并且其边界已经扩展到其他按需市场，例如与跑腿兔（TaskRabbit）合作实施某个家庭服务计划，并且亚马逊的网站服务开发是一个基于云的服务，因此几乎涵盖了上述所有类别。类似地，中国当前的头部平台企业也普遍混合了上述多种平台类型，例如最具代表性的阿里巴巴和腾讯，并且事实上

---

① 参见国家信息中心《中国共享经济发展报告（2021）》，2024年8月5日，国家信息中心、国家电子政务外网管理中心网（http://www.sic.gov.cn/sic/93/552/557/0219/10463.pdf）。

② ［加］尼克·斯尔尼塞科：《平台资本主义》，程水英译，广东人民出版社2018年版，第55—56页。

已经开发出了更多的平台功能。另外，以精益平台为代表的平台企业在中国扩张最为迅速，与"互联网+"和人工智能结合的技术特征与生产组织更加典型，例如美团和滴滴，以至于在一些研究中，精益平台被当作狭义上的平台企业。也有学者基于平台经济的核心组织架构，将平台企业划分为三类：第一类企业旨在推动商品与服务的流通，通过线上交易中介为产品及服务提供便利，收益主要来源于向卖方收取的服务费或交易提成，亚马逊是此类平台的典型代表，与精益平台的运营模式相似；第二类企业旨在促进信息的传播与社交互动，通过免费提供社交媒体和搜索引擎服务吸引用户，进而通过广告位销售实现盈利，其中网络社交媒体最为典型，如脸谱，其运营模式与广告平台相仿；第三类企业旨在为整个平台经济的运作提供数字化技术条件，通过向用户出租互联网软件及硬件资源获取租金收入。此类平台在技术上可进一步细分为"将基础设施作为服务"和"将平台作为服务"两种类型，分别与云平台和工业平台类似。[1] 此外，也有学者提出，根据平台推动资本积累的方式对其进行划分，可以将平台具体划分为三类：受众创造型、供需匹配型和市场制造型，前两种类型分别与广告平台和精益平台类似，而第三种类型特指向消费者提供数字化商品或在线服务，通过改变商品形式和流通方式形成了新的市场领域。[2]

在新工业革命的背景下，平台经济不仅代表了一种商业模式的创新，而且标志着一种产业范式的转变，形成了全新的经济形态。将平台经济视为新经济形态的原因在于其四个主要特征：一是，平台作为一种新型的组织形态，从其模式来看，既包含了市场的元素，也融合了企业的特征；它不是纯粹的企业，也不是单纯的市场，而是结合了这两者的功能，创造了第三种组织形态。二是，平台企业的发展潜力深受其外部连接能力和网络效应的影响。有学者指出，平台经济的网络效应来自原本分散的经济组织被同一套硬件、软件及管理组织所整

---

[1] 谢富胜等：《平台经济全球化的政治经济学分析》，《中国社会科学》2019年第12期。
[2] 曲佳宝：《数据商品与平台经济中的资本积累》，《财经科学》2020年第9期。

合替代，用户基数的扩大意味着初始投入具有边际成本递减的趋势，或者展现出规模效应。① 网络效应可进一步细分为同时兼容的直接网络效应和间接网络效应两种类型：前者指在某一产品或服务的用户数量增加时，其使用价值会随之提升；而后者指当特定产品或服务的某一类用户数量增加时，会增强该产品或服务对其他类别用户的使用价值，这种效应也被称为"需求方的规模效应"②。三是，从价值创造角度讲，不仅是存量资产，更主要的是增量资产，构成了平台的价值和利润来源。传统企业增长的最大约束在于资金和资产总是有限的。而从理论上讲，只要商业模式设计合理，平台企业在价值创造和实现方面不受资产和资金规模的限制。平台企业的价值创造是一个涉及生产者或供应商、消费者或顾客以及平台本身的复杂多维度网络结构。四是，从盈利实现的角度来讲，平台的利润来源既包含存量资产，也包含增量资产，并且更主要来自后者。相较于传统企业因资本规模显示而面临的增长限制，平台企业在合理的商业模式设计下，其收益的创造与实现完全可以超脱资本规模的限制。平台企业依托涉及生产者或供应商、消费者或顾客以及平台本身的复杂多维度网络结构实现盈利。在这个网络中，每个参与者都在独立创造收益的同时，通过与其他参与者的连接和互动，进一步实现盈利的增长。因此，用户基础的持续扩张是平台利润增长的核心。平台企业具有网络效应，从本质上讲就是平台的用户数量对用户所能创造的价值的影响。③

二 数据要素化和算法控制

平台经济的运行，以数据作为核心生产要素为前提。在新一轮技术革命和产业变革正在加速进行的时代，数据成为生产要素具有技术上和

---

① 谢富胜等：《平台经济全球化的政治经济学分析》，《中国社会科学》2019年第12期。
② [美] 杰奥夫雷·G. 帕克等：《平台革命：改变世界的商业模式》，志鹏译，机械工业出版社2017年版，第19页。
③ 赵昌文：《高度重视平台经济健康发展》，《学习时报》2019年8月14日第1版。

时代上的必然性。数据及其相关技术正在将人类社会联结成为一个整体。数据的全生命周期管理不仅促进了数据产业本身的增长,还触发了众多领域的根本性变革,彻底转变了人们的生产、生活和消费模式。信息技术的进步让数据化成为无处不在的普遍资源,数据作为经济增长的核心要素,对生产力进步的贡献已超越任何传统的生产要素,并为其他生产要素注入了新动力。[1] 数据作为一种无形的、储存于数据库和互联网空间的虚拟资源形成的生产要素,其独特属性包括非竞争性、排他性、衍生性、正外部性、产权模糊性和规模报酬递增等[2],同时在财富创造过程中,需服从大数据的作用机制。大数据(Big Data),或称巨量资料,指的是所涉及的资料量规模巨大到无法透过主流软件工具,在合理时间内达到撷取、管理、处理并整理成为帮助企业经营决策更积极目的的资讯。大数据具有规模性、聚合数据的多样性、数据收集运用传播的快速性、数据蕴含的价值性四个特征。[3] 其中,数据的规模性所蕴含的力量在于,当数据累积到一定量级时,便能激发出持续且强大的生产能力。这种数据的持续积累会产生显著的正向反馈,从而催生了那些以数据挖掘与利用为核心业务的平台型企业。同时,聚合数据的多样性为我们展现了全视域、多维度的系统数据,使得市场主体能够洞察到以往难以触及的客观世界,进而推动财富的系统性累积。此外,大数据的实时处理机制则彰显了数据收集、应用与传播的迅捷性,这一机制能够迅速捕捉市场的脉动与用户的需求,从而引领企业锻造出更具灵活适应特征的柔性生产能力,并且能够识别萌芽状态中的风险,更加快速地对市场需求进行灵敏响应。[4] 此外,数据蕴含的价值性并不意味数据作为生产要素

---

[1] 李政、周希祺:《数据作为生产要素参与分配的政治经济学分析》,《学习与探索》2020年第1期。

[2] 徐翔等:《数据生产要素研究进展》,《经济学动态》2021年第4期。

[3] [英] 维克托·迈尔-舍恩伯格、肯尼思·库克耶:《大数据时代:生活、工作与思维的大变革》,盛杨燕、周涛译,浙江人民出版社2013年版,第44—49页。

[4] 戚聿东、刘欢欢:《数字经济下数据的生产要素属性及其市场化配置机制研究》,《经济纵横》2020年第11期。

本身所创造的价值，而是数据自身包含着作为物的特定有用性，在与特定分析和运算技术结合在一起并应用于特定场景时，能够在财富创造中发挥出不可或缺的作用。在数据要素化的视角下，我们便可将平台视为由处理数据的内部需求而产生的强大的企业新形式[1]，能够独占、提取、分析和使用记录下来的日益增加的数据量。

智能算法的精加工和深度统合的能力对数据的生成与大规模应用具有重要影响，平台经济作为一个系统的高效运行，必须建立在算法对大数据进行深入处理，从而对生产、交换、流通和分配各个环节实现精确控制。一般意义上的算法（Algorithm）是指解题方案的准确而完整的描述，是一系列解决问题的清晰指令，代表着用系统的方法描述解决问题的策略机制。随着人工智能和深度学习技术的发展以及平台企业不断追求利益最大化的驱动，平台算法逐渐演变为一种利用平台用户数据进行训练的人工智能模型。[2] 这种智能化的算法升级，赋予了平台为用户提供更个性化、信息更精准的服务的能力，同时能够最大限度地降低成本，获取高额利润。首先，算法改善了生产效率和交易效率，帮助用户迅速找到所需商品或服务，帮助卖家快速做出价格调整。其次，算法能够更好实现供需平衡，例如可精准匹配广告供需双方，激发消费者潜在的消费需求，同时针对消费需求的临时变动，利用算法实现价格应急性调整，迅速达到供需动态平衡。最后，算法能够更好地满足个性化需求，激活长尾市场。在传统排序算法下，新企业、新内容、新产品很难排到前几页展示，但个性化推荐算法创造和提供了"被看到"的可能性。[3] 但同时，作为一种控制机制，我们应当认识到，智能化算法的控制不仅会对企业的生产经营行为产生深远影响，同样会对作为用户的人（生产经营者以及消费者）的行为进行塑造。从根源上讲，算法分析整理的大数据

---

[1] ［加］尼克·斯尔尼塞科：《平台资本主义》，程水英译，广东人民出版社 2018 年版，第 49 页。
[2] 郑婷一等：《平台经济中的数据与算法安全》，《大数据》2022 年第 4 期。
[3] 参见《算法公平治理与实现研讨会：建议依平台场景定公平性目标》，2024 年 8 月 8 日，新浪看点网（http://k.sina.com.cn/article_5993531560_1653e08a8020017xl3.html）。

是"人、机、物"三要素在网络空间中相互交融与互动下出现的。而作为唯一的社会活动主体,以及价值创造渠道即活劳动的来源,用户必然要面对平台企业数据和算法的"合谋"。① 在用户的海量数据不断产生且被广泛运用于算法训练时,算法会得到不断优化,优化后的算法又会提高其对数据的抓取与使用效率,使用户对平台产生依赖,从而谋求垄断地位。例如,通过"用户数据收集+算法分析推荐+用户反馈增进"的个性化推荐算法,平台建立"正反馈循环"的机制,持续地加强了用户的选择性心理和交易习惯,在提供用户体验的同时,持续强化用户黏性,从而使广大用户从数据的生产者和算法的服务对象或享用者,经过大数据"喂养"的算法训练过程,逐渐演化为数据和算法的控制对象或奴役者,用户相对于平台的主体地位渐渐失去,用户的人格塑造在数据与算法的"合谋"之下不知不觉发生,用户的经济剩余也逐渐被平台企业所蚕食。

三 "分享"或"共享"是平台经济的实质吗?

在很长一段时间里,平台经济被冠以"分享经济"或"共享经济"的称谓,以至于让人们产生一种平台经济是带有纯粹利他主义价值观的生产方式的错觉。对此,国内已有学者进行考证,"共享经济"(Sharing Economy)这一理念源于21世纪初兴起的互联网开源项目和社区拼车互助活动,它原本指的是开展闲置资源的共享、协同生产及社区间的相互援助活动。随着时代的发展,"共享经济"现在已经扩展为大规模租赁闲置资源和有闲劳动的中介服务。相较之下,"分享经济"(Share Economy)则起源于20世纪80年代,由美国经济学家为解决国内滞胀问题而提出,旨在将工资与利润相挂钩探讨分配问题。并且就语义来讲,英文单词"share"在语义上融合了"分享"与"共享"的意涵,因而在当前的社会语境和学术研究中,"分享经济"与"共享经济"普遍被视为同

---

① 陈兵:《警惕数据与算法的"合谋",支持平台经济健康发展》,《第一财经日报》2021年5月19日第A11版。

一概念的不同表述。① 因此，无论是以"分享"或"共享"对平台经济进行装裱，不仅其本身就有张冠李戴之嫌，而且仅仅从这种新型生产组织形式的最为肤浅的表面特征进行描述，如闲置资源的共享利用和协同生产，而非从社会生产和再生产的角度深入分析参与"共享"的各个经济主体所呈现的具体生产关系及其实质，这显然是不够科学的。

无论从所有制关系和发展历程来看，平台经济都属于世界范围内资本主义生产方式的一次革新，在生产资料资本主义私人占有的前提下，以数据、算法和算力为代表的生产要素已经成为资本的一部分，行使的无外是资本的职能。"分享经济"或"共享经济"提出的两个核心理念是"使用高于所有权"（Access over Ownership）与"不使用即浪费"（Value Unused is Waste），恰恰充分体现了资本在生产过程中的扩张性与趋利性。分享的标的物主要是闲置资源，包括闲置物品、碎片知识、认知盈余（未被充分使用的知识与专长、技能和经验、关系与服务）和资金盈余、闲置空间与公共服务。除去公共服务之外，私家车、民居、个人服务能力与闲暇时间、企业闲置设备与技术化平台、"众创空间"等等都是个人或机构拥有产权，因此，平台经济所谓的"分享"或"共享"只是对私有生产资料的整合过程，并未改变其所有权，只是在劳动过程中由所有者将其支配权部分地让渡给平台企业，接受其控制与调配。平台的出现，打破了传统渠道下资本积累规模与空间的各种限制，使资本积累开始转向碎片化的集中模式，并向一切可能的领域渗透，于是大量的闲置生产要素得以高速聚合，并在社会需求的庞大缺口面前迅速开辟市场，实现资本化。②

政治经济学对于资本主义生产过程的考察建立在科学分析劳动过程的基础上。从表面来看，这种劳动过程是由服务提供者独立、自由、灵活完成的，平台仅仅充当了中介的角色，但实际上，作为用户的服务提供者的行为已经处于数据化的过程中，并且经由平台算法的分析整合，而服从于平台企业的控制。在这里，算法的作用是二重的：一方面，作

---

① 谢富胜等：《平台经济全球化的政治经济学分析》，《中国社会科学》2019年第12期。
② 肖潇：《"分享经济"背景下劳资关系的演变趋势探析》，《探索》2018年第2期。

为一种创新的数字技术工具，算法能够如机器般作为劳动资料发挥关键作用，全面把控劳动流程的各个环节，实现信息收集与指令发布的功能，提高全要素生产率；另一方面，智能算法还可充当资本监控劳动的技术手段，使劳动过程的监控更为隐蔽且智能化，实现了对传统的监督手段的替代。具体而言，在任务分配环节，匹配算法精准地将每项任务分配给最适合的劳动者，而分配算法则确保整体任务量的合理分配，以实现项目制和计件制的极致化运行。同时，机器学习算法将任务完成情况转化为数据与符号，进一步优化匹配与分配算法，将收益最大化。在监督管理环节，数据追踪算法对劳动者的状态和生产资料的合理使用状况进行严密监控。而在绩效考核环节，数据交易算法记录劳动者的工作状态、事后评价和工作效率等关键数据，通过标准化处理，进行精细的等级划分；而动态定价算法则用来不断调整自身的用工成本。[①] 可见，平台经济并没有改变资本主义劳动过程中的一般特性。对此，国外学者也普遍认可在线劳动力交易平台是运用算法技术来创新商业模式并改进管理实践。借助大数据驱动的算法，平台通过数字化手段对工作者的劳动过程实施标准化、流程化和定额化的科学管理，从而在平台工作者劳动产出中获取最大化的经济价值。[②]

既然在劳动过程中体现的仍旧是命令与服从式的控制关系，那么平台经济对服务提供者产生的"分享"或"共享"幻象又是从何而来呢？正如布若威所言，劳动过程应当从强制和同意的特定结合方式诱发利润当中的合作来理解。资本主义劳动过程中也包含着生产政体的再生产过程，即"伴随着从专制统治到霸权统治的、从通过强制和畏惧来榨取成果到通过同意的组织来榨取成果的连续过程"[③]。平台经济在劳动关系上产生的遮蔽效应一方面在于生产过程中资本对劳动控制和剥削方式的改

---

① 杨善奇、刘岩：《智能算法控制下的劳动过程研究》，《经济学家》2021 年第 12 期。
② Schildt, H., "Big Data and Organizational Design the Brave New World of Algorithmic Management and Computer Augmented Transparency", *Innovation*, Vol. 19, No. 2, 2017, pp. 23 – 30.
③ ［美］迈克尔·布若威：《制造同意——垄断资本主义劳动过程的变迁》，李荣荣译，商务印书馆 2008 年版，第 3 页。

进,另一方面则在于能够使劳动者自觉接受并认同这种方式。平台经济所缔造的这种劳动过程,则将这种"同意的组织"发挥到了极致。第一,平台企业凭借网络营销技术能够轻易锁定数量庞大的目标劳动力,尤其是追求灵活工作和兼职的年轻群体,充分把握了这些人的心理状态和多元化需求。第二,平台企业普遍标榜其自由、开放、公平、用户至上以及服务社会的价值观,有意淡化了企业盈利、剥削的一面,使劳动者认为平台企业是一个付出就有回报的公平交易的机制,而且能够实现自己自由职业理想。第三,作为对于资本主义生产方式的认同的再生产的核心一环,平台企业不断地开发出劳动过程的"趣味性",让劳动者时刻对劳动过程产生新鲜感、挑战性,并对这种工作方式产生依赖。第四,同意的再生产过程必须伴随着强制执行。平台企业天然占据技术优势,而劳动者受制于算法"黑洞"和分散行动的境地,在规则面前只有默许的"权利",而没有任何讨价还价的余地。

第三节 对平台化生产组织形式的考察

一 平台企业组织的柔性化

平台经济对劳动组织形式的塑造是二元化的,对于平台企业而言,劳动组织形式进一步褪去了传统科层制的外衣,向着柔性组织的方向发展。柔性组织又被称为适应性组织,指的是组织主体通过确认方向原则、运用调节干预、设计机制制度等系统方法引导企业和员工去学习适应变化,从而不断提升能力,促进企业发展的一种组织和管理方式。[①] 柔性组织是后福特主义时代适应于灵活、弹性积累方式的组织形式,平台经济的出现,使得企业组织呈现更为极致的柔性化。首先,企业组织更加扁平,在智能移动通信和数字技术的推动下,由层级壁垒形成的信息屏障已被消除,取而代之的是实时且全面的信息流,使得指令传递不再依

---

① 李翠翠等:《成为柔性组织:打造自主进化的生态组织能力》,《清华管理评论》2021年第10期。

赖于传统的自上而下或自下而上逐级流动的方式，进而显著地缩减了组织结构的层级，并淘汰了一切冗余的职能部门。其次，随着人工智能在平台企业中的广泛应用，机械性和重复性的管理工作大量被人工智能所取代，以管理为职能的传统组织结构已经落后于时代。在组织内部，随着纵向分工在员工间逐渐减少，横向分工和协作却在持续增强，这有助于形成更为网络化的协作模式。在这样的网络化组织里，无论是员工还是管理者，都能通过数字化和智能化的系统获取全面的资讯。这种做法不仅促进了管理过程的透明度，而且增强了员工的公平感。再次，企业组织规模不断小型化。在互联网平台和大数据、云计算的加持下，每一家企业都能够利用互联网数字平台，在较低的初始成本下构建起广泛的销售网络，这种由于体量微小带来的灵活性和创新性成就了平台企业相对于传统企业的一大优势，它们可以凭借外包的形式，最大限度地剥离非核心和非战略性的资产或业务，灵活应对外部环境变化，从而达到降低成本、提高应变能力和提升竞争能力的目的。最后，平台经济介入劳动力市场让自由灵活的弹性工作制成为可能。这些趋势都使得组织的内部边界和外部边界变得模糊，富有灵活性，从而更易于资源、信息的传递和扩散，促进各项工作在组织中顺利展开和完成，使组织作为一个整体的功能远超各个组成部分的功能之和。①

具体而言，平台企业的柔性组织形式主要包括了项目驱动的灵活团队、虚拟组织、网络型组织和无边界组织等。② 以任务为导向的、临时召集的、集中精兵强将的组织方式是项目驱动的灵活团队。在大型公司中，面对众多人员，在保持整体组织结构稳定的基础上，决策者为了推进业务创新会灵活地根据任务需求召集相应人员。这种灵活和快速的反应机制有助于满足组织对创新的追求，进而增强组织的适应性和应对变

---

① 忻榕等：《平台化管理：数字时代企业转型升维之道》，机械工业出版社2020年版，第9—11页。

② 李翠翠等：《成为柔性组织：打造自主进化的生态组织能力》，《清华管理评论》2021年第10期。

化的能力。例如爱彼迎（Airbnb）采用模块化团队架构，在同一个项目上让产品经理和工程师、设计师和数据科学家共同搭配组建团队，让他们相互协作去全方位解决公司的业务问题，从而更好地形成交流并产生创意火花。虚拟组织是平台企业为迅速将产品和服务推向市场，在特定时间内构建的一种动态联盟型的组织形式。虚拟组织不受地理位置、时间差异和公司结构的限制，而是依靠共享其动态联盟成员的专长，并通过高度的自我管理与共同的价值观引导，进行协同合作并执行统一的行动计划，以共同实现组织设定的目标。虚拟组织展现了一种非传统的组织结构形式，它不拥有法人资格，并且没有一成不变的组织层级和内部指挥链。得益于信息时代的背景，虚拟组织得以通过招标竞争或自主选择等方法，从众多可能的组织中筛选出最佳的合作伙伴。这一模式使得虚拟组织能够快速地在多个专业领域内打造具有竞争力的价值链。得益于对外部资源的有效整合和利用，虚拟组织能够完成那些对于单一企业而言难以独立承担的市场功能，如产品开发、生产和销售等。[1] 例如，智能共享单车服务形成的虚拟组织中，ofo平台曾纷纷与飞鸽、凤凰等传统自行车生产企业进行合作，前者负责产品运营，而后者负责产品制造。网络型组织代表了一种组织间协作的模式，其目的是结合小组织灵活的响应能力和大组织的规模经济效益。这类组织倾向于通过外部资源来完成多数职能，从而集中精力于其核心竞争优势的领域。网络型组织可以划分为三种基本类型：稳定网络，即关注组织单元间的混合联系，处于完全市场化交易与完全内部生产之间的过渡区域；动态网络，即由价值链上的合作伙伴为特定产品组成的临时性联盟；内部网络，即在大型组织内部以市场机制驱动各个子单位以市场定价为基础进行交易，并积极引入外部供应商参与，以实现更高效的资源分配和利用。无边界组织是一种不受预设结构或明确边界限制的组织形式，旨在确保组织的高效运作。这种组织致力于消除传统的层级体系，并通过授权团队的形式，代

---

[1] 常卫：《虚拟组织：提升企业核心竞争力的新载体》，《人民论坛》2004年第5期。

替传统的部门制。当前,头部平台企业普遍采用的"事业群制",并围绕产品联合服务链打造而成的"生态圈",在组织形式上均带有网络组织和无边界组织的某些特色。

二 众包劳动的兴起和扩张

以精益平台为代表的平台企业,通过柔性化的生产组织形式,一般仅保有平台运行维护等最核心的业务,而将直接的服务生产以众包的形式,交给特定的劳动者解决。2005 年,《连线杂志》(Wired)作者杰夫·霍维(Jeff Howe)创造了"众包"一词,指代曾经由指定的代理人(雇员、自由职业者或公司)从事的某项工作,现通过公开招募的形式,外包给某一不明确的、规模较大的群体,这种做法通常通过互联网实现。[①] 单从构词上来看,众包(Crowdsourcing)来自"大众"(Crowd)与"外包"(Outsourcing)两个词的组合,该合成词的起源直接表明了企业运用众包的经济动机:获得较便宜的、按需随选的劳动力。遍布各地的劳动者群体为平台企业提供了任何时间都可以开展任务的可能性,并且,劳动者群体数量庞大意味着任务可以被快速完成。运用"大众"的力量,平台企业可以获得成千上万的劳动者。这些劳动者可在相对短的时间内接手大量直接工作,却不是签订合同的雇员,因而企业对他们也不用承担任何责任。有研究表明,众包劳动的快速发展得益于互联网、人工智能和数字平台技术的发展对劳动方式的改造:规则性的体力劳动和传统意义上的事务性工作逐渐被替代,同时,数据作为生产要素的广泛应用同样能够释放出广泛的"补偿效应",但是,这种技术进步兼具"技能偏向型"和"技能退化型"的特点,必然会产生"工作极化"的效应[②],以零散、碎片、灵活和不规则为特征的众包劳动,自然处于劳动关系底端。

平台企业在面向众包劳动者的意义上,可以被称为众包工作平台,

---

① [美]珍妮那·伯格等:《数字就业平台和劳动世界的未来:迈向网络世界体面劳动》,孟彤译,中国劳动社会保障出版社 2019 年版,第 5 页。

② 曹静、周亚林:《人工智能对经济的影响研究进展》,《经济学动态》2018 年第 1 期。

即为众包提供便利条件的数字化服务（网址或应用软件 App）。这些平台为任务发布者提供技术设施，任务发布者向处于不同地理位置和不同经济状况的大众劳动者发布任务，获得劳动者完成的任务成果，并对任务成果进行评估，最后为提交成果的劳动者支付报酬。相反地，这些平台也向劳动者提供服务和基础设施，提供一个集中化的位置，让劳动者识别来自很多不同任务发布者的任务；劳动者通过提交工作产品和财务账号，领取相应的工作报酬。对此，有许多研究指出，众包工作与由来已久的很多工作计划十分相似，只不过是将数字工具作为媒介。众包工作的策略焦点是将任务分解为细小的单元，并将这些细小的单元分配给不需要特别技能的劳动者，显示出类似于泰勒主义的不需要技能的工业流程的回归。依据开展的任务情况而不是工作时间的报酬构架，其也被认为与工业化前的计件工作计划十分相似。众包工作的应急性，伴随着将大型任务分解为计件工作，与当前仍存在的制衣业和纺织业的应急工作计划没什么不同，无论是在集中化的血汗车间，还是通过承担额外工作作为"家庭工作"对低工资加以弥补的劳动者家庭。[1] 另外，一些平台提供平台用户和劳动者之间相匹配的工作，实际上与劳务派遣机构的工作十分相似。最为典型的平台例如"针对小型信息任务的网络劳动力市场"的 AMT（Amazon Mechanical Turk，又称作"亚马逊土耳其机器人"或"托客"）。这些"信息"任务涉及图像识别、内容审核和语音文本转录；所有任务拥有的共同特点是能通过使用计算机远程工作。平台用户或任务发布者利用平台发布需要完成的大量任务，如需要成千上万名受访对象回答调查问卷，或者需要派劳动者去识别数百个或数千个街景照片，并根据某些特征做出标记（例如标记出中线、中央线、行人和汽车）。劳动者通过平台找到他们胜任的任务，并从完成的每件任务或工作中获得相应报酬。中国在许多服务部门也存在许多非典型的众包劳动形式。有学者发现，以财新网为代表的一些新媒体机构通过组建覆盖全球

---

[1] ［美］珍妮那·伯格等：《数字就业平台和劳动世界的未来：迈向网络世界体面劳动》，孟彤译，中国劳动社会保障出版社 2019 年版，第 7—8 页。

的新闻专员网络社群，利用海外新闻专员的在地优势、语言技能和兴趣热情低成本、高效率地生产新闻内容，①已经构建起一套众包新闻采编体制。许多视频网站也已经事实上形成了关于视频内容的生产与传播的众包模式，越来越多的普通大众被吸纳到互联网产业运作过程中，并且，在视频网站分成规则的诱导下，众包生产者们渐渐学会了感知网民的喜好。② 一些网络文学平台也采用了关于网络小说和文学作品的众包生产体制，有很多原本付费下载的用户被招募到网络写手的队伍当中。③

对劳动力实行算法管理也是众包劳动的重要特征。它不仅涉及基于网络的微任务众包平台，还涉及众多其他类型的数字就业平台。在众包工作平台，算法管理远不只指导工作和制订计划，它还调度控制几乎所有的工作。有国外学者提出了算法劳动管理的五方面特点：一是持续追踪劳动者的行动；二是根据平台用户的意见，以及平台用户对劳动者工作完成情况，对劳动者的工作表现进行持续不断的评估；三是自动落实决策，没有人工干预；四是劳动者是与"系统"而不是与人进行互动，使得劳动者没有机会与车间督察员进行交谈、讨论和协商，而在线下工作中，劳动者通常有机会这样做；五是透明度较低，这种低透明度来自竞争激烈的企业，它们往往从不透露算法是如何运行的，算法透明度较低的部分原因还在于算法具有适应性的特点，可根据采集的数据改变决策。"企业极少主动透露算法的重要准则，有时连他们自己都不能完全解释结果，造成由算法管理的企业透明度极低。"④ 特别是在一些精益平台，平台用户可以运用无数个应用程序接口来发布任务，使得该问题变得更加复杂。

---

① 姚建华、刘畅：《新媒体语境下众包新闻生产中的弹性雇佣关系研究》，《新闻爱好者》2017年第11期。

② 吴鼎铭：《作为劳动的传播：网络视频众包生产与传播的实证研究——以"PPS爱频道"为例》，《现代传播》2018年第3期。

③ 胡慧、任焰：《制造梦想：平台经济下众包生产体制与大众知识劳工的弹性化劳动实践——以网络作家为例》，《开放时代》2018年第6期。

④ M. Mohlmann, L. Zalmanson, "Hands on the Wheel: Navigating Algorithmic Management and Uber Drivers' Autonomy", *Proceedings of the International Conference on Information Systems* (ICIS2017), Seoul, Dec. 10–13, 2017.

三 对用户活动的生产性整合

平台化的劳动组织形式不仅限于内部或核心层次的柔性化与外部或边缘层次的众包和外包，对于非服务提供者的普通用户而言，他们在所注册的平台及其关联的网络空间范围内的各种活动，也被平台企业以数据的形式进行收集处理，服务于自身的生产经营活动。

传播政治经济学从受众（Auidence）立场出发，对受众商品、受众劳动进而数字劳动形成了一系列代表性的观点，对于我们分析平台用户的活动，以及用户和平台围绕这些活动所产生的互动机制具有重要的启发意义。传播政治经济学代表人物达拉斯·史麦兹（Dallas W. Smythe）在1951年提出了受众成员为广告商工作的"盲点"讨论，含蓄地提出了"受众商品"的概念。他指出，大众传媒节目实质上是为了吸引并维系潜在受众的持续关注而让渡给观众的一种无偿的赠品，或者理解为，受众成为一种商品被媒体出售给广告商。[1] 在此基础上，史麦兹进一步提出，受众的主要劳动不仅包括学会消费指定的商品，还包括主动接受广告商对产品进行的营销推广。这种受众劳动催生了对商品和服务的新需求，也使他们的收入转化为消费。[2] 20世纪90年代，意大利学者蒂奇亚纳·特拉诺瓦（Tiziana Terranova）从"非物质劳动"的角度出发，首次提出"数字劳动"这一称谓。他认为，在数字经济时代，免费的受众劳动已从文化知识消费转化为生产性的数字劳动，它既是一种无酬劳动，也是用户的一种自愿行为，建立网页、浏览网页、阅读和撰写邮件都属于这一范畴。[3] 随着互联网平台的出现以及社交功能的扩展，数字劳动进一步涵盖了使用搜索引擎进行信息查找、在社交媒体上搭建个人页面、发布私人博客、制作个人视频等相

---

[1] [英] 克里斯蒂安·福克斯：《数字劳动与卡尔·马克思》，周延云译，人民出版社2020年版，第117—118页。

[2] 夏玉凡：《传播政治经济学视域中的数字劳动理论：以福克斯劳动观为中心的批判性探讨》，《南京大学学报》（哲学·人文科学·社会科学）2018年第5期。

[3] Terranova, T., "Free labor: Producing Culture for the Digital Economy", *Social text*, Vol. 18, No. 2, 2000, pp. 33–58.

关行为。对此，克里斯蒂安·福克斯（Christian Fuchs）提出，受众花费在企业平台上的时间是他们的无酬数字劳动所创造的价值，他们的数字劳动创建了社会关系、个人数据、用户生成内容和交易数据（浏览行为），这是一种由互联网企业提供给广告客户的数据商品，这些广告客户可以选择他们想要的特定用户群体。平台企业通过用户创造数据商品对用户实施了剥削行为，由于企业的互联网平台在使用条款和隐私政策的帮助下，获得了这些数据的所有权。[①] 对于一些质疑的声音，福克斯一再强调在数字劳动的背景下，要说媒体受众只是媒介消费者，因此只处于消费和流通领域恐怕不是那么容易。因为数字媒体的消费在一定程度上产生了内容、行为数据、社交网络数据和个人数据，所有这些被商品化并出售给了广告客户。[②] 因此，受众更像是"产销者"（Prosumer）。

传播政治经济学注意到了互联网媒体平台对用户活动进行无偿且商业化利用的现象，但从马克思主义政治经济学视角来看，上述分析依旧显得牵强。首先，它错误地理解了马克思的生产性劳动理论，有学者指出，在互联网行业中，用户的个人信息需要经过特定的算法和后端程序的处理与整合，转化为可销售的商品，之后才被提供给广告商。在这个过程中，实际创造价值的劳动并非源自用户的行为，而是由那些在互联网背后负责数据的管理和收集、数据清洗、数据挖掘和数据分析的工作人员所完成的，他们构成了数字时代的真正劳动力。传播政治经济学提出的网络用户的操作行为，似乎具有生产性劳动的色彩，但实质上只是完成了原始数据资料的积累。[③] 因此，从受众商品到数字劳动的一系列概念界定并不严谨。

其次，不容否认的是，平台用户的日常活动的确以数据的形式被

---

① ［英］克里斯蒂安·福克斯：《数字劳动与卡尔·马克思》，周延云译，人民出版社2020年版，第130页。
② ［英］克里斯蒂安·福克斯：《数字劳动与卡尔·马克思》，周延云译，人民出版社2020年版，第150页。
③ 夏玉凡：《传播政治经济学视域中的数字劳动理论：以福克斯劳动观为中心的批判性探讨》，《南京大学学报》（哲学·人文科学·社会科学）2018年第5期。

纳入了平台企业的生产活动中，但由此产生的直接作用在于完成自身劳动力的再生产。在平台经济中，大型平台通过掌控关键的数字基础设施——这些基础设施对社会交往和商品及劳务消费至关重要——从而控制了用户数据和内容的流动方向。这些平台不仅为用户提供了劳动力再生产的环境，还积累了大量的用户数据和内容资源。社交媒体平台作为获取社会和个人信息的关键渠道，其影响力不断增强，使得企业能够利用这些平台向广泛的用户群体发布商业广告。用户通过点赞、评论或转发广告的方式，既有效地拓宽了广告的传播广度，又在无形中塑造了大众对广告中展示商品的认知。在这一系列互动过程中，用户的角色远不只是广告的被动受众和消费者，还身兼信息的自发传播者。平台通过垄断用户数据和信息传播的渠道，为资本创造了一种基于"产消者"行为的、深入且不易被察觉的影响方式，从而对劳动力的再生产产生了影响。这种模式不仅扩大了广告信息的覆盖面，还为资本提供了一种更加隐秘的策略来影响劳动力的再生产。[1]

最后，我们也应当注意到，随着平台经济商业模式的多元化和复杂化，用户的日常活动也在一定程度上带有了劳动色彩，或者说用户活动和用户劳动之间的界限在某些特定场合趋于模糊。尽管依旧不能将这种劳动视为生产性劳动，它所产生的数据也难以被称为严格意义上的商品，但其作为平台企业最为微小的生产要素，依旧具有使用价值，并通过程序和算法的介入，大幅提升了平台销售的商品和服务的有用性；而用户一方，也有可能因此而获得各种类型的奖励，既可以视为对这种活动的一定激励或由此带来时间成本的补偿，也可以视为为平台企业提升用户黏性的有效手段。例如，目前国内大多数电商平台对于优质的购物评价间接给予奖励，并同时指导用户按照特定规范进行编辑并发布；而一些平台App中的特定模组或页面，为了引导更多用户加载并浏览，同时完成对内容和设计的测试，同样会对访问的用户进行间接奖励。

---

[1] 谢富胜等：《平台经济全球化的政治经济学分析》，《中国社会科学》2019年第12期。

第六章

新就业形态的出现和蓬勃发展

第一节 科学认识新就业形态

一 新就业形态的概念及主要特征

在新一轮科技革命和产业变革的催化之下，自21世纪初起，就业方式的变革已经逐渐引起从理论到决策层面的关注。"新就业形态"的提法首次出现在2015年，党的十八届五中全会指出，"促进就业创业，坚持就业优先战略，实施更加积极的就业政策，完善创业扶持政策，加强对灵活就业、新就业形态的支持"①。新就业形态作为出现不久的称谓，至今仍带有浓厚的政策性特征。目前学术领域、行业内部以及政府机构均未对其给出一个明确的概念上的表述，因而总体上仍然处于宽泛的讨论之中。2023年2月，人力资源和社会保障部在正式文件中将新就业形态劳动者界定为"线上接受互联网平台根据用户需求发布的配送、出行、运输、家政服务等工作任务，按照平台要求提供平台网约服务，并获取劳动报酬的劳动者"②。一般而言，新就业形态是指新一轮信息技术革命特别是数字经济和平台经济发展带来的一种就业新模式，体现为劳动关系灵活化、工作内容多样化、工作方式弹性化、工作安排去组织化、创

---

① 《中共十八届五中全会在京举行》，《人民日报》2015年10月30日第1—4版。
② 参见《@新就业形态劳动者 劳动合同范本来了!》，2024年8月9日，中工网（http://www.workercn.cn/c/2023-04-10/7797771.shtml）。

业机会互联网化，正在成为吸纳就业的一条重要渠道①；或者用来指代与建立在工业化和现代工厂制度基础上的传统就业方式相区别的就业形态，主要包括伴随着互联网技术进步与大众消费升级而出现的去雇主化就业模式及借助信息技术升级的灵活就业模式。②

对于新就业形态的特征，现有研究分别从几个不同的维度进行总结和归纳。首先，有学者基于新就业形态的不同类别概括出不同方面的特征。如"去雇主化""多雇主化"和"以标准劳动关系下劳动方式的新型化"。③ 其次，有学者对新就业形态与传统就业形态的不同之处，总结了新就业形态具有就业领域新颖、技术手段创新、组织方式变革、就业观念更新等特征。④ 最后，更多的学者侧重于从技术特点和生产关系角度对新就业形态的主要特征进行描述，如雇佣关系弹性化、虚拟化、多重化；组织方式平台化、无组织化；就业边界扩大化、全球化。⑤ 再如网络平台成为关键的技术支撑、组织形态更加松散、"以任务为导向"的用工模式取代"以岗位为导向"的用工模式、劳动关系和劳务关系界限更加模糊。⑥ 又如根据用工主体和就业主体、用工方式和就业方式、用工管理、就业关系等要素概括为"五性五化"，即用工主体的平台性和轻资产化，就业主体的原子性和重资产化；用工方式的高弹性和社会化，就业方式的网约性和非标准化；用工管理上突出"重绩效轻责任"的非均衡性；就业契约去劳动关系化。⑦ 我们认

---

① 参见国家发改委规划司《"十四五"规划〈纲要〉名词解释之236 | 新就业形态》，2024年8月9日，中华人民共和国国家发展和改革委员会网（https://www.ndrc.gov.cn/fggz/fzzlgh/gjfzgh/202112/t20211224_1309503.html? code =&state =123）。
② 中国就业促进会：《新就业形态》，《中国就业》2017年第11期。
③ 方长春：《新就业形态的类型特征与发展趋势》，《人民论坛》2020年第26期。
④ 张成刚：《就业发展的未来趋势，新就业形态的概念及影响分析》，《中国人力资源开发》2016年第19期。
⑤ 王娟：《高质量发展背景下的新就业形态：内涵、影响及发展对策》，《学术研究》2019年第3期。
⑥ 于凤霞：《稳就业背景下的新就业形态发展研究》，《中国劳动关系学院学报》2020年第6期。
⑦ 闫宇平主编：《中国新就业形态劳动关系研究》，中国工人出版社2021年版，第10—17页。

为，作为马克思主义政治经济学的研究，应当从生产关系的角度把握新就业形态的特征，并且应当建立在科学认识新就业形态所属的生产资料所有制性质、生产组织形式与分配关系的基础上进行认识，否则容易陷入形而上学的境地。

二　在生产关系上科学认识新就业形态

值得我们注意的是，一段时间以来，新就业形态在称谓和概念表述上具有广泛差异，许多研究曾使用"分享经济""共享经济""平台经济""零工经济"，以及"自雇佣就业""灵活就业""非正规就业"，或"网上创业"等角度偏颇或是意义含混的表述来指代新就业形态。2020年7月，国家发展改革委等12个部门联合发文，特别强调了"鼓励发展新个体经济，开辟消费和就业新空间"[①]，由此正式提出了"新个体经济"的称谓，并随即引起热议。客观来讲，"新个体经济"是对新就业形态侧重于终端从生产经营方面特征的一种描述，但如果不加以辨析则很容易引起误解。在国家支持和规范发展新就业形态的背景下，实现新个体经济健康发展，必须首先在理论上讲清楚一系列问题，对个别在理论上产生误读或值得推敲的观点进行及时更正。

新个体经济是互联网、数字技术与个体经济深度融合发展的产物，它仍然具有个体经济的基本属性，但又与传统意义上的个体经济有所不同。现有的不少文章普遍认为，"新个体经济"是互联网与个体经济的创新组合[②]，或者通俗地将其理解为在网上创业的个体经济。[③] 但要在理论层次上进行严肃的分析研究，对于新个体经济概念的认识，就不能仅仅停留在表面含义上，必须深入地理解其内涵和外延。

长久以来，中国学术界对于个体经济的概念界定是较为清晰的。例

[①] 国家发展和改革委员会等：《关于支持新业态新模式健康发展　激活消费市场带动扩大就业的意见》（发改高技〔2020〕1157号），2024年8月9日，中国政府网（http://www.gov.cn/zhengce/zhengceku/2020-07/15/content_5526964.htm）。

[②] 陈春花、尹俊：《新个体经济新在何处》，《人民论坛》2021年第1期。

[③] 胡建兵：《助力"新个体经济"健康成长》，《人民日报》2020年7月29日第5版。

如张卓元主编的《政治经济学大辞典》中,将个体经济定义为"生产资料归个体劳动者(包括个体农民、个体手工业者和个体小商贩等)所有的经济形式"①,表现为"个体劳动者支配和使用自己所有的生产资料,以自身劳动或家庭成员的劳动为主,在城乡生产和流通领域内独立地进行经济活动"②。再如谷书堂主编《社会主义经济学通论——中国转型期经济问题研究》中,将个体经济定义为"建立在个人拥有少量生产资料和个人劳动基础上的小私有经济"③。不论怎样定义,我们都能够确认的是,个体经济在所有制上是一种生产资料归个体劳动者所有的经济成分;在劳动组织形式上以个人劳动为基础,以家庭为经营单位,独立经营,分散活动为典型形态④;在分配关系上,劳动所得归个体劳动者自己支配。以上三点,构成了个体经济的本质含义或根本属性,也是我们界定新个体经济内涵和外延的参照系。

但是,我们在比较个体经济和新个体经济概念的时候,往往容易忽视的是,二者的起源或发展背景具有明显差异。从世界范围内来看,个体经济源自以劳动者私人占有生产资料为基础的小农生产和城市手工业。一方面,个体经济依靠的是有限的、简陋的并且相对落后的劳动资料,生产技能和组织程度普遍低下,面对着社会化生产日益明显的冲击和消解,市场和发展空间不断萎缩;另一方面,个体生产关系又与其他更为先进的生产关系的发展相互交织,尽管已经不再是一种主流的生产关系,却一直延续至今。新个体经济的起源则较为复杂。既存在着在数字技术影响下,从传统意义上的个体经济中经由互联网平台介入,改进生产方式,并进一步实现从中分化而来的方式;也存在着依靠互联网平台开辟全新的市场、需求和职业并进行分工协作,

---

① 张卓元:《政治经济学大辞典》,经济科学出版社1998年版,第199页。
② 张卓元:《政治经济学大辞典》,经济科学出版社1998年版,第199页。
③ 谷书堂主编:《社会主义经济学通论——中国转型期经济问题研究》,高等教育出版社2006年版,第91页。
④ 《中国现阶段个体经济研究》写作组:《第一章 个体经济是中国现阶段生产资料所有制结构的一个组成部分》,《经济问题探索》1982年第S1期。

在后金融危机时代各种外部因素刺激下破土而生的方式。但无论是哪种方式，新个体经济的产生都离不开互联网平台在生产过程中的关键作用。新个体经济尽管存在的时间还很短暂，却是高度发达的社会化生产背景下，运用当下最为先进的大数据、云计算和移动互联网，甚至人工智能技术，并在从实体经济到虚拟经济中的许多行业实现了渗透并迅猛扩张，面对的是层出不穷的新业态、新模式和前景广阔的市场空间。最后，不可否认的是，这种新个体的生产关系的成长，又是当代在世界范围内占据主流地位的资本主义生产关系与生产力常态化的变革相适应，不断进行自身调整的"副产品"。为了克服不断出现的各种矛盾，资本主义开始借助数据化的生产要素和平台化的企业组织，使千万个新个体实现互联互通，呈现出最具效率的分工协作，实现资本积累的最终目的。

因此，从纯粹技术或经济关系角度，无法确切描述新个体经济的内涵和外延。在所有制层面上，新个体经济表现为在直接的、最终的生产活动中拥有生产资料，但在以互联网平台分工协作为基础的、整体的生产活动中并不拥有全部生产资料，特别是以数据、程序和算法所构成的平台系统，恰恰是平台企业所有的关键资产。并且在许多场合中，平台系统掌握了商品或服务需求和供给双方的有效资源，其重要性已经远超其他生产资料。在劳动组织形式上，新个体经济在很大程度上仍然以个人劳动为基础，但已经处于互联网覆盖范围内广泛而细致的分工协作中，平台的聚合功能将同类的个体劳动高效整合在一起的同时，个体劳动的时间和空间上仍旧体现出分散的特征。传统的家庭化的经营方式逐渐被最微小的个体单元取代，但由于依托平台对接消费者和各种要素，使得过去完全意义上的独立经营也几乎不复存在。不仅如此，许多精益平台不仅提供中介职能，在许多场合还可以通过复杂的系统对个体劳动过程实现控制，使得个体经营的独立性进一步减弱。在分配关系上，平台企业在许多现有的行业中也拥有很大程度的决定权，在普遍流行的佣金或抽成模式下，个体劳动所得在平台企业的视角下也成为某种意义上的要素收入，全部劳动所得中有一定的比例，最终成为平台企业的资本收益。如果在上述三个层面上，个体劳动者还能够在相当程度上拥有一定的生产资料，在劳动过程中呈现出相当的自主性和控制力，并且在收入的分配上掌握了一定程度决定权，我们就可以认定其存在个体经济的基本属性，可以归入新个体经济范畴；相应地，如果在上述三个层面上与之发生背离，则转而退变为资本主义性质的雇佣劳动关系（见图6.1）。

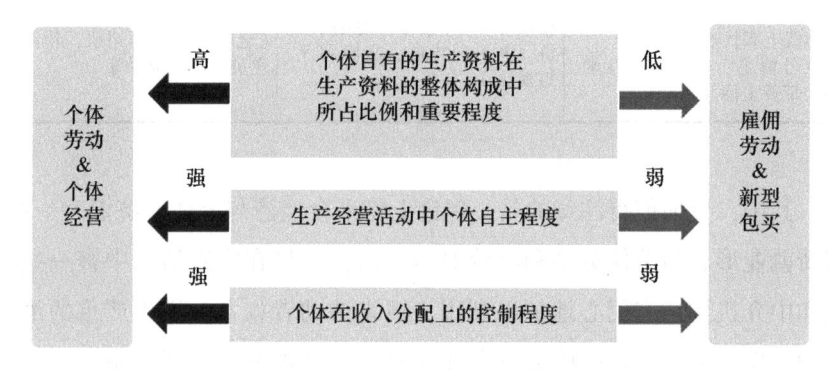

图6.1 划分个体劳动/经营与雇佣劳动/新型包买的三重标准

所以，我们不能仅凭表面上的劳动方式，而不看其是否具备个体经济的基本属性，就笼统地认定某一类职业属于"新个体"。同时，我们也很容易发现，新个体经济在生产关系上的双重属性，在不同的行业、部门以及地域，各自展现出的相对强弱程度是不尽相同的。这取决于个体自有的生产资料在生产资料的整体构成中所占比例和重要程度高低、在生产经营活动中个体自主程度高低以及个体在收入分配上的控制程度的强弱。据此，我们可以将当前出现的一些新个体职业（尽管按职业划分有一定局限）进行分类，有的更偏向于个体经济关系，或者称其所具有的个体经济属性较为明显；有的则更偏向于一种有别于传统形式的雇佣劳动关系，或者称其所具有的个体经济属性不太明显（见表6.1）。例如，有学者指出，一些平台的全职网约车司机，以及许多平台上的全职外卖骑手，既没有劳动力和服务的议价权，在劳动过程中又受到严密的系统控制,甚至依靠租赁或其他非自有渠道获得车辆,就已经在事实上转变为平台企业的雇佣劳动者,而非新个体经济从业者。①

表 6.1　　　　基于个体经济属性强弱程度的职业分类

个体经济属性较为明显,属于较为典型的新个体职业	有一定个体经济属性,属于带有一定新个体色彩的职业	个体经济属性模糊,偏向于平台雇佣&包买体制下的职业
微商、个体电商 个体线上餐饮经营 公众号博主、全媒体运营师、 网红带货主播等	在线学习服务师、网络直播员、电子竞技员、文案写手、短视频 up 主等	(全职) 网约车司机、物流配送员、外卖骑手等

其中,更加值得注意的是,理论上将平台经济与个体经济混为一谈,将新就业形态与个体劳动和经营混为一谈,容易在实践活动中被一些企业和中介机构别有用心地加以利用,损害劳动者权益,滋生严重的消极影响。据报道,近期一些地方有外卖平台、外卖配送商要求骑手注册个体工商户资格之后,才能接单送外卖,变相规避用工主体责任,实现避税、避社保、避劳动关系的目的。② 因此,只有在生产关系上科学认识新就业形态,才能在实践中科学规划新就业形态的发展路径,使相关各方互利共赢,共建和谐劳动关系。

三　新就业形态出现的原因及其积极作用

从根本上讲,新就业形态的出现是中国非公有制经济适应生产力不断发展的结果,是新时代中国社会主要矛盾变化特别是经济高质量发展的客观要求。一方面,人民群众更加多样化和即时化的消费需求不断产生,呼唤灵活而个性化的生产经营活动;同时,多元化、便捷化的工作

---

① 参见齐昊等《网约车平台与不稳定劳工——基于南京市网约车司机的调查》,《政治经济学评论》2019 年第 3 期。

② 参见《三问外卖骑手"个体工商户化"》,《工人日报》2021 年 9 月 28 日第 4 版。

方式、生活方式不断涌现,催生出创新和创业需求。借助个体劳动和经营的形式,提供灵活、精准且多样化的产品和服务,充分发挥并发展了广大新个体经营者具备的学习能力、交往能力以及独立完成复杂任务的能力,也在一定程度上提升了工作的自由度和灵活性,甚至使他们的个人期望、兴趣爱好和多元化的发展目标得到满足,从而进一步推动消费升级、产业升级、产品迭代和模式进化,产生新的经济增长点。在当前,标识双重或多重职业身份,进而形成双重或多重社会身份(社会角色),或者双重、多重的兴趣爱好、生活方式等的"两栖青年""斜杠青年"越发受到社会追捧。

另一方面,发展不平衡不充分成为当前中国发展中面临的突出问题,尤其是服务业供给结构不合理、生产要素流动不畅、就业压力加大等问题亟待破解。这些客观实际情况要求我们必须抢抓新一轮科技革命和产业变革的重要机遇,不失时机地支持和引导新就业形态发展壮大。首先,中国的传统服务业仍然存在一定的市场壁垒和信息不对称,很大程度上抑制了本应井喷式出现的服务需求,如出行领域常年依靠固定牌照的出租车,在高峰时段无法作为公共出行方式的有效补充,释放更多有效供给;而城市内部传统物流渠道的闭塞与低效率,又对消费品零售业务的拓展长期形成抑制作用。其次,中国劳动力市场长期存在着较为严重的区域、部门和行业分割现象,传统部门劳动效率难以提升,并存有一定程度的冗员;而新兴部门和产业局部面临劳动力短缺的同时又难以实现劳动力的有效整合,这导致整个劳动力市场交易成本过高,缺乏应有的流动性和灵活性,形成一定程度的人力资源浪费。最后,中国近年来的就业压力不断积累,劳动力人口基数和比重巨大,新增就业人口连年上升。以高校毕业生为代表的相对高素质劳动力人数每年新增已超过1000万,再加上海外归国留学人员和高中、中专毕业生,传统就业部门难以短期内充分将其消化。而且,这部分新增就业人口还面临着空前的结构性错配问题,极易形成隐性失业,加重家庭和社会负担。

新就业形态的积极作用主要体现为以下六个方面:一是创造了大量

就业机会，有利于中国持续缓解就业压力。2012 年以来，随着中国经济发展步入新常态，经济增长速度有所减缓，供给侧结构性改革中的"三去一降"政策对过剩产能的调整产生了影响，这使得中国的就业问题变得更加显著。然而，新就业形态以其强大的就业拉动作用，成为中国解决当前就业总量问题的重要抓手。不仅如此，新就业形态在应对中国目前的结构性就业难题方面发挥了重要的积极作用。结构性失业问题的核心之一在于缺乏有效的对接机制，而寻找就业机会的过程是造成失业期延长的主要因素，这个过程增加了时间成本和摩擦成本。许多新就业形态的工作和技能的匹配实现了高精度智能化，强大的后台技术运算能够使需求和供给实现即时的点对点对接，从而大幅降低了整个劳动力市场上搜寻与匹配的交易成本。[①] 二是创造了大量的新职业，激发劳动者技能发展。2019 年人力资源和社会保障部建立完善新职业发布制度，实施职业分类动态调整，此后每年发布 1 批至 2 批新职业信息，其中绝大多数职业与新就业形态直接或密切相关。这些新职业在生产组织形式上发挥了重要的引领变革作用，并且间接地形成了改善收入分配的调节机制，激活了人民群众高品质消费需求，发挥了畅通国民经济循环、扩大社会再生产边界的宏观作用。[②] 三是互联网平台具有的即时响应、灵活调整及去中心化管理的特点，可显著提高重点领域的劳动力配置效率。国家信息中心统计数据显示，2017 年，"运满满"将中国公路物流此前高达 37% 的空驶率降低 10% 以上，平台上司机平均找货时间从 2.27 天降为 0.38 天，月行驶里程由 9000 公里提高到 12000 公里，承运次数由每月 9 次提升到每月 11 次；"美团点评"的智能实时调度系统，使人均日配送单量增长 46%，单均配送成本下降 20%，准时率超过 98%；"名医主刀"借助平台上沉淀的大量医患数据，简单病例 1 分钟、复杂病例半小

---

① 王娟：《高质量发展背景下的新就业形态：内涵、影响及发展对策》，《学术交流》2019 年第 3 期。
② 戚聿东等：《数字经济时代新职业发展与新型劳动关系的构建》，《改革》2021 年第 9 期。

时就能为患者找到最合适的专家。① 四是有利于破解劳动力市场分割，促进非正规就业向正规转化。新就业形态为传统上统计难、管理难、服务难的灰色就业、隐形就业和自由职业者等自由进入正规劳动力市场，提供了机会和便利。调研发现，大量网约车司机是原"黑车"司机，大量共享单车运维员是地铁站"摩的师傅"、"三轮车师傅"、马路牙子上支摊的"修自行车师傅"等，大量网约家政员是非正规小中介的家政服务员等。有了依法注册的"平台"，就为工商、税务、社保、统计、网信、党建、工会等各类党政群相关部门将这些劳动者纳入监管、服务范围，使其从"不好找""找不到"的"暗就业"转变为可依法管理服务的"明就业"提供了载体。② 五是有利于减少就业歧视，增加弱势群体就业机会，尤其是为女性提供更多就业选择，在一定程度上优化了女性的就业结构，增加了女性的就业优势，弥补了女性在就业上的社会网络不足，促进了女性的经济独立。③ 六是在一定程度上有利于增强劳动者就业自主性。新就业形态工作方式的灵活性和弹性化，在一定程度上为那些不适应固定上班时间和全职工作的人员、拥有充裕工作时间的个体以及一些适合兼职和多地点执业的专业技术人员等提供了更为便捷的进入和离开工作场所的途径，这有助于促进就业的自主性增强。此外，这种自主性还体现为，劳动者能够在一定场合下自由选择是否提供服务，以及提供服务的具体模式。

第二节 新就业形态的代表性工作

一 电商与微商

电子商务通常是指在全球各地广泛的商业贸易活动中，在互联网开放

---

① 参见国家信息中心《中国共享经济发展年度报告（2018）》，2024年8月9日，国家信息中心、国家电子政务外网管理中心网（http://www.sic.gov.cn/sic/83/79/0302/8856_pc.html）。
② 汪雁、张丽华：《关于我国共享经济新就业形态的研究》，《中国劳动关系学院学报》2019年第2期。
③ 宋月萍：《数字经济赋予女性就业的机遇与挑战》，《人民论坛》2021年第30期。

· 199 ·

的网络环境下，基于浏览器/服务器应用方式，买卖双方不见面地进行各种商贸活动，实现消费者的网上购物、商户之间的网上交易和在线电子支付以及各种商务活动、交易活动、金融活动和相关的综合服务活动的一种新型商业运营模式。①它涵盖的范围很广，一般可分为代理商、商家和消费者（Agent、Business、Consumer，ABC），最主要的经营模式可以分为企业对企业（Business-to-Business，B2B）、企业对消费者（Business-to-Consumer，B2C）2种；也可以分为大卖场模式（电商平台给商户和顾客提供交互平台，为商户提供技术支持，向商户收取费用获得收入）、代理商模式（电商平台将商户的产品或服务预先购买再通过平台转销给顾客，平台因提供销售服务获得收入）、混合型模式（混合了以上两种运营模式，主体之间互动关系更为复杂）和自营模式（电商平台没有第三方商户，直接与顾客产生交互）4种。②据商务部统计，2020年中国电子商务对经济的贡献率为36.71%，相关从业人数达6015万人。③

电子商务催生了大量就业岗位包括网络策划、网络营销、联网贸易、物流管理、网络维护、网站设计、网站编辑以及网站推广与网站建设等，而衍生的各类岗位更多，这些岗位同时涵盖了传统就业形态和新就业形态，大体可以分为技术类、商务类和综合管理类3种门类：技术类岗位包括平台规划、网络编程、电子商务平台安全设计、网页设计、数据库建设、程序设计、站点管理与技术维护、颜色处理、文字处理、图像处理、视频处理等；商务类岗位包括网络营销、品牌管理、客户服务、市场开发、频道规划与推广、信息管理、客户管理等；综合管理类岗位主要包括项目经理、部门经理等，从事整体规划、建设、运营和管理。其中，基于电子商务平台的新就业形态的重要特征是电商平台所培育的"生态系统"，随着电子商务范围不断扩大，逐渐发展成为一个复杂的网

---

① 方建生等主编：《电子商务》，厦门大学出版社2014年版，第1页。
② 季亚男：《两种典型运营模式下电商平台与商户的合作及竞争机制研究》，博士学位论文，中国科学技术大学，2016年。
③ 参见《"日新月异"的飞速发展》，《光明日报》2022年6月9日第5版。

络或相互连接的系统,共同构成了电子商务的全部业务。每当电子商务生态系统各组成部分工作分工细化,就会产生新的工作。[1]

社交电子商务(Social Commerce)将关注、分享、沟通、讨论、互动等社交化的元素应用于电子商务交易过程,是电子商务的一种衍生模式。新兴的移动社交电商融合了移动网络、社交互动和电子商务三个领域的特质,电商平台利用社交网络作为新的接入途径,这为许多企业带来了丰富的直接销售利润;此外,社交作为提升用户黏性和维护用户忠诚度的工具,也得到了电商平台的高度评价和利用。常见的导购社区、分销聚合、团购等形态的移动社交电商更是显示出改变国内电商行业格局的巨大力量。[2] 如迅速风靡的生鲜社区团购,以社区为节点,线上建立社群,选择符合要求的"团长"负责前端的销售和群关系维护,能够覆盖几十到数百个消费家庭;平台则提供供应链、物流仓储及售后支持。在社区团购商业模式下,为数众多的全职家庭妇女和已退休人群陆续加入新就业形态队伍中,凭借活络的社群和邻里关系建立分销渠道并获得收入。在移动社交电商基础上,有从业者利用微信及朋友圈形成的产品销售通路闭环,进行产品营销,成为微商,进而将营销渠道逐步扩展到为数众多的社交平台,使普通用户均可以参与到经营活动中来,迎合了去中心化的互联网发展趋势。目前,微商已经成为移动社交电商的主要从业形态之一。数据显示,截至2020年年底,中国微商市场从业者数量13000万人,较2019年增加7000万人,同比增长116.7%。[3]

微商在新就业形态上的助推作用主要表现为个人微商的大量涌现。微商个体经营者充分发挥了微商在传播迅速、互动性强和群体集中等方面的独特优势,将销售过程嵌入由"熟人社交圈"打造的"亲切氛

---

[1] 张成刚:《就业变革:数字商业与中国新就业形态》,中国工人出版社2020年版,第46页。

[2] 刘湘蓉:《我国移动社交电商的商业模式:一个多案例的分析》,《中国流通经济》2018年第8期。

[3] 参见智研咨询《2021年中国微商市场交易规模、从业者数量及发展趋势分析》,2024年8月9日,智研咨询网(https://www.chyxx.com/industry/202105/948923.html)。

围"中。这种经营方式主要借助移动社交网络平台的分享与推广功能，带有更鲜明的社交特征，因此能够产生更强的用户黏着力，从而使经营活动轻易融入不同的个人生活和交往的场景之中，极大地发挥了用户的兼业和创业能力。此外，微商因其规模、体量普遍微小，更加适宜于个体经营活动，因而工作特征一般较为集成，缺乏明显的分工与协作。

二 网约出行服务

网约出行服务一般指以互联网技术为依托构建服务平台，接入符合条件的车辆和驾驶员，通过整合供需信息，提供非巡游的预约出租汽车服务。[1] 根据市场业务类型的不同可以分为网约出租车、网约快车、网约专车、顺风车和代驾等，广义上的网约出行服务还包括租车、共享单车以及停车服务等。网约出行服务中最典型的工作岗位是网约车服务，在目前国内为数众多的网约车平台中，滴滴出行一度占据了中国网约打车市场90%以上的份额，成为行业级别的平台。截至2018年6月底，滴滴出行拥有员工10000多人，合作企业20000多家，吸引了超过3060万名从业者，他们在中国400多个城市平台上至少完成了一笔交易。[2] 另据报道显示，2020年，滴滴平台上会聚了1166万名网约车驾驶员、17.95万名代驾司机以及近6000名共享单车、电动车运营维护专员。同时，该平台还吸引了3000多家租赁公司参与业务，为产业链上下游600余万人创造了工作岗位，总计拉动了1826万人的就业。[3] 由此形成了规模庞大的就业体系（见表6.2、表6.3）。

---

[1] 参见《交通运输部介绍关于网络预约出租汽车经营服务管理暂行办法等内容》，2024年8月9日，中国政府网（http://www.gov.cn/xinwen/2015-10/10/content_2944741.htm）。

[2] 张成刚：《就业变革：数字商业与中国新就业形态》，中国工人出版社2020年版，第69页。

[3] 参见《滴滴八年再出发　程维：再大的困难不言放弃》，2024年8月9日，新京报网（http://www.bjnews.con.cn/detail/159151939315224.html）。

表 6.2 滴滴平台就业体系分类①

类型	平台就业机会类型	代表性平台业务模块	主要带动就业形式
直接就业	滴滴平台自身就业	滴滴平台基础业务搭建	直接雇佣就业（含部分外包雇佣就业）
	网约车相关就业	网约车司机、租赁公司	线上零工就业、线下雇佣（或灵活）就业
	普惠业务相关就业	代驾、青桔单车运维、电单车运维	线上零工就业、线下雇佣就业
	小桔车服相关就业	小桔租车、小桔充电、小桔加油、小桔养车等	线下雇佣就业
间接带动就业	汽车生产就业	由网约车运营车辆带动相关上下游行业就业	主要为线下雇佣就业
	汽车销售就业		
	汽车维保就业		
	汽车加油充电就业		
	汽车保险就业		
"一带一路"沿线国家直接就业	海外业务就业	海外网约车司机	线上零工就业

表 6.3 滴滴平台就业带动能力测算②

类型	平台就业机会类型	测算方式	测算结果
直接就业	滴滴平台自身就业	滴滴平台人力数据计算	1.8 万人
	网约车相关就业	1. 网约车司机数量通过平台调取 2. 租赁公司就业数通过合作方总数和平均就业规模测算	1172 万人
	普惠业务相关就业	滴滴平台数据及线下统计	18.54 万人
	小桔车服相关就业	通过合作方总数、平均就业规模，以及滴滴平台引流收入占比测算	2 万人

---

① 参见中国人民大学劳动人事学院课题组《滴滴平台就业体系与就业数量测算报告》，2024 年 8 月 9 日，搜狐网（https://www.sohu.com/a/338936388_120054577）。

② 参见中国人民大学劳动人事学院课题组《滴滴平台就业体系与就业数量测算报告》，2024 年 8 月 9 日，搜狐网（https://www.sohu.com/a/338936388_120054577）。

续表

类型	平台就业机会类型	测算方式	测算结果
间接带动就业	汽车生产就业	通过汽车产业生产函数计算	631.7万人
	汽车销售就业	通过全国相关行业就业总规模,以及滴滴网约车总量占比测算	
	汽车维保就业		
	汽车加油、充电就业		
	汽车保险就业		
"一带一路"沿线直接就业	海外业务就业	通过滴滴平台调取数据	93.6万人

网约车服务的劳动过程较为简单,驾驶员首先需要完成在线注册,提供相关有效信息,接受简短的培训和测试后,几个工作日内即可得到平台认证的信息。驾驶员开始工作后,打开软件客户端,按照平台的派单或自行抢单完成匹配,打电话与乘客沟通具体上车地点,然后通常按照平台规划路线开始行程,到达目的地后,平台通过算法自动计算费用,同时乘客对驾驶员服务完成评价。在工作特征上,网约车服务普遍呈现以下四个特征。一是网约车驾驶员对于平台客户端发来的用车请求,一般而言有权自行决定是否接单。网约车平台公司对驾驶员是否工作以及时间和地点没有要求,因此具备一定的自由度和灵活性。二是网约车平台有意愿规范驾驶员的行为,运用大数据和算法对驾驶员的工作过程通过资格准入和评分软件系统实现控制和监督(也包含了来自乘客一方的主观消费体验形成的监督),由此形成了一系列准入制度、交易规则、质量安全保障、风险控制、信用评估机制等规则体系,同时具有松散和严格的特征。三是平台仅作为组织劳动力资源的基础设施,本质功能在于提供资源需求的对接,即撮合交易。为了完成交易活动,所需的生产资料主要是由资源持有者个人所提供,这通常与平台没有直接的联系。例如,许多司机使用自己拥有的车辆来提供载客服务,而这些车辆并不属于网约车平台公司所有。四是网约车司机的收入并非固定不变,而是受到市场条件的影响。一方面,

网约车平台公司会根据供求变化和其他相关因素对专车司机的补贴和分成政策进行调整；另一方面，司机的收入与他们完成的订单量直接相关。[1]

但是，也有不少调查和研究反映了网约车服务也在一定程度上存在差异化的工作特征。首先，在不同的服务模式下，工作特征呈现出一定的异质化。经常性、高频率的使用，容易触发相对严密的平台控制，司机也越容易对平台的生产体制产生依赖和认同。其次，有不少司机通过租赁公司以租代购的方式获得车辆[2]，而第三方租车公司在收取租金的同时往往与平台形成潜在的利益关系，从而改变了生产资料为司机个人所有的性质，加深了网约车司机"不稳定劳工"的性质，而网约车平台则扮演了"现代包买商"的角色，与这部分全职网约车司机已经构成了事实上的雇佣关系。[3] 最后，随着网约车平台不断发展，在业务扩张的不同阶段，也能够形成平台与驾驶员之间差异化、动态化的合作和控制机制。平台在初创期，往往会积极寻求与司机的合作，平台必须尽可能地满足司机群体的需求，最直接的表现为发放大量的补贴及其他优惠。而在市场占有率达到一定程度之后，市场格局基本锁定，寡头竞争格局使平台补贴力度开始降低，许多司机不得不通过放弃一部分自主性来获得更多的收入。当平台达成垄断地位之后，平台将主要采取主导利益分配、算法管理和资本化发展的策略，重心主要是寻求资本回报，平台对司机逐渐采取"强控制、弱合作"模式，司机群体的地位进一步被边缘化，在劳资分配中的话语权更弱。[4]

---

[1] 班小辉：《论"分享经济"下我国劳动法保护对象的扩张——以互联网专车为视角》，《四川大学学报》（哲学社会科学版）2017年第2期。
[2] 陈晓菲、王江哲：《共享经济下的网约车司机个人特征与工作特征分析》，《管理现代化》2018年第2期。
[3] 齐昊等：《网约车平台与不稳定劳工：基于南京市网约车司机的调查》，《政治经济学评论》2019年第3期。
[4] 谢玉华等：《互联网移动平台的动态劳动控制过程：基于滴滴出行的案例研究》，《湖南大学学报》（社会科学版）2022年第1期。

三 外卖与快递配送服务

随着中国电商平台的快速发展，交易规模不断扩大，以及"互联网+"助推餐饮服务业由线下向线上开拓市场，外卖与快递（网约）配送服务迅速占据新就业形态中的重要位置。统计显示，到2021年，中国一线快递员约有335万人，外卖配送员约800万人。[①] 而据外卖配送头部平台企业美团和饿了么的公开资料显示，2021年全年，在美团平台上获得收入的骑手约为527万人[②]，另有114万人通过"蓝骑士"获得稳定收入。[③] 外卖行业的用工模式主要有"专送"和"众包"两种。在"专送"模式下，由于骑手和平台之间存在明确的工作从属关系，劳动关系的争议一般不会发生；而"众包"模式下的骑手与平台之间主要表现为劳务或合作关系，而非正式雇佣关系，因此劳动关系争议较多。在国内快递行业中，运营模式主要分为直营和加盟两种形式。直营模式的公司虽然数量较少，但规模往往较大（例如顺丰和京东），以加盟为经营模式的快递公司（例如"四通一达"中通、申通、圆通、百世汇通和韵达），大多数快递员与公司没有明确的雇佣关系，使得他们与加盟方的法律关系多样且复杂。[④]

外卖配送在技术上的实现方式与网约车出行极为类似。外卖骑手的整个工作过程都与平台系统密切相关，从最初的注册环节一直到他们选择离开平台。当他们通过安装在手机上的外卖平台App完成注册程序后，骑手们就能够依靠平台系统来获取配送任务。由于骑手分为不同的类型，他们接取任务的方式也不尽相同。特别是对于众包骑手而言，他们需要

---

① 参见《让快递小哥不再"心"苦：全国政协社法委"加强快递员外卖配送员权益保障促进行业健康发展"调研综述》，《人民政协报》2021年6月9日第12版。

② 参见《美团2021企业社会责任报告》，2024年8月9日，美团网（http://www.meituan.com/zh-CN/csr/report）。

③ 参见《饿了么发布〈蓝骑士发展与保障报告〉，114万骑士获稳定收入》，2024年8月9日，新京报网（http://www.bjnews.com.cn/detail/1644846879169146.html）。

④ 参见《让快递小哥不再"心"苦》，《人民政协报》2021年6月9日第12版。

在平台系统内参与抢单竞争,而专送骑手由平台进行智能化派单,不需要抢单,当外卖平台系统分派了任务后,专送骑手便需要履行其职责,完成平台所下达的配送订单。不论是哪一种外卖骑手,在接到订单后,他们的工作步骤大体上是一致的。一般来说,骑手首先要到达商家的位置并找到相应的店铺,然后从商家那里取得餐品,最终根据顾客提供的地址将食物送达。在送餐的每个环节中,骑手都必须使用手机向平台系统报告当前的进展情况。平台系统会根据骑手上报时手机的GPS定位和配送所花费的时间来核实其上报信息的准确性。平台系统不仅对外卖骑手的送餐过程进行时间和地点的跟踪监督,还会在配送的各个环节中给出具体的操作建议,包括配送路线、次序及时间规划等。在骑手配送的同时,消费者也参与其中。骑手在向平台系统报告自己到达餐厅、取得餐品以及送达顾客等关键环节时,平台系统会实时地将这些更新传达给顾客。送餐结束后,平台系统依据骑手在配送全程中的表现,如订单是否准时送达、食物状态是否保持良好等指标,鼓励顾客对骑手的服务质量进行评价,同时根据顾客的评价来决定对骑手的奖励或者处罚。[①] 此外,外卖骑手还要接受所属配送站点的线下管理。其中,专送站点直接对骑手进行管理,这包括组织每天的晨会、规定具体的工作时间、处理意外事故或特殊情况以及确定订单费用等;相对地,众包站点的管理方式较为间接,主要涉及对本区域骑手接单情况的数据分析,并据此调整App内的工作规范,如调整订单费用、配送时间要求以及制定奖励和惩罚措施等。与专送骑手相比,众包骑手不受站点的直接管控,因此拥有更大的工作自主性。尽管如此,在工作时间的自主性方面,专送和众包之间的差异并不大,因为平台为了保证高峰时段的配送人力,通过在线措施对众包骑手的工作时间进行了一定程度的限制,使得他们的工作时

[①] 陈龙:《"数字控制"下的劳动秩序:外卖骑手的劳动控制研究》,《社会学研究》2020年第6期。

间与专送骑手大致相同。①

对于快递配送服务而言,平台企业依靠物流追踪技术、顾客反馈机制以及薪酬体系来构建其劳动管控机制。首先,物流追踪技术要求配送人员遵循标准化的操作流程,即在收取或递送货物后,必须通过扫描快递单上的条码或二维码来上传数据,从而即时上传物流信息。这一技术全面覆盖了快递员的每一个动作,对其进行了严密的监控。其次,快递员与寄件人或收件人进行直接的沟通,完成派送和收件的过程。顾客投诉机制为顾客提供了监督的手段,从而对快递员的言行进行约束。最后,快递行业的计件薪酬体系包含了一种激励措施,即快递员通过增加揽收和派送的数量来实现收入的增加,这是他们提高收入的主要途径。同时,顾客投诉制度也包含了惩罚措施,快递员若出现丢件、延误派送等问题导致签收率不达标或引发顾客投诉,将会面临相应的处罚。② 而工作特征的差异性表现在,不同类型的快递企业采取的劳动控制形式上有所不同。电商自营型快递企业采取"控量保质"策略,严格控制快递员的配送任务和劳动强度,强调快递员的服务态度和工作质量,通过监控投递效率和客户投诉比例,并采用激励机制来指导快递员的工作,执行以服务质量为中心的劳动控制。第三方直营快递企业实行的是既重视服务质量也注重数量的劳动控制策略,也就是在投递质量和数量、客户投诉率和签收率多个方面都给予关注,对快递员进行奖惩结合的激励机制。而第三方加盟快递公司普遍缺乏标准化管理和统一的业务培训,快递员所面临的是一种以效率为首要目标、通过惩罚手段而非管理手段来进行的以数量为主导的控制策略。加盟商通常会和快递公司订立合同,负责特定区域的业务管理,并在此基础上聘用快递员执行送货工作。快递公司往往把配送量和签收率视为核心考核标准,并通过惩罚机制来行使对快

---

① 李胜蓝、江立华:《新型劳动时间控制与虚假自由:外卖骑手的劳动过程研究》,《社会学研究》2020年第6期。
② 帅满:《快递员的劳动过程:关系控制与劳动关系张力的化解》,《社会发展研究》2021年第1期。

递员的工作管理，对服务态度和服务质量的关注程度远低于前两类快递企业。①

四　网络直播与短视频制作

传统意义上的直播是广播电视节目后期合成与播出同时进行的播出方式。随着互联网技术的发展，尤其是高速移动互联网的普及应用，网络直播迅速成为一种深受追捧的传媒服务方式。网络直播以某个直播平台为载体，利用摄像技术记录事件发展进程，并在网络上实时呈现，可供其他用户直接观看并进行实时互动。常见的网络直播形式包括四种。第一种是游戏直播，即面向电子游戏爱好者直播打游戏的过程，对游戏攻略、走位、团队合作等内容进行分享和交流。目前游戏直播已经粗具规模，并催生出斗鱼、虎牙等直播平台。第二种是泛娱乐直播，它包含的范围较广，如体育赛事、唱歌跳舞、同观众进行聊天互动等，可以实现全民互动，已经成为当下流行的娱乐方式之一。第三种是电商直播，或称为网络直播营销，指主播以电商技术为基础，借助直播的形式推荐并现场销售产品。电商直播借助直播的形式吸引流量，实现订单转化，既能够让商家更好、更快地实现交易，通过构建价值认同感实现品牌传播，又能够以更实惠的价格和新颖的体验吸引观众的注意力，使其成为潜在的消费者。第四种是资讯直播，在一些重要的时间节点和大事件发生过程中，满足观众了解实时资讯的需求。② 据统计，截至2022年6月，中国网络直播用户规模达到7.16亿，占网民整体的68.1%。其中电商直播用户规模4.69亿、游戏直播用户规模3.05亿、真人秀直播用户规模1.86亿。③ 截至2021年年底，全国直播行业从业者人数已超1000万，

---

① 帅满、关佳佳：《分类控制与劳资共识分化：快递员劳动过程研究》，载《清华社会学评论》第13辑，社会科学文献出版社2020年版。
② 刘凯、黄英主编：《短视频与直播运营》，人民邮电出版社2022年版，第14—15页。
③ 参见第50次《中国互联网络发展状况统计报告》，2024年8月8日，中国互联网络信息中心网（https://www.cnnic.net.cn/NMediaFile/2022/1020/MAIN16662586615125EJOL1VKDF.pdf）。

行业主播从业人数已达123.4万。① 各类直播间通过创设招商、选品、质检、合规、客服、助播等细分岗位，创造更多就业机会。企查查数据显示，全国共有1.6万家电商直播相关企业，其中2021年新注册企业8364家。②

网络主播中的绝大多数属于新就业形态从业人员，属于线上兼职型就业，主要利用工作以外的时间录制或直播。在工作方式上，网络主播提供了一种新型的"情感劳动"方式。在直播中，主播必须利用自身情商，在流动多变的直播情境中感知和行动，根据内心感受时刻整饬自己的状态，通过随机应变、秩序维持和打造风格三种途径③，保证直播的正常进行，以获取观众打赏或进行消费。在直播过程中，主播的劳动过程具有很大程度的自主性和灵活性，平台的控制主要体现在对于直播效果和受众规模、活跃度、下单金额等数字指标，并可以通过自身技术进行介入，如对观众进行引流等，以烘托人气。此外，主播往往依靠直播公会作为中介进入直播平台获得工作机会，为了保持内容的持续更新和丰富性，平台依赖于大量主播的不断创作。为此，平台把招募和管理工作外包给了公会，公会的职责是招募新人、进行培训，并将合格的主播推荐给平台。通过这种方式，平台不仅能够直接与公会建立合作关系，还能利用公会的资源来间接管理主播。这样的策略不仅保证了人力资源的充足和内容生产的多样化，同时有助于降低管理成本和提高管理效率。④ 在收入方式上，主播主要通过直播互动获得观众赠予的虚拟礼物，再按比例与直播平台、直播公会分成后，获得相应的收入。

短视频是一种长度以秒计算，并且主要依托移动智能终端实现快速

---

① 参见《直播电商迎来持续稳健发展时期》，2024年8月9日，中华人民共和国国家发展和改革委员会网（http://www.ndrc.gov.cn/fggz/jyysr/jysrsbxf/202210/t20221031_1340500.html）。
② 参见《直播带货，合规才能"火"得久》，《人民日报海外版》2022年1月17日第5版。
③ 郑广怀等：《情商与常态规范：网络主播的劳动过程》，载《清华社会学评论》第13辑，社会科学文献出版社2020年版。
④ 张一璇：《劳动空间在延伸：女性网络主播的身份、情感与劳动过程》，《社会学评论》2021年第5期。

拍摄和编辑，可在社交媒体平台上实时分享的一种新型视频形式，它融合了文字、语言和视频，使用户接收的内容更为生动、立体。短视频的出现迎合了当下碎片化的浏览和社交方式，可以有效推广品牌，具有门槛低、制作简单、互动性强、创意和个性化、目标精准等优势。按照生产方式不同，短视频可以分为 UGC、PGC、PUGC 三种类别。① UGC（User Generated Content）代表普通用户，即非专业个人生产者生成内容的短视频，内容接近用户群体的日常生活，能够引起用户共鸣；PGC（Professional Generated Content）代表由专业化制作而成的短视频，旨在为用户提供更加专业的内容；PUGC（Professional User Generated Content）代表由专业用户（某一领域具有专业知识的意见领袖）制作而成的短视频，兼具 UGC 的广度和 PGC 的专业化水准。统计显示，截至 2022 年 6 月，中国网络视频用户规模为 9.95 亿，其中，短视频用户规模为 9.62 亿，占网民整体的 91.5%。② 以抖音、快手和 B 站（bilibili）为代表的头部短视频平台规模也在近几年不断扩张。2021 年年底，B 站短视频创作者中的月均活跃 up 主已达 270 万③；而快手充分发挥流量普惠优势，每年有超过 2000 万人通过不同形式在快手取得收入。④

短视频同样具有社交属性，许多短视频制作者热爱摄影摄像，喜欢与他人分享自己生活中的感受，并通过社交平台中他人对自己的关注和互动来满足自我情感需求。但与网络直播不同的是，短视频平台的用户作为受众和生产者的角色可以相互转换。短视频的制作模式也呈现因类别不同的差异化特征。在 UGC 模式下，短视频制作者往往不借助专业基础设备和资源，大多是利用自己的智能手机进行简单且随意的拍摄、剪

---

① 刘凯、黄英主编：《短视频与直播运营》，人民邮电出版社 2022 年版，第 4—6 页。
② 参见第 50 次《中国互联网络发展状况统计报告》，2024 年 8 月 9 日，中国互联网络信息中心网（https://www.cnnic.net.cn/NMediaFile/2022/1020/MAIN16662586615125EJOL1VKDF.pdf）。
③ 参见《2021B 站创作者生态报告》，2024 年 8 月 9 日，bilibili 网（https://www.bilibili.com/read/cv14332832）。
④ 参见《每年超 2000 万人在快手获得收入》，2024 年 8 月 9 日，中国青年报客户端（https://s.cyol.com/articles/2021-08/26/content_r2lBwXh3.html）。

辑并即时上传，题材和内容比较庞杂，从制作流程上来看也非常的碎片化，没有专业的脚本设计和定期更新，一般也不带有商业推广或产品营销功能。而在 PGC、PUGC 模式下，短视频由专业制作人或团队完成，通常需要专业化的拍摄装备、稳定器甚至无人机等设备，质量一般会更有保障。在后期制作上，视频能够在高端配置的电脑和专业化的视频剪辑软件指导下实现大量素材的融合，使作品在语言镜头、剪辑节奏、字幕表达以及配乐融合方面呈现较高水平。同时，在进行拍摄工作前需要创作者对整个作品的框架及画面呈现有所设计，再结合主题进行自主发挥创作。最后，短视频平台和 MCN（多频道网络，Multi-Channel Network）在短视频制作过程中同样发挥了重要作用，前者通过提供海量素材和创意框架，在一定程度上弱化了作品结构搭建的难度，在技术和展示空间上对制作者进行扶持；后者同时承担了深度整合和中介者的功能，并对市场上分散的视频制作者所生产的作品进行深度打造和包装，进而批量向平台和网站供给，以保障持续性的内容输出。短视频制作者取得的收入主要来自平台方以现金形式对优质作品发放的创作激励，并且同粉丝数量（关注量）、点赞数量、播放量、完播率、评论数、转发量等指标相关；还来自植入商业推广或产品营销所带来的收入，通常是短视频作者、平台方、MCN 等机构与销售商之间的收益分成。

五 知识与技能分享服务

知识技能分享，就是把个人或机构分散、盈余的知识技能等智力资源在互联网平台上集中起来，通过免费或付费的形式，分享给特定个人或机构，最大限度利用全社会的人力资源，以更高的效率、更低的成本满足生产及生活服务需求。[①] 知识技能分享从工作种类看，专业知识解答、在线教育辅导、网络文学创作、在线诊疗服务、互联网家政服务、互联网家装服务等均可以包括在内。据统计，2021 年，在中国共享经济

---

① 参见《中国分享经济发展报告（2016）》，2024 年 8 月 9 日，国家信息中心、国家电子政务外网管理中心网（http://www.sic.gov.cn/sic/82/568/0229/6006_pc.html）。

市场交易额中，知识技能分享形成的交易额达到4540亿元，在近几年维持了强劲的增长势头。① 近来，中国已形成了一大批知识与技能分享服务平台，有在线教育类的如沪江网校、网易云课堂；知识平台类的如知乎、喜马拉雅、豆瓣时间；专业平台类的如36氪、雪球、丁香医生；等等。知识与技能分享服务也带动千万级别的专业和兼业劳动者加入进来，其中有相当一部分属于新就业形态从业者，也有一部分属于传统就业人员衍生出的兼业者。例如：在在线教辅领域，2020年仅K12头部十余家在线教育机构辅导老师的数量就已经接近10万；② 而当年加入在线创作队伍的网络作家数量更是多达1750万。③ 截至2022年3月，与阿里健康签约提供在线健康咨询服务的执业医师、执业药师和营养师合计近16万人。④

　　知识与技能分享服务的工作方式按照工作种类的不同呈现出很大差异。首先，对于单纯借助平台作为供求中介，而服务方式仍以线下传统形式开展的工作而言，劳动过程较之前没有显著改变；而以互联网为媒介以线上形式开展的服务活动较之前更加体现出专业化和标准化的特征，并且更加针对目标用户的具体需求，很大程度上在于互联网平台在服务生产中进行的规范。如有学者观察到一些网络文学创作平台将小说题材、角色标签、主角身份、故事流派、故事元素都进行了详细分类，一番选择下来，小说创作的大致方向已经被贴上标签和规定，这样就在事实上形成了类似于众包的网络文学创作体制，并造就了组织化、团队化的写作方式。⑤ 其次，作为更加高级的知识分享和在线教育活动而言，需要

---

① 参见《中国共享经济发展报告（2022）》，2024年8月9日，国家信息中心、国家电子政务外网管理中心网（http://www.sic.gov.cn/News/557/11278.htm）。
② 参见《首份"在线学习服务师"新职业群体调研报告发布：95后高学历应届生涌入》，2024年8月9日，中华教育网（http://www.edu-gov.cn/edu/12798.html）。
③ 参见《胡邦胜：中国网络作家数量已达1750多万》，2024年8月9日，中国青年报客户端（https://s.cyol.com/articles/2020-08/23/content_DaxzQZfz.htm）。
④ 参见《优化沟通环境　为患者提供线上就诊服务》，2024年8月9日，新华网（http://www.news.cn/health/2022-08/19/c_127775293.htm）。
⑤ 胡慧、任焰：《制造梦想：平台经济下众包生产体制与大众知识劳工的弹性化劳动实践——以网络作家为例》，《开放时代》2018年第6期。

生产者持续投入大量复杂劳动，并且倾注相当的个人热情，维持内容的趣味性、新颖性和异质性，并辅之以相应的平台社交功能来保持一定的用户黏性，但同时，即使生产者投入大量时间精力，由于消费者消费服务产品获得的结果具有不确定性，因此也不一定能收到良好的市场效果。再次，互联网平台对于劳动过程的控制相对更为间接、隐蔽化，主要体现在基本服务规则和职业规范的设定上，在数字化的监控手段上没有过于突出的体现。最后，在服务收入的分配上，平台普遍具有一定话语权，并使之发挥出激励效果。当然，服务生产者除了获取收入之外，同时看中的还有借助平台社交，获得声望、机会，以及新的社会关系。

第三节 新就业形态的发展趋势、矛盾和挑战

一 新就业形态的发展趋势

目前，新就业形态从业人员在中国已经成为一个规模巨大的新生就业群体。李克强总理在第十三届全国人民代表大会第三次会议记者会上指出，现在新业态蓬勃发展，大概有 1 亿人就业，我们的零工经济也有 2 亿人就业。[①] 而在这些就业人口中，新就业形态就业群体无疑占据重要地位。伴随着"互联网＋"和平台经济在中国的快速发展，新就业形态的就业吸纳规模必然越来越大。据统计，2015 年，以共享经济领域参与提供服务者为代表的新就业形态群体人数已经发展到约 5000 万人左右，其中包含平台企业员工约 500 万人，占当年劳动人口总数的比重为 5.5%。[②] 到 2020 年，参与提供服务者数量已经达到约 8400 万人，约占当年劳动人口总数的 9.5%，平台企业员工数约 631 万人（见图 6.2）。[③]

---

① 参见《李克强总理出席记者会并回答中外记者提问》，2024 年 8 月 9 日，中国政府网（http://www.gov.cn/premier/2020-05/29/content_5515798.htm#1）。
② 参见分享经济发展报告课题组《中国分享经济发展报告：现状、问题与挑战、发展趋势》，《电子政务》2016 年第 4 期。
③ 参见《中国共享经济发展报告（2021）》，2024 年 8 月 9 日，国家信息中心、国家电子政务外网管理中心网（http://www.sic.gov.cn/sic/93/552/557/0219/10775.html）。

也就是说，中国新就业形态的从业人员数量在 6 年间净增 2400 万，年均增长 600 万人，年均增长率接近 10%，远超同期中国城镇就业人员增速。即便考虑到近年来新就业形态从业人员增速放缓的趋势，按照年均 300 万人的增量保守估计，到 2025 年左右即"十四五"末期，中国新就业形态从业人员数量也将突破 1 亿人。鉴于新发展阶段新技术、新产业、新业态和新商业模式的开发和迭代将进一步加速，新就业形态将对中国经济发展发挥出更为巨大的拉动作用，对促进更高质量和更加充分的就业发挥更为明显的"蓄水池"和"稳定器"作用，这是未来中国劳动力市场发展的重要趋势之一。

图 6.2　2015—2020 年中国共享经济参与提供服务者人数

资料来源：国家信息中心：历年《中国共享经济发展报告》①。

具体来看，我们可以根据新就业形态从业人员增长态势，以及中国以互联网平台为依托的共享经济的整体发展状况（见图 6.3、图 6.4），进一步将这段时间划分为三个阶段，在这三个阶段中，新就业形态呈现出不同的发展趋势。

---

① 历年报告名称略有不同，2016—2017 年为《中国分享经济发展报告》；2018—2019 年为《中国共享经济发展年度报告》；2020—2022 年为《中国共享经济发展报告》。

非金融部门市场交易额（亿元）

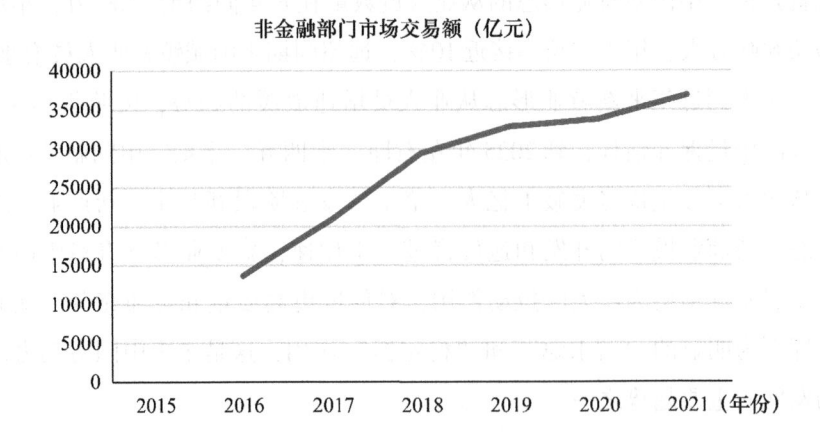

图6.3　2015—2021年中国共享经济非金融部门市场交易额

资料来源：国家信息中心：历年《中国共享经济发展报告》。

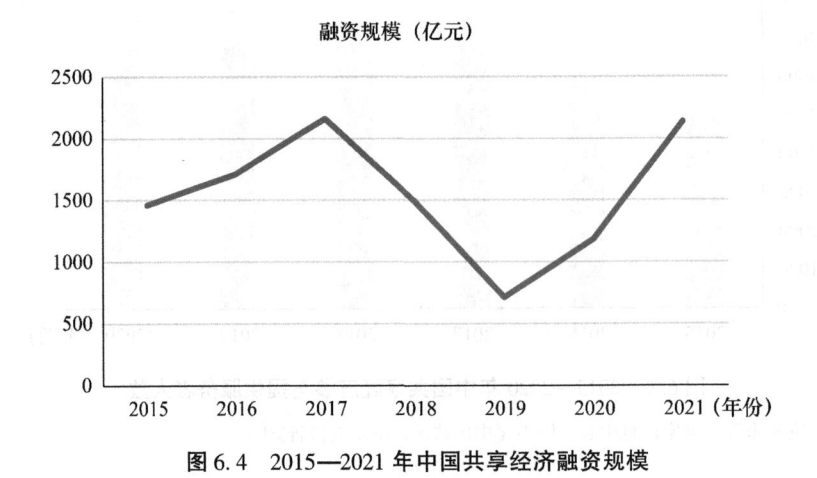

融资规模（亿元）

图6.4　2015—2021年中国共享经济融资规模

资料来源：国家信息中心：历年《中国共享经济发展报告》。

从2009年到2012年，是新就业形态的萌芽和起步阶段。随着互联网潮流的兴起，中国的互联网领域得到了初步快速发展，出现了带有众包色彩的平台网站和一些有影响力的平台企业。这些早期出现的平台企业开始吸引有限规模的劳动和经营者从事兼业活动，此时，从业者队伍并不稳定，全职化的从业趋势尚未呈现，从业人数增长速度也相对较慢，相对于进入新就业形态"试水"而言，传统固定的就业形式仍然更受劳动者青睐。

从 2013 年到 2018 年，是新就业形态的快速成长阶段，这一阶段也是平台经济的迅猛扩张期。随着技术和商业模式的成熟，平台企业在数量和市场规模上都呈加速成长态势，融资活动加速进行，部分领域的代表性平台企业体量和影响力迅速扩大，逐渐成为"独角兽"平台。这一时期新就业形态在进入门槛、自由灵活和收入水平上的优势开始不断显现，从业人数迅速壮大，并且在局部呈现出稳定化、全职化特征，新就业形态开始逐渐成为新就业和再就业劳动者的主要选择之一。

从 2019 年至今，新就业形态逐渐进入深度整合和高质量发展阶段。这一阶段值得我们注意，共享经济参与提供服务者人数和共享经济非金融部门市场交易额增长出现明显放缓趋势（见图 6.2、图 6.3），共享经济融资规模出现了先降后升的趋势（见图 6.4）。2018 年，共享经济领域直接融资规模同比下降 23.2%，首次出现负增长，而在 2019 年继续同比下降 52.1%，直接融资规模尚不及 2017 年的 1/3，对持续吸纳就业产生了一定削弱作用。互联网平台经济领域在持续的激烈竞争和政府监管的逐步介入之下，进入格局重塑和深度调整期。一方面，投资持续向头部企业集中，部分平台企业事实上形成垄断地位，初创企业和小微企业的融资难度加大，对新就业形态工作机会和数量产生抑制；另一方面，市场竞争对平台企业及其相关就业的"洗牌作用"也开始显现，不同行业和企业之间的分化十分明显，导致新就业形态从业人员工作稳定性出现下降，流动性有所上升。但这同时也意味着新就业形态的发展模式正在经历由数量和规模驱动向质量和效益驱动的转变，有利于从长远上增进从业人员和平台企业双方的共同利益。

二 新就业形态发展引致的三组矛盾

新就业形态的出现和迅速发展，在中国就业、劳动过程和收入分配中带来了三组新的矛盾：一是在就业领域同时发挥了补偿效应和替代效应，亦即在创造了新的就业机会的同时，消灭了一部分传统职业和就业岗位；二是在劳动过程中既促进了个体劳动和经营者积累自身以人力资本为代表的要素禀赋，又表现出"去技能化"的鲜明特点；三是在收入分配上同时存在着改进收入分配状况与日益凸显的"马太效应"。以上三组矛盾，将在新就业形态发展过程中长期存在，我们必须要在科学分析的基础上引起足够重视。

第一，新就业形态对就业的补偿效应，在发展初期表现得最为明显。由"互联网＋"和平台经济带动的新就业体现在产业、行业、企业和技术等多个层面而在职业层面更加亮眼。在2019—2021年中国陆续发布的几批新职业当中，不乏电子竞技员、电子竞技运营师、网约配送员、全媒体运营师、互联网营销师、在线学习服务师、电子数据取证分析师等几乎完全或很大程度上属于新就业形态的新职业。不仅如此，数字平台的出现和繁荣，还促成了传统的创业模式向分享式协同式创新型创业模式的转变，创业创新效率得到显著提升。2021年，全国拥有的众创空间数量已经突破9000家，全国创业孵化机构在孵企业和创业团队接近69.8万家，共吸纳就业498.32万人。[①] 同时，新就业形态背后的大数据、云计算和人工智能技术也发挥出了不可忽视的就业替代效应，使中国一些传统行业和产业吸纳就业能力趋于放缓，或是将传统领域的就业人群逐渐转变为新就业形态的从业人群，甚至出现绝对的排挤作用。新就业形态主要存在于服务业领域，而新一轮技术革命在服务业体现出的作用深化应用各类智能、智慧技术，最大限度提升服务效率，降低劳动要素过于密集所产生的成本。例如，当前人工智能语音识别技术取得巨大突破，可以替代传统的录入和翻译，甚至可以替代一般层次的人工客户服务；大量自媒体平台和相关技术的出现和推广又使得传统的新闻采编人员被逐渐替代等。马克思资本积累理论中所提及的技术进步导致资本有机构成提高，进而产生生产技术条件对工人就业产生排挤的定论，依然有可能重现。

---

① 参见《报告：我国创孵机构超1.5万家》，2024年8月9日，经济参考报网（http://www.jjckb.cn/2022-09/27/c_1310666271.html）。

第二，新就业形态对于普通劳动者而言，在一定程度上的确能够发展出更加丰富的劳动技能，从而有助于人力资本的积累，放大自身在劳动力市场中的就业机会。考虑到中国目前的新就业形态从业人员主要集中于劳动密集型服务业中的生活服务、交通出行、知识技能、住宿餐饮等领域，而教育、医疗和知识付费等知识技能密集型行业所占从业人员比重仍相对较低；并且从业人员主要为高中及中专文化程度的青年农民工，它们所具有的素质技能水平总体上较为有限，而新就业形态能够使他们普遍接触到更为高级的生产条件，并从中持续性地掌握职业技术和从业技巧。不仅如此，出于业务上的需要，很多互联网平台企业还有意识地在他们进入从业队伍时对基本的行业知识和生产技术进行普及或专项培训，大大降低了从业门槛。例如一些外卖平台会对新加入的骑手进行职业技能培训，涉及服务意识、配送技能、快速的工作融入以及安全培训等方面；而很多短视频平台也会向新手推介大量关于基础知识、视频制作与剪辑、账号管理和运营、内容变现以及"直播带货"方面的多媒体教程，能够将一个仅具有一般计算机操作和软件应用能力的普通人快速打造成一个较为熟练的短视频制作者。但是，平台企业有动力提升新就业形态从业者的专业型人力资本，并不意味着同样有动力提升他们的通用型人力资本。对于劳动者而言，不断提升自身在劳动力市场中的地位和收益，从长远来看也更加依赖于提升自身的通用型人力资本，但是现有的平台化分工协作机制与生产经营体制在无形中发展了两种人力资本积累上的对立。现实中，许多长期挂靠在某一类平台上全职工作的新就业形态从业者往往随着自身熟练程度和收入水平的提升，越来越没有动力接受更为进阶的教育和培训，对素质技能长久提升形成制约。例如，近年来许多地区和行业针对新就业形态从业人员，提供了许多不同类型的公益性的技能培训机会，但很多外卖小哥、网约车司机等为了赚取更多的钱，往往不愿意花时间参加。不仅如此，新就业形态引起的劳动过程同质化、"去技能化"由于行业和岗位的特殊性更加显著。像代表性的网约车驾驶以及外卖配送，本身就属于较为简单的体力劳动，而互联网平台进一步延续了泰勒制的传统，通过数字化众包技术，不断把岗位职责拆解为微小的工作任务，使劳动者只需要从事碎片化和低技能的工作，成为按平台指令"从事简单劳动的操作工"①。长此以往，新就业形态带来的时间和场景上的自由灵活的一面必然会被逐渐侵蚀，再次被单调、重复和高强度所取代，逐渐退变为一种"数字泰勒主义"（Digital Taylorism）② 生产体制，算法的不断精益和算力的不断累进又会逐渐强化资本对于劳动过程的效率控制，甚至会触发由此带来的失序危机。不仅如此，平台化的分工协作机制还拆解了劳动者与社会的关联，剥夺了他们的关系空间，从而使他们在社会中愈加被孤立和边缘化。

第三，新就业形态在普通劳动者、经营者群体中带来的收入分配上的"改进效应"和拉大全社会收入差距的"马太效应"同时存在。不容否认的是，新就业形态通过大量吸收中低技能劳动者参与服务生产和经营活动，有效地提升了他们的收入水平，具有缩小全社会收入差距的积极作用。相关公开资料显示，2019 年，挂靠滴滴平台的专职和兼职网约车司机平均月收入为 2522 元，网约车司机月均毛收入排名前 10 的城市，司机平均收入均高于当地最低工资标准。③ 2020 年，挂靠美团平台的骑手，月平均收入为 4950.8 元，其中专送骑手月均收入达到 5887 元，众包骑手月均收入为 4557.2 元。而 2020 年，农民工月均收入 4072 元。无论专送还是众包骑手，在月收入上均显著高于全国农民工平均水平④，还有 7.7% 的骑手月均收入超过 1 万元。⑤ 同时，调查发现，2020 年，370 多万在美团外卖获得收入的外卖骑手中，77% 来自农村，80 后、90 后居多。他们多是家中的顶梁柱，

---

① 乔健主编：《中国劳动关系报告（2020—2021）》，社会科学文献出版社 2021 年版，第 44 页。

② Brown Phillip and Lauder Hugh, "The Great Transformation in the Global Labour Market", *Soundings*, Vol. 51, No. 51, 2012, pp. 41 – 53.

③ 参见《新就业形态发展报告发布：网约车成稳就业重要载体》，2024 年 8 月 9 日，搜狐网（https://www.sohu.com/a/292108527_100166994）。

④ 参见《转行做骑手的年轻人》，2024 年 8 月 9 日，法治周末网（http://www.legalweekly.cn/fzzg/2022-04/21/content_8707132.html）。

⑤ 参见《约 7.7% 美团骑手今年上半年月收入过万》，2024 年 8 月 9 日，新京报网（http://www.bjnews.com.cn/detail/159489730615107.html）。

六成骑手已婚已育，四成骑手爱人选择在家照顾孩子和老人①，这说明外卖配送收入几乎构成了这些家庭的主要收入来源，并且远高于他们在户籍地的收入水平。2021 年，美团外卖超过 100 万的日均活跃骑手中，有 24.6 万名来自国家乡村振兴重点帮扶县。② 但是，互联网平台开放竞争的环境和资本化的驱动发展模式也在固化甚至扩大收入差距。一方面，很多新就业形态从业者在平台上取得的收入，形式上类似于"计件制"报酬，尽管有算法带来的差异性，但分单取酬的模式并未改变。由于在分配规则上处于劣势地位，平台通常会以提高抽成、改变奖励规则、以罚代管等多种形式变相降低从业者收益。甚至在一定程度上，出现了平台不断通过精益化算法使从业者投入时间精力越多反而收入无法相应提升，甚至出现下降的现象。另一方面，随着一些资本化衍生机构和中介机构介入平台化生产体制，从业者之间竞争的"马太效应"被无限放大：极少数从业者在资本力量的加持下迅速占据头部地位并不断巩固，获得丰厚的回报；而绝大多数从业者却很难凭借自身力量脱颖而出，无法获得理想的收益。尤其是在互联网直播营销和短视频自媒体行业，极少数团队化、机构化运营的头部主播、博主往往"日进斗金"，而很多中腰部以下的直播员和中小博主甚至会陷入入不敷出的境地，导致正常的经营活动难以为继。

三　新就业形态带来的各种挑战

新就业形态作为适应新时代中国社会主要矛盾转变的新生事物，发挥积极作用的一面无疑是主流，但是，新就业形态的发展依然处于成长期，仍旧带有很多不规范、不健全的色彩，给中国经济社会发展构成的各种挑战也不能忽视，这也是今后中国加强对新就业形态进行治理的一系列问题导向。

---

① 参见《美团 2021 骑手报告发布，外卖行业规模越来越大》，2024 年 8 月 9 日，知乎专栏（https://zhuanlan.zhihu.com/p/419375653）。

② 参见江小涓《美团骑手 77% 来自农村，数字平台为农村贫困人群提供更多就业机会》，2024 年 8 月 9 日，百家号网（https://baijiahao.baidu.com/s?id=1730812064209125741&wfr=spider&for=pc）。

第一，新就业形态自身带有"零工经济"和灵活就业的属性，极易受到服务市场供求变化的影响，从而为就业者带来天然的就业和收入不稳定的问题，在劳动力市场中极其脆弱。从劳动和经营收入形式来看，许多岗位和工作主要以计件或项目收入为主，而且绝大多数根本没有保底性质的收入，即便少数岗位存在，也基本为当地最低工资水平。这些均造成从业者接单机会不确定、不规则。"碎片型"的劳动任务和"按单取酬"的模式，也刺激着从业者必须主动接单，并且完全不设余地去遵守平台的严苛规则，否则就意味着没有劳动收入。在上海市面向新就业形态从业者的一项调查则显示，在 2016 年饿了么平台从业的外卖骑手中，尽管不乏高收入者，但绝大多数低于当年上海市职工平均工资（6504 元），而另有 37% 的外卖骑手平均月收入低于 5000 元。[1] 作为许多劳动者通往正规就业和自我创业的进阶途径，新就业形态工作和收入不稳定、不确定的一面无疑将削弱他们实现人力资本积累和创业资金积累的动力，对整个劳动力市场的整体稳定有序产生消极作用。

第二，新就业形态依托互联网平台算法和算力的加持，在不断将劳动效率进行极致化改进的同时，也暗藏算法趋严带来的控制危机。算法管理和控制日益成为新就业形态服务生产过程的核心特征，是依靠高度自动化、数据驱动的方式代替管理者针对平台工作者的劳动过程执行管理职能的实践过程。[2] 算法控制不仅体现于平台一方对于数据和算法的垄断，还在于不断通过算法的自我改进渗透平台的目的和意志，实现生产、管理和控制的全方位精益化。服务业市场在平台带来的网络外部性的驱动下，先进入市场的企业往往会占据先发优势地位，运用各种手段抬高进入壁垒，不断扩大市场份额，逐渐形成头部效应，即所谓"赢者通吃"，最终加速形成平台服务业市场集中度上升，形成寡头垄断的市场

---

[1] 闫宇平主编：《中国新就业形态劳动关系研究》，中国工人出版社 2021 年版，第 159 页。
[2] Brown Phillip and Lauder Hugh, "The Great Transformation in the Global Labour Market", *Soundings*, Vol. 51, No. 51, 2012, pp. 41–53.

格局。① 而在中国庞大的国内市场与平台经济中显著存在的网络外部性持续交互，又使得平台服务业的创新难以在技术层面得到有效推动，大多停留于商业模式层面，极易陷入低科技含量的"流量竞争"陷阱之中。② 这样就很可能使企业在巩固市场支配地位，成为寡头之后不是专注于技术创新和产品与服务的改进，而是在融资出现萎缩的状态下，通过不断降低算法的包容度，从服务提供者和消费者身上攫取更多利益。而处于技术劣势和离散状态下的服务提供者，普遍缺乏对平台一方的议价能力，往往只能被动适应日益严苛的算法控制，这种消极的合作状态很可能演化为直接的劳资冲突，抑或是服务提供者在"算法行动主义"③驱使下的"技术规避"和"技术盗猎"④。

第三，由于新就业形态游离于传统社会保障体制之外，产生的各种内外部风险得不到有效控制。目前中国新就业形态从业人员整体签订劳动合同的比例依旧偏低。据一项于 2021 年 9 月至 2022 年 3 月对北京新就业形态就业群体的最新调查显示，仅有 15.7% 的从业者由平台缴纳社保，6.3% 的从业者以"灵活就业"的身份自行缴纳社保，9.5% 的从业者由于是兼职身份由本职单位缴纳社保，而近 70% 的从业者依旧没有社保覆盖。⑤ 此外，现行社会保障体系建立在正规、固定就业的体制之上，在一定程度上尚无法适应大规模跨地区流动就业和高弹性灵活就业的局面。特别是在工伤保险等意外伤害保险领域，新就业形态从业者受到的保障更为缺乏。

第四，新就业形态从业人员普遍缺乏组织性，在劳动关系互动中无法发挥整体作用，由此带来话语权的缺失。由于大量从业人员与作为实

---

① 黄益平主编：《平台经济：创新、治理与繁荣》，中信出版集团 2022 年版，第 413—414 页。
② 黄益平主编：《平台经济：创新、治理与繁荣》，中信出版集团 2022 年版，第 277 页。
③ Kellogg, K. C., Valentine, M. A. and Christin, A., "Algorithms at Work: The New Contested Terrain of Control", *Academy of Management Annals*, Vol. 14, No. 1, 2020, pp. 366–410.
④ 束开荣：《构建数字劳动的物质网络：平台规训、算法协商与技术盗猎——基于"送外卖"的田野调查》，《新闻与传播研究》2022 年第 9 期。
⑤ 李营辉：《被算法裹挟的"裸奔人"：新就业形态下网约工群体劳动权益调查》，《中国青年研究》2022 年第 7 期。

际用人方的互联网平台未签订劳动合同,加上网络空间分工协作造成的劳动场景无限分散化,使得他们始终在工作过程中作为孤立的个体而存在,在技术和空间上无法实现有效聚合。此外,在许多新业态和新兴职业的起步阶段,工会对于相关从业者的覆盖率相对较低,社会力量对他们的组织程度和关怀程度也普遍难以达到期望,这些都会对他们作为一个整体向互联网平台行使有效的话语权来表达需求和维护权益产生不利影响。目前,新就业形态从业者严重缺乏这种有效的话语权,这已经成为影响他们实现权益的一个深层次问题。不少新就业形态的从业者对平台过高的提成比例、未经确认便进行的随意罚款、不公平的派单机制、延迟的收入支付、缺乏的透明度、随意变动的规则、不畅通的投诉途径,以及工作中缺乏职业安全和财产安全的保障等表示不满,但往往只能通过提出投诉或向客服反映问题等途径来传达,由于分散的个体声音影响力有限,这些反馈很少能够吸引平台和劳动监察部门的注意,导致相关问题难以迅速得到解决。①

第五,新就业形态同样面临体面就业以及可持续发展的难题。重视绩效而忽视人力和只关注物质而忽略实感是资本追求利润的普遍特性,在轻资产经营模式主导下,互联网平台公司极端重视效率提升和成本削减,借助信息平台及新兴技术的优势,在劳动管理方面刻意追求极高的工作效率,并试图逃避自己在用工和社会责任上的义务,但这种做法的副作用却使许多从业者在体面就业和职业发展方面遭遇窘境。② 一些平台企业利用技术和大数据的优势,将网约车司机和外卖员困在算法之中疲于奔命,同时采用以罚代管的粗暴方式给他们带来无穷压力且无处宣泄,把生产过程中产生的一切成本、风险和不确定性全部转嫁于从业者,并且采取各种隐性方式使其被迫服从,从而丧失自由意志甚至职业尊严。例如许多平台并不重视从业资质和门槛,在真正需要实施规范和管理的地方,往往草率应付了事,也有不少从业者普遍将眼前的工作当成过渡,

---

① 闫宇平主编:《中国新就业形态劳动关系研究》,中国工人出版社2021年版,第37—38页。
② 闫宇平主编:《中国新就业形态劳动关系研究》,中国工人出版社2021年版,第23页。

或者只图在空闲时挣外快，不可能当作长久的职业，从而加剧了整个从业队伍的涣散和无序流动。此外，由于许多互联网平台采取"烧钱经营"的方式，导致许多企业在激烈竞争的初创期就被迫退出，也在一定程度上缩短了从业人员的就业周期，使他们不得不为了实现相对稳定的收入而经常在不同平台甚至不同的行业之间转换。

第六，新就业形态快速发展演化，导致传统意义上的劳动相关法律法规出现规制空缺和滞后。在中国传统劳动法体系中，劳动关系与民事关系通过明确的"二分法"进行界定。一旦劳动关系得以确立，雇主必须严格遵守劳动法规，为员工提供全面的保障措施，这些措施覆盖薪资支付、休息时间安排、保险福利等各个方面，并承担包括工伤、医疗、养老和失业在内相应的社会保险义务；而在民事关系中，劳动者的待遇主要通过自己与雇主的协商或劳务合同来确定，并且这些待遇只是笼统的工作报酬，一般不再包含其他要素。在新就业形态中，平台企业、劳务接受者和劳务提供者之间形成了一种与传统模式不同的非典型劳动关系三角形结构，灵活多变的用工方式和错综复杂的法律条文相互交织，显著增加了最为关键的对从属性和依赖性进行判断的难度。使用过时的劳动关系认定标准将不可避免地损害新就业形态劳动者的经济利益。[1] 而在实践中，也确实存在许多互联网平台通过与个人签订"服务协议""合作协议"或"劳务协议"等不尽相同的文本，明确彼此间不存在传统意义上的正式雇佣关系，建立的是所谓提供劳务合作或中介服务的关系。部分企业甚至在协议中特别声明，平台与服务提供者之间不受劳动法律条款的约束，从而预先使劳动者放弃可能存在的劳动权益诉求。[2] 在具体的司法判决案例中，由于新就业形态相关工作带有灵活化和多样性等特征，通常难以界定服务提供者与平台之间是从属关系还是独立关

---

[1] 李长江、王媛：《中国新就业形态和谐劳动关系的形成机制与管理策略》，《浙江师范大学学报》（社会科学版）2021年第1期。

[2] 闫宇平主编：《中国新就业形态劳动关系研究》，中国工人出版社2021年版，第39页。

系，这容易导致判决结果出现两极化，以及发生"同事不同判"的局面。① 此外，由于生产场所和技术手段的创新升级，数字经济和数字劳动有相当的部分尚未被法律管制完全覆盖，政府对新就业形态及其衍生出的复杂劳动关系难以实施精确监管与科学监督，不仅面临"时间差"的问题，在实现的技术手段上也存在短板。

第七，资本的野蛮生长和无序扩张推动新就业形态在部分就业类别出现劳动力盲目流入的现象，有可能对中国制造业和实体经济发展造成不利影响。有研究表明，中国制造业增加值占 GDP 比重持续下降的同时，其占世界制造业增加值比重却持续快速上升。对中国这样一个制造业劳动生产率仍有待大幅提高的国家而言，这种现象折射出中国制造业存在一定整体衰退风险。② 同时，中国制造业在劳动力需求上一直保持着相对旺盛的态势，造成下降的因素主要在供给侧。全社会已经普遍注意到，制造业从业人员平均年龄较之前明显提高，制造业对青年劳动力吸引力正在下降，与之相对应的是，中国不仅每年都有数量相当的青年技工从制造工厂流出，转行做外卖骑手，而且许多新就业青年人也不再青睐传统的工厂就业，甚至宁可承受灵活就业的风险转向平台做零工。③ 不仅如此，还有不少各层次的待业青年盲目追求所谓"理想化"工作与生活方式，毫无规划地"跟风"投入泛娱乐直播或短视频自媒体从业队伍中，加剧了工业、制造业劳动力短缺的局面，使劳动力资源配置逐渐扭曲。

---

① 王全兴、王茜：《我国"网约工"的劳动关系认定及权益保护》，《法学》2018 年第 4 期。
② 黄群慧、杨虎涛：《中国制造业比重"内外差"现象及其"去工业化"涵义》，《社会科学文摘》2022 年第 8 期。
③ 参见曹德旺《年轻人宁愿送外卖，也拒绝工厂上班，这是制造业的困境》，2024 年 8 月 9 日，搜狐网（https://www.sohu.com/a/589209387_121166508）。

第七章

新时代劳动关系治理的新进展

第一节 推进构建和谐劳动关系顶层设计

一 以构建和谐劳动关系锚定政策导向

党的十八大以来,党和国家高度重视和谐劳动关系的构建,为此制定了一系列政策措施和法律法规,进行了科学而充分的顶层设计工作,使之成为了中国劳动关系治理的主线。党的十八大报告明确提出健全劳动标准体系和劳动关系协调机制,加强劳动保障监察和争议调解仲裁,构建和谐劳动关系。[1] 党的十九大报告明确指出,完善政府、工会、企业共同参与的协商协调机制,构建和谐劳动关系。[2] 党的十九届四中全会进一步指出,健全劳动关系协调机制,构建和谐劳动关系,促进广大劳动者实现体面劳动、全面发展。[3] 此外,在"十三五"规划、"十四五"规划以及党的二十大报告等重要文件中也都涉及了构建和谐劳动关系、加强和完善劳动者权益保障的相关内容。

此后的数年间,随着经济体制深刻变革和社会结构深刻变动,各种经济社会关系正在发生深刻变化,数字经济发展迅速,企业组织形式、社会

---

[1] 胡锦涛:《坚定不移沿着中国特色社会主义道路前进 为全面建成小康社会而奋斗——在中国共产党第十八次全国代表大会上的报告》,《人民日报》2012年11月18日第1版。
[2] 习近平:《决胜全面建成小康社会 夺取新时代中国特色社会主义伟大胜利——在中国共产党第十九次全国代表大会上的报告》,《人民日报》2017年10月28日第1版。
[3] 《中共中央关于坚持和完善中国特色社会主义制度 推进国家治理体系和治理能力现代化若干重大问题的决定》,《人民日报》2019年11月6日第1版。

就业方式和分配方式更加多样，劳动关系领域出现了一些新特点，构建和谐劳动关系也迎来了新的契机。人力资源和社会保障部会同多部门于2023年初联合印发《关于推进新时代和谐劳动关系创建活动的意见》，这是劳动关系在实践层面总体布局的一次重要调整和补充完善，成为新时代构建和谐劳动关系的重要指导性文件。① 这次和谐劳动关系创建活动，是党和国家在踏上建设社会主义现代化国家新征程背景下，从创建内容、创建标准、评价机制、激励措施、工作要求等方面做出明确部署和安排，体现了主动识变求变，积极改革创新的实践导向，对于加快形成规范有序、公正合理、互利共赢、和谐稳定的劳动关系新格局具有积极意义。

党和国家围绕和谐劳动关系构建，形成了三个主要的政策导向：一是推动形成科学合理的工资收入分配制度体系，二是强化和完善保障劳动者基本权益的制度网络，三是不断健全并创新劳动关系相关协调机制。

工资收入分配制度体系建设是构建和谐劳动关系的核心环节。党的十八大以来，中国企业工资分配宏观指导调控制度不断健全，以增加知识、技能价值为导向的工资收入分配政策进一步确立。2021年3月，人力资源和社会保障部发布了《技能人才薪酬分配指引》，引导企业完善体现技能价值激励导向的工资分配制度，并提出了一系列可参考的方式方法。② 对技术工人和技能人才再分配给予激励和关照，是市场经济下政府提供工资分配宏观指导服务的一种探索，对指导企业深化工资分配制度改革，强化工资收入分配的技能价值激励导向，提高技能人才职业荣誉感和经济待遇，增强生产服务一线岗位对劳动者的吸引力，激励广大青年走技能成才、技能报国之路具有重要意义。同时，国有企业和中

---

① 参见《人力资源社会保障部 中华全国总工会 中国企业联合会/中国企业家协会 中华全国工商业联合会关于推进新时代和谐劳动关系创建活动的意见》，2024年8月10日，中华人民共和国人力资源和社会保障部网（http://www.mohrss.gov.cn/SYrlzyhshbzb/laodongguanxi_/zcwj/laodongguanxixiediao/202301/t20230103_492711.html）。

② 参见《人力资源社会保障部办公厅关于印发〈技能人才薪酬分配指引〉的通知》（人社厅发〔2021〕7号），2024年8月11日，中国政府网（http://www.gov.cn/zhengce/zhengceku/2021-03/17/content_5593381.htm）。

央企业负责人加紧实施工资和薪酬制度改革，国务院2018年5月颁布的《关于改革国有企业工资决定机制的意见》[①]和2019年1月起施行的《中央企业工资总额管理办法》[②]均强调，经济效益和劳动生产率将成为决定国有企业工资的两个重要因素。国有企业不能再依靠劳动力扩张的增长模式，而是要通过激发活力，提高全要素生产率，进一步提升发展质量，初步建立起与更高水平的社会主义市场经济体制和中国特色现代企业制度相适应的国企和央企的工资决定机制。

新就业形态从业人员和农民工是劳动者权益保障的两个重点群体。随着社会主要矛盾的转变，就业方式更加多元化，劳动力市场日益活跃，各种临时性、季节性以及劳务派遣等新型就业方式不断涌现，在互联网、数字技术和平台经济加持下，新就业形态从业人员在劳动者中的比重迅速提升，大量工作从线下转到线上，这给劳动关系协调和劳动者权益保障带来了压力。在这种背景下，人力资源和社会保障部等8部委于2021年7月共同发布《关于维护新就业形态劳动者劳动保障权益的指导意见》，明确新就业形态劳动者权益保障责任，优化劳动者权益保障服务。[③]对于农民工群体而言，工资支付保障长期以来是权益保障的一大短板，尤其是工程建设领域的恶意欠薪现象更是广为诟病。近年来，党和国家在制度设计上对此格外关注，通过多重举措织牢农民工工资"保障网"。2016年1月，国务院办公厅下发《关于全面治理拖欠农民工工资问题的意见》，明确了从根本上解决拖欠农民工工资问题的目标任务和政策措施。[④]2017年12月，国务院办公厅印发《保障农民工工资支付工

---

① 参见《国务院关于改革国有企业工资决定机制的意见》（国发〔2018〕16号），2024年8月11日，中国政府网（http://www.gov.cn/zhengce/content/2018-05/25/content_5293656.htm）。
② 参见《中央企业工资总额管理办法》（国务院国有资产监督管理委员会令第39号），2024年8月11日，中国政府网（http://www.gov.cn/zhengce/zhengceku/2018-12/31/content_5447594.htm）。
③ 参见《关于维护新就业形态劳动者劳动保障权益的指导意见》（人社部发〔2021〕56号），2024年8月11日，中华人民共和国人力资源和社会保障部网（http://www.mohrss.gov.cn/xxgk2020/fdzdgknr/zcfg/gfxwj/ldgx/202107/t20210722_419091.html）。
④ 参见《关于全面治理拖欠农民工工资问题的意见》（国办发〔2016〕1号），2024年8月11日，中国政府网（http://www.gov.cn/zhengce/content/2016-01/19/content_5034320.htm）。

作考核办法》，推动落实保障农民工工资支付工作属地监管责任。通过强化考核，层层传导工作压力。① 2019年12月，国务院公布《保障农民工工资支付条例》，以法规的形式保障了中国农民群体的利益。② 随后，人力资源和社会保障部陆续出台多个意见和办法，进一步加大恶意欠薪惩戒力度，营造守法诚信的劳动用工环境。③ 在社会保险方面，2014年10月施行的《国务院关于机关事业单位工作人员养老保险制度改革的决定》实现机关事业单位和企业养老保险制度并轨④；人力资源和社会保障部2017年9月发布的《关于调整失业保险金标准的指导意见》进一步适当上调失业保险金标准，并要求形成增长机制⑤；2018年5月发布的《国务院〈关于建立企业职工基本养老保险基金中央调剂制度的通知〉》建立了企业职工基本养老保险基金中央调剂制度，均衡了省际结构性矛盾，推动了养老保险制度可持续发展。⑥

与此同时，劳动关系协调机制也在逐步完善，一些改革创新的试点也在同步推进，党委领导、政府负责、社会协同、企业和职工参与、法治保障的和谐劳动关系工作格局正在全国多地逐渐探索形成。2019年11月，人力资源和社会保障部在天津滨海新区等8个不同地区启动

---

① 参见《国务院办公厅关于印发保障农民工工资支付工作考核办法的通知》（国办发〔2017〕96号），2024年8月11日，中国政府网（http://www.gov.cn/zhengce/content/2017-12/12/content_5246271.htm）。

② 参见《保障农民工工资支付条例》（国务院令第724号），2024年8月11日，中国政府网（http://www.gov.cn/zhengce/content/2020-01/07/content_5467278.htm）。

③ 参见《拖欠农民工工资失信联合惩戒对象名单管理暂行办法》（人社部〔2021〕45号），2024年8月11日，中华人民共和国人力资源和社会保障部网（http://www.mohrss.gov.cn/xxgk2020/fdzdgknr/zcfg/bmgz/202111/t20211119_428250.html）。

④ 参见《国务院关于机关事业单位工作人员养老保险制度改革的决定》（国发〔2015〕2号），2024年8月11日，中国政府网（http://www.gov.cn/zhengce/content/2015-01/14/content_9394.htm）。

⑤ 参见《人力资源社会保障部 财政部关于调整失业保险金标准的指导意见》（人社部发〔2017〕71号），2024年8月11日，中华人民共和国人力资源和社会保障部网（http://www.mohrss.gov.cn/SYrlzyhshbzb/shehuibaozhang/zcwj/shiye/201709/t20170925_278080.html）。

⑥ 参见《国务院关于建立企业职工基本养老保险基金中央调剂制度的通知》（国发〔2018〕18号），2024年8月11日，中国政府网（http://www.gov.cn/zhengce/content/2018-06/13/content_5298277.htm）。

构建和谐劳动关系综合配套改革试点①，同时在江苏昆山市开展构建和谐劳动关系综合试验区建设。2020 年 9 月，国家协调劳动关系三方发布通知，部署实施劳动关系"和谐同行"能力提升三年行动计划②，在全国范围实施"和谐劳动关系百千万计划"等三项重点计划。2020 年 6 月，人力资源和社会保障部等 3 部门针对调解仲裁法律援助工作还存在协作机制有待健全、保障机制不够完善等问题，同时加快处理各类涉疫情劳动人事争议，进一步满足人民群众特别是贫困劳动者对调解仲裁法律援助工作的需要，指出要建立健全调解仲裁法律援助协作机制，扩大调解仲裁法律援助范围，规范调解仲裁法律援助程序，健全便民服务机制。③ 2022 年 11 月，人力资源和社会保障部等 9 个部门联合发布意见，明确"人民至上、源头治理、创新发展、灵活高效"的基本原则，提出了持续加强制度机制和能力建设的目标任务，并强调加强源头治理，强化协商和解，做实多元调解，加强工作联动，健全联动工作体系并提升服务能力。④

二 劳动关系领域的主要立法进展

法治是实现和谐劳动关系的基本途径和手段，完备的法律法规体系是保障劳动者权益的重要支柱，实现劳动关系的法治化是一项长期的战略任务。党的十八大以来，中国劳动关系法治进程不断推进，以《中华

---

① 参见《人社部召开深化构建和谐劳动关系综合配套改革试点启动会》，2024 年 8 月 11 日，中国政府网（http://www.gov.cn/xinwen/2019-11/25/content_5455489.htm）。
② 参见《国家协调劳动关系三方部署实施劳动关系"和谐同行"能力提升三年行动计划》，2024 年 8 月 11 日，中华人民共和国人力资源和社会保障部网（http://www.mohrss.gov.cn/SYrlzyhshbzb/dongtaixinwen/buneiyaowen/202009/t20200911_385519.html）。
③ 参见《关于进一步加强劳动人事争议调解仲裁法律援助工作的意见》（人社部发〔2020〕52 号），2024 年 8 月 11 日，中国政府网（http://www.gov.cn/zhengce/zhengceku/2020-07/04/content_5524165.htm）。
④ 参见《人力资源社会保障部　中央政法委　最高人民法院　工业和信息化部　司法部　财政部　中华全国总工会　中华全国工商业联合会　中国企业联合会/中国企业家协会关于进一步加强劳动人事争议协商调解工作的意见》（人社部发〔2022〕71 号），2024 年 8 月 11 日，中华人民共和国人力资源和社会保障部网（http://www.mohrss.gov.cn/SYrlzyhshbzb/laodongguanxi_/zcwj/diaojiezhongcai/202211/t20221116_490035.html）。

人民共和国劳动法》和《劳动合同法》为基础，围绕促进就业、职业培训、劳动合同和集体合同、社会保险和社会福利等方面不断完备法律体系，中国特色和谐劳动关系法律框架基本建立。

具体而言，中国围绕《中华人民共和国劳动法》《劳动合同法》《中华人民共和国就业促进法》《中华人民共和国社会保障法》《中华人民共和国职业病防治法》《中华人民共和国妇女权益保障法》等法律，初步形成了围绕雇佣关系、工资、工时、休息休假、禁止雇用童工、对女性劳动者和未成年工保护、劳动安全卫生标准等方面建立起的劳动标准法律体系。2018 年修订的《劳动合同法》新增加了试用期的相关规定，增加了用人单位和劳动者解除合同的法定情形，增加了非法定原因不得解除劳动合同的情形，扩大了经济补偿金的适用范围，设立了"赔偿金"的相关规定，大幅增加了用人单位的违法成本，同时突出了职业安全保护的相关内容。[①] 2022 年新修订的《中华人民共和国妇女权益保障法》，强化了保障妇女平等就业权的国家责任，明确列出了用人单位在招录（聘）过程中，不得实施的几种典型行为，进一步完善了对妇女婚育歧视的禁止性规定，覆盖了招用、薪酬待遇、职业晋升、培训、辞退解雇等整个工作过程。这表现了对保护女性在求职中平等权利的重视，进一步为妇女创造公平就业环境提供了有力法治保障。[②] 此外，2022 年新修订的《中华人民共和国工会法》在用人单位中增加"社会组织"，扩大基层工会组织覆盖面。在工会基本职责中增加"竭诚服务职工群众"的表述，进一步完善了工会的职责，用人单位召开涉及职工切身利益的类型中在"工资、福利、劳动安全卫生、社会保险"基础上明确增加了"工作时间、休息休假、女职工保护"，同时明确用人单位违反集体合同，侵犯职工劳动权益的，在工会有权要求企业承担责任的基础上增加要求企业改正的权利。特别是明确了新就业形态

---

① 参见《中华人民共和国劳动合同法》（主席令第 65 号），2024 年 8 月 14 日，中华人民共和国人力资源和社会保障部网（http://www.mohrss.gov.cn/xxgk2020/fdzdgknr/zcfg/fl/202011/t20201102_394622.html）。

② 参见《中华人民共和国妇女权益保障法》，2024 年 8 月 14 日，中国政府网（http://www.gov.cn/xinwen/2022-10/30/content_5722636.htm）。

劳动者参加和组织工会的权利，拓宽了维权和服务范围。①

在推进劳动立法的过程中，中国立法机构采取科学立法、民主立法的方法，广泛向社会、专家征集意见，公众参与度明显提高。立法过程也更加合法合理合规。劳动法律体系不断完善并向着法典化迈进，标志着劳动法律体系趋向稳定和成熟。

在劳动法律文本的不断新增和修订的同时，一系列与劳动关系配套的行政法规也相继出台，劳动制度体系多层次网络不断成型。在劳动权益保障方面，2012年，国务院颁布了《女职工劳动保护特别规定》，旨在减少和解决女职工在劳动中因生理特点造成的特殊困难，保护女职工健康。② 2014年，人力资源和社会保障部公布《劳务派遣暂行规定》，强化了对劳务派遣的法律规定，强调经营劳务派遣业务应当向劳动行政部门进行依法申请。③ 在企业民主和事业单位人事管理方面，2012年，中纪委等全国厂务公开协调小组成员单位联合下发《企业民主管理规定》，这是中国首次全面规范以职工代表大会为基本形式的企业民主管理制度，并且打破了企业所有制界限，明确非公有制企业也应实行民主管理。④ 2014年4月，国务院通过了《事业单位人事管理条例》，对事业单位的岗位设置、公开招聘和竞聘上岗等重要方面逐一做出了明确的规定，标志着事业单位劳动关系改革迈出新的一步。⑤ 在劳动力市场规制方面，2018年，国务院制定了《人力资源市场暂行条例》，对人力资源市场求

---

① 参见《中华人民共和国工会法》，2024年8月14日，国家法律法规数据网（https://flk.npc.gov.cn/detail2.html?ZmY4MDgxODE3ZjA3MmEyZTAxN2YwYWUxYTdmNjAwZjA）。

② 参见《女职工劳动保护特别规定》（国务院令第619号），2024年8月14日，中华人民共和国人力资源和社会保障部网（http://www.mohrss.gov.cn/xxgk2020/fdzdgknr/zcfg/fg/202011/t20201103_394947.html）。

③ 参见《劳务派遣暂行规定》（人社部令第22号），2024年8月14日，中华人民共和国人力资源和社会保障部网（http://www.mohrss.gov.cn/xxgk2020/gzk/gz/202112/t20211228_431639.html）。

④ 参见《企业民主管理规定》，《工人日报》2012年4月5日第2版。

⑤ 参见《事业单位人事管理条例》（国务院令第652号），2024年8月14日，中华人民共和国人力资源和社会保障部网（http://www.mohrss.gov.cn/xxgk2020/fdzdgknr/zcfg/fg/202011/t20201103_394930.html）。

职、招聘和开展人力资源服务进行规范，促进了人力资源合理流动和优化配置以及就业创业活动。① 在劳动保障执法监察方面，人力资源和社会保障部于2022年修订《劳动行政处罚听证程序规定》，明确指出劳动当事人有权听证，进一步规范了劳动行政处罚的流程。② 2014年至2021年，中华全国总工会先后制定了《工会基层组织选举工作条例》《基层工会会员代表大会条例》《基层工会经费收支管理办法》等一系列关于基层工会组织建设的行政法规，致力于积极回应工会工作面临的新情况新问题，破解基层组织建设中遭遇的难题和瓶颈。

第二节　对就业、工资与社会保障的规制

一　促进高质量充分就业

党的十八大以来，中国城镇新增就业年均超过1300万人，2012—2022年这10年间累计实现城镇新增就业1.3亿人，调查失业率总体低于预期控制目标。③ 中国就业结构更加优化，就业质量稳步提升，重点群体就业平稳，就业局势长期保持总体稳定，成为民生改善、经济发展和社会和谐稳定的坚实支撑。党和国家把就业摆在"六稳""六保"首位，制定的就业优先战略深入实施，积极的就业政策不断丰富发展，就业优先导向显著增强。与就业相关的政策措施主要分为以下五个方面：一是坚持经济发展的就业导向，健全就业目标责任考核机制和就业支持体系，完善与就业相关的产业政策，把就业指标作为宏观调控取向调整的依据，推动各方面政策聚力支持就业；二是健全就业公共服务体系，促进市场

---

① 参见《人力资源市场暂行条例》（国务院令第700号），2024年8月14日，中华人民共和国人力资源和社会保障部网（http://www.mohrss.gov.cn/xxgk2020/fdzdgknr/zcfg/fg/202011/t20201103_394929.html）。

② 参见《人力资源社会保障部关于修改部分规章的决定》（人社部令第47号），2024年8月14日，中华人民共和国人力资源和社会保障部网（http://www.mohrss.gov.cn/xxgk2020/fdzdgknr/zcfg/xg-fzjd/202201/t20220127_433799.html）。

③ 参见《十年累计实现城镇新增就业1.3亿人》，《人民日报海外版》2022年8月26日第2版。

供需匹配，实施就业失业管理，落实就业政策，为劳动者和企业提供指导服务，保障劳动者权益；三是注重缓解结构性就业矛盾，加快提升劳动者技能素质，落实推动终生职业技能培训制度，完善人才培养机制，从源头上提高技能人才的培养比例，完善重点群体就业支持体系，着力做好高校毕业生、农民工、退役军人和就业困难群体的就业工作，稳住就业基本盘；四是统筹城乡就业政策体系，推进就业制度平等，推进就业服务平等，加强权益维护；五是完善促进创业带动就业、多渠道灵活就业的保障制度，支持和规范发展新就业形态，稳定和扩大就业。

为适应社会主要矛盾和经济发展方式的快速转变，党和国家推动实施就业优先战略，在经济下行压力不断加大的背景下强化就业优先政策，坚持经济发展就业导向。2015年4月，国务院下发《关于进一步做好新形势下就业创业工作的意见》，提出深入实施就业优先战略，坚持扩大就业战略，将城镇新增就业、调查失业率作为宏观调控重要指标，发展吸纳就业能力强的产业，发挥小微企业就业主渠道作用，积极预防和有效调控失业风险。[①] 2017年1月，国务院下发《关于印发"十三五"促进就业规划的通知》，指出增强经济发展创造就业岗位能力，积极培育新的就业增长点，大力发展新兴产业新兴业态，不断拓展新兴就业领域，积极发展吸纳就业能力强的产业和企业，创造更多就业机会，同步推进产业结构调整和劳动者技能转换，在转型发展中不断增强吸纳就业能力。[②] 2018年7月，发改委等部门发布《关于大力发展实体经济积极稳定和促进就业的指导意见》指出，要发展壮大新动能，创造更多高质量就业岗位，促进传统产业转型升级，引导劳动者转岗提质就业，深入推进创新创业，催生吸纳就业新市场主体，支持返乡下乡创业，拓宽农村劳动力转移就业渠道，扩大就地

[①] 参见《国务院关于进一步做好新形势下就业创业工作的意见》（国发〔2015〕23号），2024年8月14日，中国政府网（http://www.gov.cn/zhengce/zhengceku/2015-05/01/content_9688.htm）。

[②] 参见《国务院关于印发"十三五"促进就业规划的通知》（国发〔2017〕10号），2024年8月14日，中国政府网（http://www.gov.cn/zhengce/zhengceku/2017-02/06/content_5165797.htm）。

就近就业规模,稳定和促进外向型就业。① 2021 年 8 月,国务院下发《关于印发"十四五"就业促进规划的通知》,通知指出,要坚持经济发展就业导向,不断扩大就业容量,全面增强就业吸纳能力,培育接续有力的就业新动能,促进数字经济领域就业创业,实施特殊类型地区就业促进行动,壮大县乡促进就业内生动力。②

中国就业公共服务体系也在逐步健全,成为促进市场供需匹配、实施就业失业管理、落实就业政策的重要载体,更好满足了全社会就业创业等多方面需求。2015 年 4 月,国务院下发的《关于进一步做好新形势下就业创业工作的意见》提出,要强化公共就业创业服务,健全公共就业创业服务经费保障机制,健全覆盖城乡的公共就业创业服务体系,提高服务均等化、标准化和专业化水平,逐步建成以省级为基础、全国一体化的就业信息化格局。③ 2017 年 1 月,国务院下发《关于印发"十三五"促进就业规划的通知》,提出完善就业创业服务机制,加强基层公共就业创业服务平台建设,健全覆盖城乡的公共就业创业服务体系,推进公共就业信息服务平台建设,完善全国就业信息监测制度,健全人才流动公共服务体系,加快推进流动人员人事档案信息化建设。④ 之后,又进一步明确了强化公共就业创业服务,着力推进公共就业创业服务专业化,特别提出了建立"互联网 +"公共就业创业服务平台,推动服务向移动端、自助终端等延伸,扩大服务对象自助服务范围,推广网上受

---

① 参见《关于大力发展实体经济积极稳定和促进就业的指导意见》(发改就业〔2018〕1008 号),2024 年 8 月 14 日,中国政府网(http://www.gov.cn/zhengce/zhengceku/2018-12/31/content_5435316.htm)。

② 参见《国务院关于印发"十四五"就业促进规划的通知》(国发〔2021〕14 号),2024 年 8 月 14 日,中国政府网(http://www.gov.cn/zhengce/zhengceku/2021-08/27/content_5633714.htm)。

③ 参见《国务院关于进一步做好新形势下就业创业工作的意见》(国发〔2015〕23 号),2024 年 8 月 14 日,中国政府网(http://www.gov.cn/zhengce/zhengceku/2015-05/01/content_9688.htm)。

④ 参见《国务院关于印发"十三五"促进就业规划的通知》(国发〔2017〕10 号),2024 年 8 月 14 日,中国政府网(http://www.gov.cn/zhengce/zhengceku/2017-02/06/content_5165797.htm)。

理、网上办理、网上反馈，实现就业创业服务和管理全程信息化。① 2018年12月，人力资源和社会保障部等单位发布《关于推进全方位公共就业服务的指导意见》，提出推动公共就业服务城乡常住人口全覆盖，保障各类用人单位同等享有公共就业服务，健全贯穿全程的公共就业服务功能。② 2021年6月，人力资源和社会保障部在工作规划中指出，要健全覆盖城乡的就业公共服务体系，加强基层公共就业创业服务平台建设，建设一批劳动力市场、人才市场、零工市场，为劳动者和企业免费提供政策咨询、职业介绍、用工指导等服务。推进公共就业服务基础设施标准化建设，健全劳务输入集中区域与劳务输出省份对接协调机制。③

针对结构性就业矛盾的日益凸显，劳动力需求与供给不匹配的局面，中国政府以提升劳动者技能水平能力素质为切入口，加快推进职业规范发展与技能人才培育。2017年1月，国务院下发《关于印发"十三五"促进就业规划的通知》，指出提高劳动者职业技能，完善职业技能培训制度，实施高技能人才振兴计划和专业技术人才知识更新工程，大力发展技工教育，培养良好职业素养，培育工匠精神。④ 随后，进一步明确了加快高校学科专业结构调整优化，深化课程体系、教学内容和教学方式改革，推进职业教育和职业培训精准对接产业发展需求、精准契合受教育者需求。⑤

---

① 参见《国务院关于做好当前和今后一段时期就业创业工作的意见》（国发〔2017〕28号），2024年8月14日，中国政府网（http://www.gov.cn/zhengce/zhengceku/2017-04/19/content_5187179.htm）。

② 参见《关于推进全方位公共就业服务的指导意见》（人社部发〔2018〕77号），2024年8月14日，中国政府网（http://www.gov.cn/zhengce/zhengceku/2018-12/31/content_5440474.htm）。

③ 参见《人力资源社会保障部关于印发人力资源和社会保障事业发展"十四五"规划的通知》（人社部发〔2021〕47号），2024年8月14日，中华人民共和国人力资源和社会保障部网（http://www.mohrss.gov.cn/SYrlzyhshbzb/zwgk/ghcw/ghjh/202107/W020210728368284387709.pdf）。

④ 参见《国务院关于印发"十三五"促进就业规划的通知》（国发〔2017〕10号），2024年8月14日，中国政府网（http://www.gov.cn/zhengce/zhengceku/2017-02/06/content_5165797.htm）。

⑤ 参见《国务院关于做好当前和今后一段时期就业创业工作的意见》（国发〔2017〕28号），2024年8月14日，中国政府网（http://www.gov.cn/zhengce/zhengceku/2017-04/19/content_5187179.htm）。

2021年6月，人力资源和社会保障部在工作规划中提出深入实施包括职业技能提升行动、职业标准体系建设和技能人才评价提质扩面行动在内的职业培训专项行动，以及重点群体、重点行业领域专项培训计划，形成人力资本提升和产业转型升级良性循环。[1]

在完善重点群体就业支持体系方面，国家明确不同重点群体的具体帮扶措施，分类帮扶，因人施策，统筹开展高校毕业生、农民工、退役军人等重点群体的就业工作。2014年9月，国务院发布《关于进一步做好为农民工服务工作的意见》，提出每年开展农民工职业技能培训2000万人次，提高农民工综合素质，改善农民工劳动条件，着力稳定和扩大农民工就业创业。[2] 2015年4月，国务院下发《关于进一步做好新形势下就业创业工作的意见》，鼓励高校毕业生多渠道就业，健全高校毕业生到基层工作的服务保障机制；同时加强对困难人员的就业援助，推进农村劳动力转移就业，促进退役军人就业，扶持自主择业军转干部、自主就业退役士兵就业创业。[3] 2017年1月，国务院下发《关于印发"十三五"促进就业规划的通知》，再次强调拓展高校毕业生就业领域，引导和鼓励高校毕业生到基层就业，促进农村劳动力转移就业，高度重视化解过剩产能职工安置工作，做好军队转业干部和退役士兵的接收安置工作。[4] 随后通过具体指导意见，提出稳妥安置化解钢铁、煤炭、煤电行业过剩产能企业职工，鼓励去产能企业多渠道分流安置职工，支持企业尽最大努力挖掘内部安置潜力，促进

---

[1] 参见《人力资源社会保障部关于印发人力资源和社会保障事业发展"十四五"规划的通知》（人社部发〔2021〕47号），2024年8月14日，中华人民共和国人力资源和社会保障部网（http://www.mohrss.gov.cn/SYrlzyhshbzb/zwgk/ghcw/ghjh/202107/W020210728368284387709.pdf）。

[2] 参见国务院《关于进一步做好为农民工服务工作的意见》（国发〔2014〕40号），2024年8月14日，中国政府网（http://www.gov.cn/zhengce/zhengceku/2014-09/30/content_9105.htm）。

[3] 参见《国务院关于进一步做好新形势下就业创业工作的意见》（国发〔2015〕23号），2024年8月14日，中国政府网（http://www.gov.cn/zhengce/zhengceku/2015-05/01/content_9688.htm）。

[4] 参见《国务院关于印发"十三五"促进就业规划的通知》（国发〔2017〕10号），2024年8月14日，中国政府网（http://www.gov.cn/zhengce/zhengceku/2017-02/06/content_5165797.htm）。

分流职工转岗就业创业，对单位新增岗位吸纳去产能分流人员的，按规定给予企业吸纳就业扶持政策。① 针对新冠疫情期间青年失业率上升的现象，2021年8月，国务院下发的《关于印发"十四五"就业促进规划的通知》指出，要高度重视城镇青年就业，为城镇青年创造多样化就业机会，增强城镇青年职业发展能力，强化城镇青年就业帮扶。②

在推进新型城镇化、实施乡村振兴战略的背景下，城乡劳动者依旧存在就业稳定性、就业保障不对等的问题，为此，中国政府统筹城乡就业政策体系，健全相关制度，增强政策公平性。2015年4月，国务院下发的《关于进一步做好新形势下就业创业工作的意见》明确支持农民工返乡创业，发展农民合作社、家庭农场等新型农业经营主体，整合创建一批农民工返乡创业园，支持农民网上创业，积极组织创新创业农民与企业、小康村、市场和园区对接，推进农村青年创业富民行动。③ 2017年4月，国务院提出健全城乡劳动者平等就业制度，农村转移劳动者在城镇常住并处于无业状态的，可在城镇常住地进行失业登记。公共就业服务机构要为其提供均等化公共就业服务和普惠性就业政策，并逐步使外来劳动者与当地户籍人口享有同等的就业扶持政策。对在农村常住并处于无地无业状态的劳动者，有条件的地区可探索为其在农村常住地进行失业登记，并提供相应的就业服务和政策扶持。④

在完善促进创业带动就业、多渠道灵活就业保障制度方面，国家调

---

① 参见《国务院关于做好当前和今后一段时期就业创业工作的意见》（国发〔2017〕28号），2024年8月14日，中国政府网（http://www.gov.cn/zhengce/zhengceku/2017-04/19/content_5187179.htm）。

② 参见《国务院关于印发"十四五"就业促进规划的通知》（国发〔2021〕14号），2024年8月14日，中国政府网（http://www.gov.cn/zhengce/zhengceku/2021-08/27/content_5633714.htm）。

③ 参见《国务院关于进一步做好新形势下就业创业工作的意见》（国发〔2015〕23号），2024年8月14日，中国政府网（http://www.gov.cn/zhengce/zhengceku/2015-05/01/content_9688.htm）。

④ 参见《国务院关于做好当前和今后一段时期就业创业工作的意见》（国发〔2017〕28号），2024年8月14日，中国政府网（http://www.gov.cn/zhengce/zhengceku/2017-04/19/content_5187179.htm）。

动各方面力量，持续优化营商环境，持续释放创业带动就业倍增效应，持续推动多渠道灵活就业，保障中小企业、灵活就业人员的政策扶持和就业权益。2015年6月，国务院下发《关于大力推进大众创业万众创新若干政策措施的意见》指出，要创新体制机制，实现创业便利化；优化财税政策，强化创业扶持；搞活金融市场，实现创业便捷融资；扩大创业投资，支持创业起步成长；发展创业孵化服务，大力发展创新工场；建设创业创新平台，增长创业支撑作用；激发创新活力，发展创新型创业；拓展城乡创业渠道，实现创业带动就业；加强统筹协调，完善创业协同机制。[1] 同年9月，国务院发布《关于加快构建大众创业万众创新支撑平台的指导意见》，提出着力打造创业创新格局，全面推进众创，释放创业创新能量，积极推广众包，激发创业创新活力，立体实施众扶，集聚创业创新合力，稳健发展众筹，拓展创业创新融资。[2] 在新冠疫情对传统正规就业造成冲击的背景下，国务院在2020年7月专门强调应拓宽灵活就业发展渠道，鼓励个体经营发展，增加非全日制就业机会，支持发展新就业形态，优化自主创业环境，取消涉及灵活就业的行政事业性收费等[3]，为新就业形态发展注入"强心剂"。

二 完善工资决定与工资支付保障机制

中国工资收入分配制度改革不断深化。在工资决定机制方面，企事业单位工资分配制度更加完善，工资集体协商有序推行，工资合理增长机制更加健全，工资收入分配更加公平合理；在工资支付保障机制方面，

---

[1] 参见《国务院关于大力推进大众创业万众创新若干政策措施的意见》（国发〔2015〕32号），2024年8月14日，中国政府网（http://www.gov.cn/zhengce/zhengceku/2015-06/16/content_9855.htm）。

[2] 参见《国务院关于加快构建大众创业万众创新支撑平台的指导意见》（国发〔2015〕53号），2024年8月14日，中国政府网（http://www.gov.cn/zhengce/content/2015-09/26/content_10183.htm）。

[3] 参见《国务院办公厅关于支持多渠道灵活就业的意见》（国办发〔2020〕27号），2024年8月14日，中国政府网（http://www.gov.cn/zhengce/content/2020-07/31/content_5531613.htm）。

拖欠农民工工资问题多发、高发态势得到有效遏制，劳动者收入保障相关权益得到有效维护。

党的十八大以来，中国不断深化企业工资决定机制改革，持续贯彻按劳分配与按要素分配相结合的原则，强化工资分配的激励和约束机制，根据企业经营生产特点，积极探索生产要素参与分配的具体办法，充分调动各类人员的积极性和创造性。建立完善符合市场经济发展要求的工资分配调控体系。《关于构建和谐劳动关系的意见》明确提出以非公有制企业为重点对象，依法推进工资集体协商，不断扩大覆盖面、增强实效性，形成反映人力资源市场供求关系和企业经济效益的工资决定机制和正常增长机制。完善工资指导线制度，加快建立统一规范的企业薪酬调查和信息发布制度，为开展工资集体协商提供参考。① 2016 年 7 月，人力资源和社会保障部在工作规划中进一步提出，完善国有企业工资决定机制，构建符合国情特点的国有企业负责人薪酬管理制度，建立差异化的薪酬分配办法，健全国有企业工资内外收入监督检查制度，加强对国有企业薪酬分配的分类监管。同时，建立最低工资评估机制和企业薪酬调查、薪酬信息发布制度，定期发布职业薪酬信息和重点行业人工成本信息。② 2018 年 5 月，国务院下发的《关于改革国有企业工资决定机制的意见》，则对国企工资总额决定机制和管理方式、企业内部工资分配管理和监管体制等重要方面做出了详细指导。③ 2021 年 6 月，人力资源和社会保障部提出要鼓励企业创新按要素贡献参与分配的办法，把工资分配和岗位价值、技能素质等一系列因素挂钩，创新协议工资等多种分

---

① 参见《中共中央 国务院关于构建和谐劳动关系的意见》，2024 年 8 月 14 日，中国政府网（http://www.gov.cn/guowuyuan/2015-04/08/content_2843938.htm）。
② 参见《人力资源社会保障部关于印发人力资源和社会保障事业发展"十三五"规划纲要的通知》（人社部发〔2016〕63 号），2024 年 8 月 14 日，中华人民共和国人力资源和社会保障部网（http://www.mohrss.gov.cn/SYrlzyhshbzb/zwgk/ghcw/ghjh/201607/t20160713_243491.html）。
③ 参见《国务院关于改革国有企业工资决定机制的意见》（国发〔2018〕16 号），2024 年 8 月 14 日，中国政府网（http://www.gov.cn/zhengce/zhengceku/2018-05/25/content_5293656.htm）。

配形式。开展国有企业职业经理人薪酬制度改革试点，建立国有企业职业经理人薪酬制度。完善最低工资制度，健全最低工资标准正常调整机制，保障低收入劳动者合理分享经济社会发展成果。同时，强化对不同行业、不同群体工资分配的事前指导，探索发布体现不同行业、不同群体特征的薪酬分配指引，加强企业薪酬调查和信息发布工作，建立完善全国企业工资收入分配大数据系统，健全劳动力市场工资价位信息体系，形成公开发布、定向反馈与针对性指导相结合的信息服务体系，加强对重点群体薪酬分配的事前指导。[1]

在事业单位工资改革方面，国家也在探索建立符合事业单位行业特点的收入分配制度，合理确定绩效工资水平。具体包括完善适应机关事业单位特点的工资制度，落实机关事业单位工作人员基本工资标准正常调整机制，实行与公务员分类管理相适应的配套工资政策，完善公务员奖金制度，推进事业单位实施绩效工资，完善公立医院薪酬制度，进一步调控地区工资差距，分类规范改革性补贴，积极稳妥推进工资公开。[2]在此基础上，事业单位薪酬制度改革要体现岗位绩效和分级分类管理的原则，事业单位主要领导收入分配应建立起相应的激励约束机制，公立医院高校、科研院所薪酬制度改革继续推进并深化，分级分类优化其他事业单位绩效工资管理办法，推动落实带薪休假制度。[3]

完善高层次人才工资分配激励机制也是制度设计的重点。2016年

---

[1] 参见《人力资源社会保障部关于印发人力资源和社会保障事业发展"十四五"规划的通知》（人社部发〔2021〕47号），2024年8月14日，中华人民共和国人力资源和社会保障部网（http://www.mohrss.gov.cn/SYrlzyhshbzb/zwgk/ghcw/ghjh/202107/W020210728368284387709.pdf）。

[2] 参见《人力资源社会保障部关于印发人力资源和社会保障事业发展"十三五"规划纲要的通知》（人社部发〔2016〕63号），2024年8月14日，中华人民共和国人力资源和社会保障部网（http://www.mohrss.gov.cn/SYrlzyhshbzb/zwgk/ghcw/ghjh/201607/t20160713_243491.html）。

[3] 参见《人力资源社会保障部关于印发人力资源和社会保障事业发展"十四五"规划的通知》（人社部发〔2021〕47号），2024年8月14日，中华人民共和国人力资源和社会保障部网（http://www.mohrss.gov.cn/SYrlzyhshbzb/zwgk/ghcw/ghjh/202107/W020210728368284387709.pdf）。

11月，中共中央办公厅、国务院办公厅专门强调，要通过稳定提高基本工资、加大绩效工资分配激励力度、落实科技成果专家奖励等激励措施，逐步提高科研人员收入水平，在保障基本工资水平正常增长的基础上，提高相应科研人员的基础性绩效工资水平，建立工资稳定增长机制；扩大科研机构、高校收入分配自主权，完善适应高校教学岗位特点的内部激励机制，适当提高基础性绩效工资在绩效工资中的比重；加强科技成果产权对科研人员的长期激励，完善国有企业对科研人员的中长期激励机制；允许科研人员和教师依法依规适度兼职兼薪。[①] 2021年1月，人力资源和社会保障部办公厅发布《人力资源社会保障部办公厅关于印发〈技能人才薪酬分配指引〉的通知》，要求围绕技能人才薪酬分配进行一系列制度设计，进行高技能领军人才薪酬待遇制度设计。最终建立以体现技能价值为导向的技能人才薪酬分配制度，大力提高技能人才职业荣誉感和经济待遇，不断建立健全适应本企业发展需要的技能人才薪酬分配体系。[②]

长期以来，农民工是劳动者队伍中的弱势群体，进入21世纪之后，部分行业特别是工程建设领域拖欠工资问题久治不愈，恶意欠薪屡屡诉诸媒体，严重侵害了农民工合法权益，由此引发的群体性事件时有发生，党和国家下决心进行根治。中共中央、国务院发布专门强调要落实清偿欠薪的施工总承包企业负责制，依法惩处拒不支付劳动报酬等违法犯罪行为，保障职工特别是农民工按时足额领到工资报酬。[③] 2016年1月，国务院办公厅下发《关于全面治理拖欠农民工工资问题的意见》，意见提出要全面规范企业工资支付行为，明确工资支付各方主体责任。全面

[①] 参见《中共中央办公厅 国务院办公厅印发〈关于实行以增加知识价值为导向分配政策的若干意见〉》，2024年8月14日，中国政府网（http://www.gov.cn/zhengce/2016-11/07/content_5129805.htm）。

[②] 参见《人力资源社会保障部办公厅关于印发〈技能人才薪酬分配指引〉的通知》（人社厅发〔2021〕7号），2024年8月14日，中华人民共和国人力资源和社会保障部网（http://www.mohrss.gov.cn/SYrlzyhshbzb/laodongguanxi_/zcwj/gzzfbz/202102/t20210204_409131.html）。

[③] 参见《中共中央 国务院关于构建和谐劳动关系的意见》，2024年8月14日，中国政府网（http://www.gov.cn/guowuyuan/2015-04/08/content_2843938.htm）。

落实企业对招用农民工的工资支付责任；健全工资支付监控和保障制度，完善企业工资监控和保障机制；建立健全农民工工资专用账户管理制度；落实清偿欠薪责任，招用农民工的企业承担直接清偿拖欠农民工工资的主体责任，推进企业工资支付诚信体系建设。[1] 在 2019 年年底国务院通过的《保障农民工工资支付条例》于 2020 年 5 月正式施行后，围绕其贯彻实施，人力资源和社会保障部和其他有关部委陆续出台了一系列专门规章。据统计，2021 年前三季度，各地共有 599 个失信主体被纳入拖欠农民工工资"黑名单"管理，劳动保障监察机构追发工资等待遇金额达 79.9 亿元。[2] 农民工欠薪现象目前已经得到明显遏制。

三 不断健全社会保障体系

党的十八大以来，中国建成了具有鲜明中国特色、世界上规模最大、功能完备的社会保障体系。党和国家推进社会保障全覆盖、保基本、多层次、可持续发展，制度改革取得重要突破，覆盖范围不断扩大，待遇水平稳步提高，管理服务水平显著提升。

从具体领域来看，中国养老保险制度不断健全，城乡居民养老保险制度实现统一，让城乡能够跨地域、跨制度享受养老待遇。保障能力也持续增强，基本养老保险基金战略储备稳步增加，健全管理监督和风险防控体系，市场化投资运营运行平稳，为确保养老金暗示足额发放积累了坚实的物质基础。同时建立健全了企业职工基本养老保险基金中央调剂制度，有力缓解了社保基金收支的区域结构性矛盾。2015 年 5 月，国务院发布《关于机关事业单位工作人员养老保险制度改革的决定》，要求实行社会统筹与个人账户相结合的基本养老保险制度，建立基本养老

---

[1] 参见《国务院办公厅关于全面治理拖欠农民工工资问题的意见》（国办发〔2016〕1号），2024 年 8 月 14 日，中华人民共和国人力资源和社会保障部网（http://www.mohrss.gov.cn/SYrlzyhshbzb/laodongguanxi_/zcwj/gzzfbz/202002/t20200210_359077.html）。

[2] 参见乔健《中国劳动关系报告（2021—2022）》，社会科学文献出版社 2022 年版，第 7—8 页。

金正常调整机制，建立职业年金制度，逐步实行社会化管理服务。① 2017年3月，国务院下发《关于印发"十三五"国家老龄事业发展和养老体系建设规划的通知》提出，制定实施完善和改革基本养老保险制度总体方案，完善社会统筹与个人账户相结合的基本养老保险制度，构建包括职业年金、企业年金，以及个人储蓄性养老保险和商业保险的多层次养老保险体系，建立更加便捷的养老保险转移接续机制。② 2018年6月，国务院下发《关于建立企业职工基本养老保险基金中央调剂制度的通知》提出，在现行企业职工基本养老保险省级统筹基础上，建立中央调剂基金，对各省份养老保险基金进行适度调剂，确保基本养老金按时足额发放。③ 2022年2月，国务院下发《关于印发"十四五"国家老龄事业发展和养老服务体系规划的通知》，强调完善基本养老保险体系，不断扩大基本养老保险覆盖面，尽快实现企业职工基本养老保险全国统筹。④ 4月，国务院办公厅发布《关于推动个人养老金发展的意见》指出，要推动发展适合中国国情、政府政策支持、个人自愿参加、市场化运营的个人养老金，与基本养老保险、企业年金相衔接，实现养老保险补充功能，协调发展其他个人商业养老金融业务，健全多层次、多支柱养老保险体系；推动个人养老金发展坚持政府引导、市场运作、有序发展的原则，注重发挥政府引导作用，在多层次、多支柱养老保险体系中统一布局个人养老金；充分发挥市场作用，营造公开公平公正的竞争环境，促

---

① 参见《国务院关于机关事业单位工作人员养老保险制度改革的决定》（国发〔2015〕2号），2024年8月14日，中华人民共和国人力资源和社会保障部网（http://www.mohrss.gov.cn/SYrlzyhshbzb/shehuibaozhang/zcwj/yanglao/201505/t20150528_162022.html）。

② 参见《国务院关于印发"十三五"国家老龄事业发展和养老体系建设规划的通知》（国发〔2017〕13号），2024年8月14日，中国政府网（http://www.gov.cn/zhengce/zhengceku/2017-03/06/content_5173930.htm）。

③ 参见《国务院关于建立企业职工基本养老保险基金中央调剂制度的通知》（国发〔2018〕18号），2024年8月14日，中华人民共和国人力资源和社会保障部网（http://www.mohrss.gov.cn/SYrlzyhshbzb/shehuibaozhang/zcwj/yanglao/201806/t20180614_295809.html）。

④ 参见《国务院关于印发"十四五"国家老龄事业发展和养老服务体系规划的通知》（国发〔2021〕35号），2024年8月14日，中国政府网（http://www.gov.cn/zhengce/zhengceku/2022-02/21/content_5674844.htm）。

进个人养老金健康有序发展。①

　　失业保险保生活、防失业、促就业功能进一步凸显。2017年9月，人力资源和社会保障部与财政部联合发布意见，强调了失业保险"保生活"和"促就业"相统一的原则，把失业人员及其家庭基本生活需要和失业保险基金运行安全统筹考虑，发挥省级调剂金作用，加大对基金支撑能力弱的统筹地区的支持力度。② 2018年6月，人力资源和社会保障部与财政部提出，要充分发挥失业保险支持精准扶贫、精准脱贫的功能作用，对深度贫困地区提高失业保险金标准和参保企业的稳岗补贴标准，并酌情放款参保职工技能提升补贴申领条件。③ 2020年5月，人力资源和社会保障部与财政部下发《关于扩大失业保险保障范围的通知》，提出要扩大失业保险保障范围，保障基本民生。要求及时足额发放失业保险金，阶段性实施就业补助金政策，阶段性扩大失业农民工保障范围，阶段性提高价格临时补贴标准，畅通失业保险待遇申领渠道，切实防范基金运行风险。④ 2022年4月，人力资源和社会保障部等部门发布《关于做好失业保险稳岗位提技能防失业工作的通知》，继续实施失业保险稳岗返还政策、职业培训补贴政策和失业保险保障扩围政策，并切实防范基金风险。⑤

---

　　① 参见《国务院办公厅关于推动个人养老金发展的意见》（国办发〔2022〕7号），2024年8月14日，中国政府网（http://www.gov.cn/zhengce/zhengceku/2022-04/21/content_5686402.htm）。

　　② 参见《人力资源社会保障部　财政部关于调整失业保险金标准的指导意见》（人社部发〔2017〕71号），2024年8月14日，中华人民共和国人力资源和社会保障部网（http://www.mohrss.gov.cn/SYrlzyhshbzb/shehuibaozhang/zcwj/shiye/201709/t20170925_278080.html）。

　　③ 参见《人力资源社会保障部　财政部关于使用失业保险基金支持脱贫攻坚的通知》（人社部发〔2018〕35号），2024年8月14日，中华人民共和国人力资源和社会保障部网（http://www.mohrss.gov.cn/SYrlzyhshbzb/shehuibaozhang/zcwj/shiye/201807/t20180703_296729.html）。

　　④ 参见《人力资源社会保障部　财政部关于扩大失业保险保障范围的通知》（人社部发〔2020〕40号），2024年8月14日，中华人民共和国人力资源和社会保障部网（http://www.mohrss.gov.cn/SYrlzyhshbzb/shehuibaozhang/zcwj/shiye/202006/t20200609_375841.html）。

　　⑤ 参见《人力资源社会保障部　财政部　国家税务总局关于做好失业保险稳岗位提技能防失业工作的通知》（人社部发〔2022〕23号），2024年8月14日，中华人民共和国人力资源和社会保障部网（http://www.mohrss.gov.cn/SYrlzyhshbzb/shehuibaozhang/zcwj/shiye/202205/t20220512_447569.html）。

工伤保险预防、补偿、康复"三位一体"制度体系建设积极推进，保障水平得到不断提高。2015年7月，人力资源和社会保障部、财政部联合下发《关于做好工伤保险费率调整工作 进一步加强基金管理的指导意见》，提出适时适当降低工伤保险费率，进一步加强工伤保险基金管理，提高基金使用效率，全面建立并规范工伤保险基金储备金制度，规范和提高工伤保险金统筹层次，建立费率确定、调整和实施情况定期报给制度。① 2017年6月，人力资源和社会保障部下发《关于工伤保险基金省级统筹的指导意见》，要求在省（区、市）内统一工伤保险参保范围和对象、费率政策和缴费标准等重要事项，在基金管理体制上，有条件的省（区、市）可以实行基金统收统支管理。② 2021年1月，人力资源和社会保障部等部门联合下发《关于印发工伤预防五年行动计划（2021—2025）的通知》，提出建立完善工伤预防联防联控机制，科学进行工伤保险费率浮动。③ 12月，人力资源和社会保障部下发《关于进一步加强工伤医疗管理服务工作有关问题的通知》，要求维护工伤保险基金安全，全面实现协议机构联网持卡直接结算，加快推进工伤保险"异地就医"工作。④

---

① 参见《人力资源社会保障部 财政部 关于做好工伤保险费率调整工作 进一步加强基金管理的指导意见》（人社部发〔2015〕72号），2024年8月14日，中华人民共和国人力资源和社会保障部网（http://www.mohrss.gov.cn/SYrlzyhshbzb/shehuibaozhang/zcwj/gongshang/201507/t20150729_216272.html）。

② 参见《人力资源社会保障部 财政部关于工伤保险基金省级统筹的指导意见》（人社部发〔2017〕60号），2024年8月14日，中华人民共和国人力资源和社会保障部网（http://www.mohrss.gov.cn/SYrlzyhshbzb/shehuibaozhang/zcwj/gongshang/201708/t20170818_275905.html）。

③ 参见《人力资源社会保障部 工业和信息化部 财政部 住房城乡建设部 交通运输部 国家卫生健康委员会 应急部 中华全国总工会关于印发工伤预防五年行动计划（2021—2025）的通知》（人社部发〔2020〕90号），2024年8月14日，中华人民共和国人力资源和社会保障部网（http://www.mohrss.gov.cn/SYrlzyhshbzb/shehuibaozhang/zcwj/gongshang/202101/t20210121_408053.html）。

④ 参见《人力资源社会保障部关于进一步加强工伤医疗管理服务工作有关问题的通知》（人社部函〔2021〕170号），2024年8月14日，中华人民共和国人力资源和社会保障部网（http://www.mohrss.gov.cn/xxgk2020/fdzdgknr/shbx_4216/gsbx/202112/t20211227_431309.html）。

第三节 丰富构建和谐劳动关系的体制机制

一 协调劳动关系三方机制完善与创新

工会是推进劳动关系协调机制不断完善的重要力量。党的十八大以来，全国各级工会组织通过加强思想政治引领、推进产业工人队伍建设改革，不断巩固党执政的阶级基础和群众基础，牢固树立工人阶级的主人翁地位，工会围绕中心服务大局作用更加彰显。各级工会不断推动产业工人队伍建设改革，大力弘扬劳模精神、劳动精神、工匠精神，加强职工职业道德建设，积极培育职工文化，尊重劳动、崇尚技能、鼓励创造的社会风尚正在形成。工会组织的维权职能进一步提质增效。《中国工运事业和工会工作"十四五"发展规划》明确提出，促进健全劳动关系协调机制，探索推进工会劳动关系调处标准化建设，构建劳动争议受理、调查、协调、调解、签约、结案、回访、归档等一体化业务标准体系。[1] 2020年3月，最高人民法院和中华全国总工会下发《关于在部分地区开展劳动争议多元化解试点工作的意见》，指出各级人民法院和总工会要加强工作协同，推进劳动争议多元化解；各级总工会要推动完善劳动争议调解组织机构，协调企业与劳动者妥善解决劳动争议；各级总工会要积极推动建立劳动争议调解员名册制度，加强调解员队伍建设；积极通过购买服务方式甄选优质律师事务所选派律师参与劳动争议调解工作。[2] 此外，工会还发挥部委协同机制和全总平安中国建设协调机制作用，定期排查化解职工队伍稳定风险，建立工会劳动关系发展态势监测网络，联系引导社会组织为职工提供专业化服务，构建网下办理、网上流转的信访工作机制等，这些制度举措对推动

---

[1] 参见《中国工运事业和工会工作"十四五"发展规划》，2024年8月14日，中华全国总工会网（https://www.acftu.org/wjzl/wjzlzcwj/qzwj/202107/t20210721_783690.html?7OkeOa4k=qAqMqqcZz0LxQfZ2AeDTkqzStIQ3gs4SJvlORIjJGYqqqrgqWCtDqAqq.q）。

[2] 参见《最高人民法院 中华全国总工会关于在部分地区开展劳动争议多元化解试点工作的意见》（法〔2020〕55号），2024年8月14日，中华人民共和国最高人民法院网（http://www.court.gov.cn/fabu/xiangqing/221991.html）。

构建和谐劳动关系起到了重要作用。同时，工会组织覆盖范围实现进一步扩大，特别是在基层工会建设方面不断加大力度，创新基层工会组织形式和入会方式，有效扩大工会组织覆盖面，大力推进非公有制经济组织、社会组织组建工会，以"重点建、行业建、兜底建"的模式，在新就业形态劳动者建会入会方面实现突破。特别是2021年7月，中华全国总工会强调要加快制定出台相关指导性文件，对建立平台企业工会组织和新就业形态劳动者入会予以引导和规范，发挥产业工会作用，切实维护工人合法权益，推动健全劳动保障法律制度。① 数据显示，截至2021年，全国新发展新就业形态劳动者会员超过350万人。②

协调劳动关系三方机制是中国劳动关系调整机制的重要组成部分，是社会主义市场经济条件下协调劳动关系的有效途径，对于协调劳动关系双方的利益，最大限度地保护、调动和发挥广大职工的积极性，促进中国劳动关系的和谐稳定，创造稳定的社会环境，推动国民经济持续快速健康发展，都具有重要的意义。经过多年发展，中国初步形成了层级分明、覆盖广泛的协调劳动关系三方机制组织体系，目前，中国协调劳动关系三方机制主要包含国家级、省级、地市级、县级四级。各级三方按要求不断健全协调劳动关系三方机制，共同推动了劳动法律法规的实施，促进了劳动关系利益协调机制、诉求表达机制、矛盾调处机制以及权益保障机制的构建和完善，对构建和谐劳动关系发挥了独特作用。国家协调劳动关系三方（国家三方）会议由人力资源和社会保障部、全国总工会、中国企联、全国工商联组成，省级及以下协调劳动关系三方会议（委员会）一般由各级人力资源和社会保障部门与同级工会、企联和工商联以联席会议、委员会等形式组成，一些地方还吸收了国资委、个体协会、民营企业协会、外商投资企业协会等单位和组织参加。除此之外，根据协商协调内容，部分地

---

① 参见《中华全国总工会关于切实维护新就业形态劳动者劳动保障权益的意见》（总工发〔2021〕12号），2024年8月14日，中华全国总工会网（https://www.acftu.org/wjzl/wjzlzcwj/qzwj/202107/t20210728_784163.html? 7OkeOa4k = qAqvqqrBRxvFLQuC9cRNh.P7m4stb9oLZnBfMm6LjJGqqxSDAbtDqAqqIa）。

② 参见《十年工会工作"成绩簿"》，《工人日报》2022年7月30日第3版。

方三方会同公安、司法、信访等部门共同做好劳动关系领域相关工作。截至目前，全国各省（自治区、直辖市）和新疆生产建设兵团以及绝大多数地市、县建立了三方机制，部分地方三方机制建设向乡镇（街道）和工业园区延伸，少数地方还探索建立了行业性三方机制。劳动关系三方协调机制已经成为中国劳动关系处理的基本制度框架，是当前社会经济政策制定和实施中的一个重要程序。据统计，截至2019年9月底，全国各级协调劳动关系三方共有约2万个。[①]

同时，协调劳动关系三方机制的运行也在稳步进行中。2012年以来，国家三方每年至少组织召开一次会议，研究部署三方四家（劳动行政部门、工会组织、工商联、企业联合会或企业家协会）重点任务和分工，并指导各地三方贯彻落实会议要求（见表7.1）。针对劳动关系领域出现的新情况、新问题，国家三方办公室不定期召开专题会议，共同商议解决问题的办法和措施。近年来，国家三方加大制度建设力度，联合印发多份专项文件，充分发挥三方机制在劳动关系调整中的重要作用，积极构建和谐劳动关系。2019年7月，国家三方会同其他部门召开全国构建和谐劳动关系先进表彰会，表彰了342家模范劳动关系和谐企业和50个模范劳动关系和谐工业园区。2020年4月，国家三方开展"和谐同行"千户企业培育共同行动，通过各级协调劳动关系三方共同行动，面向企业开展指导服务，提高企业劳动用工管理水平，培育"企业关爱职工，职工热爱企业"的和谐理念，打造具有影响力的劳动关系和谐企业典型。[②] 下一步，协调劳动关系三方机制组织体系建设将继续深入推进，三方机制职能将进一步完善，并向工业园区、乡镇（街道）一级和产业

---

① 参见《人力资源社会保障部对政协十三届全国委员会第三次会议第2282号（社会管理类190号）提案的答复》（人社提字〔2020〕97号），2024年8月14日，中华人民共和国人力资源和社会保障部网（http://www.mohrss.gov.cn/xxgk2020/fdzdgknr/zhgl/jytabl/tadf/202101/t20210115_407710.html）。

② 参见《人力资源社会保障部对政协十三届全国委员会第三次会议第2282号（社会管理类190号）提案的答复》（人社提字〔2020〕97号），2024年8月14日，中华人民共和国人力资源和社会保障部网（http://www.mohrss.gov.cn/xxgk2020/fdzdgknr/zhgl/jytabl/tadf/202101/t20210115_407710.html）。

系统延伸。同时，国家三方也在认真总结三方机制建设的经验，借鉴其他国家和地区的优秀做法并加强相关课题研究，进一步完善三方会议制度和工作规则，积极探索提高三方机制运行效率的新方式，提升各级三方协商协调能力，扎实推动和谐劳动关系建设。

表7.1　**国家协调劳动关系三方会议（第十八次至第二十七次）主要工作部署**

会议届次	时间	主要工作部署
第十八次	2013.1	深入贯彻党的十八大精神，加强对劳动关系形势的分析研判，积极推动新修订的劳动合同法贯彻落实，深入推进集体协商和集体合同制度，推动建立企业职工工资正常增长机制，进一步健全劳动标准体系，做好劳动争议调解仲裁工作，深入开展创建和谐劳动关系活动，加强协调劳动关系三方机制建设，努力构建和谐劳动关系
第十九次	2014.2	深入贯彻落实党的十八大和十八届三中全会精神，坚持稳中求进、改革创新，充分发挥三方机制优势，着力探索创新构建中国特色和谐劳动关系体制机制，继续加强劳动关系立法工作，进一步推进实施集体协商和集体合同制度，深入开展和谐劳动关系创建活动，加强对劳动关系形势的监测和分析研判，加强协调劳动关系三方机制自身建设，努力构建和谐劳动关系
第二十次	2015.3	加快构建中国特色和谐劳动关系体制机制，切实提高构建和谐劳动关系法治化水平，继续推进实施集体合同制度攻坚计划，深入开展和谐劳动关系创建活动，积极预防和妥善处置劳动关系领域的突出矛盾
第二十一次	2016.4	贯彻落实《关于构建和谐劳动关系的意见》，积极稳妥做好化解过剩产能处置僵尸企业中的劳动关系处理工作，加强有关劳动关系立法和劳动标准问题研究，深入推进集体合同制度实施攻坚计划，开展和谐劳动关系创建活动，加强劳动争议调解仲裁工作，健全协调劳动关系三方机制，努力构建和谐劳动关系
第二十二次	2017.2	全面贯彻党的十八大和十八届三中、四中、五中、六中全会精神，深入贯彻习近平总书记系列重要讲话精神，统筹推进"五位一体"总体布局和协调推进"四个全面"战略布局，坚持稳中求进工作总基调，积极应对经济形势变化带来的影响，稳妥做好化解过剩产能职工安置劳动关系处理工作，加强劳动关系立法等重大问题研究，深入推进集体合同制度，开展和谐劳动关系创建活动，做好劳动争议调解仲裁工作，加强对劳动关系矛盾风险的预测、预警和预防，健全协调劳动关系三方机制，努力构建和谐劳动关系
第二十三次	2018.4	总结国家三方会议2017年工作，分析当前劳动关系形势，明确国家三方会议2018年工作要点，审议通过全国和谐劳动关系创建表彰方案
第二十四次	2019.4	深刻认识和准确把握新时代构建和谐劳动关系面临的新情况新问题新挑战，扎实做好2019年的劳动关系各项工作，特别是着力防范化解劳动关系领域重大风险
第二十五次	2020.4	贯彻落实中央有关部署要求，把疫情防控期间防风险促稳定作为劳动关系工作的总基调，充分发挥三方机制的独特作用，积极做好劳动关系领域各项工作，持续保持劳动关系总体和谐稳定

续表

会议届次	时间	主要工作部署
第二十六次	2021.4	贯彻落实中央有关部署要求，坚持稳中求进工作总基调，围绕进入新发展阶段、贯彻新发展理念、构建新发展格局，积极做好各项协调劳动关系工作，构建和谐劳动关系，促进经济社会持续健康发展，以优异成绩庆祝中国共产党成立100周年
第二十七次	2022.6	坚持以习近平新时代中国特色社会主义思想为指导，坚持稳字当头、稳中求进，立足新发展阶段，贯彻新发展理念，构建新发展格局，推动高质量发展，落实"六稳""六保"工作任务，全力做好协调劳动关系各项工作，保持劳动关系总体和谐稳定，促进经济社会持续健康发展，以实际行动迎接党的二十大胜利召开

资料来源：中华全国总工会网站（https://www.acftu.org/）。

二 劳动调解仲裁体制完善与创新

党的十八大以来，中国劳动关系治理在劳动调解和仲裁方面取得了多方面新进展，劳动争议调解仲裁相关组织和制度不断完善，落地实施效率显著提高，劳动者权益保障、劳动纠纷解决效率进一步提升。

中国劳动调解仲裁在组织建设、制度建设、基础保障层面充分结合当前经济社会发展现状，得到进一步完善和加强。2015年6月，人力资源和社会保障部等多部门共同发布《关于加强专业性劳动争议调解工作的意见》，提出建立以党委、政府为领导，强化人社部门在调解工作中的主导作用，相关部门和单位共同参与的专业性劳动争议调解工作机制。同时制定了加强专业性劳动争议调解组织网络建设、大力推进基层调解工作规范化建设、建立重大集体劳动争议应急调解和快速仲裁处置机制、落实部门联动机制等针对性措施。[1] 2022年11月，人力资源和社会保障部会同多部门共同提出了劳动人事争议协商调解工作的基本原则，明确了制度建设和能力建设的目标任务，并实施了多方面的机制创新。[2] 从

---

[1] 参见《人力资源社会保障部 中央综治办关于加强专业性劳动争议调解工作的意见》（人社部发〔2015〕53号），2024年8月14日，中华人民共和国人力资源和社会保障部网（http://www.mohrss.gov.cn/xxgk2020/fdzdgknr/zcfg/gfxwj/ldgx/202011/t20201103_394915.html）。

[2] 参见《人力资源社会保障部、司法部等九部门联合印发〈关于进一步加强劳动人事争议协商调解工作的意见〉》，2024年8月14日，中华人民共和国司法部网（https://www.moj.gov.cn/pub/sfbgw/gwxw/xwyw/202211/t20221116_467434.html）。

总体的成就来看，10 余年来，中国劳动争议调解组织建设紧扣"基层为主"的总方针不断加强，企业内部劳动争议调解组织日益完善，重点领域的大中型企业普遍建立了劳动争议调解委员会，一些聚集用工的乡镇（街道）设置"劳动争议调解窗口"作为协商调解平台①，企业劳动争议调解委员会、人民调解组织、乡镇（街道）劳动人事争议调解组织、行业性、区域性劳动人事争议调解、商（协）会调解组织明确角色定位，发挥各自优势，各司其职，协同配合劳动争议调解工作。

中国劳动争议仲裁政策制度体系更加丰富完善、仲裁机构人员工作能力提升、仲裁程序日趋健全，仲裁工作回归其基本属性，摆脱了以往行政化重、信息化程度低等突出问题。2017 年 3 月，人力资源和社会保障部会同多部门提出，为适应经济发展新常态，探索新时期预防化解劳动人事关系矛盾纠纷的规律，调解仲裁更为规范化、标准化、专业化、信息化，建立党委领导、政府主导、政法协调、人力资源社会保障部门牵头，各有关部门和单位发挥职能作用的争议多元处理机制和工作格局。② 同年 5 月，人力资源和社会保障部在总结地方经验的基础上，针对工作中存在的突出矛盾和问题，完善了具体仲裁办案程序，完善了加强仲裁员管理和保障的相关规定。③④ 2017 年 11 月和 2022 年 5 月，人力资源和社会保障部与最高人民法院联合发布意见，明确了加强裁审衔接机制建设的总体要求，统一裁审的受理范围和法律适用标准，在受理程序

---

① 参见《人力资源社会保障部 中央综治办关于加强专业性劳动争议调解工作的意见》（人社部发〔2015〕53 号），2024 年 8 月 14 日，中华人民共和国人力资源和社会保障部网（http://www.mohrss.gov.cn/SYrlzyhshbzb/laodongguanxi/zcwj/diaojiezhongcai/202002/t20200210_359091.html）。

② 参见《人力资源社会保障部 中央综治办 最高人民法院 司法部 财政部 中华全国总工会 中华全国工商业联合会 中国企业联合会/中国企业家协会关于进一步加强劳动人事争议调解仲裁完善多元处理机制的意见》（人社部发〔2017〕26 号），2024 年 8 月 14 日，中华人民共和国人力资源和社会保障部网（http://www.mohrss.gov.cn/xxgk2020/fdzdgknr/zcfg/gfxwj/ldgx/201703/t20170331_268917.html）。

③ 参见《劳动人事争议仲裁办案规则》（中华人民共和国人力资源和社会保障部令第 33 号），2024 年 8 月 14 日，中国政府网（http://www.gov.cn/xinwen/2017-05/25/content_5196752.htm#1）。

④ 参见《劳动人事争议仲裁组织规则》（中华人民共和国人力资源和社会保障部令第 34 号），2024 年 8 月 14 日，中国政府网（http://www.gov.cn/xinwen/2017-05/25/content_5196753.htm#1）。

衔接、保全程序衔接、执行程序衔接上更为规范。[①][②]

这些政策措施的出台，使中国劳动人事争议仲裁工作机制更为完善，常态化调节与仲裁、诉讼对接机制顺利建立，劳动仲裁机构的办事效率不断提升。劳动仲裁机构严格按照"三三制"原则进行配置，劳动行政部门代表、工会代表、企业代表三方机制高效落实。劳动仲裁机构独立性逐步凸显，劳动仲裁机构经费来源由国家财政部分或全部承担，对于行政部门的依赖性减少，拥有自身独立、专门的办案场所。2020年，全国各级劳动人事争议调解组织和仲裁机构劳动人事争议调解成功率为70.6%，仲裁终结率为70.5%[③]；2021年，这两项指标分别为73.3%和71.1%。[④] 从2012年到2021年，终局裁决率由19.2%上升到40.1%；仲裁结案率由83.9%上升到97%。[⑤] 近年来，仲裁制度机制改善的重点在解决仲裁与诉讼之间的衔接问题，国家始终坚持把非诉讼纠纷解决机制挺在前面，裁审衔接工作机制更为完善。同时，政府深度开发智慧政务系统，极大地提高了办事效率，劳动仲裁立案网上通道缩短了立案时间，改善了劳动者的立案体验，线上立案也减少了仲裁机构工作人员被重复问询的次数，节省了办事时间。

落实好劳动人事争议调解仲裁工作意义深远，新时代对于劳动人事

---

① 参见《人力资源社会保障部 最高人民法院关于加强劳动人事争议仲裁与诉讼衔接机制建设的意见》（人社部发〔2017〕70号），2024年8月14日，中华人民共和国人力资源和社会保障部网（http://www.mohrss.gov.cn/xxgk2020/fdzdgknr/zcfg/gfxwj/ldgx/201711/t20171109_281337.html）。

② 参见《人力资源社会保障部 最高人民法院关于劳动人事争议仲裁与诉讼衔接有关问题的意见（一）》（人社部发〔2022〕9号），2024年8月14日，中华人民共和国人力资源和社会保障部网（http://www.mohrss.gov.cn/wap/zc/zcwj/202202/t20220228_436907.html）。

③ 参见《2020年度人力资源和社会保障事业发展统计公报》，2024年8月14日，中华人民共和国人力资源和社会保障部网（http://www.mohrss.gov.cn/xxgk2020/fdzdgknr/ghtj/tj/ndtj/202106/t20210604_415837.html）。

④ 参见《2021年度人力资源和社会保障事业发展统计公报》，2024年8月14日，中国政府网（http://www.gov.cn/xinwen/2022-06/07/content_5694419.htm）。

⑤ 参见《唱响和谐劳动关系的主旋律——党的十八大以来我国和谐劳动关系工作综述》，2024年8月14日，中华人民共和国人力资源和社会保障部网（http://www.mohrss.gov.cn/SYrlzyhshbzb/ztzl/rsxthfjszl/xw/202212/t20221227_492397.html）。

争议调解仲裁组织和制度上的改革创新，优化了劳动人事争议调解仲裁工作的流程，加强了劳动人事争议案件各个环节的协调管理，改善了调解、仲裁人员工作环境，加快了劳动人事争议调解仲裁工作的办事进度，使得劳动者能够更加及时高效地维护自身合法权益。劳动仲裁作为解决用人单位与劳动者之间发生劳动争议的合法途径，对用人单位规章制度的不断完善和优化具有促进作用，能够有效避免劳动关系矛盾，助推和谐劳动关系建设。

三 劳动保障监察体制加速构建

中共中央、国务院颁布的《关于构建和谐劳动关系的意见》明确指出，要加强构建和谐劳动关系的法治保障，加快完善劳动保障监察方面的制度，逐步健全劳动保障法律法规体系。深入开展法律法规宣传教育，加强行政执法和法律监督，促进各项劳动保障法律法规贯彻实施。[1] 近年来，中国在劳动保障监察领域进行了一系列有益探索和实践，例如，人力资源和社会保障部构建信用评级机制，对企业进行劳动保障守法诚信等级评价，将部分企业列入重点监察对象，强化劳动保障监察日常巡视检查。[2] 近年来，劳动保障监察工作的两个重点是工资支付保障监察以及新就业形态劳动保障监察。

以根治欠薪为导向的工资支付保障监察体制日渐完善，实现了从早年的"清欠"到如今的"根治"，治理农民工欠薪这一社会顽疾，正在从点对点的整治措施中逐渐酝酿出长效治理机制。经过10余年的实践，根治农民工欠薪的工作重点明确、处置及时，多地及时响应国务院号召，及时高效解决当年欠薪问题的一系列政策措施的出台，使相关责任得到有效落实，大幅提高违法成本，从源头上最大限度遏制了违约欠薪的动

---

[1] 参见《中共中央 国务院关于构建和谐劳动关系的意见》，2024年8月14日，中国政府网（http://www.gov.cn/guowuyuan/2015-04/08/content_2843938.htm）。
[2] 参见《人力资源社会保障部关于印发〈企业劳动保障守法诚信等级评价办法〉的通知》（人社部规〔2016〕1号），2024年8月14日，中国政府网（http://www.gov.cn/xinwen/2016-08/03/content_5097187.htm）。

机。尤其是《保障农民工工资支付条例》的出台，为根治欠薪提供了前所未有的法治保障，农民工工资保证金制度的执行，从源头上有效预防拖欠农民工工资行为的发生。此外，随着国家不断建立和完善"一处违法，处处受限"的欠薪失信惩戒机制，相关单位不定期通报拖欠农民工工资情况，公示违法案件，各部门协同参与、联合行动、共同解决，形成打击农民工欠薪的合力。同时，根治欠薪也需要不断创新治理手段，尤其是建立覆盖事前、事中、事后的全过程监管闭环，推动欠薪治理从清欠向防欠转变。例如新疆大力推进农民工工资支付监控预警平台建设，自 2022 年 5 月上线启用以来，累计将 4754 个工程项目、40.57 万农民工纳入平台监控，实现了对农民工工资发放的全流程线上监管、动态监控、实时预警。"干活有数据、用工有实据、讨薪有依据"，有助于从源头上杜绝欠薪问题。[①] 从各地实践来看，用好大数据等技术手段，打通数据壁垒、推动信息共享，不仅能提升根治欠薪工作效能和水平，也有助于解决用工信息不透明、计薪结算不准确、维权证据缺失等治理难题，从而将欠薪隐患化解在萌芽状态。欠薪案件治理的全流程信息化监测，也在客观上促使政策制定部门和执法部门的工作人员以普通劳动者身份，利用"走流程"的方式体验了每个流程环节，以便查漏补缺，为根治欠薪开出良方。[②]

随着"互联网＋"与数字技术的普及以及众多行业数字化、平台化进程加速，新就业形态劳动者成为重要就业群体，监察的缺失和力度不足是导致相关侵权现象频发的重要原因，为弥补新就业形态劳动者权益保障这一短板，新就业形态劳动保障监察体制也在加速构建，监察力度逐渐上升，全国多地已经陆续建立针对新就业形态所在重点行业的专项监察机制。一方面，新就业形态劳动保障监察对象和范围不断拓展，明确要求企业规范用工，设置公平合理的劳动管理和薪酬分配规则，健全

---

① 参见何娟《形成治理欠薪的强大合力（人民时评）》，《人民日报》2023 年 1 月 12 日第 5 版。
② 参见《治理农民工欠薪走向根治》，《经济日报》2021 年 12 月 26 日第 5 版。

并落实劳动安全卫生责任制，督促企业依法参加社会保险并强化职业伤害保障等。国家市场监督管理总局还进一步提出建立与工作任务、劳动强度相匹配的收入分配机制，合理设定对外卖送餐员的绩效考核制度，不得将"最严算法"作为考核要求，要通过"算法取中"等方式，科学合理考核工作过程。① 另一方面，新就业形态劳动保障监察工作机制也在逐步完善，政府各部门、工会组织、法院检察院、调解组织、法律援助机构、监察机构等努力为新就业形态劳动保障监察工作打造适宜的制度环境。例如中华全国总工会要求加强工会劳动法律监督，配合政府及有关部门监察执法，针对重大典型违法行为及时发声，积极推动和参与制定修改劳动保障法律法规，充分表达新就业形态劳动者意见诉求，使新就业形态劳动者群体各项权益在法律源头上得到保障。② 此外，各级法院和劳动争议调解仲裁机构也相应地加强了非典型劳动争议案件办案指导，对当事人给予必要的制度援助。

---

① 参见《市场监管总局等七部门联合印发〈关于落实网络餐饮平台责任　切实维护外卖送餐员权益的指导意见〉》，2024 年 8 月 14 日，国家市场监督管理总局网（https://www.samr.gov.cn/xw/zj/202107/t20210726_333061.html）。

② 参见《中华全国总工会关于切实维护新就业形态劳动者劳动保障权益的意见》（总工发〔2021〕12 号），2024 年 8 月 14 日，中华全国总工会网（https://www.acftu.org/wjzl/wjzlzcwj/qzwj/202107/t20210728_784163.html？sdiOEtCa = qqrGNPKcmxlB4Bst0tc3tAxE5GNxWv1DNIYX2rknPdMqnJbZ4zGU4LEAZVv1fFnf6tRBK45nECKa6DDnmY9fKNQusAyMscL1.GN6WyLpcnr2tRbWCwk＿SFYx-Ql18 uy8yBCKMrg2gAvps1ksKvD2F3Ej42cxdlaE115iJhXH6anq5tGqS）。

第八章

立足社会主要矛盾变化构建和谐劳动关系

第一节 稳增长、稳市场主体、稳就业

一 扩大内需稳增长

进入新时代迈上新征程,社会主要矛盾转化的总体趋势并未就此改变,发展不平衡不充分的问题仍然突出。构建和谐有序、互利共赢的劳资关系,必须以国民经济运行稳定,实现质的稳步提升和量的合理增长,不断满足人民美好生活需要,进而打造适宜市场主体生存和发展的大环境,促进更为充分更高质量的就业为前提。稳增长、稳市场主体、稳就业又是相互影响、相互带动的:经济增长稳定,可以缓解各种内外因素引起的经济波动对市场主体的冲击,拉动投资,提升就业质量和薪酬水平;市场主体稳定而健康成长,就能够释放足够活力稳岗扩岗、吸纳就业,进而稳收入稳消费,推进经济稳增长;而就业的稳定,尤其是及时缓解结构性、周期性失业,就能够从根本上保障居民收入增长和购买力提升,带动消费潜力释放,改善消费质量和消费场景,提振经济增长,反过来助力市场主体稳定发展。

在稳增长、稳市场主体、稳就业这组关系中,稳增长无疑处于首要地位。稳增长又是质和量两方面的辩证统一,前者表现为结构、效率上的改进,后者表现为动力和速度上的维持;提质是矛盾的主要方面,但对于中国这样一个体量巨大且发展目标明确,阶段任务艰巨的经济体而

言，保持经济运行在合理区间，实现量的必要积累又是一个不能忽视的问题。从中国经济运行的现实状况来看，在中国经济下行压力加大和新冠疫情严重冲击的大背景下，中国GDP在2017—2022年5年间依然达到了5.2%的年均增速。[①] 特别是在2022年，中国政府果断加大宏观政策实施力度，有效应对超预期因素冲击，稳住了宏观经济大盘，全年GDP增长3.0%，在世界经济体量排名靠前的主要经济体中增速领先；GDP总量达到121万亿元，按年平均汇率折算达到18万亿美元，稳居世界第2位。[②] 但与此同时，需求收缩、供给冲击、预期转弱的三重压力仍在显现，中国经济恢复的基础仍不牢固，当前只有不失时机地继续优化结构、转换动能，才能实现国民经济质的有效提升和量的合理增长。具体而言，稳增长需要以下三个方面继续发力：第一，应对经济运行中总需求不足的主要矛盾，必须以扩大消费为突破口扩大内需，以促进社会再生产的良性循环；第二，应对当前市场预期持续偏弱的消极影响，需要加大投资力度，优化投资环境，放宽民间投资市场准入，支持重大工程项目和重点领域建设；第三，有效防范化解影响稳增长的各类风险，严守不发生系统性风险底线。

内需是中国经济发展的基本动力，实施扩大内需战略是充分发挥超大规模市场优势的主动选择，是应对国际环境深刻变化的必然要求，是更高效率促进经济循环的关键支撑，对于当前稳增长具有主导作用。在需求侧"三驾马车"中，消费是中国经济增长的重要引擎。在当前形势下，必须把恢复和扩大消费摆在优先位置。提振消费不能单纯依靠政策刺激，必须把增加居民收入、优化消费环境和开拓消费市场结合起来，形成系统性政策，发挥合力。一方面，消费是收入的函数，扩大消费必须多渠道增加居民收入，由于新冠疫情导致的收入增长放缓，使得边际

[①] 参见《数评两会：GDP五年年均增长5.2%！我国经济发展再上新台阶》，2024年8月15日，人民网观点频道（http://opinion.people.com.cn/n1/2023/0305/c1003-32637254.html）。

[②] 参见盛来运《风高浪急彰显韧劲 踔厉奋发再创新绩——〈2022年国民经济和社会发展统计公报〉评读》，2024年8月15日，国家统计局网（http://www.stats.gov.cn/tjsj/sjjd/202302/t20230227_1918981.html）。

消费倾向高，但受新冠疫情影响大的中低收入居民的消费能力得不到释放。为此，必须着力促进中低收入居民多渠道增收，为扩大消费创造必要条件。另一方面，消费环境构成了对消费能力的一道"软约束"。要紧密结合疫情防控政策的优化调整，打造对于消费者友好的空间和技术环境，积极开拓重要消费品市场，推动重点消费品大规模以旧换新，推动传统消费向新型消费加速转型。

稳增长需要持续积累，形成高水平的物质技术基础，必须依靠投资实现。在当下，民间投资预期仍然较弱，投资增长需要政府投资发挥引领和示范作用，激励并有效带动全社会投资，在打基础、利长远、补短板、调结构上做好做足文章，在交通、能源、水利、农业、信息等基础设施领域持续加大投资力度。目前，中国众多中小城市突出存在基础设施、公共服务、新产业、新业态等方面的大量短板。在以上领域，投资潜力是巨大的，也能够形成长期稳定的收益。在政府引导下，我们需要充分发挥好财政政策和货币政策的重要作用，以大力提振基础设施投资为先导，有效调动民间投资，及时扭转预期，增强信心和定力。同时，我们也要营造适宜的投资环境，积极引导各种国内外资金要素有序流动，保护投资者合法权利和收益。

更好统筹发展和安全，有效防范化解重大经济金融风险，是稳增长的内在要求。当前，我们尤其要防范房地产业引发系统性风险、金融风险和地方政府债务风险。随着房地产信用关系的不断衍生和互联网金融的发展，中国近年来金融风险也有所积累，必须加快健全金融稳定长效机制，防止形成区域性、系统性金融风险。在果断处置高风险企业集团和高风险金融机构、有效压降影子银行风险、全面清理整顿金融秩序的基础上，持续推动构建结构合理、层次分明、差异化竞争的金融机构体系，不断健全金融风险监测、评估、预警体系，完善存款保险制度，设立金融稳定保障基金，强化宏观审慎管理职责。

二　持续有效减负稳市场主体

以各类企业和个体工商户为代表的市场主体，是吸纳就业的主力，是中国经济发展的底气、韧性所在，是稳住经济基本盘的重要基础。统计显示，2017年年底中国实有市场主体9814.8万户[1]，到2022年年底市场主体总数接近1.7亿户[2]，增长超过70%。在这5年中，为了帮助广大市场主体渡过难关、留得青山，一方面，中国政府实施大规模减税降费政策，5年累计减税5.4万亿元、降费2.8万亿元；另一方面，利用降准、再贷款等政策工具，有效缓解了中小微企业、个体工商户长期以来融资难、融资贵的问题。[3] 政府还通过进一步简政放权，放宽市场准入，改革商事制度，推行"证照分离"等措施，优化营商环境、有效降低企业生产和流通的各种隐性成本，使各类市场主体发展动力不断增强。

未来一段时间，继续通过有效减负稳定市场主体，是国家进行宏观调控的重要导向。一是延续并优化现行减税降费、退税缓税等措施，帮助中小微企业降低生产经营成本，培育壮大市场主体。受国内外一些超预期因素影响，市场主体生存发展面临的困难和挑战仍然较多。因此，我们要保持政策制定的连续性、稳定性，提高政策实施的针对性、实效性。二是继续优化结构型货币政策，发挥其助力市场主体纾困的独特优势，通过差异化金融支持，激励和引导市场主体扩大有效投资，发挥"精准滴灌"的作用，进一步解决中小微企业融资困难，提升小微企业金融服务的质量和效率，激发市场主体活力。三是持续优化市场主体的营商环境，维护和促进市场公平竞争，构建亲清政商关系，严厉打击各类违法犯罪行为，促进非公有制经济健康发展和非公有制经济人士健康成长，减轻市场主体隐性负担，增强市场主体信心。四是加快政府职能转变，深入推进"放管服"改革，更大力度放出活力、管出水平、服出

---

[1] 参见《2017年全国市场主体发展基本情况》，2024年8月15日，国家市场监督管理总局网（https://www.samr.gov.cn/zhghs/tjsj/201902/t20190228_291538.html）。

[2] 参见国家统计局《中华人民共和国2022年国民经济和社会发展统计公报》，2024年8月15日，国家统计局网（http://www.stats.gov.cn/zt_18555/zthd/lhfw/2023/hgjj/202302/t20230228_1919008.html）。

[3] 参见李克强《政府工作报告——2023年3月5日在第十四届全国人民代表大会第一次会议上》，《人民日报》2023年3月15日第1版。

效率，最大限度降低市场主体制度性成本，不断激发市场主体活力。以信息化建设为支撑，推动高频政务服务事项一网通办，加快实现政务服务高效集成，最大限度减环节、压时间、降成本，不断提升政务服务质量和水平，为市场主体提供公平可及、优质高效的服务。充分发挥法治的保障作用，加快营商环境立法，加强知识产权保护，深入推进社会信用体系建设，为市场主体营造稳定、公平、透明、可预期的营商环境。

三 多措并举稳就业

就业位居"六稳"和"六保"之首，是稳增长的重要一环，也是民生之基、财富之源。坚持并强化经济发展的就业导向，是近年来中国政府始终不变的政策取向。作为一个人口和劳动力资源大国，中国连年面对巨大的就业压力，但一直能够顺利完成预期的就业目标。数据显示，2017—2022年，中国累计新增城镇就业6374万人[1]，自2012年以来的10年间，累计实现城镇新增就业1.3亿人，年均超过1300万人。[2] 在经济下行压力加大和新冠疫情冲击下，失业率始终保持在合理区间，而且保持了重点就业群体、失业人员、困难人员就业平稳，既服务保障了改革发展大局，也兜住兜牢了基本民生底线。

从总体上看，未来中国将继续实施就业优先战略，着力稳存量、扩增量、提质量。一是宏观调控继续强化就业优先导向，推动财政、货币政策支持稳就业，同时实现就业政策与其他领域政策的协同；二是着力继续激发市场主体的创新创业活力，以此培育更多就业增长点；三是把青年就业特别是高校毕业生就业继续作为重中之重，稳定重点就业群体就业水平和就业质量；四是着力促进以农民工为代表的弱势、边缘群体就业，兜稳兜牢民生底线；五是下大力气优化现有的就业服务培训，促进劳动力市场供需对接，发挥公共服务的关键作用；六是以保障劳动者

---

[1] 根据国家统计局历年统计公报数据加总得出。
[2] 参见《十年累计实现城镇新增就业1.3亿人》，《人民日报海外版》2022年8月26日第2版。

合法权益为抓手，持续整顿清理人力资源市场秩序，带动就业质量提升。[1]

从重点领域来看，中国应当继续强化互联网平台经济发展的就业导向，壮大筑牢就业"蓄水池"，在经济增长持续承压的阶段发挥其维持社会稳定的关键作用。目前，中国经济恢复基础尚不牢固，高质量发展的任务极其艰巨，城镇新增就业劳动力数量依然庞大，而许多生活服务类平台，连接了丰富的生活服务业新业态、消费者，开辟了无数新的消费场景，催生了大量新职业从业者，已经成为吸纳就业的主要渠道之一，有效扩大了应届毕业生、创业者以及高新技术人才的就业规模。我们未来应当持续出台促进线上服务消费的专项政策，鼓励和支持线上线下融合、新消费、新体验等新模式发展，发挥生活服务平台在数据、技术等方面的优势，推进生活服务业供给侧的数字化改造，从而发挥生活服务平台的规模效应，创造更多就业机会。新业态作为生活服务业的新生事物，很多尚处于孕育成长期，需要精心呵护。政府对新业态也应继续秉持包容审慎的监管方式，鼓励业态创新，市场准入以保障质量安全为重点，进一步清理制约新业态发展的不合理规定；综合运用财税、金融、人才、知识产权等方面的支持政策，为新业态营造良好发展环境。[2] 当然，在互联网平台和新业态的发展过程中，也要把维护从业人员利益同平台经济发展结合起来，探索一条保护劳动者和平台经济发展之间保持动态平衡的现实路径。

第二节　扶持新就业形态健康成长

一　促进新就业形态劳动关系正规化

维护新就业形态各领域劳动关系的和谐稳定，必须将其纳入正规化、

---

[1]《全力以赴做好稳就业工作——访人力资源社会保障部党组书记、部长王晓萍》，《人民日报》2023年1月10日第2版。
[2] 参见美团研究院《2020年生活服务业新业态和新职业从业者报告》，2024年8月15日，美团研究院网（https://mri.meituan.com/research/report？typeCodeOne=3）。

标准化、法治化的轨道。近年来，中国新就业形态劳动关系矛盾频发，主要原因也是在于劳动关系在性质和内容上缺乏合法解释、含混不清。2022年12月，最高人民法院发文，明确要求在经济活动中，依法合理认定新就业形态劳动关系。其中，平台企业及其用工合作单位与劳动者建立劳动关系的，应当订立书面劳动合同。未订立书面劳动合同，而劳动者主张存在劳动关系的，人民法院应当根据相关事实依法审慎予以认定。① 2023年2月，人力资源和社会保障部发布指引性文件，指出企业要根据用工事实和劳动管理程度，并综合考虑其他一系列因素，与符合确立劳动关系情形的新就业形态劳动者订立劳动合同，与不完全符合确立劳动关系情形的新就业形态劳动者订立书面协议。企业与新就业形态劳动者订立劳动合同、书面协议，要遵循合法、公平、平等自愿、协商一致、诚实信用的原则。企业要如实告知新就业形态劳动者与完成平台网约服务有关的情况，新就业形态劳动者有权了解与所订立劳动合同或书面协议直接相关的基本情况。企业不得以诱导、欺诈、胁迫等方式与新就业形态劳动者订立书面协议等减损劳动者权益。平台企业采取合作用工方式，由平台用工合作企业招用劳动者并组织其提供平台网约服务的，可与平台用工合作企业就保障劳动者权益签订专项协议或在合作协议中明确各自应承担的责任。平台企业委托经营性人力资源服务机构为不完全符合确立劳动关系情形的新就业形态劳动者提供人力资源管理服务的，经营性人力资源服务机构可以作为第三方，与平台企业、新就业形态劳动者协商订立三方书面协议，在协议中明确其受平台企业委托承担的人力资源管理和服务职责。订立三方书面协议，不改变平台企业应当承担的用工主体责任。同时提供了劳动合同和书面协议的参考文本。②

确保新就业形态劳动者的工作状况得到精准分类，是接下来的工

---

① 参见《最高人民法院关于为稳定就业提供司法服务和保障的意见》（法发〔2022〕36号），2024年8月15日，中华人民共和国最高人民法院网（https://www.court.gov.cn/xinshidai-xiangqing-384301.html）。

② 参见《@新就业形态劳动者 劳动合同范本来了!》，2024年8月9日，中工网（http://www.workercn.cn/c/2023-04-10/7797771.shtml）。

作重点。有学者建议人力资源和社会保障部门采用清单式管理，直接对平台企业类别进行判定，间接明确新就业形态劳动者的受雇状态。在实践操作中，可以依托现有劳动法律法规，发挥协调劳动关系三方机制的作用，联合工会和头部平台企业，共同制定"不完全符合确立劳动关系情形"的标准清单，细化量化薪酬决定权、工作安排自主权、绩效监督等要素，实现不同情形的可比可测。一旦平台企业或其部分业务符合清单中的标准，即可认定该平台或该部分业务为不完全符合确立劳动关系情形。这一调整将原先的认定事实劳动关系标准转变为认定平台管理标准，将平台企业有可能暗箱操作的管理内容标准化、公开化，这不仅有助于提升市场交易的透明度，降低交易成本，还有利于降低法院与仲裁机构在甄别不完全符合确立劳动关系情形时的时间成本，减少市场用工环境的不确定性，从而逐渐形成稳定的市场预期。当然，解决新就业形态劳动者雇佣状态分类模糊的问题，还需要主管部门获得新就业形态劳动者的信息数据，确保平台企业行使管理权利和履行用工义务相匹配。[1]

从长远来看，我们也要及时完善相关劳动法律制度，拓展法律法规适用范围，加快完善劳动法、社会保险法等相关法律法规，以及相关的司法解释，增强新就业形态的法律适用性。特别是完善相应的劳动保障标准，出台与新业态相适应的法律规定，对劳动者、劳动关系、职工、工资收入等基本概念作出界定，人力资源和社会保障部在起草基本劳动标准法过程中，也需要明确平台企业的义务及责任，确认人力资源社会保障等行业主管部门对平台企业的监管职责。[2]

二 增进劳动权益与职业发展保障

加强新就业形态劳动者权益与职业发展保障，需要结合市场和政府

---

[1] 黄伟：《让企业发展成果惠及更多新就业形态劳动者》，《中国劳动保障报》2022年11月23日第3版。

[2] 《切实维护新就业形态劳动者权益》，《法治日报》2022年3月10日第7版。

双方的力量,而政府一方要加强规范和引导作用。

首先,需要加快推动建立健全新就业形态劳动者权益协商机制。充分尊重企业创新发展和劳动者追求工作灵活性的自愿选择,给予市场主体双方在合意基础上确定权利义务的空间,有利于共同确立公平的新就业形态劳动者劳动条件,建立事业共建、责任共担、发展共享、合作共赢的分配机制,更好地维护劳动者权益,促进平台经济下的高质量充分就业。[1]

其次,要通过各种手段,统筹社会资源,打造新就业形态从业人员素质技能提升和职业稳定发展环境,给他们开辟一条科学的职业发展通道。这需要政府、行业协会、院校和互联网平台共同努力。政府应进一步健全职业分类动态调整机制。持续开发、跟踪并及时公布新职业,动态调整职业分类,健全职业分类体系和技能标准体系,引导人才培养培训与新产业、新业态、新模式发展精准对接,促进灵活就业与新就业形态劳动者就业技能的提升与职业发展。[2] 在开展职业教育上,各方可以共建实训基地,深化产教科融合,帮助新职业从业者提升技能、专业性和职业认同感,拓展新职业从业者的职业发展空间,增强其从事新职业的动力和稳定性。可考虑借助联合办学并认证的方式,通过线上累计课时等形式为新职业从业者提供学习认证;也可以适度突破职业目录的限制和劳动合同的条件,将已开展新职业从业者职业培训的平台企业,纳入职业培训补贴范畴。[3]

再次,以稳妥实施新就业形态就业人员职业伤害保障试点为契机,统筹推进覆盖新就业形态的社保体系建设,提高覆盖面和保障力度。对于"参而不缴"等问题,可以分别建立自愿性工伤保险和失业救助制

---

[1] 黄伟:《让企业发展成果惠及更多新就业形态劳动者》,《中国劳动保障报》2022 年 11 月 23 日第 3 版。

[2] 姜兴、李一凡:《促进多渠道灵活就业和新就业形态发展》,《中国社会科学报》2022 年 11 月 16 日第 6 版。

[3] 参见美团研究院《2020 年生活服务业新业态和新职业从业者报告》,2024 年 8 月 15 日,美团研究院网(https://mri.meituan.com/research/report?typeCodeOne =3)。

度，由政府、平台企业、从业人员三方共同参与，研究制定合理的社保缴费标准和缴费中断的处理办法，比如，考虑设立新就业形态社会保障基金，减轻其缴费负担，提高其参保积极性。①

最后，要织密织牢新就业形态劳动者权益保护的制度网络，可以通过不失时机地扩大工会组织有效覆盖，指导相关头部平台企业在部分地区开展建会入会试点，逐步建立完善纵横交织、上下贯通的组织体系，以此推动新就业形态的相关权益保障工作。截至2022年年底，全国工会已建各类服务站点11.17万个，各级工会累计投入资金18.9亿元；2022年2月，中华全国总工会发布了新就业形态劳动者劳动关系确认争议十大典型案例，指导广大新就业形态劳动者增强法治意识、依法理性维权，引导企业规范用工、履行劳动者权益保障责任。此外，要推动健全协调劳动关系三方机制，在解决新就业形态劳动者所反映的劳动报酬、休息休假、社会保险、职业安全等突出问题中，积极探索制定行业劳动标准、完善社会保障和建立协商机制等方式的综合运用。同时，对于新就业形态的司法保障必须筑牢筑实，特别是对于就业形态民事纠纷案件审判工作，要适时制定司法政策，发布典型案例，统一裁判标准，推动相关各方形成新就业形态用工综合治理机制。

三 积极引导平台企业履行相应责任和义务

维护劳动关系稳定和谐也符合平台企业提升效率、持久发展的根本目标。因此，中国需要建立新就业形态平台企业自律体系，强化雇主责任、社会责任，激发平台企业一方的内生动力，并以平台自律、舆论监督和政府监管相结合的方式，形成平台经济协同治理的有效机制。在以下三个方面，平台企业要充分发挥主动性，积极履行自身作为用人市场主体的责任和义务。

一是在各种劳动场所内部，采取切实措施改善新就业形态从业人员

---

① 《加强新就业形态劳动者权益保障》，《光明日报》2023年3月12日第10版。

的劳动和经营条件，探索建立适应新就业形态劳动者的工时规范，丰富各类职业保障机制，释放更加充分的人文关怀。当前，一些大的平台企业已经做出了有益的探索和尝试。例如美团平台推出"同舟计划"，从工作保障、体验提升、职业发展、骑手关怀四个层面优化骑手体验与建设良性生态，为超过10万名在各地疫情期间坚守岗位的骑手点亮"城市守护者"勋章[1]；网约车平台T3出行实施司机专属关怀计划，"蒲苇计划"，涵盖司机的薪酬政策、节日关怀、司机成长、线下服务等多个方面；饿了么平台推出"骑手特殊关爱保障计划"，为疫情期间坚守在一线的骑手提供最高30万元的疫情关爱保障金；运满满、货车帮平台上线"司机之家"服务功能，已经覆盖全国315家司机之家的站点，旨在切实改善广大货车司机停车休息环境和条件。[2]

二是为新就业形态从业人员打造更为理想的职业发展通道。例如美团正在推进的"外卖骑手成长计划"。通过一系列职业发展课程培训，让骑手立足本职工作，提升配送技巧及收入，同时依托美团大学现有的骑手培训内容及骑手自强学堂学习平台课程与技术，引入外部培训机构，提升骑手群体的专业技能和综合素质。[3] 为帮助新职业从业者获取专业知识、提高实践能力，美团面向新职业从业者设立餐饮、外卖、酒店、美业、民宿等16个培训中心，并联合人力资源和社会保障部为生活服务业从业人员开展培训。截至2021年年底，美团利用2085位讲师，深耕生活服务业，开发实操、运营、管理、行业动态等8953门课程，美团培训中心累计学习用户超过3980万人次（见表8.1）。饿了么推出"骑士技能大赛"，旨在通过"知识闯关、实操模拟、情景演绎"三大模块选拔全国服务大师。2021年，全国45座城市共有2.6万名骑士报名技能大

---

[1] 参见美团外卖《2021年度美团骑手权益保障社会责任报告》，2024年8月15日，美团外卖网（https://waimai.meituan.com/cpc/csrpc/index.html）。

[2] 参见国家信息中心《中国共享经济年度报告2023》，2024年8月15日，国家信息中心、国家电子政务外网管理中心网（http://www.sic.gov.cn/News/557/11823.htm）。

[3] 参见美团研究院《2019年外卖骑手就业扶贫报告》，2024年8月15日，美团研究院网（https://mri.meituan.com/research/report）。

赛，最终 27 人脱颖而出，成为全国服务大师。饿了么推出"点将计划"，面向骑士开放物流服务商站长、配送经理、城市经理等管理岗位。2021年有 475 位骑士晋升为站长、队长；1402 位骑士成为储备站长、储备队长。饿了么制定站长培养体系。有意愿从事配送管理工作的骑士可以联系站长、配送经理报名培训课程。站长培训期限为 2 个月。培训形式分为线上课程学习、课堂面授和岗位辅导，共 15 门课程。目前已经在上海、南京、深圳等 27 座城市开展。沟通管理类、配送能力提升类和解压心理疏导类是最受欢迎的课程。①

表 8.1　美团推出多个类型的符合骑手需要、多层次的职业发展举措

骑手线上学习平台	·8 大类 120 余项课程 ·100% 覆盖网约配送员五级标准的课程和培训
站长培养计划	·自 2020 年以来，参与站长培养计划的骑手已经超过 33 万人次，骑手通过选拔可晋升为组长、副站长、站长助理、站长等岗位，并有机会成为合作商管理岗位的储备力量 ·美团配送生态的管理人员中，约 86% 的人员是由骑手晋升而来
骑手转岗机制	·开放多种岗位，包括客服、合作商培训师、合作商运营主管等，已有超过百名美团骑手转岗
骑手上大学	·与国家开放大学合作三期 ·截至第三期已有 248 名骑手学员参与本项目的骑手减免全部学费

资料来源：《2022 年度美团骑手权益保障社会责任报告》，https://waimai.meituan.com/cpc/csrpc/index.html。

表 8.2　　　　　　　　　美团改进后的订单分配规则

主动改派	·改进举措：在骑手完成订单交付前会持续评估该订单的合理性，如中途检测到骑手遇到特殊状态，并可能对订单产生风险，骑手 App 会自动发起改派弹窗，并由骑手自行决定接受与否 ·试点城市：长春、银川、青岛等多座城市 ·改进效果：根据试点数据判断，接受主动改派的骑手超时率最高可降低 51.79%

---

① 参见《饿了么发布〈蓝骑士发展与保障报告〉，114 万骑士获稳定收入》，2024 年 8 月 9 日，新京报网（http://www.bjnews.com.cn/detail/1644846879169146.html）。

续表

出餐后调度	·改进举措：为商家提供"出餐宝"终端智能硬件，商家通过该终端上报出餐情况，待出餐完成后再由后台调度骑手到店取餐，提升双方体验 ·试点城市：2400个门店参与此项试点 ·改进效果：首批试点门店骑手平均等餐时间降低51%，约72%的商家反馈体验得到优化

资料来源：《2022年度美团骑手权益保障社会责任报告》，https://waimai.meituan.com/cpc/csrpc/index.html。

三是及时改善平台企业的民主治理，有效提升劳动者一方在生产过程中的话语权，尤其是在规则制定中的知情和建议权。例如美团于2021年持续优化算法规则，加快落实"算法取中"，邀请包括骑手、外部专家等在内的利益相关方一同探讨配送算法和调整细节，并在部分城市进行了试点和用户调研。为了让骑手得到更好的工作体验，美团不断改进算法，让骑手配送的时间更为合理、宽松。通过公开了"预估送达时间"算法规则，并试点了"预计送达时间点"改为"预计送达时间段"，该规则实施后，骑手因超时、差评等问题导致的异常情况减少52%，用户差评率下降67%，配送体验显著改善。针对配送场景复杂多变的状况，平台向骑手、交警、专家在内的社会各界征集规则改进建议，积极调整算法，从骑手的配送全流程入手，在时间算法机制中融入"异常场景"因子，以"主动改派"和"出餐后调度"等方式（见表8.2），动态地调整配送时长。2022年，美团外卖正式在多个城市采用"服务星级评价体系"规则试点，以加分和罚分的体系改变单一的惩戒机制，不再对骑手的收入产生负面影响，降低偶发状况对骑手收入造成的影响，减轻配送压力，保障配送安全。同时，适度引入遵守职业道德、交通法规带来的激励作用，每月度结束，骑手可以根据服务星级得到对应的收入奖励加成。[①] 此外，美团

---

① 参见美团外卖《2022年度美团骑手权益保障社会责任报告》，2024年8月15日，美团外卖网（https://waimai.meituan.com/cpc/csrpc/index.html）。

还采用骑手恳谈会、迭代申诉机制等方式畅通骑手沟通渠道，并在全国多地建立骑手流动党支部，提高骑手工作的获得感和组织归属感。①

第三节 依法规范和引导资本健康发展

一 正确认识和把握资本特性和行为规律

正确认识和把握资本特性和行为规律，是当前中国发展不容回避的一个重大理论和实践问题。只有在这一问题上形成科学认知，才能依法规范和引导资本健康发展。认识和把握资本的特性和行为规律，必须立足于马克思主义基本原理，从逻辑和历史上展现由资本的本质所映射的一般元素，又要注意到由社会形态和基本经济制度对于资本及其生产关系的塑造，由此展现出一些特殊元素。

第一，"资本不是一种物，而是一种以物为中介的人和人之间的社会关系"②。它在历史上代表的生产关系以雇佣劳动和剩余价值生产为前提，以商品的生产、流通、交换和消费为载体，以追求自身增殖为根本目的。马克思在分析中指出，资本的不断增殖，是它的本性和动机，但是它无法在商品生产和交换之外的社会环境中达成，因此它必须作为生产者出现，为市场提供满足需要的商品和服务。这就决定了资本必须触发自身同劳动力的结合，在生产过程开始之前购买劳动力商品，在生产过程中对各种生产要素进行整合、调配和布局，完成对剩余劳动的无偿占有，并在生产过程结束后让渡最终商品的使用价值，获取价值的增殖。在这里，资本行为既要服从于商品生产和交换的一般规律即价值规律，也要服从于资本主义经济制度下的剩余价值规律。

第二，在市场经济现实活动中，资本所代表的生产关系要求自身在

---

① 参见美团外卖《2021年度美团骑手权益保障社会责任报告》，2024年8月15日，美团外卖网（https://waimai.meituan.com/cpc/csrpc/index.html）。

② 《马克思恩格斯文集》第5卷，人民出版社2009年版，第877—878页。

运动中借助不同的物质形态，在职能上不断深化和拓展，并且不断谋求特定的经济和政治权力。这既是生产社会化的客观要求，也是资本所代表的生产关系不断发展和进化的产物。从宏观上讲，在整个资本运动过程中，资本相继采取了货币资本、生产资本和商品资本三种形态，并依次执行了三种不同的职能，通过不断转换自身的物质形态完成增殖，并在不同的经济部门内部采取了产业资本、商业资本、生息资本等形态，并随着金融部门的发展裂变出实体资本和虚拟资本两种形态。而从微观形态上讲，资本在提升生产率的过程中不断吸收科技进步成果，驾驭并改造生产的技术手段，将自身嫁接于越来越多的新兴的物质和非物质形态，进而使生产组织形式不断进化更迭。同时，这些活动也要服务于自身增殖的根本目的，在周而复始的再生产中实现资本积累，并由此产生出集中和垄断。随着资本规模的不断扩大与垄断程度的不断加深，资本在更广阔的范围内要求更多的经济权力，进而将触手伸入国家政权，谋求适应于自身垄断的政治地位和权力。在现实中，资本的行为规律除了受到价值规律和剩余价值规律展现出的资本积累规律支配以外，更多地与市场规律、产业和行业成长规律、企业发展规律、经济增长和发展规律等结合在一起，并且在资本主义制度体系下形成并主导了独特的政治、文化、社会、人口和生态等规律，渗入资本主义上层建筑和意识形态的各个领域。

第三，社会主义市场经济同时包含了各种形态的资本。公有制为主体、多种所有制经济共同发展的社会主义所有制度赋予了这些不同形态的资本有别于资本主义经济制度下的资本特性。这种区别既包含了程度上的差异，也包含了质的不同。同时，各类资本服从并服务于党对各项工作的集中统一领导、服从并服务于满足人民日益增长的美好生活需要、服从并服务于建设社会主义现代化国家大局、服从并服务于实现经济社会高质量发展总体目标、服从并服务于维护劳动关系稳定和谐，在行为规律上就要体现出与经济社会高质量发展、共同富裕以及人的自由全面发展相兼容的一面，资本在促进社会生产力发展上的积极作用并未改变，这是主流。同时，我们也要看到公有资本和非公有资本尽管在形式形态和运动特征上有许多类似之处，但在特性和行为规律上有显著差异。既不能将二者轻易混为一谈，也要注意到二者之间的交互影响。公有资本不是以雇佣劳动关系为前提，非公有制经济部门内部又展现出社会主义市场经济条件下资本所特有的一面，但是，资本的逐利本性并未改变，如不加以规范和约束，就会给经济社会带来巨大的危害。例如近年来展现出的互联网平台资本的无序扩张、扰乱市场秩序，以及私人资本侵害劳动者合法权益，房地产业资本"脱实向虚"，等等。

二 充分发挥资本作为生产要素的积极作用

在社会主义市场经济条件下，资本是一种不可或缺的生产要素，在中国经济迈向高质量发展的关键阶段，资本又是一种关键的生产要素。资本作为生产要素的积极作用，不能因为它在历史上曾代表的特定生产关系而被简单否定。这些积极作用，概括起来主要包括以下四个方面：一是为中国各个行业发展源源不断地提供了资金支持，特别是培育并壮大了中国的金融业；二是助力中国的科技进步和产业升级，使中国经济发展由量的积累逐渐转向质的飞跃；三是不断开拓了庞大的劳动力市场和就业规模，使中国劳动力丰裕的要素禀赋转化为巨大红利，快速实现城镇化的同时间接助推了劳动力素质的提升；四是作为获得收益的手段，有效增加了企业和居民的收益，并保障了国家财政收入。进入新时代新征程，我们要继续坚持"两个毫不动摇"，使资本作为生产要素的积极作用在广度和深度上继续得到更好发挥。

首先，要使资本要素更多服务于科技创新，打造经济增长新动能，增强中国企业在世界市场的生存和竞争能力。在严峻的国内外经济政治环境影响下，加速解决科技上"卡脖子"的问题，实现高水平自立自强显得尤为紧迫。但是，中国很多领域的资本要素推动的创新仅仅局限于市场范围的拓展和商业模式的迭代，过多聚焦于"流量变现"而不注重原创新和基础性科技创新，尤其是对重大科技攻关发挥的作用有待于进一步提高。为此，我们必须充分发挥企业创新主体作用，支持和引导资本向人工智能、量子信息、集成电路、生命健康、生物育种、数控机床等关键创新领域发展，促进资本要素投入不断转化为科技成果。一方面，要不断通过改革体制机制，合理运用各种政策措施，支持和引导广大非公有制企业加大研发投入、加强基础研究、降低科技创新的各种成本，疏通创新链，发挥企业与高校等科研院所的协同作用，保证基础研究、成果转化、技术开发、市场推广等环节循环畅通；另一方面，要加强知识产权保护力度，营造公平、开放、透明市场环境，弘扬科学精神和企业家精神，使资本的创新行为在市场活动中更加真实地反映为要素的贡献，并在分配中得到体现，运用市场机制从根本上解决对科技创新的有效激励。

其次，要使资本要素更好地服务于实体经济，促进实体行业商品和服务质量提升，进而繁荣市场经济、提升企业效益、便利人民生活。实体经济是中国经济的命脉所在。中国作为世界上最大的发展中国家，具有14亿人口和庞大的国内消费市场，也具有强大的生产和供应能力，特别是全世界最为齐全的工业门类，完全能够发挥资本的关键作用，更好地将这些优势转化为经济质量和效益的提升。为此，应当引导资本积极适应新科技革命的潮流，把提升产业链供应链现代化水平作为主攻方向，重点围绕若干战略性新兴产业，推进产业基础高级化、产业发展绿色化，打造实体经济更多新的增长点、增长极，尤其是要引导资本有效推动制造业优化升级，壮大战略性新兴产业，并促进现代服务业繁荣发展。同时，要打造科学合理的制度环境，严防资本活动脱实向虚，促进科技、资本和实体经济实现高水平循环。

再次，要使资本要素更好地服务于增进民生福祉，促进社会公平正义、人的全面发展、推动共同富裕。在全面建设社会主义现代化国家新征程中，我们必须坚持以人民为中心的发展思想，把促进全体人民共同富裕摆在更加重要的位置，以此来带动资本要素积极作用的发挥。第一，必须更为妥善地处理经济运行中资本要素同其他生产要素，尤其是劳动的利益关系，不断放大资本积极开拓就业和创业的优势。在互联网平台领域，以网约车司机、外卖骑手、网络直播员为代表的灵活就业群体不断壮大，不仅成为特殊时期吸纳就业的"蓄水池"，也使得平台经济新业态、新模式强大的新动能不断释放出来。但同时，由数据和算法实现对劳动过程的控制，也不可避免地引发一些劳资冲突，必须及时引起重视，妥善解决。第二，应当鼓励资本要素在新产业、新业态、新模式、新场景中优化投资，促进消费，以此培育完整内需体系。特别是应当发挥资本在数字经济领域的各项优势，推动购物消费、居家生活、旅游休闲、交通出行活动向数字化、智慧化转型，不断扩大优质文化产品供给，扩大医疗、教育、养老等优质社会服务供给，以此全面提升中国居民生活质量，同时提升全社会供给体系的适配性。第三，要有效发挥资本要素多渠道增加居民财产性收入、扩大中等收入群体、缩小整体收入差距的积极作用。尤其应当对小微企业、创新型企业的资本收入予以必要保护。同时，应当不断完善分配、再分配和第三次分配制度，有效规范和调节各类资本收入，有效抑制资本收入引发的收入差距扩大。

最后，必须针对当前资本活动中的一些突出矛盾和问题，坚决防止资本无序扩张。资本无序扩张是资本作为生产要素在市场经济中片面追求自身增殖，以谋求支配地位、开展不正当竞争，罔顾经济社会发展客观规律甚至法律和道德底线的集中表现，对高质量发展构成极大的危害和挑战。资本无序扩张的出现，既是中国经济社会发展特殊阶段必然要面临的现象，也是完善社会主义市场经济体制必须克服的一道难题。反对资本无序扩张，不意味着包容审慎监管模式的改变，而是有疏有堵，明确规则，划出底线，设置必要的"红绿灯"。其一，要在经济运行中，尤其是互联网和平台经济运行中防止资本以扰乱市场秩序、破坏行业生态、积累系统性风险的方式进行扩张，应当引导资本通过改进产品和服务质量、化解生产和消费矛盾获取收益；其二，要在制度上防止资本通过打法律法规"擦边球"，逃避、抵触监管，乃至挑战制度和安全底线的方式进行扩张，应当引导资本自觉依法合规办事，减少"制度套利"行为；其三，要防止资本以传播消极文化，危害民生和社会稳定、破坏生态环境为代价进行扩张，应当引导资本弘扬社会主义价值观，丰富人民精神世界，积极拥抱民生和公益事业，并在环境保护和生态修复中发挥更大作用。①

三 引导资本市场健康有序发展

资本市场健康有序发展是国民经济高质量发展的重要标志。党的十八大以来，中国不断在深化资本市场改革方面进行探索，致力于打造一个规范、透明、开放、有活力和韧性的资本市场，服务于中国经济金融高质量发展。进入新时代新征程，我们要全面、完整、准确贯彻新发展理念，对中国特色现代资本市场的基本内涵、实现路径、重点任务深入系统思考，紧扣金融供给侧结构性改革的主线任务，针对当前中国资本市场运行的突出矛盾和问题，使资本市场在资源配置、风险缓释、政策传导、预期管理等方面的重要功能得到更加充分有效的发挥。一方面，我们要进一步完善资本市场基础制度，不断增强多层次资本市场融资功能。资本市场在制度基础上要求把市场自由和法治秩序结合起来。我们应当坚定不移贯彻落实党中央、国务院的意见要求，科学有序推进资本要素市场化，实现资本要素充分自由流动。在证券市场准入、定价发行、上市交易等各环节的制度建设和市场化改革上持续发力。具体而言，要在坚持"建制度、不干预、零容忍"九字方针的前提下，市场各方要归位尽责，树立法治观念和契约精神，完善促进上市公司做优做强的制度安排，以透明度为核心提高上市公司质量，对优质上市公司实施更加便捷高效的再融资、并购重组注册机制，推动完善股权激励制度及税收政策。对政府部门或行政机构过度干预市场活动或企业运营的行为应制定惩戒性制度安排，确保其规范运作，督促中介机构依法勤勉尽责，切实

---

① 肖潇：《正确认识"防止资本无序扩张"》，《马克思主义理论学科研究》2022年第4期。

履行其"守门员"的职责,为市场健康发展提供有力保障。另一方面,要进一步增强多层次资本市场融资功能。在大的方向上,要牢牢把握服务实体经济和高质量发展的着力点,积极服务国家战略,将更多金融资源配置到经济社会发展的重点领域和薄弱环节,着力支持现代化产业体系建设,支持"专精特新"企业发展,支持中小微企业发展,促进数字经济和实体经济深度融合,加快发展方式绿色转型,推动共同富裕和乡村振兴等重点领域。同时,需要更好地统筹开放和安全,深化境内外资本市场互联互通。

要继续在互联网平台领域针对资本无序扩张的乱象,坚决反垄断、反不正当竞争,强化资本监管,提升资本治理效能。这是保证资本活动服从服务于人民根本利益的应有之义。在互联网和数字经济深度发展的时代,强化资本监管应当重点针对资本的数字垄断与不正当竞争行为,例如大型平台企业利用数据、资本优势对大量初创企业和小微企业采取"扼杀式并购",以及滥用市场支配地位产生的垄断协议、强制交易与流量挟持等。但同时,在实践中也要坚持分类设计的原则,健全"风险为本"的审慎监管框架,构建差异化的资本监管体系,制定科学合理的监管目标,完善金融安全网和风险处置长效机制。在平台经济领域,不能笼统地以市场集中度作为判定垄断的标准,也要更加关注激励创新研发活动,营造有利于自由公平竞争与创新的良性竞争生态系统。[1] 此外,要使监管活动与资本活动在技术上实现同步,抓紧提升监管的数字化、智能化水平。一方面,应当推动互联网平台制定数据、人工智能、算法等相关的道德伦理规范,形成正确的数字伦理价值观,健全数字规则和秩序;另一方面,也应当加强数据资源建设,明确数据产权,将人工智能、区块链等技术应用于市场监管的前沿领域,有效掌握并适度公开企业的一些关键、敏感算法,有效弥补传统监管手段难以发现、取证、定性资本违法和失范行为的不足。

---

[1] 周文、刘少阳:《平台经济反垄断的政治经济学》,《管理学刊》2021年第2期。

第四节 推进并完善劳动关系相关制度建设

一 加强劳动关系协调机制建设

加强各级工会组织建设,是不断完善劳动关系协调机制的重要基础。中国工会是中国共产党领导的工人阶级群众组织,团结动员广大职工群众为实现党在不同历史时期确立的纲领、目标和中心任务而努力奋斗是工会的重要使命。进入新时代新征程,工会必须牢牢把握为实现中华民族伟大复兴的中国梦而奋斗的中国工人运动的时代主题,充分发挥工人阶级主力军作用,不断完善体制机制,扎实做好工会各项工作,为劳动关系和谐稳定运行打下坚实基础。首先,要强化工会对广大职工思想政治方面的引领作用,使党长期执政的阶级基础和群众基础不断巩固。当前,特别是要抓好经济形势展望与相关政策的宣传教育,引导广大职工正确看待当下经济形势、增强发展信心。要改进思想政治引领的方式方法,充分利用工会文化资源,发挥劳模、工匠的引领带动作用,充分运用各种新媒体手段,把思想政治工作做得更有深度、更有力度、更有温度。打造健康文明、昂扬向上、全员参与的职工文化,把思想引领融入职工文化建设中。此外,工会作为维护劳动领域政治安全的重要力量,必须把劳动关系矛盾化解在初始状态,及时把握舆情信息,防止风险积累和爆发。其次,要强化工会对广大职工素质技能提升和队伍建设中的主体作用。鉴于为中国当下劳动力市场中技能短缺和技能匹配问题仍然突出,各级工会作为提高职工素质的"大学校",通过劳动竞赛和技能竞赛等形式,弘扬劳模精神、劳动精神和工匠精神,把提高职工队伍整体素质作为一项战略任务抓紧抓实。再次,要依法履行工会基本职责,更好维护广大职工的各项权利权益,不断提升职工生活品质。在履行维权职责的过程中,我们要进一步发挥基层工会的治理能力,提升基层工会的治理水平,特别是形成群众化的工作方式和具有地方特色的服务形式。最后,要继续深化工会自身改革和建设,尤其是不断创新组织体制、打造智慧化技术手段。特别是要不失时机地利用新一轮技术革命成果，加快推进智慧工会建设。

进一步完善劳动关系三方机制建设，是不断完善劳动关系协调机制的核心内容。劳动关系三方协商机制是协调劳动关系的重要手段，对于推进集体协商制度建设，巩固提高集体协商覆盖面和实效性具有重要作用。新一轮科技革命和产业变革以及企业组织形式的不断创新，带来劳动关系日新月异的特点和诸多前所未有的挑战，这从根本上要求中国特色的劳动关系三方机制建设必须向纵深发展，在体制机制上不断完善。第一，要更好发挥政府的主导作用。政府主导是中国特色劳动关系三方机制的突出特征，但在实践中，往往由人社部门的多个内设机构协调开展工作，可能会出现统筹安排、意见形成与即时反馈的不便。目前，山东省、内蒙古自治区等地已经建立起协调劳动关系三方委员会，特别是内蒙古自治区已经建立起自治区、各盟市、旗县的三级"劳动关系三方委员会"，代替协调劳动关系三方会议行使职能。由各级政府分管工会的行政副职担任主任，并在此基础上建立起联合调解机制、风险预警和应急处理机制，并经常性联合监督检查和专题调研工作[①]，这种做法值得推广。第二，要有效提升劳动关系三方机制中企业组织的代表性。有学者指出，全国工商联的加入虽然加强了企业一方的组织性，但也在一定程度上降低了三方机制的运行效率。在实践中，可以考虑探索建立企业方代表联席会议制度，将工业经济联合会、乡镇企业协会、外商投资企业协会等各类正规化企业组织有效整合起来，形成企业方面的一致意见，再在三方机制中予以反映，是更为有效的做法。[②] 第三，进一步延伸和健全三方机制组织体系，保持三方机制运行顺畅。三方主体的代表性同三方机制的组织体系紧密相关，目前，中国从国家到地、市一级的三方

[①] 吴燕平等：《完善劳动关系三方协调机制 推动构建和谐稳定劳动关系》，《中国人力资源保障》2020年第1期。

[②] 杨成湘：《论中国特色协调劳动关系三方机制的特征及其改革路向》，《社会科学辑刊》2022年第4期。

机制已普遍建立，但在许多地区还未延伸到更低的行政层级。一些地区，例如山东省在三方机制的基础上，面向基层依法培育了一批专业性协调劳动关系社会组织，在行业协会、企业聚集的商务楼宇设立"劳动关系综合服务站"，将劳动关系治理触角延伸到最基层，有效畅通了劳动关系治理的"毛细血管"。① 同时，要积极探索国家层面劳动关系三方机制的专门机构的常态化活动机制。在各级三方机制健全协商议事制度，完善议事规则和工作程序，健全调研督查制度，主动发现问题，推动工作落实。为此，我们可以先行制定加强三方机制建设的政策性文件，在此基础上应加快制定三方机制专门的法律法规。

　　加强并优化劳动调解和仲裁机制，是不断完善劳动关系协调机制的重要内容。劳动人事争议调解仲裁，作为具有中国特色的纠纷调处机制，是和谐劳动关系的维护者、缔造者、捍卫者，是劳动人事领域守护公正、定分止争、促进和谐的重要法宝。进入新时代新征程，广大职工利益诉求日益多元，劳动争议多发且案情日趋复杂，对劳动人事争议调解仲裁工作提出新的更高要求。在劳动调解方面，总的要求是强化协商和解、做实多元调解，把不同层级的劳动争议调解统筹协调起来，特别是要充分发挥协商调解的前端性、基础性作用，做到关口前移、重心下沉。在实践中，可以探索建立内部劳动人事争议协商机制，使广大劳动者表达诉求的初始渠道畅通无阻。组织整合资源力量，搭建各种组织平台，协同推进劳动人事争议协商，强化和解协议履行和效力。在有条件的地区，积极推动市、县一级劳动人事争议仲裁院调解中心和工会法律服务站，同时加强调解工作规范化建设，发挥多种调解组织特色优势。② 在劳动

---

① 参见《山东省协调劳动关系三方委员会：高位推动聚合力　改革创新促发展　奋力谱写和谐劳动关系新篇章》，《中国企业报》2022年9月27日第2版。
② 参见《人力资源社会保障部　中央政法委　最高人民法院　工业和信息化部　司法部　财政部　中华全国总工会　中华全国工商业联合会　中国企业联合会/中国企业家协会关于进一步加强劳动人事争议协商调解工作的意见》（人社部发〔2022〕71号），2024年8月15日，中华人民共和国人力资源和社会保障部网（http://www.mohrss.gov.cn/SYrlzyhshbzb/laodongguanxi_/zcwj/diaojiezhongcai/202211/t20221116_490035.html）。

仲裁方面，一方面，要强化调解与仲裁、诉讼衔接，探索实行申请调解协议司法确认新方法、音视频调解新手段、全流程在线委派委托调解新模式；另一方面，要提升劳动争议仲裁机构的权威性和专业性，充实专业技术人才，在工作中推行政务公开，打造"阳光仲裁"，利用网络手段推动业务协同、数据共享，打造"智能仲裁"，并加强仲裁与监察的配合力度，使劳动争议治理效果得到有效提升。[1]

二 继续推进劳动关系的相关立法

改革开放以来，中国已逐步建立起中国特色劳动法律制度。全国人大及其常委会陆续颁布了多部劳动法律，国务院及其行政部门也颁布了一系列劳动行政法规和规章，在调整劳动关系双方的当事人权利义务、保护劳动者合法权益、构建和谐劳动关系等方面发挥了重要作用。但随着经济社会的发展，中国劳动关系领域出现了许多新问题和新矛盾，要求中国的劳动法律制度在中国式现代化发展中不断丰富和完善。

第一，加快劳动领域重点立法，不断完善中国劳动法律制度。在立法原则上，必须坚持以习近平法治思想为指导，完善中国劳动法律制度；既要坚持劳动法律法规固有立场，又要积极回应互联网科技革命带来的挑战；平衡好劳动者保护和企业发展之间的关系。在重点任务上，一是加快制定劳动基准法。劳动基准法从法律上规定了包括最低工资及其支付、工作时间及休息休假、职业安全卫生等各项劳动条件的最低标准。自1994年颁布《中华人民共和国劳动法》以来，近30年未有实质性修改，部分条款规定过于原则化，缺乏可操作性，部分条款已经过时，难以适应经济社会发展需求。此外，对灵活就业和新就业形态劳动者保护不足，应尽快补齐短板，通过制定劳动基准法，进一步规范劳动基准，把灵活就业和新就业形态劳动者纳入劳动基准法保护范围。二是制定职工民主管理法和集体合同法。职工民主管理是全过程人民民主的重要组

---

[1] 邱宇栋：《浅谈劳动人事争议仲裁的现状及建议——以龙岩市新罗区为例》，《就业与保障》2022年第11期。

成部分，是党和国家推进基层民主建设的基本制度，也是发挥劳动者主人翁精神的重要途径。制定职工民主管理法和集体合同法，能够更好地保障劳动者参与企业民主管理的权利，发挥集体协商、集体合同的功能和作用，推动构建和谐劳动关系。三是修改劳动合同法。《中华人民共和国劳动合同法》自2007年颁布实施以来，在提升劳动合同签订率、促进劳动关系法律调整、保护劳动者权益等方面发挥了重要作用，但其在实施过程中也存在很多争议。该法生效实施至今已超过17年，一些法律条文以及法律适用中存在的问题应做出适时修改，如法律适用的主体和范围、劳动合同订立规则和履行规则的完善、服务期、竞业限制和违约金条款、未订立劳动合同的双倍工资和经济补偿金规定等，使其具有更好的法律效果和社会效果。四是尽快出台新就业形态劳动者职业伤害保险规定。解决新就业形态劳动者职业伤害保障问题，关系着新就业形态劳动者能否及时获得医疗救治并维持其本人及其家庭基本生活。目前，各地主要采取商业保险的做法。应在国家层面建立新就业形态劳动者职业伤害保险制度，可将平台劳动者职业伤害保障总体纳入现行工伤保险体系，并在费率计算、缴费方式、待遇支付、经办管理等方面创新模式，建立适合平台企业特点的职业伤害保险制度。[①]

第二，加快劳动法典编纂，不断完善中国劳动法律体系。法典编纂是立法的一种高级形式，编纂劳动法典，有利于更好发挥法治固根本、稳预期、利长远的保障作用，系统提升国家劳动关系治理水平，推进劳动关系治理体系和治理能力现代化，促进经济发展和社会和谐稳定。编纂劳动法典应充分立足中国在劳动立法和法律实施过程中的宝贵经验，努力体现中国特色，同时必须适应数字经济和新就业形态发展的要求，注重内容和形式的创新，并加强新就业形态劳动者的权益保障。首先，应深入总结劳动关系的发展历程和发展规律，把握劳动关系发展的特点和趋势，创新劳动关系的概念和判定方法，扩大劳

---

① 林嘉：《加快劳动领域重点立法 不断完善我国劳动法律制度》，《工人日报》2023年2月6日第7版。

动法律的调整范围，优化调整方式，进一步提炼劳动法律的基本原则，明确用人单位和劳动者的基本权利义务。适应数字时代要求，加强劳动者个人信息权等新型权益的保护。关注网络通信等技术在职场中的使用可能带来的劳动者安全、健康、休息权等劳动保护问题，不断完善劳动法律的权利体系和权利内容。中国劳动基准立法比较薄弱，应重点完善劳动基准相关内容，工资立法应突出其保障性，工时立法应适应用工多样性的特点，平衡好灵活性和安全性，休假立法应着力提高规则的统一性。其次，从编纂方法看，劳动法典的体例结构可主要分为汇编型法典和体系型法典。前者是将现有劳动法律法规进行简单汇编，法典内容缺乏体系性；后者则具有内容完备、体系严密、规则统一等特点，法典各编之间存在严谨的逻辑关系，通常采取"总则编—分则编"的体例。中国编纂劳动法典，应借鉴大陆法系和英美法系典型国家劳动法典编纂的有益经验以及中国编纂民法典的经验。编纂劳动法典并非意味着要重新制定劳动法律，也并非简单等同于对现有的法律法规进行汇编，而是要对现行劳动法律规范中不适应现实情况的条文作出有针对性的修改完善，对劳动关系主要领域出现的新状况和新矛盾作出有针对性的界定和处置。应采取包含总则编和分则各编的立法体例，总则编主要规定劳动法的基本概念、基本原则和基本规则，分则编应根据中国现有劳动法律体系以及劳动法律内部的逻辑结构，设计具体的结构和内容。最后，应当将新就业形态劳动者纳入法典保护范围。立法重点是加强互联网平台用工劳动者、远程办公劳动者等新就业形态劳动者法律保护。要创新劳动法调整模式，适应新就业形态用工灵活性的要求，对新就业形态劳动者进行分类处理，加强劳动者基本权益保障，切实维护他们在平等就业、工资、工时、劳动安全健康、职业伤害保障等方面的权利，促进新就业形态健康发展。①

第三，推动基本劳动标准立法，强化劳动者基本权益保障。健全

---

① 谢增毅：《加快劳动法典编纂　促进劳动法律体系完善》，《工人日报》2023年2月13日第7版。

的劳动法律体系需要宏观层面的基本劳动标准法、中观层面的集体协商与集体合同法、微观层面的劳动合同法协同配合，发挥对劳动关系的调整作用。基本劳动标准法作为保障劳动者生命安全、劳动收入等基本权利的基础性法律，因其底线性、法定性与强制性，在劳动法律体系中居于至关重要的地位。但中国现行立法中没有使用"劳动基准"的概念，也没有形式上的"劳动基准法"，涉及工时、休息休假、特殊保护等一系列重要的劳动基准规范呈现"旧、散、缺"、效力层级低、实施机制弱等诸多问题，需要通过体系化立法，即制定基本劳动标准法来解决。基本劳动标准立法中的制度构建方向和思路应主要包括以下五方面。一是工作时间基准需进行重大制度重构。改变工作时间、劳动条件形成机制的法定性和单一性，给劳资双方在部分具体工时规则上留有协商空间。制定工作时间界定规则，完善标准工时与延长工时规则，实现加班规则的合理灵活化与执法严格化。针对不同产业、岗位建立差异化的工时基准适用、减损或例外性规则。二是休假基准立法需以类型化实现规范的体系化。以劳动者原因不能工作与法定劳动义务免除这两类作为休假类型化的法理基础，统合目前制度与实践中名目繁多的"假"，并予以体系性规范，在类型化和体系化基础上，对各类休假的条件、程序、实施方式、待遇、工资给付与未休假的经济补偿、各类休假之间的关系处理等予以规定。三是以"提高劳动报酬在初次分配中的比重"作为工资基准制度完善的重要指引。要进一步完善最低工资制度，要加强工资支付保障制度，同时，要进行工资基准的重要制度补缺，明确各类工资计算基准含义，建立合理的劳动定额确立机制。四是设置"职业安全健康与劳动者人格保护"专章，规定一般性职业安全健康条款和用工场景中劳动者人格权保护的特殊规则。五是协同完善基本劳动标准立法的实施机制，着力解决劳动监察执法弱化和劳动基本权利实现争议化问题。[①]

---

① 肖竹：《推动基本劳动标准立法　强化劳动者基本权益保障》，《工人日报》2023 年 2 月 20 日第 7 版。

三 加大劳动保障监察力度并提升效能

劳动保障监察工作以维护劳动者合法权益为宗旨，承担着将人力资源和社会保障工作各项目标任务落实到位和执法保障的作用，关系劳动者最直接、最现实的利益，关乎公平正义和社会稳定的实现。为促进和谐劳动关系的持久构建，劳动保障监察必须持续化解各个领域劳动者急难愁盼的问题，根据地方经验和特点，继续加大执法力度，不断提升执法效能。

首先，对于当前重点领域的劳动保障监察工作应当持续深入推进。各级人力资源和社会保障部门要明确问题导向，增强劳动保障监察力度，有效遏制新就业形态相关领域侵权频发的状况，确保企业切实履行相关重点岗位劳动者权益保障责任，加强对违法超时劳动、拖欠劳动报酬等突出现象的梳理和整治，坚决维护劳动者合法权益。各级相关职能部门，如交通运输、应急与市场监管等，也应当会同行业主管部门，对企业经营行为依法规范、加强监管，对出现侵害劳动者权益现象的相关企业及时采取约谈、警示及查处措施，共同维护劳动者合法权益。此外，要继续开展集中整治拖欠农民工工资的专项行动。一要做到全面畅通维权渠道。主动向社会公布投诉举报电话，保持窗口、电话、网络等线上线下欠薪反映渠道畅通，推广运用全国根治欠薪线索反映平台、欠薪维权二维码等快捷投诉方式，确保农民工投诉"有门"、维权"有助"。二要强化欠薪隐患排查。紧盯工程建设领域和其他欠薪易发多发重点行业企业，进行全面起底式摸排，实行台账管理，挂图作战。对排查出的线索以及"全国根治欠薪线索反映平台"等渠道接收的线索，加快核实处置。对欠薪属实的，做到快立、快处、快结，对不属欠薪问题的，第一时间告知维权途径，引导农民工依法维权。三要集中攻坚化解欠薪。聚焦重大、疑难案件，对重大典型案件，实行领导包案、挂牌督办，一抓到底，对基层难以解决、久拖不决的复杂疑难案件，上提一级办理，对恶意欠薪涉嫌犯罪的，及时移送公安机关。协调督促司法机关对涉法涉诉欠薪案件快立、快审、快结、快执。四要兜紧兜牢民生底线。用好用足工资保证金和政府应急周转金，对企业欠薪经责令限期支付而未支付的，及时动用工资保证金，确保农民工足额拿到工钱。对企业一时难以清偿欠薪或者出现欠薪逃匿的，及时动用应急周转金垫付工资或基本生活费，切实保障困难农民工生活。①

其次，不失时机地引入智慧化技术手段，打造全链条监管防控网。例如，福建省依托劳动监测预警大数据平台实施动态监控，及时汇聚住建、人社、市场监管、税务等部门数据进行比对分析，做到"项目底数清、出工考勤清、工资流水清"。强化日常排查，创新推广"一二三"排查法，对重点企业涉欠薪问题实施"拉网式"排查，切实将欠薪风险防患于未然、消灭在萌芽。强化专项检查，深入开展欠薪问题"点题整治"专项行动，落实"一案双查"要求，实行清单式管理，对账销号、不留隐患。② 再如，兰州市劳动保障监察支队将全市在建项目纳入"陇明公"农民工工资管理平台进行监管，实现监管模式从被动反应向主动预防转变。通过筛选比对数据、线上督导排查、专项行动检查、欠薪舆情处置、欠薪企业跟踪等工作举措，切实摸清企业欠薪矛盾隐患，属欠薪存量问题的，及时妥善处置，杜绝出现黄色、红色预警，做到了欠薪隐患早预防、早处置、早化解。③ 又如，山东省泰安市率先实现与全国一体化在线监管平台互联互通，通过数据赋能，实现全网、全程、全时、全域监管，既无事不扰，又无处不在，明确数据标准，打通交换壁垒，

---

① 参见《黑龙江：多措并举 用心做好根治欠薪工作》，2024 年 8 月 15 日，中华人民共和国人力资源和社会保障部网（http://www.mohrss.gov.cn/ldjcj/LDJCJgongzuodongtai/202304/t20230414_498552.html）。

② 参见《福建：关口前移 打造全链条监管防控网》，2024 年 8 月 15 日，中华人民共和国人力资源和社会保障部网（http://www.mohrss.gov.cn/ldjcj/LDJCJgongzuodongtai/202303/t20230329_497648.html）。

③ 参见《甘肃兰州：吹好监督"前哨" 守好群众"钱袋"》，2024 年 8 月 15 日，中华人民共和国人力资源和社会保障部网（http://www.mohrss.gov.cn/ldjcj/LDJCJgongzuodongtai/202302/t20230228_495921.html）。

逐条逐块对接落实，共上传项目链、劳动关系链、工资支付链"三链"数据 580 万条，各类支撑数据 1.3 万条。通过全国平台欠薪风险预警模型和企业主体信用分级分类评价模型，对上传数据进行分析处置，实现根治欠薪全流程、可追溯数字化治理、信息化监管。[①] 这些先进经验均值得学习推广。

最后，劳动保障监察在执法方式上也需要不断创新，积极探索执法与教育相结合、柔性执法等特殊形式。例如，浙江省人社厅利用 2023 年春节后开复工契机，在全省范围内部署开展"开工第一课"活动。活动以"就业在浙、安薪无忧"为主题，聚焦企业用工和劳动者就业过程中对劳动保障法律法规"不知道、不了解、不掌握"等难点痛点问题，以企业"想知道、要知道"的人力资源社会保障法律法规政策和业务经办须知为重点，统筹各业务机构分类制定培训课程，集中免费为企业开展培训，同时制作警示教育片，组织辖区全部在建工程项目的施工单位、劳务公司、劳资专管员和农民工观看提前布局根治欠薪工作，进一步强化源头治理，努力构建和谐稳定的劳动关系，收到了很好的社会反响。[②] 再如，北京市劳动保障监察总队不断强化执法理念，以严格的监察执法和"向前一步"的服务并举，编印《北京市工程建设领域保障农民工工资支付合规手册》并在市人力资源和社会保障局网站公开发布，组织全市在建工程项目在线学习。2022 年 7 月，北京市劳动保障监察总队发布的《轻微违法行为不予行政处罚清单（第二版）》细化、规范了职业培训领域 10 个轻微违法行为不予处罚情形的适用条件，当轻则轻，该严则严，让执法既有温度又有力度。同时，开创了"一案三书"的有效形式，通过当事人更正违法行为之后提交《守法诚信承诺书》，由劳动保

[①] 参见《山东泰安：数据赋能 开启根治欠薪新模式》，2024 年 8 月 15 日，中华人民共和国人力资源和社会保障部网（http://www.mohrss.gov.cn/ldjcj/LDJCJgongzuodongtai/202210/t20221014_488513.html）。

[②] 参见《浙江：开工第一课 护薪又暖心》，2024 年 8 月 15 日，中华人民共和国人力资源和社会保障部网（http://www.mohrss.gov.cn/ldjcj/LDJCJgongzuodongtai/202303/t20230310_496624.html）。

障监察部门向当事人下达《不予行政处罚决定书》和《劳动保障监察建议书》，促进企业守法诚信经营，督促企业依法依规进行用工，既保证了良好的市场秩序，又充分释放了市场主体的活力。①

---

① 参见《服务"向前一步"，执法更有温度——北京市强化欠薪治理践行为民初心》，2024年8月15日，中国劳动保障新闻网（https://www.clssn.com/2022/12/30/9913609.html）。

参考文献

一 中文文献

(一) 著作

《马克思恩格斯全集》第 1 卷,人民出版社 1995 年版。
《马克思恩格斯全集》第 3 卷,人民出版社 1956 年版。
《马克思恩格斯全集》第 21 卷,人民出版社 1995 年版。
《马克思恩格斯全集》第 23 卷,人民出版社 1972 年版。
《马克思恩格斯全集》第 25 卷,人民出版社 1974 年版。
《马克思恩格斯全集》第 30 卷,人民出版社 1995 年版。
《马克思恩格斯全集》第 42 卷,人民出版社 1979 年版。
《马克思恩格斯全集》第 44 卷,人民出版社 2001 年版。
《马克思恩格斯全集》第 47 卷,人民出版社 1979 年版。
《马克思恩格斯全集》第 48 卷,人民出版社 1985 年版。
《马克思恩格斯全集》第 49 卷,人民出版社 1982 年版。
《马克思恩格斯文集》第 1、3、5、8、9 卷,人民出版社 2009 年版。
《马克思恩格斯选集》第 1、2 卷,人民出版社 2012 年版。
马克思:《资本论》第 1 卷,人民出版社 2004 年版。
《毛泽东文集》第 7 卷,人民出版社 1999 年版。
《毛泽东选集》第 1 卷,人民出版社 1991 年版。
《习近平关于全面建成小康社会论述摘编》,中央文献出版社 2016 年版。
常凯主编:《中国劳动关系报告——当代中国劳动关系的特点和趋向》,

中国劳动社会保障出版社 2009 年版。

陈叶盛：《调节学派理论研究》，中国人民大学出版社 2012 年版。

陈玉明：《劳动关系转型与雇佣模式变革》，中国工人出版社 2020 年版。

程延园编著：《劳动关系》（第 3 版），中国人民大学出版社 2011 年版。

程延园：《集体谈判制度研究》，中国人民大学出版社 2004 年版。

冯喜良主编：《中国劳动研究》（第 1 辑），中国工人出版社 2021 年版。

《改革开放三十年重要文献选编》（上），中央文献出版社 2008 年版。

谷书堂主编：《社会主义经济学通论——中国转型期经济问题研究》，高等教育出版社 2006 年版。

黄海嵩主编：《中国企业劳动关系状况报告（2014）》，企业管理出版社 2015 年版。

黄海嵩主编：《中国企业劳动关系状况报告（2017）》，企业管理出版社 2018 年版。

黄益平主编：《平台经济：创新、治理与繁荣》，中信出版集团 2022 年版。

《建国以来重要文献选编》（第 9 册），中央文献出版社 1994 年版。

赖德胜等：《和谐劳动关系论：全球发展与中国实践》，中国工人出版社 2020 年版。

李向民、邱立成：《开放条件下中国劳资关系变化与对策分析》，南开大学出版社 2013 年版。

李孝保：《中国集体劳动关系法律规制研究》，法律出版社 2018 年版。

林毅夫等：《中国的奇迹：发展战略与经济改革（增订版）》，格致出版社、上海三联书店、上海人民出版社 2014 年版。

刘金祥、高建东：《劳资关系制衡机制研究》，上海人民出版社 2013 年版。

刘凯、黄英主编：《短视频与直播运营》，人民邮电出版社 2022 年版。

孟泉：《劳动关系经典理论研究》，中国工人出版社 2021 年版。

孟泉：《劳动关系源头治理研究》，中国工人出版社 2020 年版。

乔健：《中国劳动关系报告（2019）》，社会科学文献出版社2019年版。

乔健：《中国劳动关系报告（2020—2021）》，社会科学文献出版社2021年版。

乔健：《中国劳动关系报告（2021—2022）》，社会科学文献出版社2022年版。

邱婕：《灵活就业：数字经济浪潮下的人与社会》，中国工人出版社2020年版。

渠敬东等：《组织变革和体制治理：企业中的劳动关系》，中国社会科学出版社2015年版。

宋宪萍：《后福特制生产方式下的流通组织理论研究》，经济管理出版社2013年版。

佟新：《数字劳动：自由与牢笼》，中国工人出版社2022年版。

王黎黎：《集体劳动关系法律实证研究：以集体协商为例》，法律出版社2018年版。

王阳：《转型时期中国劳动关系发展问题研究》，中国劳动社会保障出版社2012年版。

吴清军：《中国劳动关系的治理》，中国工人出版社2021年版。

吴清军：《中国劳动关系学40年（1978—2018）》，中国社会科学出版社2018年版。

谢富胜：《控制和效率：资本主义劳动过程理论与当代实践》，中国环境科学出版社2012年版。

谢宇等：《中国民生发展报告2014》，北京大学出版社2014年版。

谢玉华：《中国劳动关系的治理变革：产业民主与职工参与》，中国工人出版社2017年版。

忻榕等：《平台化管理：数字时代企业转型升维之道》，机械工业出版社2020年版。

闫宇平等：《中国新就业形态劳动关系研究》，中国工人出版社2021年版。

杨伟国等：《中国灵活用工发展报告（2021）》，社会科学文献出版社 2020 年版。

杨伟国等：《中国灵活用工发展报告（2022）》，社会科学文献出版社 2021 年版。

姚建华：《数字劳动：理论前沿与在地经验》，江苏人民出版社 2021 年版。

姚建华、苏熠慧：《回归劳动：全球经济中不稳定的劳工》，社会科学文献出版社 2019 年版。

于凤霞：《平台经济：新商业、新动能、新监管》，电子工业出版社 2020 年版。

于桂兰等：《我国企业劳动关系和谐指数构建与应用研究》，人民出版社 2018 年版。

张成刚：《就业变革：数字商业与中国新就业形态》，中国工人出版社 2020 年版。

张嘉昕：《新常态下我国劳动关系协调机制创新与国际比较研究》，经济科学出版社 2021 年版。

张玉明：《共享经济：中国的实践、创新与经验》，经济科学出版社 2019 年版。

张占斌等：《资本是什么》，中共中央党校出版社 2022 年版。

张卓元：《政治经济学大辞典》，经济科学出版社 1998 年版。

赵昌文等：《平台经济的发展与规制研究》，中国发展出版社 2019 年版。

《中国工人》编辑部：《中国劳动关系访谈录（Ⅰ）》，中央文献出版社 2014 年版。

《中国工运事业和工会工作"十四五"发展规划》，中国工人出版社 2021 年版。

《中华人民共和国妇女权益保障法》，中国法制出版社 2023 年版。

《中华人民共和国工会法》，中国法制出版社 2022 年版。

《中华人民共和国国民经济和社会发展第十三个五年规划纲要》，人民出版社 2016 年版。

《中华人民共和国国民经济和社会发展第十四个五年规划和 2035 年远景目标纲要》，人民出版社 2021 年版。

《中华人民共和国劳动法》，中国法制出版社 2023 年版。

《中华人民共和国劳动合同法典》，中国法制出版社 2015 年版。

《中华人民共和国劳动合同法》，中国法制出版社 2022 年版。

《中华人民共和国社会保险法》，中国法制出版社 2019 年版。

朱宏任：《中国企业劳动关系状况报告（2020）》，企业管理出版社 2021 年版。

朱妍：《组织中的支配与服从：中国式劳动关系的制度逻辑》，社会科学文献出版社 2018 年版。

[爱尔兰] 特伦斯·麦克唐纳等：《当代资本主义及其危机》，童珊译，中国社会科学出版社 2014 年版。

[法] 罗伯特·博耶：《资本主义政治经济学：调节与危机理论》，桂泽元译，中国经济出版社 2021 年版。

[加] 尼克·斯尔尼塞科：《平台资本主义》，程水英译，广东人民出版社 2018 年版。

[美] F. W. 泰罗：《科学管理原理》，胡隆祖等译，中国社会科学出版社 1984 年版。

[美] 贝弗里·J. 西尔弗：《劳工的力量：1870 年以来的工人运动与全球化》，张璐译，社会科学文献出版社 2012 年版。

[美] 大卫·哈维：《资本社会的 17 个矛盾》，许瑞宋译，中信出版集团 2016 年版。

[美] 戴安娜·马尔卡希：《零工经济》，陈桂芳译，中信出版集团 2017 年版。

[美] 戴维·哈维：《后现代的状况：对文化变迁之缘起的探究》，阎嘉译，商务印书馆 2020 年版。

[美] 戴维·哈维：《新帝国主义》，付克新译，中国人民大学出版社

2019年版。

[美] 哈里·布雷弗曼：《劳动与垄断资本》，方生等译，商务印书馆1978年版。

[美] 杰奥夫雷·G. 帕克等：《平台革命：改变世界的商业模式》，志鹏译，机械工业出版社2017年版。

[美] 克雷格·兰伯特：《无偿：共享经济时代如何重新定义工作?》，孟波、李琳译，南方出版传媒、广东人民出版社2016年版。

[美] 罗宾·蔡斯：《共享经济：重构未来商业新模式》，王芮译，浙江人民出版社2015年版。

[美] 迈克尔·布若威：《制造同意——垄断资本主义劳动过程的变迁》，李荣荣译，商务印书馆2008年版。

[美] 塞缪尔·鲍尔斯等：《理解资本主义：竞争、统制与变革》（第4版），孟捷等译，中国人民大学出版社2022年版。

[美] 托马斯·寇肯等：《美国产业关系的转型》，朱飞、王侃译，中国劳动社会保障出版社2008年版。

[美] 约翰·W. 巴德：《劳动关系：寻求平衡》（第4版），于桂兰等译，中国工人出版社2020年版。

[美] 珍妮娜·伯格等：《数字就业平台和劳动世界的未来：迈向网络世界体面劳动》，孟彤译，中国劳动社会保障出版社2019年版。

[意] 莫里齐奥·阿奇尼：《全球化下的工人与劳动：当代主题与理论》，吴建平、邓雅丹译，中国工人出版社2019年版。

[印] 阿鲁·萨丹拉彻：《分享经济的爆发》，周恂译，文汇出版社2017年版。

[英] 克里斯蒂安·福克斯：《数字劳动与卡尔·马克思》，周延云译，人民出版社2020年版。

[英] 理查德·海曼：《劳资关系：一种马克思主义的分析框架》，黑启明译，中国劳动社会保障出版社2008年版。

[英] 维克托·迈尔-舍恩伯格、[法] 肯尼思·库克耶：《大数据时代：

生活、工作与思维的大变革》,盛杨燕、周涛译,浙江人民出版社2013年版。

(二) 期刊论文

习近平:《当前经济工作的几个重大问题》,《创造》2023年第4期。

安徽省总工会:《常态化疫情防控下劳动关系稳定的对策建议》,《中国工运》2020年第9期。

白春礼:《科技革命与产业变革:趋势与启示》,《科技导报》2021年第2期。

班小辉:《反思"996"工作制:我国工作时间基准的强制性与弹性化问题》,《时代法学》2019年第6期。

班小辉:《论"分享经济"下我国劳动法保护对象的扩张——以互联网专车为视角》,《四川大学学报》(哲学社会科学版)2017年第2期。

补牢:《南海本田集体谈判始末》,《中国工人》2010年第9期。

蔡昉等:《新冠肺炎疫情对中国劳动力市场的影响——基于个体追踪调查的全面分析》,《经济研究》2021年第2期。

蔡昉:《刘易斯转折点——中国经济发展阶段的标识性变化》,《经济研究》2022年第1期。

蔡禾:《从"底线型"利益到"增长型"利益——农民工利益诉求的转变与劳资关系秩序》,《开放时代》2010年第9期。

蔡宏波:《疫情对当前我国就业形势的影响估测》,《人民论坛》2020年第9期。

蔡润芳:《"积极受众"的价值生产——论传播政治经济学"受众观"与Web2.0"受众劳动论"之争》,《国际新闻界》2018年第3期。

蔡润芳:《技术之上的"价值之手":对算法"物质性"的媒介政治经济学追问——以美团外卖平台"超脑"系统为例》,《新闻界》2021年第11期。

蔡万焕:《国家、资本与劳动——社会主义市场经济下政府与市场关系辨析》,《教学与研究》2017年第10期。

蔡跃洲：《"互联网+"行动的创新创业机遇与挑战——技术革命及技术—经济范式视角的分析》，《求是学刊》2016年第3期。

蔡之兵：《规范和引导资本健康发展的理论逻辑、现实逻辑与政策逻辑》，《改革》2022年第6期。

曹晋、赵月枝等：《传播政治经济学的学术脉络与人文关怀》，《南开学报》（哲学社会科学版）2008年第5期。

曹静、周亚林：《人工智能对经济的影响研究进展》，《经济学动态》2018年第1期。

曹宇平、韦海鸣：《加班是时势所趋，但"996"工作制不是》，《人力资源》2021年第2期。

柴乔杉：《外卖骑手的系统困局如何破？》，《中国品牌》2020年第10期。

常风林等：《应对疫情工资收入分配政策效果评估（上）》，《中国人力资源社会保障》2021年第10期。

常风林等：《应对疫情工资收入分配政策效果评估（下）》，《中国人力资源社会保障》2021年第11期。

常凯：《关于罢工的合法性及其法律规制》，《当代法学》2012年第5期。

常凯：《关注我国劳动关系问题——转型时期劳动关系问题高层研讨会专家发言摘要》，《中国劳动》2004年第4期。

常凯：《劳动关系的集体化转型与政府劳工政策的完善》，《中国社会科学》2013年第6期。

常凯：《WTO：劳工标准与劳工权益保障》，《中国社会科学》2002年第1期。

常凯：《论中国的团结权立法及其实施》，《当代法学》2007年第1期。

常凯：《三十年来劳资关系的演变历程》，《中国商界》2008年第6期。

常凯：《以实名制为基础建构建筑业和谐劳动关系——从破解建筑业欠薪难题入手》，《人民论坛》2019年第18期。

常凯：《中国特色劳动关系的阶段、特点和趋势——基于国际比较劳动关系研究的视野》，《武汉大学学报》（哲学社会科学版）2017年第5期。

常卫：《虚拟组织：提升企业核心竞争力的新载体》，《人民论坛》2004年第5期。

陈春花、尹俊：《新个体经济新在何处》，《人民论坛》2021年第1期。

陈航英：《田野里的工厂：资本化农业劳动体制研究——以宁夏南部黄高县菜心产业为例》，《开放时代》2020年第3期。

陈建伟、赖德胜：《疫情冲击下大学生就业形势变化与对策》，《中国大学生就业》2020年第11期。

陈龙、韩玥：《责任自治与数字泰勒主义：外卖平台资本的双重管理策略研究》，载《清华社会学评论》第14辑，社会科学文献出版社2020年版。

陈龙：《"数字控制"下的劳动秩序：外卖骑手的劳动控制研究》，《社会学研究》2020年第6期。

陈敏等：《包工组织正规化影响因素研究》，《土木工程与管理学报》2020年第6期。

陈明明：《从内容生产模式看短视频商业营销策略》，《中国广播电视学刊》2019年第6期。

陈仁涛：《我国非公有制企业劳资关系演进的历程考察及其启示》，《经济论坛》2013年第8期。

陈诗一、郭俊杰：《新冠肺炎疫情的经济影响分析：长期视角与短期应对》，《经济理论与经济管理》2020年第8期。

陈微波：《论劳动关系的调整机制——以劳动契约与心理契约的融合为视角》，《山东社会科学》2005年第1期。

陈伟光：《工人群体性事件与工会角色（上）》，《中国工人》2013年第8期。

陈晓菲、王江哲：《共享经济下的网约车司机个人特征与工作特征分析》，《管理现代化》2018年第2期。

陈晓佳：《算法时代外卖骑手劳动权保障的困境与纾解》，《重庆开放大学学报》2022年第4期。

陈学明、毛勒堂：《美好生活的核心是劳动的幸福》，《上海师范大学学报》（哲学社会科学版）2018 年第 6 期。

陈义媛：《劳动力密集型产业转移及内迁工厂的嵌入性劳动管理》，《江西财经大学学报》2020 年第 6 期。

陈宇峰等：《技术偏向与中国劳动收入份额的再考察》，《经济研究》2013 年第 6 期。

陈宗仕、张建君：《企业工会、地区制度环境与民营企业工资率》，《社会学研究》2019 年第 4 期。

崔友平：《缩小行业收入差距须破除行政垄断》，《红旗文稿》2015 年第 21 期。

单光鼐：《群体性事件背后的社会心态》，《中国党政干部论坛》2015 年第 5 期。

［德］菲利普·斯塔布等：《数字资本主义对市场和劳动的控制》，鲁云林译，《国外理论动态》2019 年第 3 期。

邓纯东：《我国发展不平衡不充分体现在哪些方面》，《人民论坛》2019 年第 20 期。

邓蓉：《后疫情时代农民工隐性失业对农村经济社会影响研究——以成都市实证调查为例》，《四川行政学院学报》2021 年第 4 期。

邓彤博、李敏：《非正规就业人员工作自主性与体面劳动感知——情绪耗竭和超时劳动的视角》，《经济管理》2021 年第 11 期。

邓韵雪、石方：《宿舍劳动体制与男性工人：一项对富士康工厂的研究》，《湖南大学学报》（社会科学版）2018 年第 5 期。

丁晓钦、郭艳青：《马克思主义视阈下的劳动修复及其当代意义》，《马克思主义研究》2014 年第 10 期。

董克用：《中国经济体制改革以来劳动关系的变化与调节机制》，《经济理论与经济管理》2001 年第 4 期。

董小君：《准确把握新一轮工业革命的内涵、本质及实现模式》，《宏观经济管理》2019 年第 11 期。

都阳、贾朋:《劳动供给与经济增长》,《劳动经济研究》2018 年第 3 期。

杜丹清:《互联网助推消费升级的动力机制研究》,《经济学家》2017 年第 3 期。

杜伟等:《有效推进精益生产提升中国制造竞争力》,《中国工业评论》2016 年第 6 期。

段鹏:《平台经济时代算法权力问题的治理路径探索》,《东岳论丛》2020 年第 5 期。

范璐璐、黄岩:《新型柔性专业化——以平台为中心的服装业生产组织与劳动关系》,《学术研究》2021 年第 5 期。

方长春:《新经济形态下的"两栖青年""斜杠青年":兼论新就业形态》,《人民论坛》2021 年第 24 期。

方长春:《新就业形态的类型特征与发展趋势》,《人民论坛》2020 年第 26 期。

分享经济发展报告课题组:《中国分享经济发展报告:现状、问题与挑战、发展趋势》,《电子政务》2016 年第 4 期。

冯娟、颜松漳:《消费需要理论及其当代价值》,《上海经济研究》2021 年第 6 期。

冯向楠、詹婧:《人工智能时代互联网平台劳动过程研究:以平台外卖骑手为例》,《社会发展研究》2019 年第 3 期。

冯昭奎:《科技革命发生了几次——学习习近平主席关于"新一轮科技革命"的论述》,《世界经济与政治》2017 年第 2 期。

付堉琪:《"系统困不住"的外卖骑手——劳动场景视角下的变通与协作关系研究》,《新视野》2021 年第 6 期。

高建东:《论隐性加班及其法律规制》,《中国劳动关系学院学报》2022 年第 2 期。

高培勇:《深刻理解社会主要矛盾变化的经济学意义》,《经济研究》2017 年第 12 期。

高文书:《新冠肺炎疫情对中国就业的影响及其应对》,《中国社会科学院研究生院学报》2020年第3期。

《"996工作制":"无奈"的背后》,《中国就业》2019年第5期。

谷玉良:《建筑业劳务分包制研究:现状及其展望》,《中国劳动关系学院学报》2016年第2期。

顾海良:《马克思对资本特性和过程的政治经济学分析及当代意义——马克思〈1857—1858年经济学手稿〉再研究》,《经济学家》2022年第8期。

顾烨烨、莫少群:《算法权力下的劳动控制——基于秀场主播劳动过程的研究》,《学习与实践》2022年第10期。

郭春镇、石梦婷:《制造业灵活用工"返费"问题中的博弈及其治理》,《开放时代》2021年第2期。

郭凡:《抖音短视频的商业价值及盈利模式分析》,《新媒体研究》2018年第12期。

郭凤鸣:《工资率提升对农民工超时劳动的影响》,《人口学刊》2022年第4期。

郭台辉:《劳动与资本的关系变迁:对我国改革历程的一种解释》,《岭南学刊》2006年第4期。

郭悦:《平衡劳动关系:建立真正的集体谈判制度》,《中国劳动》2005年第2期。

郭志刚、卿涛:《我国国有企业劳动关系的变革路径分析》,《西南民族大学学报》(人文社科版)2007年第11期。

韩金华:《马克思劳资关系理论的主要特征及其现实价值》,《当代经济研究》2009年第12期。

韩英:《平台经济的发展逻辑与利益分化——以外卖平台经济为例》,《改革与战略》2022年第2期。

郝芳田等:《员工摸鱼的背后推手与应对》,《企业管理》2022年第5期。

何江等:《共享员工到底是什么?——源起、内涵、框架与趋势》,《商业研究》2020年第6期。

洪波:《需要、消费与人的本质——基于马克思哲学视角的分析》,《河北学刊》2010年第2期。

洪芳:《我国劳动关系调整模式转型》,《人民论坛》2014年第14期。

洪联英等:《FDI、外包与中国制造业升级陷阱——一个微观生产组织控制视角的分析》,《产业经济研究》2013年第5期。

洪联英等:《中国制造业为何难以突破技术技能升级陷阱?——一个国际生产组织安排视角的分析》,《数量经济技术经济研究》2016年第3期。

洪泸敏、章辉美:《新中国成立以来企业劳动关系的历史变迁》,《江西社会科学》2009年第8期。

洪馨仪:《平台经济下劳工算法素养不容忽视》,《青年记者》2022年第14期。

洪银兴:《运用马克思主义政治经济学的观点深刻认识资本特性及行为规律》,《理论导报》2022年第4期。

侯慧、何雪松:《"不加班不成活":互联网知识劳工的劳动体制》,《探索与争鸣》2020年第5期。

侯立文:《疫情防控期间民营企业劳动用工状况及对策研究——基于上海的调研》,《中国人事科学》2020年第7期。

胡鞍钢、鄢一龙:《我国发展的不平衡不充分体现在何处》,《人民论坛》2017年第52期。

胡慧、任焰:《制造梦想:平台经济下众包生产体制与大众知识劳工的弹性化劳动实践——以网络作家为例》,《开放时代》2018年第6期。

胡磊:《平台经济下劳动过程控制权和劳动从属性的演化与制度因应》,《经济纵横》2020年第2期。

胡鹏辉、余富强:《网络主播与情感劳动:一项探索性研究》,《新闻与传播研究》2019年第2期。

胡翼青:《透视"种草带货":基于传播政治经济学的视角》,《西北师大学报》(社会科学版)2020年第5期。

胡莹：《论马克思的劳资关系理论与构建社会主义和谐劳资关系的相向运动》，《求实》2011年第7期。

黄斌欢、徐美龄：《工厂内迁与劳工的再嵌入——江西陶瓷厂的工厂政体研究》，《学术研究》2015年第6期。

黄群慧、贺俊：《未来30年中国工业化进程与产业变革的重大趋势》，《学习与探索》2019年第8期。

黄群慧、杨虎涛：《中国制造业比重"内外差"现象及其"去工业化"涵义》，《中国工业经济》2022年第3期。

黄岩、丁筱：《比较劳动政策视野下的工人权益保护路径多元化》，《华南大学学报》（社会科学版）2014年第1期。

黄岩、朱少瑞：《管理控制抑或企业福利：宿舍劳动体制的再思考》，《华南理工大学学报》（社会科学版）2021年第3期。

黄岩、朱晓镭：《超越拆分型劳动体制：产业转移与农民工权益保护的新视角》，《华南师范大学学报》（社会科学版）2019年第3期。

纪雯雯、赖德胜：《工会能够维护流动人口劳动权益吗》，《管理世界》2019年第2期。

纪雯雯：《中国新就业形态的主要特征与发展趋势》，《新经济导刊》2020年第3期。

季亚男：《两种典型运营模式下电商平台与商户的合作及竞争机制研究》，博士学位论文，中国科学技术大学，2016年。

贾蕴琦：《改革开放四十年中的劳资关系——基于调节学派角度的尝试性解释》，《当代经济》2018年第24期。

蒋永穆、周宇晗：《着力破解经济发展不平衡不充分的问题》，《四川大学学报》（哲学社会科学版）2018年第1期。

景天魁：《时空压缩与中国社会建设》，《兰州大学学报》（社会科学版）2015年第5期。

景天魁：《中国社会发展的时空结构》，《社会学研究》1999年第6期。

来有为：《我国劳务派遣行业发展中存在的问题及解决思路》，《经济纵横》2013 年第 5 期。

李爱军：《论规范和引导资本健康发展的社会主义"红绿灯"》，《湖南科技大学学报》（社会科学版）2023 年第 1 期。

李宝元等：《百年中国劳动关系演化的基本路径及走势》，《经济理论与经济管理》2015 年第 6 期。

李长安：《"996 工作制"：竭泽而渔不可取》，《互联网经济》2019 年第 5 期。

李长江、王媛：《中国新就业形态和谐劳动关系的形成机制与管理策略》，《浙江师范大学学报》（社会科学版）2021 年第 1 期。

李春玲：《疫情冲击下的大学生就业：就业压力、心理压力与就业选择变化》，《教育研究》2020 年第 7 期。

李春生：《转型进程中我国企业劳动关系状况动态演进研究——基于系统论的视角》，《经济问题探索》2015 年第 7 期。

李翠翠等：《成为柔性组织：打造自主进化的生态组织能力》，《清华管理评论》2021 年第 10 期。

李稻葵等：《破解中国消费率下降之谜》，《清华大学中国与世界经济研究中心（CCWE）研究报告》，2010 年 10 月。

李东平等：《劳动时间、社会交往与农民工身心健康——基于 CGSS2013 的实证数据》，《调研世界》2018 年第 3 期。

李干：《劳动关系转型的另一种思考》，《广西社会科学》2016 年第 9 期。

李光满：《马云刘强东炒作 996 是要倡导一种奋斗精神，还是要构建一种社会制度》，《企业观察家》2019 年第 5 期。

李贵成：《数字经济时代平台用工"去劳动关系化"的表征、挑战与应对》，《云南社会科学》2023 年第 2 期。

李国泉：《新时代社会主要矛盾转化的马克思主义阐释》，《东南学术》2021 年第 1 期。

李海舰、李凌霄：《中国"共享员工"劳动用工模式研究》，《中国工业经济》2022 年第 11 期。

李海舰、赵丽：《数据成为生产要素：特征、机制与价值形态演进》，《上海经济研究》2021年第8期。

李怀：《国有工业组织权威变迁及其对劳企关系的影响》，《学术研究》2013年第8期。

李嘉娜：《防范劳务派遣遁入"劳务外包"》，《中国工人》2013年第9期。

李瑾：《算法时代的劳动焦虑》，《中国工人》2020年第9期。

李磊：《获得感视域下的农民工超时劳动叙事——一项基于代际比较的质性研究》，《安徽农业大学学报》（社会科学版）2020年第1期。

李磊：《习近平的美好生活观论析》，《社会主义研究》2018年第1期。

李力行、周广肃：《平台经济下的劳动就业和收入分配：变化趋势与政策应对》，《国际经济评论》2022年第2期。

李平等：《改革开放40年中国科技体制改革和全要素生产率》，《中国经济人》2018年第1期。

李琼英、朱力：《扩散与异化：现阶段我国劳资矛盾的新表征》，《安徽师范大学学报》（人文社会科学版）2015年第6期。

李琼英、朱力：《现阶段我国劳资矛盾的类型、趋势及对策》，《中州学刊》2015年第12期。

李三希等：《规范和引导资本健康发展的经济逻辑》，《浙江工商大学学报》2022年第5期。

李胜蓝、江立华：《新型劳动时间控制与虚假自由：外卖骑手的劳动过程研究》，《社会学研究》2020年第6期。

李涛等：《2021年疫情背景下中国高校应届毕业生就业状况有何变化？——一项基于2021年和2020年全国调查数据的实证研究》，《华东师范大学学报》（教育科学版）2022年第2期。

李涛等：《新冠疫情冲击下我国高校应届毕业生就业现状实证研究》，《华东师范大学学报》（教育科学版）2020年第10期。

李挺等：《超时劳动、工作自主性对青年劳动者幸福感的影响研究——基于 CLDS（2016）数据的实证分析》，《中国青年社会科学》2021 年第 2 期。

李文明、吕福玉：《分享经济起源与实态考证》，《改革》2015 年第 12 期。

李晓华：《"新经济"与产业的颠覆性变革》，《财经问题研究》2018 年第 3 期。

李晓艺等：《劳动密集型企业工人职业紧张、职业倦怠与抑郁症状关系》，《中国职业医学》2022 年第 1 期。

李雄：《工会组织在新就业形态中的现状、问题及对策》，《理论月刊》2022 年第 10 期。

李营辉：《被算法裹挟的"裸奔人"：新就业形态下网约工群体劳动权益调查》，《中国青年研究》2022 年第 7 期。

李允尧等：《平台经济理论研究动态》，《经济学动态》2013 年第 7 期。

李韵秋、张顺：《"职场紧箍咒"——超时劳动对受雇者健康的影响及其性别差异》，《人口与经济》2020 年第 1 期。

李政、周希祯：《数据作为生产要素参与分配的政治经济学分析》，《学习与探索》2020 年第 1 期。

梁洪霞、王芳：《从"996 工作制"看我国休息权的国家保护义务》，《西南政法大学学报》2019 年第 6 期。

梁萌：《技术变迁视角下的劳动过程研究——以互联网虚拟团队为例》，《社会学研究》2016 年第 2 期。

梁萌：《996 加班工作制：互联网公司管理控制变迁研究》，《科学与社会》2019 年第 3 期。

林飞燕：《算法管理对在线劳动平台的自由工作者供需匹配过程的影响机制研究》，博士学位论文，中国地质大学，2022 年。

林佳鹏：《赶工或反内卷？90 后"大厂"青年加班现象研究》，《中国青年研究》2022 年第 6 期。

林嘉：《新就业形态劳动法律调整探究》，选自冯喜良主编《中国劳动研究》（第 1 辑），中国工人出版社 2021 年版。

林建武：《算法与自由：平台经济中的自由劳动是否可能?》，《兰州学刊》2022 年第 5 期。

林彦虎：《新时代需要状况的变化与不平衡不充分的发展》，《思想理论教育》2018 年第 6 期。

林颖等：《绩效合法性视野下的网络直播及其劳动过程研究》，《中国网络传播研究》2021 年第 3 期。

刘秉泉等：《新冠肺炎疫情对劳动关系的影响与对策研究》，《中国劳动》2020 年第 1 期。

刘成斌、张晏郡：《向体制内卷：疫情风险对大学生就业价值观的影响》，《江汉学术》2021 年第 4 期。

刘成海：《我国劳资关系演化研究》，《中国物价》2013 年第 5 期。

刘翠花等：《数字经济时代弹性工作如何影响青年就业质量?》，《宏观质量研究》2022 年第 6 期。

刘丹丹：《改革开放 40 年我国劳资关系领域的研究轨迹及前沿动态追踪——基于 1979 年以来 CNKI 数据库的文献计量分析》，《劳动经济评论》2018 年第 2 期。

刘凤义：《劳动关系研究中的马克思主义分析框架——兼谈资本主义劳动关系的演变》，《马克思主义研究》2012 年第 9 期。

刘皓琰、李明：《网络生产力下经济模式的劳动关系变化探析》，《经济学家》2017 年第 12 期。

刘建洲：《新时期国有企业劳动关系研究：一个劳动者视角的分析》，《学术探索》2007 年第 2 期。

刘俊振等：《未来工作的趋势：基于零工和企业灵活用工的演变》，《清华管理评论》2020 年第 4 期。

刘苓玲、晋利珍：《论我国企业劳动关系的历史变迁与趋势》，《中国劳动关系学院学报》2006 年第 6 期。

刘瑞：《规范和引导资本健康有序发展的重要思路》，《财经界》2022 年第 16 期。

刘善仕等：《在线劳动平台算法管理：理论探索与研究展望》，《管理世界》2022 年第 2 期。

刘善仕：《平台工作自主吗？在线劳动平台算法管理对工作自主性的影响》，《外国经济与管理》2021 年第 2 期。

刘同舫：《新时代社会主要矛盾背后的必然逻辑》，《华南师范大学学报》（社会科学版）2017 年第 6 期。

刘伟：《规范和引导社会主义市场经济资本健康发展》，《经济学动态》2022 年第 8 期。

刘湘蓉：《我国移动社交电商的商业模式：一个多案例的分析》，《中国流通经济》2018 年第 8 期。

刘向兵等：《中国劳动关系研究 70 年回顾与展望》，《中国劳动关系学院学报》2020 年第 2 期。

刘晓曼等：《长工时对互联网企业员工工作相关肌肉骨骼疾患和职业倦怠的影响》，《中国职业医学》2022 年第 2 期。

刘晓瞳、张海东：《理性选择视角下特大城市居民超时劳动的成因研究》，《济南大学学报》（社会科学版）2022 年第 5 期。

刘须宽：《"量""质""时""雅""界" 人民期盼的美好生活，要从这五个字上下功夫》，《人民论坛》2018 年第 11 期。

刘懿璇、何建平：《从"数字劳工"到"情感劳动"：网络直播粉丝受众的劳动逻辑探究》，《前沿》2021 年第 3 期。

刘永富：《有效应对脱贫攻坚面临的困难和挑战》，《政策》2019 年第 3 期。

刘宇航：《计算概念谱系：算势、算力、算术、算法、算礼》，《中国科学院院刊》2022 年第 10 期。

刘志国、栾瑞华：《我国"996"工作模式的形成原因及治理——基于马克思工作日理论的分析》，《经济论坛》2020 年第 11 期。

刘子婧：《从算法规制和劳动关系看外卖困境的解构和破局》，载《贸大法学》2020 年第 5 卷，对外经济贸易大学出版社 2021 年版。

刘子曦等：《经营"灵活性"：制造业劳动力市场的组织生态与制度环境——基于 W 市劳动力招聘的调查》，《社会学研究》2019 年第 4 期。

路风：《单位：一种特殊的社会组织形式》，《中国社会科学》1989 年第 1 期。

路涛：《"996"之惑？畸形加班文化从何而来 如何认识、矫正"病态"加班文化》，《中外企业文化》2021 年第 2 期。

吕冰洋、余丹林：《中国梯度发展模式下经济效率的增进——基于空间视角的分析》，《中国社会科学》2009 年第 6 期。

吕鹏：《线上情感劳动与情动劳动的相遇：短视频/直播、网络主播与数字劳动》，《国际新闻界》2021 年第 12 期。

罗楚亮等：《中国居民收入差距变动分析（2013—2018）》，《中国社会科学》2021 年第 1 期。

罗峰：《在不确定中生产满足——网络时代下中国青年数字劳动研究述评（2010—2020）》，《中国青年研究》2021 年第 4 期。

罗建文：《论人民美好生活需要与社会主义劳动修复》，《湖南社会科学》2019 年第 3 期。

罗荣波：《我国新就业形态劳动者民主参与的现状、特点及建议》，《工会博览》2022 年第 25 期。

罗仲伟等：《从"赋权"到"赋能"的企业组织结构演进——基于韩都衣舍案例的研究》，《中国工业经济》2017 年第 9 期。

马艳、王琳、杨培祥：《"中国特色社会主义新时代"的资本积累的社会结构理论》，《学术月刊》2018 年第 10 期。

马艳、王琳、张沁悦：《资本积累的社会结构理论的创新与中国化探讨》，《马克思主义研究》2016 年第 6 期。

马艳、张沁悦：《新时代中国特色社会主义主要矛盾变化研究——以 CSSA 理论为分析基础》，《东南学术》2018 年第 3 期。

马云：《马云微博再谈 996：理性讨论比结论更重要》，《互联网经济》

2019 年第 5 期。

毛宇飞、曾湘泉：《新冠肺炎疫情对高校毕业生就业的影响——来自招聘网站数据的经验证据》，《学术研究》2022 年第 1 期。

蒙慧：《改革开放以来非公有制企业劳资关系考察与启示》，《商业时代》2014 年第 29 期。

孟捷、李怡乐：《改革以来劳动力商品化和雇佣关系的发展——波兰尼和马克思的视角》，《开放时代》2013 年第 5 期。

孟泉、陈尧：《中国劳动关系集体化转型趋势下的产业行动治理策略研究》，《中国人力资源开发》2014 年第 7 期。

孟泉、缪全：《合作的价值：平台企业呼叫中心劳动关系多样性及其成因》，选自冯喜良主编《中国劳动研究》（第 1 辑），中国工人出版社 2021 年版。

孟泉：《塑造基于"平衡逻辑"的"缓冲地带"：沿海地区地方政府治理劳资冲突模式分析》，《东岳论丛》2014 年第 5 期。

孟泉：《寻找传统——马克思主义劳动关系经典理论述评及启示》，《东岳论丛》2013 年第 3 期。

穆随心：《试论我国劳动关系的新特点及其法律调整机制——从社会主义市场经济视角》，《民主与法制》2005 年第 8 期。

《1996 年度劳动事业发展统计公报（摘要）》，《中国劳动科学》1997 年第 7 期。

聂伟、风笑天：《996 在职青年的超时工作及社会心理后果研究——基于 CLDS 数据的实证分析》，《中国青年研究》2020 年第 5 期。

潘璐、周绍东：《新时代我国社会主要矛盾的理论依据：一个研究述评》，《〈资本论〉研究》2019 年。

潘泰萍：《新世纪中国劳动关系调整模式的转型研究》，博士学位论文，首都经济贸易大学，2012 年。

潘毅：《富士康：世界工厂体系下中国工人的困境》，《经济导刊》2014 年第 6 期。

潘毅：《全球化工厂体制与道德理念重构——跨国公司生产守则与中国劳动关系》，《开放时代》2005年第2期。

潘英丽：《新发展格局中的就业新趋势与结构性就业对策》，《探索与争鸣》2022年第3期。

潘颖：《同城配送业务员与众包平台劳动关系探析》，《山东人力资源和社会保障》2019年第6期。

逄锦聚：《深刻认识和把握新时代我国社会主要矛盾》，《经济研究》2017年第11期。

彭伟华、侯仁勇：《新就业形态下网络平台就业协同治理研究》，《理论学刊》2022年第5期。

平新乔：《关注民企劳资关系》，《中国改革》2005年第4期。

戚聿东等：《数字经济时代新职业发展与新型劳动关系的构建》，《改革》2021年第9期。

戚聿东、刘欢欢：《数字经济下数据的生产要素属性及其市场化配置机制研究》，《经济纵横》2020年第11期。

齐昊等：《网约车平台与不稳定劳工：基于南京市网约车司机的调查》，《政治经济学评论》2019年第3期。

钱叶芳、徐顺铁：《"996类工作制"与休息权立法——资本与法律的博弈》，《浙江学刊》2019年第4期。

钱智勇、薛加奇：《关于生产和需求关系的经济学演进研究——基于对新时代社会主要矛盾的经济学阐释》，《吉林大学社会科学学报》2018年第3期。

乔健等：《迈向"十二五"时期中国劳动关系的现状和政策取向》，《中国劳动关系学院学报》2011年第3期。

乔健：《略论我国劳动关系的转型及当前特征》，《中国劳动关系学院学报》2007年第2期。

秦维红、张玉杰：《马克思需要理论视域中"美好生活需要"探析》，《马克思主义理论学科研究》2020年第4期。

秦雯卓：《外卖骑手的"算法系统之困"及其解决路径》，《上海法学研究》2021 年第 2 期。

曲佳宝：《数据商品与平台经济中的资本积累》，《财经科学》2020 年第 9 期。

屈茂辉、陈湘桃：《我国劳务派遣的困境与出路》，《湘潭大学学报》（哲学社会科学版）2016 年第 3 期。

屈小博、程杰：《新冠肺炎疫情对劳动力市场的影响及政策反应》，《河北师范大学学报》（哲学社会科学版）2020 年第 4 期。

权衡：《当代中国"劳动—资本"关系的实践发展与理论创新》，《复旦学报》（社会科学版）2015 年第 5 期。

全总课题组：《中国特色社会主义新型劳动关系的基本内涵、特征及需要处理好的几个关系》，《工会理论研究》2007 年第 1 期。

全总劳务派遣问题课题组：《当前我国劳务派遣用工现状调查》，《中国劳动》2012 年第 5 期。

任桐、姚建华：《平台经济中的"数据劳动"：现状、困境与行动策略——一项基于电竞主播的探索性研究》，《国际新闻界》2022 年第 1 期。

任焰、陈菲菲：《农民工劳动力再生产的空间矛盾与社会后果：从一个建筑工人家庭的日常经验出发》，《兰州大学学报》（社会科学版）2015 年第 5 期。

任焰等：《宿舍劳动体制：劳动控制与抗争的另类空间》，《开放时代》2006 年第 3 期。

任焰、贾文娟：《建筑行业包工制：农村劳动力使用与城市空间生产的制度逻辑》，《开放时代》2010 年第 12 期。

任焰、潘毅：《农民工劳动力再生产中的国家缺位》，《中国社会科学内刊》2007 年第 4 期。

任泽平、冯赟：《供给侧改革去杠杆的现状、应对、风险与投资机会》，《发展研究》2016 年第 3 期。

沈国兵：《"新冠肺炎"疫情对我国外贸和就业的冲击及纾困举措》，《上海对外经贸大学学报》2020年第2期。

沈湘平、刘志洪：《正确理解和引导人民的美好生活需要》，《马克思主义研究》2018年第8期。

沈尤佳：《资本积累与劳动力再生产：探讨增长战略的可持续性》，《政治经济学评论》2012年第4期。

史忠良、刘劲松：《对国有企业劳动关系若干主要问题及发展趋势的一些认识》，《经济经纬》2002年第6期。

束开荣：《构建数字劳动的物质网络：平台规训、算法协商与技术盗猎——基于"送外卖"的田野调查》，《新闻与传播研究》2022年第9期。

帅满、关佳佳：《分类控制与劳资共识分化：快递员劳动过程研究》，载《清华社会学评论》第13辑，社会科学文献出版社2020年版。

帅满：《快递员的劳动过程：关系控制与劳动关系张力的化解》，《社会发展研究》2021年第1期。

宋士云：《改革开放以来中国企业劳动关系变迁的历史考察》，《当代中国史研究》2018年第1期。

宋懿、张钊：《珠三角地区青年产业工人劳资矛盾的心态解读》，《中国青年研究》2015年第10期。

宋月萍：《数字经济赋予女性就业的机遇与挑战》，《人民论坛》2021年第30期。

宋志平：《在富士康看到了什么》，《中国企业家》2020年第3期。

《996算个啥，我们是"715、白加黑、夜总会"》，《销售与市场（管理版）》2020年第10期。

孙健敏等：《弹性工作制的研究述评与展望》，《中国人力资源开发》2020年第9期。

孙萍：《"算法逻辑"下的数字劳动：一项对平台经济下外卖送餐员的研究》，《思想战线》2019年第6期。

孙妍：《青年就业特征及变动趋势研究》，《中国青年研究》2022年第1期。

孙永生：《推进工会体制创新是中国劳动关系集体化转型的根本路径——与常凯教授和游正林教授商榷》，《中国劳动关系学院学报》2017年第3期。

孙中伟等：《内部劳动力市场与中国劳动关系转型——基于珠三角地区农民工的调查数据和田野资料》，《中国社会科学》2018年第7期。

孙中伟、黄婧玮：《加班依赖体制：再探青年农民工过度加班问题》，《中国青年研究》2021年第8期。

谭铁牛：《人工智能的历史、现状和未来》，《求是》2019年第4期。

唐文怡：《PUGC模式下科技类视频的创新与思考——以B站UP主"老师好我叫何同学"为例》，《北方传媒研究》2022年第4期。

唐晓琦：《工作情景、时间体验与不同劳动体制下的自由感知——关于青年群体"奔赴零工"现象的反思》，《中国青年研究》2022年第4期。

唐胤超：《不能持久的烧钱大战》，《中国集体经济》2018年第6期。

唐正东：《雇佣劳动的嬗变与当代资本主义的自我调节——阿格里塔的调节理论及其评价》，《南京大学学报》（哲学·人文科学·社会科学版）2007年第2期。

田天亮：《透视"转化"前后我国社会主要矛盾的基本结构及内涵变化》，《湖北社会科学》2021年第7期。

田毅鹏、王浩翼：《从"同意"走向"对立"——基于C市A厂派遣工人集体行动的个案研究》，《河北学刊》2017年第5期。

涂伟：《新就业形态下劳动权益保护的主要国际趋势及对我国劳动立法改革的启示》，《中国劳动》2021年第1期。

涂永前：《劳务派遣制被滥用的缘由及法律规制》，《政法论坛》2013年第1期。

涂永前、熊赟：《情感制造：泛娱乐直播中女主播的劳动过程研究》，《青年研究》2019年第4期。

汪建华：《包揽式政商关系、本地化用工与内地中小城市的劳工抗争》，《社会学研究》2017年第2期。

汪建华、孟泉：《新生代农民工的集体抗争模式——从生产政治到生活政治》，《开放时代》2013年第1期。

汪佩洁：《算法时代的劳动社会学——评Alex Rosenblat〈优步的世界：算法是如何改写工作规则的〉》，载《清华社会学评论》第12辑，社会科学文献出版社2020年版。

汪青松、林彦虎：《美好生活需要的新时代内涵及其实现》，《上海交通大学学报》（哲学社会科学版）2018年第6期。

汪雁、张丽华：《关于我国共享经济新就业形态的研究》，《中国劳动关系学院学报》2019年第2期。

王博、俞海杰：《马克思主义劳动观念视角下的"996"现象分析——兼论新时代劳动与发展的关系》，《未来与发展》2019年第7期。

王东明：《以习近平新时代中国特色社会主义思想为指导 团结动员亿万职工为决胜全面建成小康社会 夺取新时代中国特色社会主义伟大胜利而奋斗——在中国工会第十七次全国代表大会上的报告》，《中国工运》2018年第11期。

王建冬、童楠楠：《数字经济背景下数据与其他生产要素的协同联动机制研究》，《电子政务》2020年第3期。

王娟：《高质量发展背景下的新就业形态：内涵、影响及发展对策》，《学术交流》2019年第3期。

王军、詹韵秋：《消费升级、产业结构调整的就业效应：质与量的双重考察》，《华东经济管理》2018年第1期。

王琳琳等：《短视频平台商业模式研究》，《上海商学院学报》2020年第4期。

王琼、叶静怡：《进城务工人员健康状况、收入与超时劳动》，《中国农村经济》2016年第2期。

王全兴、王茜：《我国"网约工"的劳动关系认定及权益保护》，《法学》

2018年第4期。

王胜利、樊悦：《论数据生产要素对经济增长的贡献》，《上海经济研究》2020年第7期。

王守义、吕致莹：《金融化、劳动力再生产与新发展格局构建》，《改革与战略》2021年第8期。

王霆、刘娜：《我国灵活就业政策文本量化研究——政策现状与前沿趋势》，《北京工业大学学报》（社会科学版）2022年第2期。

王伟光：《论人的需要和需要范畴》，《北京社会科学》1999年第2期。

王文珍、李文静：《平台经济发展对我国劳动关系的影响》，《中国劳动》2017年第1期。

王向清、杨真真：《社会基本矛盾和社会主要矛盾及其辩证关系论析》，《世界哲学》2019年第4期。

王兴化、张立富：《产业关系系统的演变与发展趋势探析》，《当代经济研究》2014年第11期。

王云：《粉丝中的知识劳工与弹性的兴趣劳动——以B站粉丝剪辑视频为例》，《声屏世界》2020年第12期。

王云航、彭定赟：《产业结构变迁和消费升级互动关系的实证研究》，《武汉理工大学学报》（社会科学版）2019年第3期。

王震：《新冠肺炎疫情冲击下的就业保护与社会保障》，《经济纵横》2020年第3期。

王志广：《畅通诉求渠道 维稳先维权——一起押运员停工"罢押"事件引发的思考》，《中国人力资源社会保障》2014年第6期。

卫兴华：《辨析我国当前社会主要矛盾转化问题解读的理论是非》，《人文杂志》2018年第4期。

卫兴华：《应准确解读我国新时代社会主要矛盾的科学内涵》，《马克思主义研究》2018年第9期。

魏国学：《探究制造业缺工的多维视角》，《中国社会保障》2022年第3期。

魏巍：《马克思主义框架下的劳动关系经典理论述评及启示》，《劳动保障世界》2015 年第 5 期。

魏下海等：《工会改善了企业雇佣期限结构吗？——来自全国民营企业抽样调查的经验证据》，《管理世界》2015 年第 5 期。

魏下海等：《工会、劳动保护与企业新增投资》，《世界经济》2018 年第 5 期。

魏咏梅、张硕：《互联网行业"996"现象成因及对策研究》，《华北电力大学学报》（社会科学版）2019 年第 6 期。

闻翔等：《西方劳动过程理论与中国经验：一个批判性的述评》，《中国社会科学》2007 年第 3 期。

翁良殊、路日亮：《人的需要与社会主要矛盾的转变》，《北京交通大学学报》（社会科学版）2019 年第 3 期。

吴鼎铭、石义彬：《"大数据"的传播政治经济学解读——以"数字劳工"理论为研究视角》，《广告大观》（理论版）2014 年第 6 期。

吴鼎铭：《作为劳动的传播：网络视频众包生产与传播的实证研究——以"PPS 爱频道"为例》，《现代传播》2018 年第 3 期。

吴玲：《"996 工作制"亟待依法终结》，《中国就业》2021 年第 4 期。

吴清军：《结构主义与经验主义的制度研究及转向——欧美劳动关系理论研究述评》，《社会学研究》2015 年第 3 期。

吴清军、李贞：《分享经济下的劳动控制与工作自主性：关于网约车司机工作的混合研究》，《社会学研究》2018 年第 4 期。

吴清军、刘宇：《劳动关系市场化与劳工权益保护——中国劳动关系政策的发展路径与策略》，《中国人民大学学报》2013 年第 1 期。

夏小林：《私营部门：劳资关系及协调机制》，《管理世界》2004 年第 6 期。

夏玉凡：《传播政治经济学视域中的数字劳动理论：以福克斯劳动观为中心的批判性探讨》，《南京大学学报》（哲学·人文科学·社会科学）2018 年第 5 期。

项久雨：《新时代美好生活的样态变革及价值引领》，《中国社会科学》2019 年第 11 期。

肖鹏燕：《我国劳动关系近两年情况综述》，《北京劳动保障职业学院学报》2018 年第 3 期。

肖潇：《"分享经济"背景下劳资关系的演变趋势探析》，《探索》2018 年第 2 期。

肖潇：《供给侧结构性改革中的劳动力问题刍议：马克思劳动力价值理论的运用与发展》，《当代财经》2017 年第 1 期。

肖潇：《共享视野下的劳动关系研究述评》，《山东社会科学》2019 年第 10 期。

肖潇：《新时代我国社会主要矛盾转化视域下和谐劳动关系的内涵》，《思想理论教育导刊》2020 年第 3 期。

谢德成：《转型时期的劳动关系：趋势与思维嬗变》，《四川大学学报》（哲学社会科学版）2016 年第 6 期。

谢地、刘佳丽：《中国社会主要矛盾转型与经济发展方式转变》，《四川大学学报》（哲学社会科学版）2010 年第 6 期。

谢富胜：《从工人控制到管理控制：资本主义工作场所的转型》，《马克思主义研究》2012 年第 12 期。

谢富胜等：《零工经济是一种劳资双赢的新型用工关系吗》，《经济学家》2019 年第 6 期。

谢富胜等：《平台经济全球化的政治经济学分析》，《中国社会科学》2019 年第 12 期。

谢富胜、匡晓璐：《转型增长的中国奇迹》，《教学与研究》2021 年第 11 期。

谢富胜：《如何理解中国特色社会主义新时代社会主要矛盾的转化》，《教学与研究》2018 年第 9 期。

谢富胜、宋宪萍：《资本主义劳动过程研究：从缺失到复兴》，《马克思主义研究》2011 年第 10 期。

谢康等：《大数据成为现实生产要素的企业实现机制：产品创新视角》，《中国工业经济》2020年第5期。

谢玉华等：《互联网移动平台的动态劳动控制过程：基于滴滴出行的案例研究》，《湖南大学学报》（社会科学版）2022年第1期。

"新生代"ilabour课题组：《关于富士康公司工资、工时与工会调研》，《中国工人》2015年第8期。

熊新发、曹大友：《劳动关系集体化转型的历史回顾与治理启示》，《中国行政管理》2016年第5期。

徐晶洁：《传播政治经济学视角下媒介用户的数字劳动解读——以知乎网为例》，《视听》2019年第10期。

徐景一：《算法机器与资本控制：劳动过程理论视域下的平台劳资关系与资本积累》，《社会主义研究》2022年第3期。

徐景一：《算法主导下的平台企业劳动关系与治理路径》，《社会科学辑刊》2021年第5期。

徐景一：《"中国特性"与"全球化共性"：民营企业劳动关系的转型特征》，《中外企业家》2014年第7期。

徐林枫、张恒宇：《"人气游戏"：网络直播行业的薪资制度与劳动控制》，《社会》2019年第4期。

徐翔等：《数据生产要素研究进展》，《经济学动态》2021年第4期。

徐兴强、朱奕瑾：《外卖送餐员工作压力、职业倦怠与离职倾向的关系研究》，《全国流通经济》2020年第23期。

徐智华、解彩霞：《平台经济算法用工的挑战与规制研究》，《宁夏社会科学》2022年第3期。

许文杰等：《外卖平台算法垄断对外卖骑手的社会地位影响探究》，《全国流通经济》2022年第22期。

许宪春等：《中国平衡发展状况及对策研究——基于"清华大学中国平衡发展指数"的综合分析》，《管理世界》2019年第5期。

轩中：《人工智能行业中隐藏的"富士康"式劳动密集型产业》，《互联网周刊》2018年第21期。

严凯：《富士康艰难转型》，《中国企业家》2018年第13期。

杨杜等：《让企业充满奋斗者：以奋斗者为本的华为文化体系研究》，《中国人力资源开发》2015年第12期。

杨继瑞、康文峰：《中国经济不平衡不充分发展的表现、原因及对策》，《贵州师范大学学报》（社会科学版）2018年第3期。

杨嘉懿：《以新发展理念破解经济发展的不平衡不充分》，《理论月刊》2019年第2期。

杨莉：《如何平衡效率与合法性？——改革开放40年来中国政府调整劳动关系的研究述评》，《公共行政评论》2018年第2期。

杨善奇、刘岩：《智能算法控制下的劳动过程研究》，《经济学家》2021年第12期。

杨帅：《共享经济带来的变革与产业影响研究》，《当代经济管理》2016年第6期。

杨爽：《抖音视频博客（VLOG）的内容生产研究》，硕士学位论文，河南工业大学，2020年。

杨宜勇：《基于满足全体人民美好生活的思考》，《中国人口科学》2017年第6期。

杨正喜等：《我国劳资群体性事件的演进及政府治理》，《中国劳动关系学院学报》2019年第2期。

杨志：《公有资本是正确认识和理解我国资本特性的钥匙》，《政治经济学研究》2022年第4期。

姚建华、刘畅：《新媒体语境下众包新闻生产中的弹性雇佣关系研究》，《新闻爱好者》2017年第11期。

姚建华：《在线众包平台的运作机制和劳动控制研究：以亚马逊土耳其机器人为例》，《新闻大学》2020年第7期。

姚然、陈新峰：《数字化对就业影响研究的现状、热点与趋势——基于知识图谱文献计量》，《信息与管理研究》2021年第Z2期。

姚顺良：《论马克思关于人的需要的理论——兼论马克思同弗洛伊德和马斯洛的关系》，《东南学术》2008 年第 2 期。

叶林祥等：《行业垄断、所有制与企业工资收入差距——基于第一次全国经济普查企业数据的实证研究》，《管理世界》2011 年第 4 期。

叶韦明、欧阳荣鑫：《重塑时空：算法中介的网约劳动研究》，《浙江学刊》2020 年第 2 期。

易定红：《疫情下我国就业形势与就业模式的变化》，CMF 中国宏观经济专题报告（第 42 期）。

易宪容等：《平台经济的实质及运作机制研究》，《江苏社会科学》2020 年第 6 期。

游正林：《对中国劳动关系转型的另一种解读——与常凯教授商榷》，《中国社会科学》2014 年第 3 期。

于凤霞：《稳就业背景下的新就业形态发展研究》，《中国劳动关系学院学报》2020 年第 6 期。

于立、王建林：《生产要素理论新论——兼论数据要素的共性和特性》，《经济与管理研究》2020 年第 4 期。

于洋：《疫情催生的 10 大"新职业"，透射着职场发展新趋势》，《中外管理》2020 年第 7 期。

俞华：《我国微商新业态发展现状、趋势与对策》，《中国流通经济》2016 年第 12 期。

喻术红、常春：《算法劳动管理的伦理诉求及其法制建设研究》，《华南理工大学学报》（社会科学版）2022 年第 5 期。

苑舜：《新一轮工业革命：物联网、人工智能与智慧能源的结合》，《中国电业》2019 年第 12 期。

岳经纶：《在维权与维稳之间：中国劳动关系的困境与出路》，《探索与争鸣》2013 年第 9 期。

岳经纶、庄文嘉：《全球化时代下劳资关系网络化与中国劳工团结——来自中国沿海地区的个案研究》，《中山大学学报》（社会科学版）2010

年第 1 期。

曾大林等：《建筑业"工程分包困局"三探》，《建筑经济》2022 年第 6 期。

曾文兵等：《规范劳务外包用工管理促进劳动关系和谐稳定》，《中国人力资源社会保障》2020 年第 7 期。

詹婧等：《去产能企业工人维权方式选择倾向研究——兼论集体性维权行动的和缓机制》，《劳动经济评论》2018 年第 2 期。

张成刚：《就业发展的未来趋势，新就业形态的概念及影响分析》，《中国人力资源开发》2016 年第 19 期。

张成刚：《中国新就业形态发展：概念、趋势与政策建议》，《中国培训》2022 年第 1 期。

张存刚等：《构建和谐劳动关系的马克思主义经济学分析》，《海派经济学》2011 年第 2 期。

张夺、王桂敏：《变与不变：我国社会主要矛盾转化的内在逻辑与内涵实质》，《思想政治教育研究》2019 年第 4 期。

张建刚：《科学设置资本"红绿灯"，引导资本规范健康发展》，《学术探索》2022 年第 9 期。

张可云：《区域发展不平衡不充分与"十四五"时期区域治理创新》，《中国工业经济》2020 年第 12 期。

张磊、刘长庚：《供给侧改革背景下服务业新业态与消费升级》，《经济学家》2017 年第 11 期。

张立富、王兴化：《马克思劳动关系理论与全球劳动关系的演变》，《中国劳动关系学院学报》2017 年第 6 期。

张立富：《中国和美国劳动关系转型的比较分析》，《中国人力资源开发》2010 年第 4 期。

张立群：《全面实施好扩大内需战略》，《红旗文稿》2023 年第 1 期。

张立新、柴芳墨：《劳务外包用工泛化对劳动者权益的影响》，《山东工会论坛》2022 年第 2 期。

张思琪等：《"共享员工"模式当前发展与今后走向：以盒马鲜生为引》，《经营与管理》2022年第3期。

张婷皮美、石智雷：《"996"与低欲望社会：加班对结婚和生育影响的实证研究》，《云南师范大学学报》（哲学社会科学版）2020年第2期。

张晓辉：《利益一体：我国劳动关系模式的现实选择》，《工会理论与实践》2000年第2期。

张杨：《如何引导资本健康发展？》，《上海经济研究》2022年第10期。

张一璇：《劳动空间在延伸：女性网络主播的身份、情感与劳动过程》，《社会学评论》2021年第5期。

张翼、汪建华：《经济下行背景下劳动关系的变化趋势与政策建议》，《中国特色社会主义研究》2017年第1期。

张永宏、李静君：《制造同意：基层政府怎样吸纳民众的抗争》，《开放时代》2012年第7期。

张媛媛：《算法之眼与数据蔽视：媒介空间中的劳动管理研究》，《传媒观察》2022年第1期。

赵峰：《激进学派的劳动力市场理论》，《教学与研究》2007年第3期。

赵峰、季雷：《劳动力再生产社会化过程中的政府职能分析》，《中国经济问题》2022年第2期。

赵文泽、冯珺：《新冠肺炎疫情背景下的新就业形态研究——以"共享员工"模式为例》，《产业经济评论》2020年第6期。

赵秀丽：《跨国资本与中国劳工：对接、形塑及影响》，《西安交通大学学报》（社会科学版）2015年第5期。

赵秀丽、杨志：《劳资关系新形态：弹性劳资关系网络的形成与变迁》，《经济学家》2018年第11期。

郑功成：《习近平民生重要论述中的两个关键概念——从"物质文化需要"到"美好生活需要"》，《学术前沿》2018年第18期。

郑广怀等：《情商与常态规范：网络主播的劳动过程》，载《清华社会学评论》第13辑，社会科学文献出版社2020年版。

郑小静等：《行业竞争、企业策略和雇员主体性：基于互联网企业雇员加班现象的多案例研究》，《中国人力资源开发》2021年第11期。

郑志国、危旭芳：《我国社会主要矛盾变化的政治经济学分析——兼论人类需要与社会生产互动规律》，《江汉论坛》2019年第2期。

《中国单位GDP能耗达世界均值2.5倍》，《山东经济战略研究》2013年第12期。

中国就业促进会：《新就业形态》，《中国就业》2017年第11期。

《中国现阶段个体经济研究》写作组：《第一章个体经济是中国现阶段生产资料所有制结构的一个组成部分》，《经济问题探索》1982年第S1期。

周静等：《疫情对企业和谐劳动关系的双刃剑效应——基于资源保存理论的微观视角》，《山东工会论坛》2021年第1期。

周铁军、李志国：《关于我国私营企业中劳资关系问题研究的综述》，《温州师范学院学报》（哲学社会科学版）2004年第4期。

周维富：《我国工业化进程中资源消耗的特征及未来的趋势展望》，《经济纵横》2014年第3期。

周笑：《从平台经济的视角解析数据霸权与平台霸权》，《全球传媒学刊》2021年第4期。

周新军：《马克思主义劳资关系理论与当代社会》，《经济评论》2001年第5期。

朱飞等：《企业劳动关系管理研究在中国：改革开放40年来研究的回顾与述评》，《中国人力资源开发》2018年第10期。

朱飞、胡瑞博：《企业劳动关系管理研究在中国：改革开放40年来研究的回顾与述评》，《中国人力资源开发》2018年第10期。

朱飞、熊新发：《ELM主导型雇佣关系模式下的员工管理困境和管理策略创新研究——可雇佣性的视角》，《理论探讨》2012年第2期。

朱平芳、马艺瑗：《网约车平台下的劳动参与意愿与运力利用率：基于上海网约车与巡游车行程大数据的研究》，《中国经济问题》2022年第

3 期。

朱时敏：《关于劳动关系的法社会学分析》，《太原理工大学学报》（社会科学版）2005 年第 2 期。

朱松岭：《新就业形态：概念、模式与前景》，《中国青年社会科学》2018 年第 3 期。

庄家炽：《从被管理的手到被管理的心——劳动过程视野下的加班研究》，《社会学研究》2018 年第 3 期。

庄家炽、韩心茹：《精细化管理与金融从业人员加班问题研究》，《中国青年研究》2021 年第 8 期。

邹广文、沈丹丹：《社会主要矛盾的演变与人的存在方式——一种基于历史唯物主义视角的考察》，《马克思主义与现实》2019 年第 1 期。

（三）报纸

习近平：《高举中国特色社会主义伟大旗帜　为决胜全面小康社会实现中国梦而奋斗》，《人民日报》2017 年 7 月 28 日。

习近平：《加强改革系统集成协同高效推动各方面制度更加成熟更加定型》，《人民日报》2019 年 9 月 10 日。

习近平：《决胜全面建成小康社会　夺取新时代中国特色社会主义伟大胜利——在中国共产党第十九次全国代表大会上的报告》，《人民日报》2017 年 10 月 28 日。

习近平：《人民对美好生活的向往就是我们的奋斗目标》，《人民日报》2012 年 11 月 16 日。

习近平：《推动平台经济规范健康持续发展把碳达峰碳中和纳入生态文明建设整体布局》，《人民日报》2021 年 3 月 16 日。

习近平：《在民营企业座谈会上的讲话》，《人民日报》2018 年 11 月 2 日。

习近平：《在庆祝"五一"国际劳动节暨表彰全国劳动模范和先进工作者大会上的讲话》，《人民日报》2015 年 4 月 29 日。

习近平：《在省部级主要领导干部学习贯彻党的十八届五中全会精神专题

研讨班上的讲话》,《人民日报》2016 年 5 月 10 日。

习近平:《在首都各界纪念现行宪法公布施行 30 周年大会上的讲话》,《人民日报》2012 年 12 月 5 日。

习近平:《在同全国劳动模范代表座谈时的讲话》,《人民日报》2013 年 4 月 29 日。

习近平:《在知识分子、劳动模范、青年代表座谈会上的讲话》,《人民日报》2016 年 4 月 30 日。

习近平:《中国发展新起点,全球增长新蓝图》,《人民日报》2016 年 9 月 4 日。

敖蓉、梁睿:《治理农民工欠薪走向根治》,《经济日报》2021 年 12 月 26 日。

白天亮:《劳动保障监管拟推"双随机"制》,《人民日报》2016 年 9 月 20 日。

陈彬:《2021:"疫情烙印"明显的就业选择》,《中国科学报》2022 年 1 月 11 日。

陈华、唐姝:《新就业形态劳动者如何不被"困"在工作时长里?》,《工人日报》2022 年 11 月 4 日。

陈晓燕等:《劳务外包该规范了》,《工人日报》2022 年 3 月 7 日。《加大新就业形态劳动者社会保障》,《法治日报》2023 年 3 月 10 日。

杜海涛:《海外购物,买的是啥?》,《人民日报》2016 年 1 月 15 日。

尔肯江·吐拉洪:《构建和谐劳动关系助推经济社会高质量发展》,《工人日报》2022 年 2 月 21 日。

冯丽妃:《碳中和应大力发展新技术而非片面"去碳"》,《中国科学报》2022 年 7 月 26 日。

郭振纲:《接续建言献策,打造新就业形态劳动者权益保障网》,《工人日报》2023 年 3 月 8 日。

郭振纲:《让集体协商在维护新就业形态劳动者权利上彰显积极作用》,《工人日报》2021 年 11 月 30 日。

郭振纲：《为"共享员工"探究长远发展的模式》，《工人日报》2020年4月2日。

国务院：《关于进一步扩大国营工业企业自主权的暂行规定》，《人民日报》1984年5月12日。

国务院新闻办公室：《中国的劳动和社会保障状况》，《人民日报》2002年4月30日。

郝赫、陈晓燕：《全国政协总工会界别提交界别提案：构筑完备精准的新就业形态社会支持制度体系》，《工人日报》2023年3月5日。

何娟：《形成治理欠薪的强大合力（人民时评）》，《人民日报》2023年1月12日。

洪晓文、刘影：《北京大学国家发展研究院党委书记余淼杰：实现共同富裕，要重点解决发展不平衡不充分的问题》，《21世纪经济报道》2021年7月13日。

胡建兵：《助力"新个体经济"健康成长》，《人民日报》2020年7月29日。

胡锦涛：《坚定不移沿着中国特色社会主义道路前进　为全面建成小康社会而奋斗——在中国共产党第十八次全国代表大会上的报告》，《人民日报》2012年11月18日。

黄群慧：《从新一轮科技革命看培育供给侧新动能》，《人民日报》2016年5月23日。

黄伟：《让企业发展成果惠及更多新就业形态劳动者》，《中国劳动保障报》2022年11月23日。

霍小光等：《从人民中汲取磅礴力量》，《人民日报》2020年5月29日。

《加大新就业形态劳动者社会保障》，《法治日报》2023年3月10日。

《加快探索新就业形态劳动者权益保障新途径》，《工人日报》2023年3月9日。

《加强新就业形态劳动者权益保障》，《光明日报》2023年3月12日。

姜虹羽：《全国工商联发布民营企业劳动关系报告（2021—2022）》，《中华工商时报》2022年7月5日。

姜琳:《八部门为新就业形态劳动者筑权益"防护网"》,《新华每日电讯》2021年7月23日。

姜兴、李一凡:《促进多渠道灵活就业和新就业形态发展》,《中国社会科学报》2022年11月16日。

金观平:《平台经济须发展与规范并重》,《经济日报》2022年1月20日。

金观平:《稳字当头规范发展平台经济》,《经济日报》2022年3月18日。

金观平:《推动平台经济健康可持续发展》,《经济日报》2022年5月5日。

金观平:《依法规范和引导资本健康发展》,《经济日报》2022年5月12日。

金振娅:《国务院联防联控机制:统筹做好高校疫情防控 帮助毕业生顺利毕业、尽早就业》,《光明日报》2022年6月18日。

康劲:《欠薪事件为何又见"包工头"?》,《工人日报》2022年1月9日。

康琼艳:《新就业形态劳动者达8400万人》,《经济日报》2023年3月1日。

李洁言、姚奕鹏:《近半数受访者认为加班文化会降低企业效率》,《中国青年报》2021年10月14日。

李洁言、姚奕鹏:《面对过度加班 超半数受访者会要求涨工资或减少工作量》,《中国青年报》2021年10月14日。

李婕:《十年累计实现城镇新增就业1.3亿人》,《人民日报海外版》2022年8月26日。

李克强:《政府工作报告——2023年3月5日在第十四届全国人民代表大会第一次会议上》,《人民日报》2023年3月15日。

李克强:《政府工作报告》,《人民日报》2022年3月13日。

李克强:《政府工作报告》,《人民日报》2020年5月30日。

《李克强主持召开国务院常务会议》,《人民日报》2021年5月13日。

李心萍:《全力以赴做好稳就业工作——访人力资源社会保障部党组书记、部长王晓萍》,《人民日报》2023年1月10日。

李心萍:《新职业开辟就业新空间》,《人民日报》2022年12月1日。

李玉洋、李正豪:《iPhone14量产在即 富士康再现万元返费招人》,《中国经营报》2022年7月15日。

李政葳:《我国网络基础设施全面建成》,《光明日报》2022年2月26日。

刘彤:《从"面对面"到"屏对屏""云就业"成为保就业的重要支撑》,《人民邮电》2020年5月24日。

刘晓洁、刘佳:《互联网大厂"打工人":绩效考核倒逼加班,但"反内卷"已经开始》,《第一财经日报》2022年3月24日。

罗筱晓:《网约工的"伤"该找谁赔》,《工人日报》2018年9月25日。

明慧:《就业"怎么办":就业优先导向的政策力度持续加大》,《中国经济导报》2022年7月26日。

莫洁:《积极应对疫情下的就业大考》,《光明日报》2020年2月25日。

宁吉喆:《以消费升级为导向加快推进供给侧结构性改革》,《经济日报》2016年3月29日。

彭训文:《直播带货,合规才能"火"得久》,《人民日报海外版》2022年1月17日。

蒲晓磊:《"协调劳动关系三方"全力做好集体协商》,《法制日报》2022年7月12日。

齐志明:《服务业迈向更高水平》,《人民日报》2019年8月4日。

乔健:《怎样治疗劳务派遣这颗"毒瘤"》,《经济参考报》2012年5月8日。

《切实维护新就业形态劳动者权益》,《法治日报》2022年3月10日。

邱玥:《新版职业分类大典净增158个新职业》,《光明日报》2022年9月29日。

《让集体协商在维护新就业形态劳动者权利上彰显积极作用》,《工人日报》2021年11月30日。

《如何界定新就业形态"工伤"》,《中国经济时报》2022年12月21日。

《十年累计实现城镇新增就业1.3亿人》,《人民日报海外版》2022年8月26日。

孙金诚:《让快递小哥不再"心"苦:全国政协社法委"加强快递员外卖配送员权益保障促进行业健康发展"调研综述》,《人民政协报》2021年6月9日。

田国垒:《让新就业形态劳动者吃下"定心丸"》,《工人日报》2023年2月1日。

汪小棠:《推进新就业形态下社保制度改革》,《中国社会科学报》2022年12月7日。

王观:《去年新增减税降费及退税缓税缓费超4.2万亿》,《人民日报》2023年2月3日。

王晶晶:《如何界定新就业形态"工伤"》,《中国经济时报》2022年12月21日。

王丽娟、庄思静:《填补制度空白　为新就业形态劳动者织起保护网》,《中国经济时报》2021年8月12日。

王维砚、陈晓燕:《加快探索新就业形态劳动者权益保障新途径》,《工人日报》2023年3月9日。

王玉普:《积极稳妥推进工资集体协商》,《人民日报》2011年9月30日。

魏琳:《传统产业转型升级焕发生机——解读〈二〇一四年国民经济和社会发展统计公报〉》,《中国信息报》2015年3月12日。

温璐、肖聪聪:《人社部:2022年全国城镇新增就业1206万人》,《人民日报》2023年1月22日。

《新就业形态劳动者达8400万人》,《经济日报》2023年3月1日。

徐骏:《平台经济,有规矩才能走得远》,《人民日报海外版》2021年3

月 31 日。

徐向梅：《推动平台经济规范健康持续发展》，《经济日报》2022 年 8 月 1 日。

杨学义：《"利诱"加班，是福利还是心机？》，《工人日报》2018 年 1 月 20 日。

杨召奎：《三问外卖骑手"个体工商户化"》，《工人日报》2021 年 9 月 28 日。

杨召奎：《"隐形加班"困扰职场人》，《工人日报》2022 年 4 月 25 日。

《以 12 家头部平台企业为重点推动建立协商协调机制》，《工人日报》2023 年 1 月 13 日。

岳致：《平台经济为传统行业赋能，放大新基建"乘数效应"》，《21 世纪经济报道》2020 年 4 月 24 日。

张翼：《"日新月异"的飞速发展》，《光明日报》2022 年 6 月 9 日。

张舟：《摆脱算法困境，外卖新规只是开始》，《四川日报》2021 年 8 月 2 日。

章正：《加强新就业形态劳动者权益保障》，《光明日报》2023 年 3 月 12 日。

赵昌文：《高度重视平台经济健康发展》，《学习时报》2019 年 8 月 14 日。

郑莉等：《全国新发展新就业形态劳动者工会会员 1037 万人》，《工人日报》2023 年 2 月 15 日。

郑莉等：《十年工会工作"成绩簿"》，《工人日报》2022 年 7 月 30 日。

郑莉、张锐：《协助做好稳就业工作切实维护职工合法权益》，《工人日报》2020 年 3 月 3 日。

郑莉、朱欣：《以 12 家头部平台企业为重点推动建立协商协调机制》，《工人日报》2023 年 1 月 13 日。

郑莉、朱欣：《最大限度把新就业形态劳动者组织到工会中来》，《工人日报》2022 年 11 月 29 日。

《中共十八届五中全会在京举行》,《人民日报》2015年10月30日。

中共中央:《关于坚持和完善中国特色社会主义制度推进国家治理体系和治理能力现代化若干重大问题的决定》,《人民日报》2019年11月6日。

中共中央:《关于经济体制改革的决定》,《人民日报》1984年10月21日。

中共中央:《关于全面深化改革若干重大问题的决定》,《人民日报》2013年11月16日。

中共中央:《关于制定国民经济和社会发展第十四个五年规划和二〇三五年远景目标的建议》,《人民日报》2020年11月4日。

中共中央纪委等:《企业民主管理规定》,《工人日报》2012年4月5日。

《中华全国总工会关于新形势下加强基层工会建设的意见》,《工人日报》2014年8月1日。

《中华全国总工会关于新形势下加强基层工会建设的意见》,《工人日报》2014年8月1日。

《重新理解平台经济》,《经济观察报》2021年5月3日。

周长新:《我国行政管理逐步纳入法制轨道 去年已经颁布行政法规六十九件》,《人民日报》1987年2月16日。

朱宁宁:《切实维护新就业形态劳动者权益》,《法治日报》2022年3月10日。

(四) 政府文件

国家发展改革委等:《关于大力发展实体经济积极稳定和促进就业的指导意见》(发改就业〔2018〕1008号),2024年8月14日,中国政府网(http://www.gov.cn/xinwen/2018-07/18/content_5306934.htm)。

国家发展改革委等:《关于深入组织实施创业带动就业示范行动的通知》(发改办高技〔2021〕244号),2024年8月14日,中国政府网(http://www.ndrc.gov.cn/xxgk/zcfb/tz/202103/t20210325_1270359.html)。

国家发展改革委等:《关于推动平台经济规范健康持续发展的若干意见》(发改高技〔2021〕1872号),2024年8月8日,中国政府网(http://www.gov.cn/zhengce/zhengceku/2022-01/20/content_5669431.htm)。

国家发展改革委等:《关于支持新业态新模式健康发展 激活消费市场带动扩大就业的意见》(发改高技〔2020〕1157号),2024年8月8日,中国政府网(http://www.gov.cn/zhengce/zhengceku/2020-07/15/content_5526964.htm)。

国家统计局:《国家统计局局长就2021年国民经济运行情况答记者问》,2024年8月8日,国家统计局网(http://www.stats.gov.cn/sj/sjjd/202302/t20230202_1896579.html)。

国务院办公厅:《关于进一步做好高校毕业生等青年就业创业工作的通知》(国办发〔2022〕13号),2024年8月14日,中国政府网(http://www.gov.cn/zhengce/content/2022-05/13/content_5690111.htm)。

国务院办公厅:《关于全面治理拖欠农民工工资问题的意见》(国办发〔2016〕1号),2024年8月14日,中国政府网(http://www.gov.cn/zhengce/content/2016-01/19/content_5034320.htm)。

国务院办公厅:《关于推动个人养老金发展的意见》(国办发〔2022〕7号),2024年8月14日,中国政府网(http://www.gov.cn/zhengce/content/2022-04/21/content_5686402.htm)。

国务院办公厅:《关于印发保障农民工工资支付工作考核办法的通知》(国办发〔2017〕96号),2024年8月11日,中国政府网(http://www.gov.cn/zhengce/content/2017-12/12/content_5246271.htm)。

国务院办公厅:《关于应对新冠肺炎疫情影响强化稳就业举措的实施意见》(国办发〔2020〕6号),2024年8月14日,中国政府网(http://www.gov.cn/zhengce/content/2020-03/20/content_5493574.htm)。

国务院办公厅:《关于支持多渠道灵活就业的意见》(国办发〔2020〕27号),2024年8月14日,中国政府网(http://www.gov.cn/zhengce/

content/2020-07/31/content_5531613.htm)。

国务院办公厅：《关于做好农民进城务工就业管理和服务工作的通知》（国办发〔2003〕1号），2024年8月7日，中国政府网（http://www.gov.cn/zhengce/content/2008-03/28/content_6738.htm）。

国务院：《保障农民工工资支付条例》（中华人民共和国国务院令第724号），2024年8月7日，中华人民共和国人力资源和社会保障部网（http://www.mohrss.gov.cn/SYrlzyhshbzb/dongtaixinwen/shizhengyaowen/202001/t20200108_352757.html）。

国务院：《关于大力推进大众创业万众创新若干政策措施的意见》（国发〔2015〕32号），2024年8月14日，中国政府网（http://www.gov.cn/zhengce/content/2015-06/16/content_9855.htm）。

国务院：《关于改革国有企业工资决定机制的意见》（国发〔2018〕16号），2024年8月11日，中国政府网（见http://www.gov.cn/zhengce/content/2018-05/25/content_5293656.htm）。

国务院：《关于机关事业单位工作人员养老保险制度改革的决定》（国发〔2015〕2号），2024年8月14日，中国政府网（http://www.gov.cn/zhengce/content/2015-01/14/content_9394.htm）。

国务院：《关于加快发展现代职业教育的决定》（国发〔2014〕19号），2024年8月14日，中国政府网（http://www.gov.cn/gongbao/content/2014/content_2711415.htm）。

国务院：《关于加快构建大众创业万众创新支撑平台的指导意见》（国发〔2015〕53号），2024年8月14日，中国政府网（http://www.gov.cn/zhengce/content/2015-09/26/content_10183.htm）。

国务院：《关于建立企业职工基本养老保险基金中央调剂制度的通知》（国发〔2018〕18号），2024年8月11日，中国政府网（http://www.gov.cn/zhengce/content/2018-06/13/content_5298277.htm）。

国务院：《关于建立统一的城乡居民基本养老保险制度的意见》（国发〔2014〕8号），2024年8月14日，中国政府网（http://www.gov.cn/

zhengce/content/2014-02/26/content_8656.htm）。

国务院：《关于进一步做好为农民工服务工作的意见》（国发〔2014〕40号），2024 年 8 月 14 日，中国政府网（http://www.gov.cn/zhengce/zhengceku/2014-09/30/content_9105.htm）。

国务院：《关于推行终身职业技能培训制度的意见》（国发〔2018〕11号），2024 年 8 月 14 日，中国政府网（http://www.gov.cn/zhengce/zhengceku/2018-05/08/content_5289157.htm）。

国务院：《关于印发"十三五"促进就业规划的通知》（国发〔2017〕10号），2024 年 8 月 14 日，中国政府网（http://www.gov.cn/zhengce/content/2017-02/06/content_5165797.htm）。

国务院：《关于印发"十三五"国家老龄事业发展和养老体系建设规划的通知》（国发〔2017〕13 号），2024 年 8 月 14 日，中国政府网（http://www.gov.cn/zhengce/zhengceku/2017-03/06/content_5173930.htm）。

国务院：《关于印发"十四五"国家老龄事业发展和养老服务体系规划的通知》（国发〔2021〕35 号），2024 年 8 月 14 日，中国政府网（见http://www.gov.cn/zhengce/zhengceku/2022-02/21/content_5674844.htm）。

国务院：《关于印发"十四五"就业促进规划的通知》（国发〔2021〕14号），2024 年 8 月 14 日，中国政府网（http://www.gov.cn/zhengce/content/2021-08/27/content_5633714.htm）。

国务院：《关于做好当前和今后一段时期就业创业工作的意见》（国发〔2017〕28 号），2024 年 8 月 14 日，中国政府网（http://www.gov.cn/zhengce/content/2017-04/19/content_5187179.htm）。

国务院：《国务院关于进一步做好新形势下就业创业工作的意见》（国发〔2015〕23 号），2024 年 8 月 14 日，中国政府网（http://www.gov.cn/zhengce/zhengceku/2015-05/01/content_9688.htm）。

国务院：《女职工劳动保护特别规定》（国务院令第 619 号），2024 年 8 月

14日，中华人民共和国人力资源和社会保障部网（http://www.mohrss.gov.cn/xxgk2020/fdzdgknr/zcfg/fg/202011/t20201103_394947.html）。

国务院：《批转发展改革委等部门关于深化收入分配制度改革若干意见的通知》（国发〔2013〕6号），2024年8月14日，中国政府网（http://www.gov.cn/zwgk/2013-02/05/content_2327531.htm）。

国务院：《人力资源市场暂行条例》（国务院令第700号），2024年8月14日，中华人民共和国人力资源和社会保障部网（http://www.mohrss.gov.cn/xxgk2020/fdzdgknr/zcfg/fg/202011/t20201103_394929.html）。

国务院：《事业单位人事管理条例》（国务院令第652号），2024年8月14日，中华人民共和国人力资源和社会保障部网（http://www.mohrss.gov.cn/xxgk2020/fdzdgknr/zcfg/fg/202011/t20201103_394930.html）。

国资委：《中央企业工资总额管理办法》（国务院国有资产监督管理委员会令第39号），2024年8月14日，中国政府网（http://www.gov.cn/zhengce/zhengceku/2018-12/31/content_5447594.htm）。

劳动和社会保障部：《集体合同规定》（中华人民共和国劳动和社会保障部令第22号），2024年8月14日，中华人民共和国人力资源和社会保障部网（http://www.mohrss.gov.cn/SYrlzyhshbzb/zcfg/flfg/gz/201705/t20170522_271196.html）。

人力资源和社会保障部：《劳动人事争议仲裁办案规则》（中华人民共和国人力资源和社会保障部令第33号），2024年8月14日，中国政府网（http://www.gov.cn/xinwen/2017-05/25/content_5196752.htm#1）。

人力资源和社会保障部：《劳动人事争议仲裁组织规则》（中华人民共和国人力资源和社会保障部令第34号），2024年8月14日，中国政府网（http://www.gov.cn/xinwen/2017-05/25/content_5196753.htm#1）。

人力资源和社会保障部：《劳务派遣暂行规定》（人社部令第22号），2024年8月7日，中华人民共和国人力资源和社会保障部网（http://www.mohrss.gov.cn/xxgk2020/fdzdgknr/zcfg/bmgz/202011/t20201103_

394835. html）。

人力资源社会和保障部办公厅、共青团中央办公厅：《关于建立青年仲裁员志愿者联系企业活动常态化长效化工作机制的通知》（人社厅发〔2022〕55号），2024年8月14日，中华人民共和国人力资源和社会保障部网（http://www.mohrss.gov.cn/xxgk2020/fdzdgknr/zcfg/gfxwj/ldgx/202212/t20221207_491278.html）。

人力资源社会保障部办公厅：《关于发布〈电子劳动合同订立指引〉的通知》（人社厅发〔2021〕54号），2024年8月14日，中国政府网（http://www.gov.cn/zhengce/zhengceku/2021-07/12/content_5624319.htm）。

人力资源社会保障部办公厅：《关于实施失业保险支持技能提升"展翅行动"的通知》（人社厅发〔2018〕36号），2024年8月14日，中华人民共和国人力资源和社会保障部网（http://www.mohrss.gov.cn/SYrlzyhshbzb/shehuibaozhang/zcwj/shiye/201804/t20180426_293042.html）。

人力资源社会保障部办公厅：《关于妥善处理新型冠状病毒感染的肺炎疫情防控期间劳动关系问题的通知》（人社厅明电〔2020〕5号），2024年8月14日，中国政府网（http://www.gov.cn/zhengce/zhengceku/2020-01/27/content_5472508.htm）。

人力资源社会保障部办公厅：《关于印发〈技能人才薪酬分配指引〉的通知》（人社厅发〔2021〕7号），2024年8月14日，中国政府网（http://www.gov.cn/zhengce/zhengceku/2021-03/17/content_5593381.htm）。

人力资源社会保障部办公厅：《关于印发〈治欠保支三年行动计划（2017—2019）〉的通知》，2024年8月14日，中国政府网（http://www.gov.cn/xinwen/2017-07/19/content_5211661.htm）。

人力资源社会保障部办公厅：《关于做好〈网络招聘服务管理规定〉贯彻实施工作的通知》，2024年8月14日，中华人民共和国人力资源和社会保障部网（http://www.mohrss.gov.cn/SYrlzyhshbzb/jiuye/zcwj/

202102/t20210220_409863. html）。

人力资源社会保障部、财政部：《关于调整失业保险金标准的指导意见》（人社部发〔2017〕71号），2024年8月14日，中华人民共和国人力资源和社会保障部网（http://www. mohrss. gov. cn/SYrlzyhshbzb/shehuibaozhang/zcwj/shiye/201709/t20170925_278080. html）。

人力资源社会保障部、财政部：《关于工伤保险基金省级统筹的指导意见》（人社部发〔2017〕60号），2024年8月14日，中华人民共和国人力资源和社会保障部网（http://www. mohrss. gov. cn/SYrlzyhshbzb/shehuibaozhang/zcwj/gongshang/201708/t20170818_275905. html）。

人力资源社会保障部、财政部：《关于扩大失业保险保障范围的通知》（人社部发〔2020〕40号），2024年8月14日，中华人民共和国人力资源和社会保障部网（http://www. mohrss. gov. cn/SYrlzyhshbzb/shehuibaozhang/zcwj/202006/t20200609_375841. html）。

人力资源社会保障部、财政部：《关于实施企业稳岗扩岗专项支持计划的通知》（人社部发〔2020〕30号）2024年8月14日，中国政府网（http://www. gov. cn/zhengce/zhengceku/2020-05/18/content_5512519. htm）。

人力资源社会保障部、财政部：《关于使用失业保险基金支持脱贫攻坚的通知》（人社部发〔2018〕35号），2024年8月14日，中华人民共和国人力资源和社会保障部网（http://www. mohrss. gov. cn/SYrlzyhshbzb/shehuibaozhang/zcwj/shiye/201807/t20180703_296729. html）。

人力资源社会保障部、财政部：《关于做好工伤保险费率调整工作进一步加强基金管理的指导意见》（人社部发〔2015〕72号），2024年8月14日，中华人民共和国人力资源和社会保障部网（http://www. mohrss. gov. cn/xxgk2020/fdzdgknr/zcfg/gfxwj/shbx/201507/t20150729_216272. html）。

人力资源社会保障部等：《关于进一步加强劳动人事争议调解仲裁法律援助工作的意见》（人社部发〔2020〕52号），2024年8月14日，中国政府网（http://www.gov.cn/zhengce/zhengceku/2020-07/04/content_5524165.htm）。

人力资源社会保障部等：《关于进一步加强劳动人事争议调解仲裁完善多元处理机制的意见》（人社部发〔2017〕26号），2024年8月14日，中华人民共和国人力资源和社会保障部网（http://www.mohrss.gov.cn/xxgk2020/fdzdgknr/zcfg/gfxwj/ldgx/201703/t20170331_268917.html）。

人力资源社会保障部等：《关于进一步加强劳动人事争议协商调解工作的意见》，（人社部发〔2022〕71号），2024年8月15日，中华人民共和国人力资源和社会保障部网（http://www.mohrss.gov.cn/SYrlzyhshbzb/laodongguanxi_/zcwj/diaojiezhongcai/202211/t20221116_490035.html）。

人力资源社会保障部等：《关于实施"护薪"行动全力做好拖欠农民工工资争议处理工作的通知》（人社部发〔2019〕80号），2024年8月14日，中国政府网（http://www.gov.cn/zhengce/zhengceku/2019-12/03/content_5457870.htm）。

人力资源社会保障部等：《关于推进全方位公共就业服务的指导意见》（人社部发〔2018〕77号），2024年8月14日，中国政府网（http://www.gov.cn/zhengce/zhengceku/2018-12/31/content_5440474.htm）。

人力资源社会保障部等：《关于维护新就业形态劳动者劳动保障权益的指导意见》（人社部发〔2021〕56号），2024年8月14日，中华人民共和国人力资源和社会保障部网（http://www.mohrss.gov.cn/xxgk2020/fdzdgknr/zcfg/gfxwj/ldgx/202107/t20210722_419091.html）。

人力资源社会保障部等：《关于因履行工作职责感染新型冠状病毒肺炎的医护及相关工作人员有关保障问题的通知》（人社部函〔2020〕11号），2024年8月14日，中国政府网（http://www.gov.cn/zhengce/zhengceku/2020-01/23/content_5471922.htm）。

人力资源社会保障部等：《关于印发工伤预防五年行动计划（2021—2025）的通知》（人社部发〔2020〕90号），2024年8月14日，中国政府网（http://www.gov.cn/zhengce/zhengceku/2021-01/22/content_

55819 58. htm）。

人力资源社会保障部等：《关于印发〈关于全面推行中国特色企业新型学徒制加强技能人才培养的指导意见〉的通知》（人社部发〔2021〕39号），2024年8月14日，中华人民共和国人力资源和社会保障部网（http://www.mohrss.gov.cn/xxgk2020/fdzdgknr/zcfg/gfxwj/rcrs/202106/t20210622_416893.html）。

人力资源社会保障部等：《关于做好失业保险稳岗位提技能防失业工作的通知》（人社部发〔2022〕23号），2024年8月14日，中国政府网（http://www.gov.cn/zhengce/zhengceku/2022-05/13/content_5690133.htm）。

人力资源社会保障部等：《关于做好新型冠状病毒感染肺炎疫情防控期间稳定劳动关系支持企业复工复产的意见》（人社部发〔2020〕8号），2024年8月14日，中国政府网（http://www.gov.cn/zhengce/zhengceku/2020-02/08/content_5476137.htm）。

人力资源社会保障部等：《人力资源社会保障部、市场监管总局、国家统计局联合发布智能制造工程技术人员等16个新职业》，2024年8月14日，中华人民共和国人力资源和社会保障部网（http://www.mohrss.gov.cn/xxgk2020/1_2_x/jd/202003/t20200302_361075.html）。

人力资源社会保障部：《对政协十三届全国委员会第三次会议第2282号（社会管理类190号）提案的答复》（人社提字〔2020〕97号），2024年8月14日，中华人民共和国人力资源和社会保障部网（http://www.mohrss.gov.cn/xxgk2020/fdzdgknr/zhgl/jytabl/tadf/202101/t20210115_407710.html）。

人力资源社会保障部法规司：《拖欠农民工工资失信联合惩戒对象名单管理暂行办法》（人社部〔2021〕45号），2024年8月11日，中华人民共和国人力资源和社会保障部网（http://www.mohrss.gov.cn/xxgk2020/fdzdgknr/zcfg/bmgz/202111/t2021 1119_428250.html）。

人力资源社会保障部：《关于健全完善新时代技能人才职业技能等级制度

的意见（试行）》（人社部发〔2022〕14 号），2024 年 8 月 14 日，中华人民共和国人力资源和社会保障部网（http://www.mohrss.gov.cn/xxgk2020/fdzdgknr/zcfg/gfxwj/rcrs/202205/t20220517_448513.html）。

人力资源社会保障部：《关于进一步加强工伤医疗管理服务工作有关问题的通知》（人社部函〔2021〕170 号），2024 年 8 月 14 日，中华人民共和国人力资源和社会保障部网（http://www.mohrss.gov.cn/xxgk2020/fdzdgknr/shbx_4216/gsbx/202112/t20211227_431309.html）。

人力资源社会保障部：《关于推进新时代和谐劳动关系创建活动的意见》，2024 年 8 月 10 日，中华人民共和国人力资源和社会保障部网（http://www.mohrss.gov.cn/SYrlzyhshbzb/laodongguanxi_/zcwj/laodongguanxixiediao/202301/t20230103_492711.html）。

人力资源社会保障部：《关于修改部分规章的决定》（人社部令第 47 号），2024 年 8 月 14 日，中华人民共和国人力资源和社会保障部网（http://www.mohrss.gov.cn/xxgk2020/fdzdgknr/zcfg/xgfzjd/202201/t20220127_433799.html）。

人力资源社会保障部：《关于印发〈企业劳动保障守法诚信等级评价办法〉的通知》（人社部规〔2016〕1 号），2024 年 8 月 14 日，中国政府网（http://www.gov.cn/xinwen/2016-08/03/content_5097187.htm）。

人力资源社会保障部：《关于印发人力资源和社会保障事业发展"十三五"规划纲要的通知》（人社部发〔2016〕63 号），2024 年 8 月 14 日，中国政府网（http://www.gov.cn/gongbao/content/2017/content_5181097.htm）。

人力资源社会保障部：《关于印发人力资源和社会保障事业发展"十四五"规划的通知》（人社部发〔2021〕47 号），2024 年 8 月 14 日，中国政府网（http://www.gov.cn/zhengce/zhengceku/2021-06/30/content_5621671.htm）。

人力资源社会保障部、国家卫生健康委：《关于坚决打击对新冠肺炎康复者就业歧视的紧急通知》（人社部明电〔2022〕8 号），2024 年 8 月 14

日，中华人民共和国人力资源和社会保障部网（http://www.mohrss.gov.cn/SYrlzyhshbzb/laodongguanxi_/zcwj/202208/t20220801_480012.html）。

人力资源社会保障部劳动关系司：《关于维护新就业形态劳动者劳动保障权益的指导意见》（人社部发〔2021〕56号），2024年8月14日，中华人民共和国人力资源和社会保障部网（http://www.mohrss.gov.cn/xxgk2020/fdzdgknr/zcfg/gfxwj/ldgx/202107/t20210722_419091.html）。

人力资源社会保障部劳动关系司：《国家协调劳动关系三方部署实施劳动关系"和谐同行"能力提升三年行动计划》，2024年8月14日，中华人民共和国人力资源和社会保障部网（http://www.mohrss.gov.cn/SYrlzyhshbzb/laodongguanxi_/gzdt/202009/t20200915_385829.html）。

人力资源社会保障部办公厅：《关于做好〈网络招聘服务管理规定〉贯彻实施工作的通知》，2024年8月14日，中华人民共和国人力资源和社会保障部网（http://www.mohrss.gov.cn/SYrlzyhshbzb/jiuye/zcwj/202102/t20210220_409863.html）。

人力资源社会保障部、中央综治办：《关于加强专业性劳动争议调解工作的意见》（人社部发〔2015〕53号），2024年8月14日，中华人民共和国人力资源和社会保障部网（http://www.mohrss.gov.cn/xxgk2020/fdzdgknr/zcfg/gfxwj/ldgx/202011/t20201103_394915.html）。

人力资源社会保障部、最高人民法院：《关于加强劳动人事争议仲裁与诉讼衔接机制建设的意见》（人社部发〔2017〕70号），2024年8月14日，中华人民共和国人力资源和社会保障部网（http://www.mohrss.gov.cn/xxgk2020/fdzdgknr/zcfg/gfxwj/ldgx/201711/t20171109_281337.html）。

人力资源社会保障部、最高人民法院：《关于加强行政司法联动保障新冠肺炎康复者等劳动者平等就业权利的通知》（人社部函〔2022〕108号），2024年8月14日，中华人民共和国人力资源和社会保障部网（http://www.mohrss.gov.cn/ldjcj/LDJCJzhengcewenjian/202208/t20220816_482638.html）。

人力资源社会保障部、最高人民法院:《关于劳动人事争议仲裁与诉讼衔接有关问题的意见（一）》（人社部发〔2022〕9号），2024年8月14日，中华人民共和国人力资源和社会保障部网（http://www.mohrss.gov.cn/wap/zc/zcwj/202202/t20220228_436907.html）。

人力资源社会保障部、最高人民法院:《关于联合发布第二批劳动人事争议典型案例的通知》，2024年8月14日，中华人民共和国人力资源和社会保障部网（http://www.mohrss.gov.cn/SYrlzyhshbzb/laodongguanxi_/zc-wj/202108/t20210825_421600.html）。

市场监管总局等:《关于落实网络餐饮平台责任切实维护外卖送餐员权益的指导意见》，2024年8月14日，中华人民共和国人力资源和社会保障部网（https://www.samr.gov.cn/xw/zj/202107/t20210726_333061.html）。

中共中央办公厅、国务院办公厅:《关于实行以增加知识价值为导向分配政策的若干意见》，2024年8月14日，中国政府网（http://www.gov.cn/zhengce/2016-11/07/content_5129805.htm）。

中共中央办公厅、国务院办公厅:《关于提高技术工人待遇的意见》（中办发〔2018〕16号），2024年8月14日，中国政府网（http://www.gov.cn/zhengce/2018-03/22/content_5276686.htm）。

中共中央、国务院:《扩大内需战略规划纲要（2022—2035年）》，2024年8月14日，中国政府网（http://www.gov.cn/govweb/xinwen/2022-12/14/content_5732067.htm）。

《中共中央 国务院关于构建和谐劳动关系的意见》，2024年8月14日，中国政府网（http://www.gov.cn/guowuyuan/2015-04/08/content_2843938.htm）。

中华全国总工会:《关于切实维护新就业形态劳动者劳动保障权益的意见》（总工发〔2021〕12号），2024年8月14日，中华全国总工会网（https://www.acftu.org/wjzl/wjzlzcwj/qzwj/202107/t20210728_784163.html?sdiOEtCa=qqrGNPKcmxlB4Bst0tc3tAxE5GNxWv1DNIYX2rknPdMqnJbZ4zGU4

LEAZVv1fFnf6tRBK45nECKa6DDnmY9fKNQusAyMscL1. GN6WyLpcnr2tRbWCwk_SFYxQl18uy 8yBCKMrg2gAvps1ksKvD2F3Ej42cxdlaE115iJhXH6anq5tGqS）。

最高人民法院：《关于为稳定就业提供司法服务和保障的意见》（法发〔2022〕36号）2024年8月15日，中华人民共和国最高人民法院网（https://www.court.gov.cn/xinshidai-xiangqing-384301.html）。

最高人民法院、中华全国总工会：《关于在部分地区开展劳动争议多元化解试点工作的意见》（法〔2020〕55号），2024年8月14日，中华人民共和国最高人民法院网（http://www.court.gov.cn/fabu/xiangqing/221991.html）。

（五）报告年鉴

财政部：《关于2022年中央和地方预算执行情况与2023年中央和地方预算草案的报告》，2024年8月15日，中国政府网（http://www.gov.cn/xinwen/2023-03/15/content_5746960.htm）。

国家市场监督管理总局综合规划司：《2017年全国市场主体发展基本情况》，2024年8月15日，中华全国总工会网（https://www.samr.gov.cn/zhghs/tjsj/201902/t20190228_291538.html）。

国家统计局：《11月份国民经济运行总体延续恢复态势》，2024年8月15日，国家统计局网（http://www.stats.gov.cn/xxgk/sjfb/zxfb2020/202212/t20221215_1891073.html）。

国家统计局：《2012年全国农民工监测调查报告》，2024年8月6日，国家统计局网（http://www.stats.gov.cn/sj/zxfb/202302/t20230203_1898305.html）。

国家统计局：《2017年农民工监测调查报告》，2024年8月6日，国家统计局网（http://www.stats.gov.cn/sj/zxfb/202302/t20230203_1899920.html）。

国家统计局：《2021年农民工监测调查报告》，2024年8月6日，国家统计局网（http://www.stats.gov.cn/sj/zxfb./202302/t20230203_1901452.html）。

国家统计局：《5月份国民经济运行呈现恢复势头》，2024年8月6日，国家统计局网（http://www.stats.gov.cn/xxgk/sjfb/zxfb2020/202206/t20220615_1858284.html）。

国家统计局：《7月份国民经济延续恢复态势》，2024年8月15日，国家统计局网（http://www.stats.gov.cn/xxgk/sjfb/zxfb2020/202208/t20220815_1887361.html）。

国家统计局：《扶贫开发成就举世瞩目 脱贫攻坚取得决定性进展——改革开放40年经济社会发展成就系列报告之五》，2024年8月5日，国家统计局网（http://www.stats.gov.cn/zt_18555/ztfx/ggkf40n/202302/t20230209_1902585.html）。

国家统计局：《国际地位显著提高 国际影响力明显增强——改革开放40年经济社会发展成就系列报告之十九》，2024年8月5日，国家统计局网（http://www.stats.gov.cn/sj/zxfb/202302/t20230203_1900086.html）。

国家统计局：《就业总量持续增长 就业结构调整优化——改革开放40年经济社会发展成就系列报告之十四》，2024年8月5日，国家统计局网（http://www.stats.gov.cn/zt_18555/ztfx/ggkf40n/202302/t20230209_1902594.html）。

国家统计局：《居民生活水平不断提高 消费质量明显改善——改革开放40年经济社会发展成就系列报告之四》，2024年8月5日，国家统计局网（http://www.stats.gov.cn/zt_18555/ztfx/ggkf40n/202302/t20230209_1902584.html）。

国家统计局：《中国统计年鉴2018》，2024年8月7日，国家统计局网（http://www.stats.gov.cn/tjsj/ndsj/2018/indexch.htm）。

国家统计局：《中国统计年鉴2021》，2024年8月7日，国家统计局网（http://www.stats.gov.cn/tjsj/ndsj/2021/indexch.htm）。

国家统计局：《中华人民共和国2017年国民经济和社会发展统计公报》，2024年8月5日，国家统计局网（http://www.stats.gov.cn/sj/zxfb/

202302/t20230203_1899855. html）。

国家统计局：《中华人民共和国 2020 年国民经济和社会发展统计公报》，2024 年 8 月 15 日，国家统计局网（http://www. stats. gov. cn/tjsj/zxfb/202102/t20210227_ 1814154. html）。

国家统计局：《中华人民共和国 2021 年国民经济和社会发展统计公报》，2024 年 8 月 15 日，国家统计局网（http://www. stats. gov. cn/tjsj/zxfb/202202/t20220227_1827960. html）。

国家统计局：《中华人民共和国 2022 年国民经济和社会发展统计公报》，2024 年 8 月 15 日，国家统计局网（http://www. stats. gov. cn/zt_18555/zthd/lhfw/2023/hgjj/202302/t20230228_1919008. html）。

国家信息中心：《中国共享经济发展报告（2020）》，2024 年 8 月 15 日，国家信息中心、国家电子政务外网管理中心网（http://www. sic/82/568/0309/10425. pc. html）。

国家信息中心：《中国共享经济发展报告（2021）》，2024 年 8 月 5 日，国家信息中心、国家电子政务外网管理中心网（http://www. sic. gov. cn/sic/93/552/557/0219/10463. pdf）。

国家信息中心：《中国共享经济发展报告（2022）》，2024 年 8 月 8 日，国家信息中心、国家电子政务外网管理中心网（http://www. sic. gov. cn/sic/93/552/557/0222/11274_pc. html）。

国家信息中心：《中国共享经济发展报告（2023）》，2024 年 8 月 15 日，国家信息中心、国家电子政务外网管理中心网（http://www. sic/93/552/557/0223/11819_ pc. html）。

国家信息中心：《中国共享经济发展年度报告（2018）》，2024 年 8 月 9 日，国家信息中心、国家电子政务外网管理中心网（http://www. sic. gov. cn/sic/83/79/0302/8856_pc. html）。

国家信息中心：《中国共享经济发展年度报告（2019）》，2024 年 8 月 7 日，国家信息中心、国家电子政务外网管理中心网（http://www. sic. gov. cn/sic/93/552/557/0301/9900_pc. html）。

人力资源和社会保障部：《2020 年度人力资源和社会保障事业发展统计公报》，2024 年 8 月 14 日，中华人民共和国人力资源和社会保障部网（http：//www. mohrss. gov. cn/xxgk2020/fdzdgknr/ghtj/tj/ndtj/202106/t2021 0604_415837. html）。

人力资源和社会保障部：《2021 年度人力资源和社会保障事业发展统计公报》，2024 年 8 月 15 日，中国政府网（http：//www. gov. cn/xinwen/2022-06/07/content_5694419. htm）。

盛来运：《风高浪急彰显韧劲　踔厉奋发再创新绩——〈2022 年国民经济和社会发展统计公报〉评读》，2024 年 8 月 15 日，中国政府网（http：//www. stats. gov. cn/sj/sjjd/202302/t20230228_1919012. html）。

世界自然基金会、中国环境与发展国际合作委员会：《地球生命力报告·中国 2015》，2015 年 11 月 12 日，世界自然基金会网（http：//www. wwfchina. org/content/press/publication/2015/地球生命力报告·中国 2015. pdf）。

《数评两会：GDP 五年年均增长 5.2%！我国经济发展再上新台阶》，2024 年 8 月 15 日，人民网观点频道（http：//opinion. people. com. cn/n1/2023/0305/c1003-32637254. html）。

中国互联网络信息中心：《第 48 次中国互联网络发展状况统计报告》，2024 年 8 月 8 日，中国互联网络信息中心网（https：//www. cnnic. cn/n4/2022/0401/c88-1132. html）。

中国互联网络信息中心：《第 49 次中国互联网络发展状况统计报告》，2024 年 8 月 15 日，中国互联网络信息中心网（http：//www. cnnic. net. cn/NMediaFile/old_attach/P020220721404263787858. pdf）。

中国互联网络信息中心：第 50 次《中国互联网络发展状况统计报告》，2024 年 8 月 8 日，中国互联网络信息中心网（http：//www. cnnic. net. cn/n4/2022/0916/c38-10594. html）。

中国互联网络信息中心：《第 51 次中国互联网络发展状况统计报告》，2023 年 3 月 2 日，中国互联网络信息中心网（https：//www. cnnic. net.

cn/n4/2023/0303/c88-10757. html）。

中国人民银行货币政策司：《2022 年第四季度中国货币政策执行报告》，2024 年 8 月 15 日，中国人民银行网（http://www. pbc. gov. cn/zhengcehuobisi/125207/125227/125957/4584071/4804390/index. html）。

中华人民共和国工业和信息化部运行监测协调局：《2021 年互联网和相关服务业运行情况》，2024 年 8 月 8 日，中华人民共和国工业和信息化部网（https://www. miit. gov. cn/gxsj/tjfx/hlw/art/2022/art_b0299e5b207946f9b7206e752e727e66. html）。

二 外文文献

Boyer R. , *The Regulation School: A Critical Introduction*, New York: Columbia University Press, 1990.

Brotheridge C. , et al. , "Emotional Laborand Burnout: Comparing Two Perspectives of 'People Work' ", *Journal of Vocational Behavior*, Vol. 60, No. 1, 2002.

Brown P. , "The Great Transformation in the Global Labour Market", *Soundings*, Vol. 51, No. 51, 2012.

Eli F. and Ching K. , "Remaking the World of Chinese Labour: A 30-Year Retrospective ", *British Journal of Industrial Relations*, Vol. 48, No. 3, 2010.

Friedman E. and Kuruvilla S. , "Experimentation and decentralization China's labor relations", *Human Relations*, Vol. 68, No. 2, 2015.

Kellogg K. , et al. , "Algorithmsat Work: The New Contested Terrain of Control", *Academy of Management Annals*, Vol. 14, No. 1, 2020.

Knight J. , et al. , "The Increasing Inequality of Wealth in China, 2002 – 2013", *Working Paper*, No. 2017 – 5, 2017.

Lee. and Ching K. , *Gender and The South China Miracle: Two Worlds of Factory Women*, California: University of California Press, 1998.

Mohlmann M. and Zalmanson L. , Handson the Wheel: *Navigating algorithmic management and Uber drivers' autonomy*, Seoul: International Conference on Information Systems, 2017.

Nielsvan D. , "Platform Labor: On the Gendered and Racialized Exploitation of Low-income Service Work in the 'On-demand' Economy", *Information Communication & Society*, Vol. 20, No. 6, 2017.

Schildt H. , "Big Data and Organizational Design the Brave New World of Algorithmic Management and Computer Augmented Transparency", *Innovation*, Vol. 19, No. 1, 2017.

Shevchuk A. , et al. , "The autonomy paradox: How night work undermines subjective well-being of internetbased freelancers", *ILR Review*, Vol. 72, No. 1, 2019.

Tareton G. , *The Relevance of Algorithms, Media Technologies, Tarleton Gillespie, Pablo Boczkowski and Kirsten Foot*, Cambridge: MIT Press, 2014.

Terranova T. , "Free labor: Producing Culture for the Digital Economy", *Social Text*, Vol. 18, No. 2, 2000.

后 记

这篇凝聚了数年心血的著作，可以称得上是我 2017 年出版的《中国劳动力市场分割的形成机制与形态演变研究》的姊妹篇。自从 2015 年博士毕业以来，我便一直有从政治经济学视角研究当代中国劳动关系的一些想法：部分原因在于通过博士期间对工资、就业和劳动力市场的研究对劳动关系这一关联领域所产生浓厚的研究兴趣；也有部分原因在于，劳动关系作为马克思主义政治经济学传统的研究主阵地，在近年来却很少引起本学科学者们的关注，反而是社会学、管理学甚至传播学对于劳动关系的研究，既有国内外研究视角的融合，也有理论和方法上的创新，正在取得源源不断的成果。作为一个学生时代一路深耕政治经济学的青年人来说，振兴劳动关系的政治经济学研究，更像是被时代所赋予的一项光荣使命。

2015—2017 年博士后在站期间，我随即开始准备相关的研究工作，我的合作导师、教育部原高等学校社会科学发展研究中心主任王炳林教授随即表达了支持和肯定。我先后申报并获批了中国博士后科学基金第 58 批面上资助项目"中国特色社会主义和谐劳动关系研究"（项目号：2015M581017）、2015 年度北京师范大学青年教师基金资助项目"中国特色社会主义视阈下的和谐劳动关系研究"、2017 年度教育部人文社会科学研究专项任务项目"共享发展理念视阈下的中国特色社会主义劳动关系研究"（项目号：17JD710008）三项相关课题，并撰写了题为《当代中国劳动关系演进的政治经济学分析》的博士后出站报告。遗憾的是，由于同时承担着许多教学和其他任务，当时的研究自我感觉并不完善，甚至一些地方成文略显草率，修缮与出版计划只得暂行搁置。

2018年申报并获批国家社科基金青年项目"新时代我国社会主要矛盾变化与劳动关系演变研究"（项目号：18CKS022）之后，我得以重拾信心继续这一领域的研究，并很快发表了一系列相关成果。随着国内经济下行压力的不断加大和各种外部因素冲击的不断显现，中国劳动关系领域在近年涌现出许多热点问题和突出矛盾，我更加深深地感到政治经济学对于维护劳动者利益、实现劳资互利共赢和经济社会高质量发展责无旁贷。作为一个政治经济学的青年学者，必须敏锐把握新一轮技术革命和产业变革的新动向，捕捉大数据、云计算、人工智能对生产和消费，特别是劳动过程和劳动力再生产的重塑，对新产业、新业态、新商业模式中的就业、工作与收入分配，对新就业群体的发展和传统就业群体的进化给予充分关注，把政治经济学的人文关怀发扬光大。可以预见，在踏上建设社会主义现代化国家新征程之际，劳动关系的和谐稳定，无疑将对未来中国经济社会行稳致远释放越来越多的新动能。本书的出版只是一个开端，未来我会继续把劳动关系的研究深入下去，为实现中国式现代化、扎实推动共同富裕尽绵薄之力。

本书作为由本人主持的2018年国家社科基金青年项目"新时代我国社会主要矛盾变化与劳动关系演变研究"（项目号：18CKS022）的研究成果，在思路酝酿、体系搭建、素材和内容整理以及最终写作过程中一直得到了中国人民大学国际关系学院郑云天老师、《求是》杂志社周昭成编辑、清华大学马克思主义学院李戈老师和王然博士、青海大学马克思主义学院武传鹏老师、南开大学马克思主义学院白云翔老师、北京财贸职业学院马克思主义学院李杰伟老师等几位项目组成员的鼎力支持。我指导的硕士研究生徐猛、丁淮钰、王梦泽、杨斯淇、郑思祥也对书稿的整理工作提供了协助。中国社会科学出版社喻苗老师作为本书的责任编辑，在出版过程中付出了巨大的努力和支持。在此，向他们深表感谢

后 记

和敬意。最后，要感谢北京师范大学马克思主义学院的各位老师们长期以来的鞭策和鼓励，以及我的家人们在背后的默默付出。当然，我作为本书作者，其中出现的一切谬误和不足之处均由我负责。

肖　潇

2024 年 8 月 15 日于北京师范大学